U0923836

图说西北大学百十年历史

2017年增订本

姚远 董丁诚 熊晓芬 宋轶文 等撰

西北大学出版社

增订本说明

本书根据2012年版《图说西北大学110年历史》修改而成，也可以说是对该书的修订再版，不同的是书名改成了《图说西北大学百十年历史》，用“百十年”替代“110年”，主要是春秋迭易，时代变革，西北大学又经过了岁月当歌的五载，迎来了115年的校庆纪念。改为“115年”显然更准确，但难免局限。“百十年”虽笼统些，但相对有更多的时空面向，不囿于具体的时间节点，反而为书的及时修订留下余地。

本次修订仍然坚持第一版遵循的“历史为重，当下简要”的图说编纂原则，增加、增补了数十个条目，共约六十个页码的内容，使艰难曲折、几度弦歌又续的西北大学历史更完整、饱满和有深度，特别是近年来不断广泛深入的西北联大史研究，使诸多已遗忘的历史细节和人物被发掘出来，这些有重要影响的内容以图说的形式写进书中，让曾经的来龙去脉更清楚，历史更有魅力。同时对一些内容表述进行更新，芜杂者更精练，简略者更准确，并不乏趣味性。

值此115年校庆来临之际，我们以此为纪念，希望读者朋友喜欢。

本次修订先后召开了研讨会和审定会，成稿之后又请姚远同志和田明纲同志分别进行主审，在此向各位作者、各位审定人和两位主审表示感谢！本书修订与校史研究和西北大学发展同步，希望广大读者、校友、校史研究专家多提宝贵意见和建议，谢谢！

编　者

2017年9月30日

增订本前言

西北大学地处华夏故地十三朝古都西安，远承周辟雍、汉太学、隋唐国子监之绪，近则肇始于清帝离京避乱驻跸西安之时，在京、陕两地始有大学堂之设。陕源之陕西大学堂肇始于清光绪二十八年(1902)，辛亥革命后的1912年始称西北大学，1923年改为国立。抗日战争爆发，为存续民族文脉，国民政府在1937年9月10日命令内迁来陕的国立北平大学、国立北平师范大学、国立北洋工学院、河北省立女子师范学院和国立北平研究院等四校一院合并组建成国立西安临时大学，次年改为国立西北联合大学，复于1939年8月8日改为国立西北大学，以此为标志，京陕两源合流，形成地缘于陕，学源于京的基本历史脉络。中华人民共和国成立后，学校为教育部直属综合大学之一，并成为陕西以至西北多所高等院校和科研机构的母体。1958年改隶陕西省主管。1978年被确定为全国重点大学，1996年被确定为国家"211工程"大学，2001年被确定为国家西部大开发重点支持建设院校，2009年成为陕西省人民政府与国家教育部重点支持和共建院校，2017年被确定为"双一流建设"院校。

西北大学诞生于中华民族灾难深重、救亡图存的风云激荡之中，经百余年岁月洗礼，始终不渝地坚持兴学图强的宗旨，致力于为国育才、科学创新与文化传承，涌现出邵力子、李仪祉、熊庆来、罗常培、黎锦熙、曹靖华、黄文弼、沈志远、罗章龙、曾炯、傅种孙、徐诵明、郑资约、傅角今、杨钟健、岳劼恒、侯外庐、张伯声、侯伯宇等一批蜚声中外的学术巨匠，产生了侯外庐的中国思想史学派、张伯声的"地壳波浪状镶嵌构造学说"、侯伯宇的"侯氏变换"，以及王戍堂的"王氏定理"、张国伟的秦岭造山带理论、舒德干的前寒武纪生命大爆发理论等多项重大理论创新成果。百余年中，学校为国家培养了20余万名英才，师生中走出了6位中国科学院哲学社会科学学部委员、24位两院院士、4位国际研究机构院士和通讯院士，赢得了"中华石油英才之母""青年经济学家的摇篮""作家摇篮”等美誉，涌现出一大批英杰，为地区和国家社会进步及经济文化建设事业发展做出了重大贡献。

翻开那一页页历史，感人至深、令人感叹者不胜枚举。

张凤翙在率众一举推翻清朝在陕268年的封建统治，东西路战火甫定，就放下刀枪，拿起笔杆，以“关系现时之建设”“关系将来之建设”和“关系外部之防御”的战略眼光，高瞻远瞩，创设西北大学，在遇到袁世凯政府阻挠时，又以“荡舟激流，势难中止”的坚强决心，挽狂澜于既倒，力促由陕西高等学堂等五学堂合组的西北大学如期开学。

1912年进入西北大学读书的孙蔚如、赵寿山，后成长为著名将军，抗日战争中以“挽狂澜做个中流砥柱”“剿绝天骄”“扫除僭逆”为激励，率领所部立马中条山，坚持抗日两年半，硬是没让日寇渡过黄河侵陕。

王耀东教授别离弱妻幼女，化装成商人逃出北平，在徐州火车站差点被低空扫射的日机机枪射中，复转西安，就任西安临时大学—西北联合大学—西北大学教授。三年后的1940年，妻子齐志修才带着两个孩子，历经艰险，辗转数千里找到陕南城固，一家人终于相聚，之后王耀东教授终身服务于西北大学、服务于大西北的体育教育事业。

汪堃仁教授携妻带女(一个6岁大、一个尚在襁褓中)，一家四口，经平津、香港、越南、昆明、重庆、成都至城固，历时四个月，行程万余里，备尝艰难险阻，途中两次遭遇日机轰炸。虽如此，仍心系文脉存续，路过重庆自费购买教学仪器，在西北联大—西北大学开出了与北平协和医院相同的全部现代生理学课程，并开创了中国的组织化学学科。中华人民共和国成立后，他成为我国著名的生理学家和细胞生物学家。

黄文弼教授四次进疆，餐风露宿，行程3.8万公里，获得一系列重大发现，确证了楼兰、龟兹、于阗、焉耆等古国及许多古城的地理位置，判明了麹氏高昌国的纪年顺序和茔域分布，提出“三重证据法”，完成我国第一部符合现代考古学体例的考古报告，从而开创了西北考古以至中国科学考古的新纪元。

哥廷根学派的中国传人、我国第一个研究抽象代数的曾炯教授，至今仍以

“曾定理”“曾层次”闻名于数学界，在西北联合大学极为艰苦的生活环境下，奔波迁徙、率性自持，竟然在43岁的学术生涯巅峰时期，因再平常不过的胃疾而殒命于西康山区。

郑资约教授在抗战胜利后，被国民政府借调到内政部，受命为接收专员，于1946年12月15日，主持了在太平岛举行的接收南海诸岛升旗典礼，并树立界碑，宣布中国按照《开罗宣言》及《波茨坦公告》规定正式接收南海诸岛；之后傅角今教授又主持划定我国南海11段国界线(今改为9段线)。这些至今都是我国南海问题外交谈判重要的法理基础。

被王岐山副总理认为对他一生都有重大影响的“我的老师”张伯声教授，自1937年至1994年在西北大学任教近60个春秋，是西北大学聘任的第一位终身教授。他的科学贡献一是发现了两个大矿；二是提出“嵩阳运动”界面；三是发现了“黄土线”现象；四是在构造地质方面，创立了“地壳波浪状镶嵌构造”学说，被公认为中国五大地质构造学派之一，1980年当选为中国科学院学部委员(院士)。他在西北大学共主持培养了1200余名石油专才，从而奠定了西北大学为中国石油战线做出重要贡献的学科基础，以至全国14个大油田一度有13个油田的领导者均出自西北大学。

侯伯宇长期从事理论物理和数学物理的教学研究，在U群代数的表示、规范场拓扑行为、可积模型的对称性产生算子与几何、规范场的上同调等方面取得了显著的研究成果。20世纪50年代后期，侯伯宇致力于群论在物理学中应用的研究，解决了苏联国际群论权威未能证明的重要公理及量子化学权威未能得出的重要公式。1983年他推导出的“H-变换”，即“侯氏理论”，被杨振宁称赞为“开创性的贡献”，这一理论后被誉为“中国的骄傲”。这些成果相继获得国家科学技术奖励和很高的国际声誉。他在西北大学度过大半生，一生勤恳敬业，诲人不倦，长期奋斗在理论物理学国际前沿和高等物理学教育前沿，即便在遭受丧子之痛和生命垂危之际，他放不下的第一件事仍然是科学研究和教书育人的神圣天职。

他们完全是自觉自愿地从全国各地会聚西北大学，在他们的专业领域、在历史文化积淀深厚的陕西，放眼世界科学前沿，扎根西北，融入西北，终生服务于西北大学；他们为国家和社会培养了20余万各种急需人才，成为21世纪国家建设和西部大开发的重要生力军。

这就是西大人的胸怀，这就是西大人的抱负，这就是西大人的文化自觉、使命自觉，这就是西大人为国家、为民族做出的伟大贡献，这就是我们在此展示的西北大学115年的波澜壮阔的历史画卷。

以图片资料为线索述说西北大学百余年历史，是我们的一个尝试。这是因为，图片资料不仅真实直观，而且有亲近感，以文说图，图说历史，更能展现沧桑和厚重，展示西北大学走过的辉煌历程和取得的丰硕成果。我们期望以此为广大读者提供一个了解西北大学百余年历史的多面视角。

本书是集体智慧的结晶。2012年9月，本书初版编纂过程中，西北大学出版社主持召开了由主要撰著者和审定者姚远、董丁诚、熊晓芬、宋轶文、张华、杨德生、田明纲等参加的近十次纲目讨论、内容审定会议，图片提供者屈琳、宋远志也多次出席会议，为图说提供条件；时任副校长杨春德对厘定一些重大问题提出宝贵参考；时任校长方光华审阅书稿，撰写序言。除主要撰著者外，参加书稿撰写的还有李楠、姚璐、战涛、白秀英、李晓霞、王淑红等人。2012年12月本书出版修订版，除原有作者外，田明纲、雷忠鹏、刘池阳、宋远志、孙安鹏等人参与了部分条目的修订和增补，时任党委副书记李映方主持了修订版的审定。2017年9月本书出版增订本，除主要撰著者外，杨乐生、丁晓雯、吴振磊、申烨华、李振海、王旭洲等人参与了部分条目的修订增补和资料更新，西北大学出版社又邀请专家学者多次对书稿进行研讨和审定，在此向他们一并致以衷心的感谢。由于时间有限，书中仍然存在诸多缺憾，如各个历史时期内容上的多寡不均、重要史实遗漏、历史阐发不够，等等，只好留待以后修订补充。编好《图说西北大学百十年历史》是一项长期工程，敬希广大读者批评指正，恳请广大读者、校友、各院系提出意见和建议，以便修订。

2017年9月的这次修订，主要补充了西北大学对中华文明和高等教育的贡献，以及中华人民共和国成立前学人的故事和图片，增加约3万余字。其中大多为近年来校史研究的新发现，诸如：创办全国最早的两个考古学科之一、创办全国最早的两个边政学系之一；在晚清派出中国最早石油留学生，并在晚清、民国和中华人民共和国三大时期均为中国石油做出重大贡献；毛泽东批注沈志远的《辩证唯物论与历史唯物论》；第一个到达死亡之海罗布泊和首次穿越塔克拉玛干千里无人区的中国学者黄文弼；我国病理学的奠基者徐诵明等，以及张凤翙大都督以西安东大街铺面房补贴西大办学、杨虎城在西安围城中资助西大五百大洋济困、柳青与西安临大、1925 年西大第一次校庆、1925 年西大学生给吴新田省长的一封信、1939 年胡庶华校长聘任吴宓为文学院院长等，都是根据新发现的史料写成的故事。这些故事进一步证实了西北大学对国家、民族做出的伟大贡献。正如郭立宏校长所说："西北大学开创我国西北新学制，存续中华民族文脉的根基，奠定近现代西北高等教育格局；接收南海诸岛和完成我国第一部《南海诸岛地理志略》，主持南海划界和实施十一段国界线；开拓我国马克思主义史学，首译《资本论》；完成我国第一部中东国家系列国别史，开辟了我国西北考古、科学考古，开创我国艺术考古，探寻丝路西段游牧文化遗存，开辟境外考古和国际合作考古的新模式，开辟西北民族史研究；形成中国古典文学重镇；奠定中国发展经济学，形成我国西部经济学派；首次提出地壳波浪状镶嵌构造学说；首次提出秦岭立交桥式构造说，揭示秦岭造山带形成与演化的构造机制和系统演化的规律；将脊椎动物的起源前推 5000 万年。"西北大学正是依靠文化的不断积淀、传承和独特的大学精神逐步赢得声誉，这也正是我们讲好西大故事，不断修订和完善《图说西北大学百十年历史》的初衷所在。

在此，谨向为此书编著、图片搜集、绘图、审阅、排版等出版环节做出贡献的各位同志表示衷心的感谢。

编著者

2017 年 9 月 29 日

引　言

方光华

西北大学是我国西北地区建校最早的高等学府，肇始于变法图强的清末陕西大学堂，得名于伟大的辛亥革命。在军阀割据、战乱频仍的动荡年代，苦苦求索兴学救国的真理，历尽曲折。在争取民族独立解放的抗日战争年代，北平大学、北平师范大学、北洋工学院等一批著名学府内迁来陕，由西安临时大学，再迁陕南城固，组成国立西北联合大学，与西南联大一起成为我国战时高等教育的两大堡垒。西北联合大学后分为西北大学等国立西北五校，给西北大学输入新的血液。中华人民共和国成立后，在国家高等教育格局的调整中，学校又成为陕西和西北多所高等院校和科研机构的重要渊源。改革开放以来，学校迎来了新的发展契机，被确定为全国重点综合大学、国家“211 工程”大学、西部大开发重点支持建设院校、教育部与陕西省共建高校，2017 年被确定为“双一流建设”院校。

早在 20 世纪三四十年代，学校就明确了“发扬民族精神、融合世界思想、肩负建设西北重任”的办学愿景，致力于传承中华五千年灿烂文明、融汇世界优秀文化成果、建设祖国辽阔的西部。校训“公诚勤朴”中的“公”就是天下为公，“诚”就是不诚无物，“勤”就是勤劳坚毅，“朴”就是抱朴守真，展现了广大师生为国家富强和民族复兴不懈奋斗的赤子情怀，与辛亥精神、五四精神一脉相承，西北大学校风追求民主，学术崇尚自由。百年沧桑巨变，西北大学坐看云卷云舒，养成了不以物喜、不以己悲的高尚品质，形成了独特的文化品味。

多年来，学校依托西部人文与自然资源，放眼世界科学前沿，在中国大陆构造、早期生命起源、西部生物资源、现代理论物理、中国思想文化、周秦汉唐文明、考古与文化遗产保护、中东历史以及西部大开发中的经济发展、资源利用、环境保护及社会管理等方面，形成了比较深厚的积累，产生了侯外庐的中国思想史学派、张伯声的“地壳波浪状镶嵌构造学说”、侯伯宇的“侯氏变换”、王戍堂的“王氏定理”等重大理论创新。

学校致力于培养有文化理想、善于融会贯通、敢于创新的综合性人才，构建了文理并重、学科交叉、特色鲜明的专业布局，培养了20余万才任天下的优秀学子，走出了6位中国科学院哲学社会科学学部委员、24位两院院士、4位国际研究机构院士和通讯院士，涌现出王岐山、陈宗兴、贾平凹、迟子建、王子今、杨圣敏、张维迎、魏杰等大批精英才俊，赢得了“中华石油英才之母”“青年经济学家的摇篮”“作家摇篮”等诸多美誉。

有位朋友在采访西北联合大学的历史时曾经说过，这是一所包容性极强、内容极其丰富的大学，它吸纳大师(如黎锦熙、张伯声、黄文弼、黄国璋这些公认的学术大师)，收容叛逆(如罗章龙、章友江这种既反对国民党又被共产党开除的双料叛逆)，成就英雄(如郁士元、高启伟这些投笔从戎的热血书生)，庇护才子佳人(如许兴凯、张舜琴这些才华横溢、曾风云一时的才男俊女，在这里获得了难有的宁静)。这所学校里有各种各样性格不同、政治立场不同的人物，比如校长中就有独立的教育家，如徐诵明、李书田、李蒸，也有刻板尽职的政府官员，如刘季洪、赖琏。学生中有激进的“左”翼学生，如著名诗人牛汉；有正牌的国民党特务，如官至中将的牛道一。他们都以自己饱满激昂的生命，为这所学校留下了永久的传奇。这个学校沉淀了太多生命与文化的沧桑，值得后人反复沉思追索。为纪念西北大学115年华诞，西北大学出版社以学校发展演变的历史时期为序，以图片为线索，用故事的形式叙述学校历史，让读者从中感受西北大学的梦想与追求，我相信它一定能使读者得出与这位朋友一样的感觉。

大学精神是在大学发展过程中积淀而成的共同的理想和信念，是大学的灵魂。一般认为，大学精神的经典内涵就是追求独立自治、学术自由、真理至上。这种精神传统贯穿于西方大学发展的整个历程。有鉴于此，人们将蔡元培先生倡导的“兼容并包、学术独立、思想自由”，以及陈寅恪先生提出的“自由之意志，独立之精神”，视为20世纪中国大学精神的代表。西北大学对中国大学精神提出了一种独特的解读。它坚信只有民族独立自由才有大学的学术自由，坚信学术自由离不开对国家战略的自觉实践，坚信学术自由需要有对民族文化的高度自觉。与西方大学的产生与演进不同，中国大学自产生之日起，就播下了追求民族独立和国家富强的种子，践行兴学求强、以学报国的崇高理想。这种将学术自由、独立自主与追求国家富强、人民幸福、民族文化复兴相结合的理念，始终贯穿在20世纪中国大学的办学实践中。将国家和人民的根本利益与学术自由和思想独立统一起来，是20世纪中国大学精神的真正传统，是20世纪中国大学得以发展壮大的真正动力。

在20世纪三四十年代，西北大学就明确了要努力建设西北最高学府的奋斗目标。现在再来审视这个目标，就是要把西北大学建设成为中国西北有广泛学术影响、能切实肩负西北开发使命的综合性大学。全体师生决心紧紧抓住“综合性、研究型、国际化”九个字，推动学校朝有特色、高水平、研究型大学的目标迈进，争取不断取得具有世界影响的科学成果，争取使学校培养的学生肩负文化理想、善于融会贯通、勇于担当责任，对国家的政治、经济、社会和文化进步，发挥更大的建设性作用。西北大学一定会有更加精彩的传奇展现在世人面前，让我们翘首以待！

（作者曾于2010年12月—2015年3月任西北大学校长，现为陕西省人民政府副省长、西安市人民政府副市长。此文在2012年12月本书修订版序言基础上修改而成）

目　录

陕西大学堂—陕西高等学堂时期(1902—1911)

民国初年西北大学时期(1912—1915)

陕西法政专门学校与陕源国立西北大学时期(1915—1926)

西安中山学院—西安中山大学时期(1927—1931)

国立西安临时大学—国立西北联合大学—国立西北大学时期(1937—1949)

六十余载路漫漫

大师、名师看过来

名师出高徒

校园巡礼

图说

陕西大学堂—陕西高等学堂时期(1902—1911)

清光绪二十八年(1902),光绪帝朱批开办陕西大学堂,吴树棻任总办。此为西北大学创建的标志,是高等教育在陕西乃至西北的发轫。光绪三十一年(1905)陕西大学堂改为陕西高等学堂,樊增祥任监督。1902年至1911年,为西北大学的晚清时期。西北大学的师生以学堂为司令部,参与推翻了清政府在陕西数百年的封建统治,并参与了秦陇复汉军政府的组建和辛亥革命的保卫战,派出了首批留日学生和中国最早的石油专业留学生,传入社会主义思潮。

1902 年光绪御批

1990 年7 月24 日《光明日报》报道:“西北大学学报编审姚远发现西大早期《学丛》为我国最早学报之一。”随后,学校搜集到西北大学 1913 年7 月1 日出版的《学丛》创刊号。

《学丛》创刊号有一“大事记”专栏,其首句即有:“本校沿革始于晚清。” 循此线索,学报编辑部编审姚远、李永森教授历经数年艰辛调研考证,终于在中国第一历史档案馆(清史专馆)发现当年陕西巡抚升允的奏本,从而提示了西北大学的渊源:

清光绪二十七年(1901),避逃八国联军陷京而驻陕的慈禧太后和光绪帝,在西安继一月发布“新政上谕”后,九月又发布“兴学诏”,谕令:“各省所有书院,于省城均设大学堂”;十月,陕西巡抚李绍棻就近奏请在原崇化书院旧址(城内卧龙寺巷)及与其相邻的西安六海坊原咸宁、长安两县考院旧址筹建陕西大学堂,以“中学为体,西学为用”为宗旨,同时掌管全省中小学堂学务。清光绪二十八年(1902)四月十二日,光绪帝回京后,陕西巡抚升允再奏,获准立案,光绪帝朱批:“著即督饬,认真办理,务收兴学实效”。四月二十四日,升允又奏准陕西大学堂“设农务、工艺两斋”,光绪帝有“农务工艺足厚民生,著即认真兴办,毋涉敷衍”的朱批。此为陕西高等教育之源头,西北大学创肇之标志。

1901 年奏请设立陕西大学堂的陕西巡抚李绍棻

2001 年 11 月 26 日,《人民日报》海外版以《西北大学成立百年的证据,清末皇帝朱批开办“陕西大学堂”奏本被发现》为题做了报道。报道进一步说:“过去虽知有此奏本和批复,但始终未见真迹或副本,这份珍贵史料的发现,再次确凿地证实了西北大学源于清光绪二十八年(1902)”的历史。

光绪帝

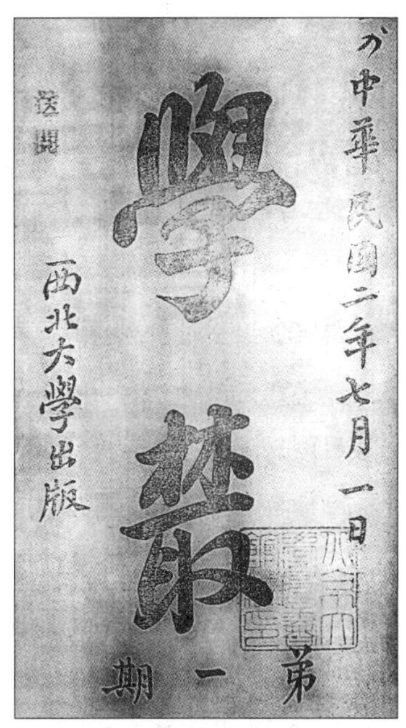

西北大学最早的学报《学丛》

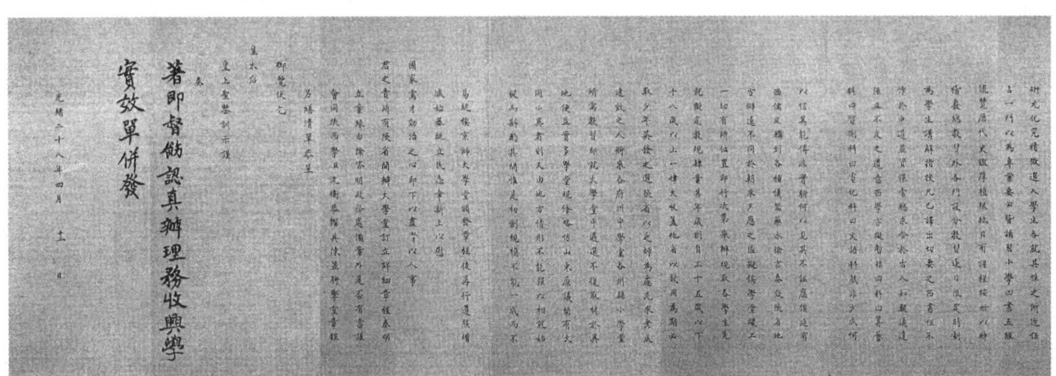

著即督飭認真辦理務收興學實效單併發

升允奏请开设陕西大学堂的奏折(局部)及光绪朱批(原件存中国第一历史档案馆)

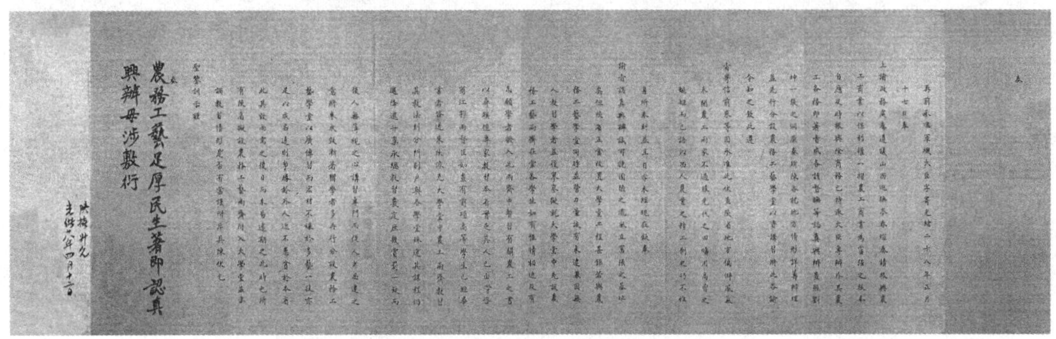

農務工藝足厚民生著即認真興辦毋涉敷衍

升允奏请开设农务、工艺两斋的奏折及光绪朱批(原件存中国第一历史档案馆)

陕西课吏馆的渊源

1902年2月,“陕西大学堂”正式成立。5月,陕西巡抚升允《奏为遵旨开办大学堂拟定详细章程立案折》获光绪皇帝朱批。时至1903年3月,陕西巡抚升允又上奏慈禧太后、光绪皇帝:“陕西拟设课吏馆,并附章程。”光绪帝朱批:“知道了,仍著随时认真考核,以裨吏治。”并将陕西学律馆改为课吏馆。陕西巡抚升允亲任监督,课吏馆以“修明政学为主,讲究吏治为先”,旨在造就“临民息事之才”,主要培养提高在职中下级官吏,使之通晓吏治,兼明西学。入学者以各州县正佐官员为主。课程主要有历代政书、国朝政书、西国政书、大清律例、刑案和中外条约等。

1907年4月,陕西巡抚曹鸿勋又奏请,将“陕西课吏馆”改为“陕西法政学堂”,以养成“谳居裁判及地方自治之人员”为宗旨,分设行政、司法两门专业,学制五年。

1912年3月,中华民国秦军政分府在陕西法政学堂的基础上酝酿筹建“关中政法大学”,分设政治、法律、经济三系。与此同时,秦军政分府大都督张凤翙提出创立西北大学。在获得甘肃、新疆两省的支持后,张凤翙组织成立了“西北大学创设会”,以陕西法政学堂等五所学堂的教职员为基础,积极筹建西北大学。

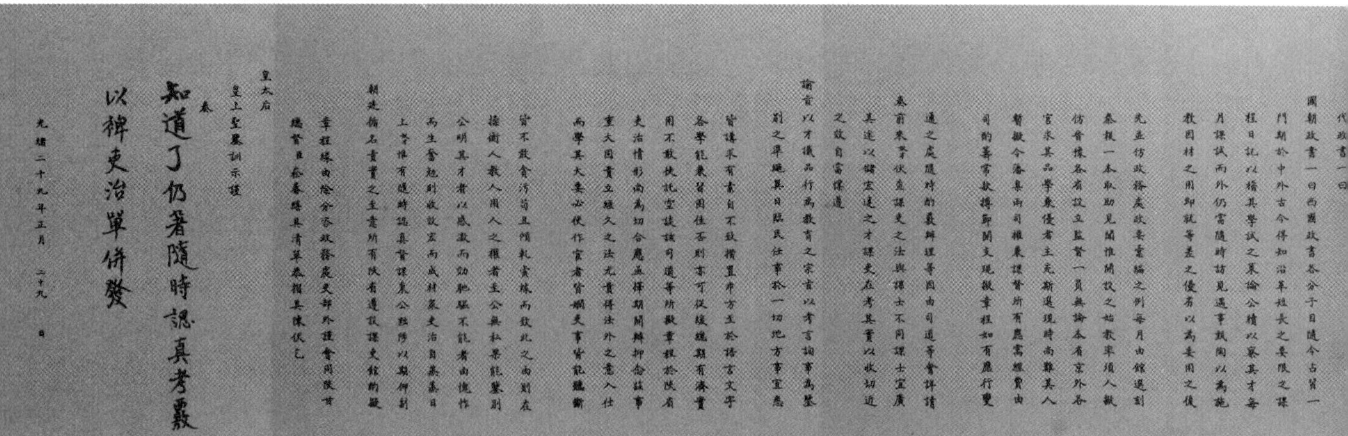
知道了仍著隨時認真考覈以裨吏治單併發
光緒二十九年五月二十九日

升允奏请开设陕西课吏馆的奏折及光绪朱批(原件存中国第一历史档案馆)

1903 年奏请设立陕西课吏馆的陕西巡抚升允

1907 年奏请将“陕西课吏馆”改名为“陕西法政学堂”的陕西巡抚曹鸿勋

奏

頭品頂戴[illegible]陝西巡撫臣升允跪

奏為陝省遵設課吏館酌擬章程繕具清單恭摺

仰祈

聖鑒事竊臣於光緒二十八年正月十七日恭讀電

抄欽奉

上諭為政之要首在得人內而部院外而封疆均應以詢事考言為鑒別人才之準各部院衙門行走人員旅進旅退何能明習例章諳練政事現當振興庶務亟應切實考課以期鼓勵真才著各堂官於該衙門司員除掌印主稿各員每日自有應辦事件應隨時考覈外其餘各員不分滿漢及筆帖式均令檢閱例案俾得專心考究遇有應辦應議奏咨事件即令學習擬稿並准各抒所見另具說帖呈堂查閱以備揀擇一切要差即由此選派務使司員皆能親身治事書吏等自無從索擬攬權至各省候補人員究屬尤甚平時不加考查一旦使之臨民蒞事安望其措理得宜近來各省已有奏設課吏館者自應一體通行推重在考覈人才不得視為調劑閒員之舉仍著該將軍督撫兩司等勤見僚屬訪問公事以現其才識並察其品行其賢者量加委任不必盡拘資格其不堪造就者即據實參劾各回原籍既限半年具奏一次務當破除情面嚴行甄別不准虛應故事稍涉瞻徇致負朝廷循名責實之至意將此通諭知之欽此當即欽遵飭辦在案竊維人才消長為國家強弱所關方今時局孔艱

朝廷銳意求才學堂而外尤拳拳於課吏誠以學堂所教者士猶可需之歲時課吏館所教者官行將付以民社且仕途日雜半非學古以入官吏治未諳深恐代斲而傷手此殷憂較重之故所關尤非淺鮮也陝省地方簡僻官場風氣較樸謹飭自當保其所固有增其所未能查前撫臣葉伯英奏設學律館課試各員專以講習判案為主現擬推廣辦法另行擇地建館即遵此次

諭旨課吏館為名凡正佐各班皆令入館肄習館中功課略參大學堂仕學規模酌分三類一[illegible]

陕西大学堂首任总办——吴树棻

1902 年的陕西大学堂

吴树棻(1854—？),一名树芬,字杉香,号郁卿,山东济南府历城县人。出身官宦世家,其父吴毓春为同治元年(1862)进士、刑部主事;其兄吴树梅为光绪二年(1876)进士,户部右侍郎。在家学渊源影响下,吴树棻22岁即考中举人,26岁(光绪六年,1880年)考取会试第一名,中会元。殿试中二甲进士,选庶吉士,授翰林院编修。其后历任提督河南学政、山西道监察御史、提督四川学政等职。光绪二十四年(1898)改任陕西候补道。光绪二十七年(1901)陕西大灾荒,朝廷诏令调拨湖北糙米赈救,时任陕西候补道的吴树棻充南路转运使,因转运得力受到朝廷嘉奖。光绪二十八年(1902)慈禧太后流亡西安时,吴树棻兼陕西道员、署理按察司等职。吴树棻的书法笔墨苍秀,颇有董其昌遗韵。慈禧太后很欣赏他的字,曾朱笔圈出他和陈冕二人专门负责拟撰颐和园一切匾对。

光绪二十八年二月(1902年3月),西北大学的源头陕西大学堂成立后，吴树棻任首任总办，同时又是全省教育行政的负责人。其全省教育行政负责人的职能一直维持至光绪三十一年(1905),是年,陕西学政奏请按照《奏定学堂章程》,取消管理全省学务的职能,并专设陕西学务处代之。吴树棻任总办期间，大学堂一切事务均由其负责,“其事至繁,其责甚重”,教学方面聘请总教习和中西各门课程的分教习，约束学生遵守纪律,稽查功课等;教务方面监督学堂的提调、委员等工作人员整理文案,调度收支等。在其精心治理下,陕西大学堂的事务逐步走向正轨。

陕西大学堂建立初期,吴树棻一度“适丁内艰,扶柩回籍”。在其丁忧期间,陕西巡抚升允仍举荐其继续担任陕西大学堂总办,并在奏本中称其“学业夙精既副群情之望，才能素裕足持庶务之平。现当学堂经始,总办一事仍以吴树棻为最宜。……仰恳天恩俯准将丁忧候补道吴树棻调充陕西大学堂总办,以期整率而专责成”。光绪皇帝朱批“著照所请”,答应了他的奏请。清光绪二十九年十二月(1904年1月),陕西大学堂总教习屠仁守因病去职，升允又奏请让吴树棻兼任总教习。吴树棻为陕西大学堂坚固根基,其功至大。

清末学堂时期主要负责人

姓　名	生卒年	籍　贯	学校名称	职　务	任职时间
吴树棻	1854—?	山东济南	陕西大学堂	总　办	1902.2—1904.2
樊增祥	1846—1931	湖北恩施	陕西高等学堂	监　督	1905.4—?
杨宜瀚	?—约1911	四川成都	陕西高等学堂	监　督	1906.5—?
周　镛	1875—1931	陕西泾阳	陕西高等学堂 陕西农业学堂	监　督 监督(兼)	1906.9—1911 1909—1912.6
升　允	1858—1931	内蒙古乌兰察布	陕西课吏馆	监　督	1903.4—1907.4
王　猷			陕西客籍学堂	监　督	1907.8—1912.3
张　渊	1868—1916	陕西兴平	陕西实业学堂	校　长	1910—?
田仲玉	1881—?	陕西三原	三秦公学	校　长	1912.6—?
杨开甲			陕西法政学堂	监　督	
钱鸿钧	1883—1942	陕西西安	陕西法政学堂	监　督	1907.4—1912.3

培养“以中学为体，以西学为用”之庠序通才

《陕西大学堂章程》明确规定，其办学宗旨为培养“以中学为体，以西学为用”之庠序通才。章程对此进一步指出：“必明体乃有益身心，必达用乃有裨于家国。绩学尚已，敦品优先，若不知砥行饬躬尊君亲上为何事，即智慧日启，学业日精，流弊将不可问；甚有摭拾狂瞽谬说，谓人人有自主之权，驯至诋訾圣贤，畔道离经。”这里的“敦品优先”“尊君亲上”，都要求学生忠于清王朝，并将有民主色彩的言论视为异端，斥为“狂瞽谬说”，如有违者，将“立时斥逐”。由于要“以中学为体”，大学堂内还“恭祀至圣先师孔子暨诸先儒”木柱，每逢初一、十五日，由教习率领各班学生行礼。引西学入学堂，毕竟是新式学堂的重要特点，因此，在将“四书”“五经”定为必修课的同时，性理格致、政治时务、地舆、兵事、天文、算学、地质、测量、电化等西学课程还是占了较大比例。

大学堂创建之初，由于全省各地区的中学堂未能按期开设，学生只得“暂由各府厅州县按经义史学先行招考申送，以备甄

录”。各地区小学、中学尚未有所成效，所以学生入学后，暂分“中舍”“上舍”授课，毕业后，再升入“精舍”(最初是指儒家讲学的学社，这里应为专业学科)。学堂每年招生总人数为 200 人，省内七府五州“按其平日文风之优劣”分配名额。大学堂为学生统一提供食宿，并发给膏火、笔札银两。大学堂设有月考和季考，月考由总教习批阅，评选出优秀学生给予奖励，季考由总教习划定等级后送交巡抚核查，然后订立奖励级别。所有人必须参加月考、季考方可领取膏火、笔札银两。学生毕业后，由总教习和总办考核发给毕业证，并依照各自意愿安排工作、升学或留学。大学堂还设立师范学堂，供 35 岁以上的考生就读，培养中、小学堂师资。同时，还设立“藏书楼”“译书楼”“博物院”各一所。

章程中专门列出“学堂条规”共计 12 条，规范学生日常行为、学习守则、作息时间、请假制度等。最后详细介绍了“学堂经费”的收支额度、各级职员薪水等级及具体收支条例。从《陕西大学堂章程》中不难看出，陕西大学堂已摆脱旧时书院的形式，步入现代学堂的行列。

陕西大学堂大门两侧的石鼓

陕西大学堂章程(原件存中国第一历史档案馆)

陕西大学堂楹联

陕西大学堂各厅院、堂室的楹柱上，有十余处名人题写的楹联，颇值得细细玩味。同时，陕西大学堂的办学宗旨也集中体现在各处楹联中。其中，大门联为：

天大地大王者亦大九州共识尊王义，古学今学圣人之学多士毋忘近圣居。

陕西巡抚升允为大学堂夫子庙题写的堂联为：

日月经天谁谓西行不到，诗书未烬庶几东周可为。

大学堂官厅联为：

博古通今适用世用，砥德励行报以国华。

大学堂总教习屠仁守所题的讲堂联为：

道统垂五千年由尧舜而来继以孔孟述以程朱大学在明新曲说异端严摈绝，声教讫九万里唯天地与立义则君臣亲则父子中庸赞化育群伦庶物广甄陶。

江西巡抚夏某为陕西大学堂所题联为：

百家虽殊言必衷圣，三代所共学以明伦。

以上楹联对“以中学为体”，严摈“异端邪说”、尊崇孔、孟、程、朱儒学、讲求君臣父子纲常、中庸之道的办学宗旨和中心教学内容做了进一步阐发，表明这所新式学堂未脱书院传统教育模式的痕迹。

陕西大学堂的其他几处楹联集中反映了三个方面的办学目标：一是再次强调要学习“俄铅英椠光化电汽诸学”，必须先“自信是孔氏干城是本朝臣庶”，必须先明“忠孝”，“耻纪纲未定”，即以中学为体和忠于清王朝；二是强调学生要“为庠序通才”，这种“通才”要博古通今，既明西学又精儒学，且对“体操练将奇器考工互市鬻财”“内政外交天算舆地”，亦即兵事、技术、工程、经济、政治、外交、天文、数学、地理等均要通融，如此才能“立命安身”，“才任天下事”，也才能“砥德励行报以国华”；三是为陕西地方培养人才，并教导学生热爱陕西，承续关学，为地方建设献力，这一点在“莫虚生长帝王州”“岂忧秦国无人”“到此自成关学派”等联语中表露无遗。

博古通今適用世用
砥德勵行報以國華

官厅联

日月經天誰謂西行不到
詩書未燼庶幾東周可爲

学堂夫子庙堂联

天大地大王者亦大九州共識尊王義
古學今學聖人之學多士毋忘近聖居

学堂大门联

大学堂教习中的五位前清举人

陕西大学堂从创立到改称陕西高等学堂,再到1912年在此基础上正式创设西北大学,其间共有五位前清举人在校任教,先称教习,后称教授。

一是邵力子(1882—1967),清光绪二十九年(1903)癸卯科举人,为陕西候补县令。在陕西大学堂任世界史教习,主讲法文、西洋史,因参加学生运动被陕西当局驱逐出境,后来做了国民政府陕西省主席。

二是刘春谷(1851—1926),陕西长安人,清光绪二十年(1894)甲午科举人,曾在四川任知县。他从光绪二十八年(1902)起,即在陕西大学堂任算学教习,民国元年(1912)做过陕西省实业厅厅长。

三是杜良奎(1863—1930),字斗垣,陕西米脂人,清光绪十七年(1891)辛卯科举人。光绪二十八年(1902)起即在陕西大学堂任算学教习。

四是冯光裕,前清举人,在民初西北大学教国文。

五是寇卓(1857—1927),字立如,号悔庵。陕西临潼人(今西安临潼区),曾寄籍长安。清光绪十一年(1885)乙酉科优贡、举人。师从长安柏景伟、三原贺瑞麟。曾任四川大足知县,因对各教民间纠纷处理得当,使众服之。之后,复知宜宾、德格、甘孜、巫山等州县,因均有惠政,保为直属知州。入民国后归里,历任中华民国秦省都督府顾问、西北大学教授,主讲国文。曾任陕西孔教会会长。著有《悔庵集》。在蓝田辋川留有:“四献礼文今从芸阁闻德遥瞻华岳肃;三原教泽独有蓝川绍行直与横渠齐”的楹联。

举人在明清时为乡试考中者之专称,被当作一种出身资格。在晚清与民国交替中产生的西北大学师资队伍同时带有两个时代的印记。

陕西高等学堂课程表					
星期一	星期二	星期三	星期四	星期五	星期六
英文	日文	英文	英文	算术	日文
历史	英文	英文	英文	英文	英文
英文	讲经	讲经	算术	英文	日文
日文	日文	日文	日文	日文	地理
算术	英文	日文	地理	伦理	体操
理化	体操	中文	体操	历史	体操

(据1906年9月18日监察御史王步瀛奏折制表,原件存中国第一历史档案馆)

王猷护碑

大秦景教流行中国碑

王猷曾任陕西高等学堂英文教习，同时还兼任斋务长，后又转任教务长，任教期间曾获清廷嘉奖。他的故事中最为人津津乐道的就是保护“大秦景教流行中国碑”，高等学堂日籍教习足立喜六在《长安史迹考》中也对此事有所记载。

“大秦景教流行中国碑”系出土于明代的唐代碑石。其较为详尽地记述了景教(基督教聂斯脱利派在中国的称谓)的基本教义及在唐代中国近150年的传播历史，系迄今为止能够看到的最早的中国基督教文献，因而在中国基督教历史研究中具有极其重要的地位。

清德宗光绪三十三年(1907)5月，蓄谋已久的丹麦记者何尔谟来到西安，重金收买了74岁的金胜寺住持玉秀和尚，令其秘密雇人仿制同样的碑石，然后用偷梁换柱的方式将真碑盗走。清廷得知后，当即通令陕西巡抚制止，陕西高等学堂教务长王猷遂出面与何尔谟交涉。王猷擅长英语，据理以论，经过多方交涉，迫其解除密约，但允许其将复制碑运走。后为，该碑由西安西郊移至城内碑林保存，现珍藏于西安碑林博物馆第二展室。

邵力子与陕西高等学堂

邵力子教习

清光绪三十一年（1905），陕西大学堂更名为陕西高等学堂。两年后邵力子在同于右任赴日本考察时，经于右任介绍，被聘为陕西高等学堂教习，次年到堂讲授法文与西洋史课程，并兼任陕西师范学堂西洋史教习。他在陕西高等学堂任教两年，待人接物，谦和热忱，师生们多愿与之交往。他一贯主张妇女解放，男女平享教育权，主张学生积极参与社会实践。

清宣统二年（1910），辛亥革命前夕，陕西高等学堂的两名学监姚荣波和严肇卿常与学生发生龃龉，以致在年终时酿成全体学生驱逐姚、严的风潮。由于要求始终得不到满足，学生们遂全体搬出学校，移住市内西大街桥梓口客栈内。陕西巡抚恩寿

原陕西高等学堂预科旧址(今西安市东厅门)

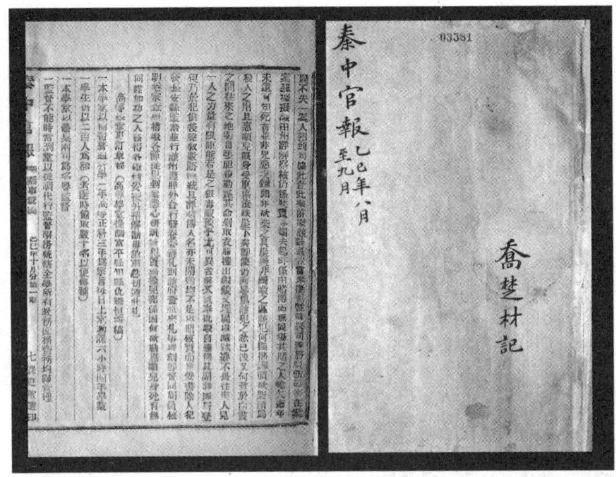
秦中官報 乙巳年八月至九月

喬楚材記

陕西高等学堂更订章程(载于《秦中官报》1905年第1期)

陕西高等学堂增聘的部分名师	
姓　名	担任教职
屠仁守	总教习
吴树棻	总办兼总教习
李仲特	数学教习
周　铭	数学教习
汪如波	数学教习
高普烊	数学教习
刘葆锋	数学教习
杜斗垣	数学教习
毛昌杰	数学教习
王　猷	英文教习
董明铭	体操教习
邵力子	世界史教习
狄楼海	算术教习
陆元平	算术教习
刘春谷	政治时务科算术教习
宋元恺	兵学教习
张子安	地理教习

生怕学生与孙中山革命党发生联系，酿成政治风波，遂严令“限三日内解决”。迫于学生离校的压力，高等学堂监督周镛与学监恩特亨出面，派数十辆骡马轿车将全体学生接回学堂，并与姚荣波、严肇卿等皆衣帽整齐地在校门口恭迎学生返校，后责令姚、严二人离校。在这场风潮中，邵力子始终站在学生一方，还以“武松打虎”的故事提醒学生要讲究策略，与姚、严巧妙周旋。邵力子作为同盟会会员，与革命活动联系密切，故与参与此次风潮的学生一起受到清政府陕西当局的监视和驱逐。他的一位学生李小修得悉后，不顾安危，将他藏在自己家中，并把奉赠的银两藏在锅盔馍内，护送他出潼关，方才脱离险境。

晚清陕西最大的一次学潮

孔庙(今碑林)——陕西高等学堂谒圣地

光绪三十三年(1907),陕西高等学堂、陕西法政学堂联合师范、中学、陆军等学堂的全体学生,呈书给陕西巡抚曹鸿勋,抗议向英国出卖陕西铁路权,呼吁陕西自办洛潼铁路。

随后,光绪三十四年(1908)七月又酿成了晚清陕西最大的一次学潮。陕西高等学堂地理教习张子安因未参加谒圣礼而遭侮辱,张教习提出抗议,遂被学堂监督周镛解雇。为此,学生向监督、提学使交涉,要求挽留张教习,均遭拒绝,随即引发高等学堂学生全体罢课直至退学,并撤离学堂。200多名学生离校后分住城内的醴泉(今礼泉)、咸阳、商州、蓝田各会馆,并仿上海中国公学,制定自治规则,设稽查、调查、会计、书记各员,处理日常事务。退学学生以醴泉会馆为总机关,并准备在渭南成立公学。这次学潮得到全省学界的大力支援,陕西当局唯恐事态扩大,遂答应了学生的要求,并撤销了庶务员和监学官,由教育总会会长等出面调停,学生才结束了罢课。这次学潮给行将覆灭的清廷以很大震动。随后,陕西当局照会高等学堂,并转发清廷学部札,要求学堂“管教各员,随时董戒学生,不准联盟纠众、立会演说及潜附他人党会”。

此后,高等学堂的一些学生参加了同盟会的秘密活动,远在东洋的高等学堂首批留日学生郗朝俊、马步云、张蔚森、钱鸿钧、谭耀唐、崔云松等先后创办《秦陇》《关陇》《夏声》等进步月刊,呼应陕西的反清斗争。《夏声》第6号曾发表署名“大无畏”的《陕西高等学堂之纪事及评论》一文,呼应学潮。

辛亥革命前的学潮与农业学堂学生罢课

清宣统二年(1910),即辛亥革命前夕,西安的学生运动以陕西高等学堂为首,达到了高潮。其他如农业学堂、实业学堂、法政学堂等也都加入其中,先后发生了大规模的罢课。

曾是农业学堂学生的郑伯奇

农业学堂学生郑伯奇回忆说:“其中农业学堂罢课时间最久,影响很大,成为进步力量向反动统治展开的最激烈的一次斗争。当时,我是农业学堂年纪最小的学生(推算为十五六岁),在这次斗争中受到了锻炼,也开阔了眼界。”

罢课原因表面上看是学生对教学和生活管理不满,特别是针对一些不学无术的教职员有误人子弟行为,实际是因为对当时政治现状不满。罢课之后,农业学堂的学生立即组成纠察队,并推举张义安、王盈初等六名代表向学堂交涉。由于

原陕西农业学堂旧址枣刺巷(今西安市儿童公园)

学堂持冷漠不予理睬态度，激起学生公愤，学生遂由学堂（今西北大学太白校区校址）迁往城内城隍庙后街的财神庙，事态的扩大引起了社会团体和进步人士的广泛关注。当时，西安各校纷纷派代表慰问。陕西高等学堂的马彦翀、陕西师范学堂的寇胜浮、健本学堂的胡景翼，都代表各校到财神庙表示声援。陕西教育会也表示关心。不久，陆军小学堂也开始罢课。清政府陕西地方当局深惧军事学校罢课发生意外，在数日内即予平息，却对先罢课的农业学堂依然置之不理，这更激怒了学生和关心学生的各界人士。适逢陕西教育会年会，教育会长兼咨议局副局长郭希仁严正陈词，农业学堂罢课学生代表张义安痛哭流涕，以头撞壁，抱定必死决心，其他罢课学生亦群情激愤。在这种情况下，清陕西地方当局遂接受学生要求，将不学无术的教职员全部撤换。这次斗争使学生们经受了锻炼，是陕西辛亥革命的重要前奏。学生代表张义安、王盈初在这次斗争中加入了同盟会，后来郑伯奇也由张义安、胡景翼介绍加入了同盟会。

西安城隍庙牌楼

学堂算学教习李异材

李异材教习

李异材(1858—1937),字仲特,陕西蒲城人。光绪四年(1878)考中秀才,此后在乡间教书。光绪十四年(1888),考入陕西三原味经书院。光绪十六年(1890),应陕西省舆图馆之聘,参与测绘陕西省地图,后任陕西省舆图馆馆长。光绪十九年(1893)在北京被浙江提学使徐季如聘为幕僚。光绪二十四年(1898),被陕甘总督陶模聘请主持甘肃兰州兰山书院。光绪二十八年(1902)被聘任为陕西大学堂算学教习。

少年时期的李异材家境贫寒，有时甚至“每日仅以干枣十余枚为粮,勉强度荒”。其父以卖瓮为业，尽力供其读书。青年时期,他善于思考,好深究穷理,常独立于旷野,按图观测天象,对各大行星的名目及其运行规律逐渐通晓。23 岁时,他看到程大位的《算法统宗》一书,便对数学产生了浓厚的兴趣。但是,他的家乡远离城市,交通不便，既难看到新的科学书籍，又无良师指点,要学习自然科学是很困难的。李异材辗转托人帮助,终于在外地买到了《梅氏丛书辑要》《则古昔斋算学》等书籍。前者比较易学,他很快就掌握了,后者他“披阅不下十余次,每到难解之处,恒彻夜不寐,读之期年之久,始逐渐觉悟”。

李异材参加测绘陕西地图时，所绘的地图颇为精细,以致被人疑为印刷品。在工作中他还自制了三角板、圆规和简单的经纬仪等工具。他在杭州期间还曾绘制《秦晋豫三省黄河图》(现存陕西师范大学图书馆),也非常精美。他在兰山书院任职时,陕甘总督陶模之子拙存常向他请教算学问题,拙存说立方以上无法画图,他却不以为然,并最终画出九成方廉隅诸图,以阐明开方的原理。在参加对川汉铁路的勘测工作时,他也发挥了在测绘方面的创造才能。他在各地任职期间，一直很注意学习和研究数学、物理学、化学等自然科学,他的日用、衣物等行李甚少,书却有好几箱,大部分都是最新刊行的自然科学书籍。其日常积累和研究心得汇总成了著作《开方数理图说》和《级数比类》。

李异材还指导侄子李仪祉学习自然科学。李仪祉之所以在自然科学方面有深厚的基础,与伯父的教导是分不开的。

学堂外籍教习足立喜六

1908 年 10 月，足立喜六(右)、桑原骘藏在西安含元殿遗址与石柱础合影

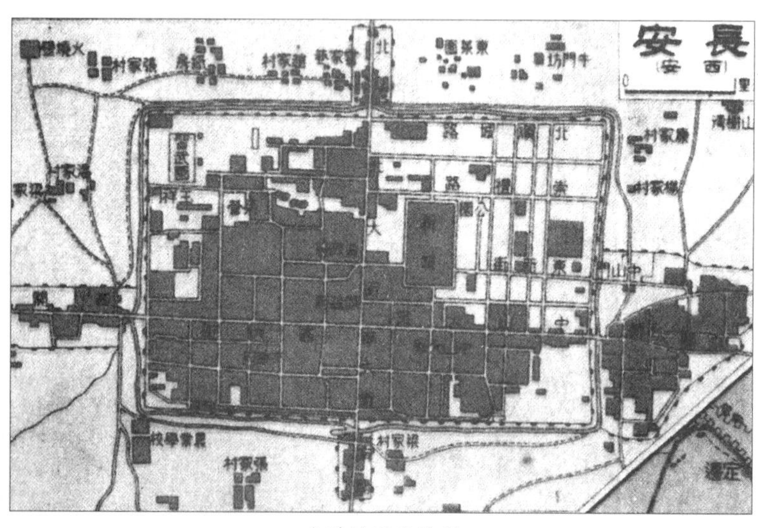

当时的西安地图

截至清光绪三十二年(1906)，陕西高等学堂聘请了足立喜六和铃木直三郎两位日本教习，后又聘任田中时四郎、菅野新一郎等共六名日籍教习。但是，今日能略考其一二事迹者，唯有足立喜六(1871—1949)。

1906 年春，足立喜六应清陕西政府招聘，任陕西高等学堂教习，直到 1910 年春回国。

他在陕西高等学堂任教期间，主讲算学与理化课程，每周约有三节算学和一节理化课，故其空闲时间很多。他就住在西安城内东柳巷寓所内，侧向为陕西布政使樊增祥邸宅，平时出寓所，向东穿过端履门大街，不远即到学堂。较多的闲暇时间和居住地理位置的便利，为他从事介于数理和历史之间的学术研究提供了绝佳条件。

光绪三十四年(1908)九月，足立喜六在日本母校的老师桑原骘藏博士游历西安，逗留一月，并在 1908 年 9 月 20 日上午

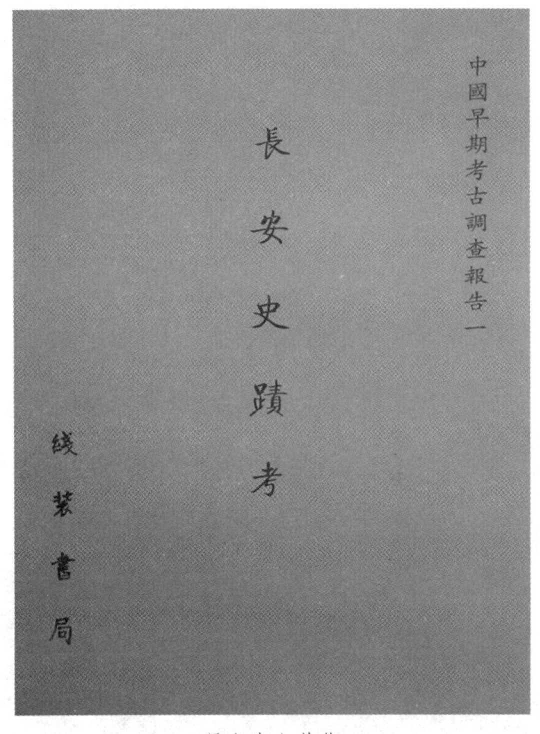

足立喜六著作

《长安史迹考》一书的插图

访问了陕西高等学堂。在此期间足立喜六得其指导与影响，遂利用“课余之暇兼及汉唐旧都长安规模、遗迹之研究”，先后踏勘了长安、咸宁、咸阳、三原、高陵、临潼、泾阳、鄠县(今鄠邑区)、盩厔(今周至)、兴平、醴泉(今礼泉)、乾州等地。他据此撰写了《长安史迹考》一书，内容包括关中形势、汉唐之尺度及里程考、秦以前之遗迹、汉之长安城、汉代之陵墓、逍遥园、隋唐之长安城、唐代长安之名胜古迹、著名之道观、现存之唐代佛寺、外教之寺院、唐代之陵墓和长安之古碑等，并附有 171 幅照片及 38 幅插图。这部著作的特点是以实地踏勘和实地测量为主，与各种历史记载和研究论著相对照，考订谬说，提出己见。同时，足立喜六最早使用近代先进仪器测量古迹长宽高、经纬度等，而且用三角函数等科学计算方法进行精确计算，总结汉尺、唐尺、清尺与日本曲尺及米尺之间的折合关系，故在汉唐长安城研究方面独树一帜，极具学术价值。

1906 年西安城西沣河桥

学堂第一批留日学生

辛亥革命前夕,陕西留日学生已有116人之多。这其中,以西北大学陕源前身陕西高等学堂派出的留日学生规模最大,对陕西教育发展的影响也最为重要。

光绪三十一年八月十九日(1905年9月17日),陕西巡抚曹鸿勋上奏慈禧太后和光绪皇帝,拟派学生游学东洋并派员出洋考察。这些留日学生分别由陕西高等学堂、三原宏道学堂和陕西师范学堂遴选派出,计官费生31名,宦籍自费生17名,共48名,是清末陕西派出留日学生人数最多的一次。

其中,出自陕西高等学堂的留日学生有:安徽试用县丞、陕西澄城县监生白常洁(西垣),入经纬学堂学警察兼银行;陕西米脂县附生高冠英(奇卿),入振武学校习普通兵事科;陕西户县增生王觐墀(芝庭),入济美学堂习普通科,后习工科;陕西咸宁县附生钱鸿钧(陶之),入早稻田大学习普通科,后学农科;陕西泾阳县廪生曹澍(雨亭),入经纬学堂习普通科,后习工科;陕西咸宁县附生崔云松(迭生),入早稻田大学习普通科,后习农科;陕西渭南县附生张蔚森(荫庭),入济美学堂习普通科,后习工科;陕西华阴县附生郗朝俊(立丞),入济美学堂习普通科,后习工科;陕西合阳县附生马步云(凌甫),入早稻田大学习普通科,后习农科;陕西绥德州廪生张允耀(星岩),入济美学堂习普通科,后习工科,等等。这是初入学一年时的情况,在毕业后留学者的专业大都发生很大变化,习法政和经济学者居多。

陕西高等学堂首批赴日留学生名单

姓名	生卒年	籍贯
白常洁	(1871—1927)	陕西西安
钱鸿钧	(1883—1942)	陕西西安
张蔚森	(1884—?)	陕西渭南
张允耀	(1881—?)	陕西绥德
高冠英	(1883—?)	陕西米脂
曹澍	(?—1943)	陕西泾阳
郗朝俊	(1882—1965)	陕西华阴
王觐墀	(1880—1960)	陕西户县
崔云松	(1878—1958)	陕西西安
马步云	(1884—1970)	陕西合阳
王梦简	(1873—1928)	陕西礼泉
康寄遥	(1880—1968)	陕西临潼

曾是留日学生的钱鸿钧

曾是留日学生的张蔚森

曾是留日学生的马步云

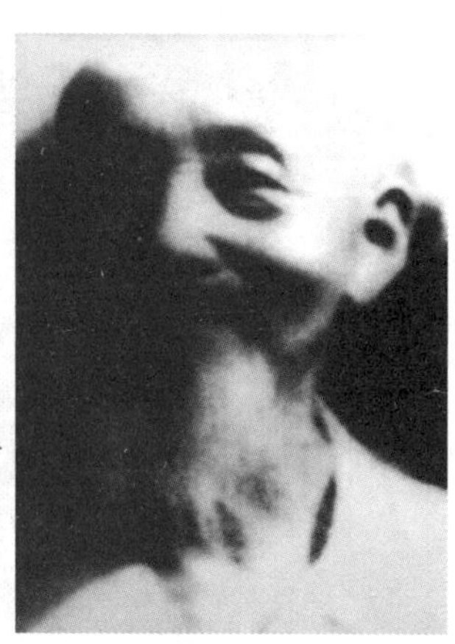

曾是留日学生的康寄遥

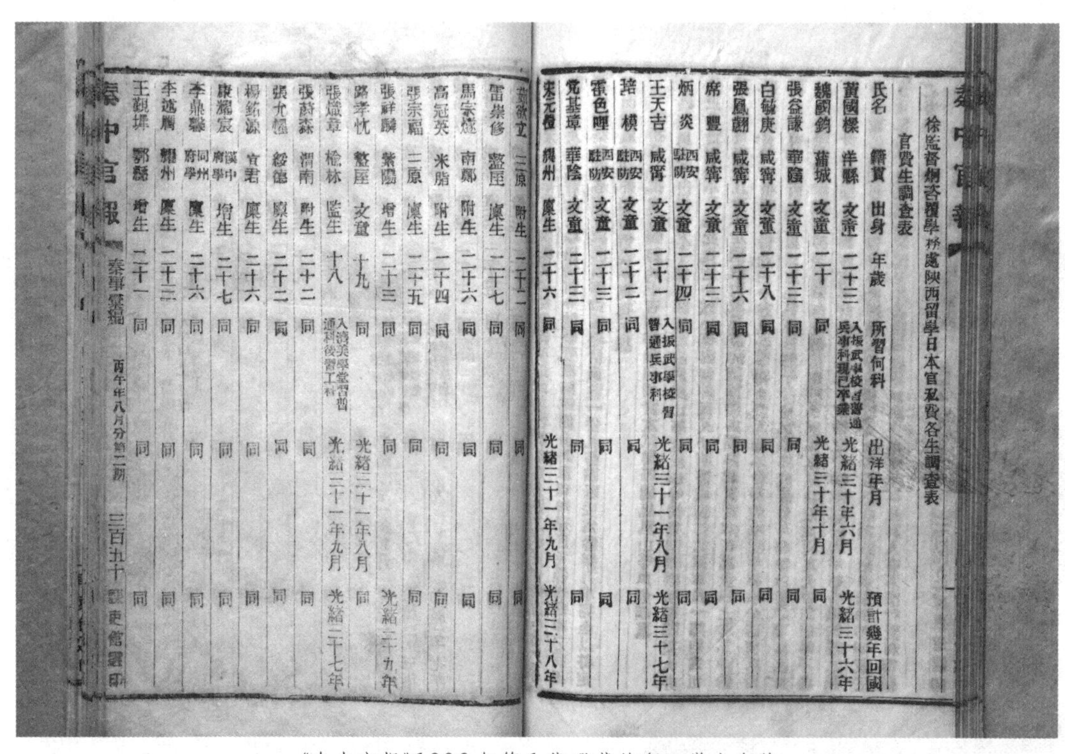

秦中官報

徐監督炳咨覆學務處陝西留學日本官私費各生調查表

官費生調查表

氏名	籍貫	出身	年歲	所習何科	出洋年月	預計幾年回國
黃國樑	洋縣	文童	二十三	入振武學校習普通兵事科現已卒業	光緒三十年六月	光緒三十六年
魏國鈞	蒲城	文童	二十	同	光緒三十年十月	同
張谷謙	華陰	文童	二十三	同	同	同
白毓庚	咸寧	文童	二十八	同	同	同
張鳳翽	咸寧	文童	二十六	同	同	同
席豐	咸寧	文童	二十三	同	同	同
炳炎	西安駐防	文童	二十四	同	同	同
王天吉	咸寧	文童	二十一	入振武學校習普通兵事科	光緒三十一年八月	光緒三十七年
琣模	西安駐防	文童	二十二	同	同	同
霍色哩	西安駐防	文童	二十三	同	同	同
党基璋	華陰	文童	二十三	同	同	同
宋元愷	耀州	廩生	二十六	同	光緒三十一年九月	光緒三十八年
[illegible]欽立	三原	附生	二十二	同	同	同
雷樂修	盩厔	廩生	二十七	同	同	同
馬宗燧	南鄭	附生	二十六	同	同	同
高冠英	米脂	附生	二十四	同	同	同
張宗福	三原	廩生	二十五	同	同	同
張祥麟	紫陽	增生	二十三	同	同	光緒三十九年
路孝忱	盩厔	文童	十九	同	光緒三十一年八月	同
張鐵章	榆林	監生	十八	入濟美學堂習普通科後習工科	光緒三十一年九月	光緒三十七年
張蔚森	渭南	附生	二十二	同	同	同
張允檍	綏德	廩生	二十二	同	同	同
楊銘源	宜君	廩生	二十六	同	同	同
康耀宸	漢中府學	增生	二十七	同	同	同
李鼎彝	同州府學	廩生	二十六	同	同	同
李逵鵬	耀州	廩生	二十三	同	同	同
王觀垣	鄠縣	增生	二十一	同	同	同

秦中官報 秦事彙編 丙午年八月分第二期 三百五十 [illegible]吏館鉛印

《秦中官报》1906 年第 1 期登载的留日学生名单

学堂留日学生当掉手表、大衣办刊物

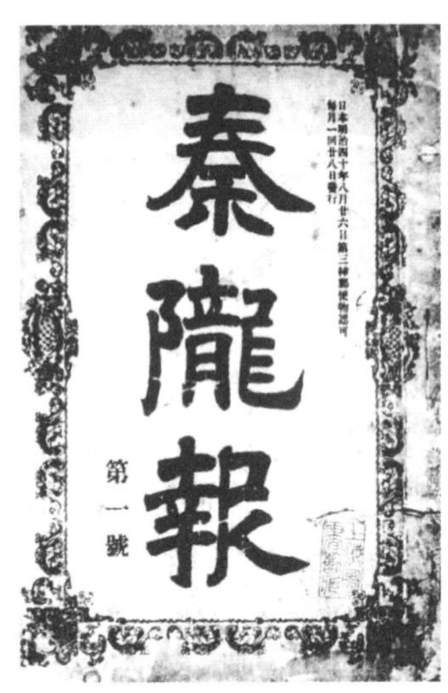

《秦陇》封面

清光绪三十二年八月(1906 年 9 月),同盟会陕西分会在日本成立,陕西高等学堂留日学生曹澍、马步云、张蔚森等先后加入。分会成立后的三项任务之一,就是要组织舆论机构、发行刊物、展开宣传鼓动工作。陕西留日学生最早创办的革命刊物《秦陇报》遂于清光绪三十三年七月(1907 年 8 月)在东京出版,党积龄任总经理,陕西高等学堂留日学生郗朝俊、马步云、张蔚森分任事务、会计和印刷等主要职事。该刊的宗旨为:“发扬旧文化,灌输新知识”,“振刷精神,改革思想,以修内政而御外侮”。“不出数载,百废俱举,吾关中豪杰、陕西狂士,必能与碧眼紫须众争黄池之一欤! ”

该刊设有论说、时评、译件、文苑和关陇汇闻等主要栏目。创刊号发表有《西潼铁路刍议》,呼应家乡反对向英国出卖铁路权的斗争。该刊初拟每月一期,每期四万字,后因缺乏经验和主持人回国而仅出一期即停。

张凤翙(前排右一)等陕西留日学生在日本

之后,陕西高等学堂留日学生马步云、康寄遥、钱鸿钧、谭焕章、崔云松、张仪骞、范振绪和郗朝俊不甘办刊失败,于清光绪三十四年正月初一日(1908 年 2 月 2 日)在原《秦陇报》的基础上,又在东京创办了《关陇》月刊(又名《关陇丛报》)。马步云和郗朝俊常驻报社服务,有一次刊物印好,却无邮费发行,他们就把手表、大衣送去典当,才把这期刊物发出。同年二月二十六日(3 月 28 日),陕西辛亥革命武装起义主要领导人井勿幕在日本东京创办《夏声》杂志，由三原宏道学堂留学生高祖宪、李子逸、茹卓亭、杨西堂和张季鸾先后任主编，主要设论著、时评、学艺、文艺、杂讯等栏目。《关陇》在1908年5月的《夏声》杂志刊登广告言明：

“本社同人，既切桑梓之危，复深祖国之痛，爱自忘其愚，矢移山志，组织斯报，专以提倡爱国精神，浚瀹普通智识为宗旨。”

《关陇》杂志所设栏目有论著、时评、实业、译述、专件、谭丛和记事等。马步云以“民气”为笔名，在该刊发表的《论中国之国体》一文，力言君主制度不能不废，民主共和不能不争。文章指出：

“自十八世纪末叶以来，欧美诸国……无不风卷云驰，群奔赴颠覆专制更始宪政之一端。……日本以亚东三岛，亦随文明进化之潮流，于数十年前革新面目，惟我中国濡滞不进，旧态依然。……人同此心，心同此理，何以白皙人种已于百余年前享自由平等之幸福，而吾民犹蜷伏鼠缩于专制政体之下，岂黄人之爱自由不如白人乎？”

陕西高等学堂留日学生以《关陇》杂志为阵地，呼吁各界人士奋起保卫陕甘权利，抨击时弊，激励人民奋起变革，是陕甘辛亥革命的前奏，也是最早向西北地区传播宪政、民主、自由思想和科学知识的刊物。

同盟会陕西分会徽章

《关陇》封面

《夏声》封面

通过《秦陇》《夏声》传入西北的社会主义思潮

清末民初，陕西高等学堂首批留日学生在其创办的《秦陇》《夏声》等革命期刊上，发表了当时陕西第一篇全面介绍社会主义思潮的文章——《二十世纪之新思潮》。这篇文章主要阐述了以下几个问题：一、社会主义与奴隶制度；二、社会主义与人类阶级问题；三、社会主义与土地问题；四、社会主义与劳动问题；五、社会主义与个人及国家主义；六、社会主义与民族主义；七、社会主义与无政府主义。当时陕西交通不畅，消息闭塞，《秦陇》《夏声》作为留日学生创办的期刊，借地域之便，告知陕西乃至整个西北地区民众：“专政制度之思想，早已一落千丈，过去之时代也。即自由制度亦成晚照斜阳，行将就没，而黑云蔽空，冲滔天之大浪而来者，即此社会主义之新思潮也。”

尽管这篇文章已刊出部分带着诸多历史烙印，但是仍然不失为一篇系统、科学的民主革命政治纲领。对当时落后的西北起到了思想启蒙的作用，使西北地区人民对社会主义思想有了一个初步的了解。

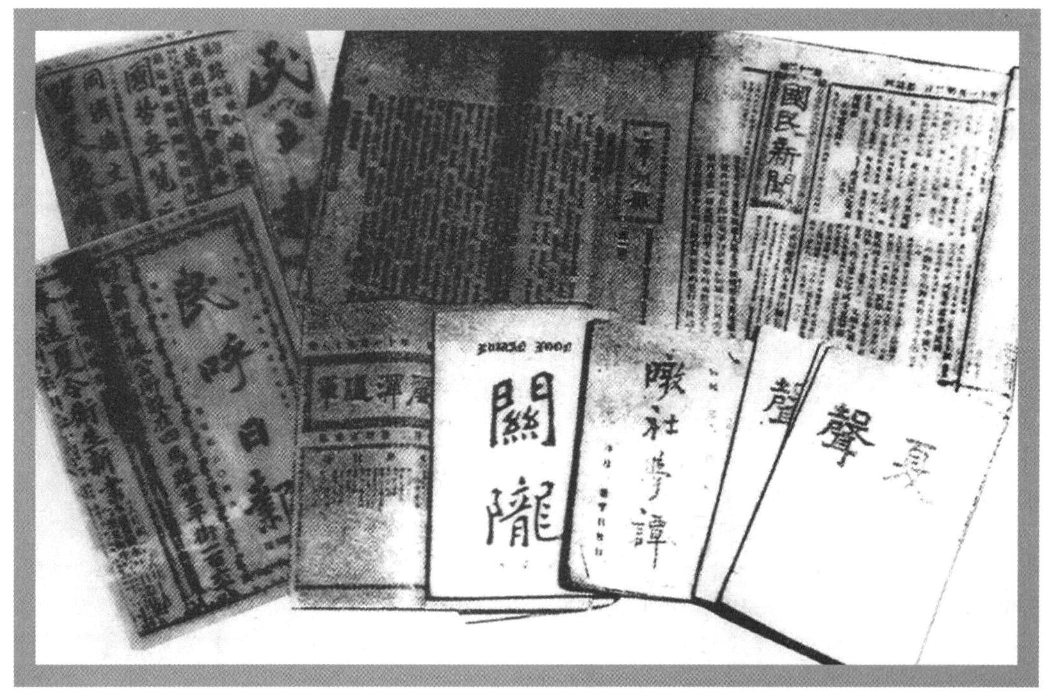

同盟会陕西分会在西安、上海和日本创办的反清报刊

晚清时期中国最早的石油专业留学生

清光绪三十年(1904)十一月,清政府拨地方官银 81000 两为资(屯垦经费)开办延长油厂,命候补知县洪寅为总办,并于光绪三十一年(1905)创建延长石油官矿局。经在陕任教习的日本人阿部正治郎介绍,洪寅聘日本人佐藤弥市郎任技师,派人赴日购买钻井炼油机器,并雇佣日本钻井技佐六人。第一井钻成后,所雇日本人期满解约,机器多半已不能使用。在此情况下,陕西巡抚曹鸿勋感叹:“原不得不借于异地。然使常常假乎外人,不特要索挟持,诸多不便,且恐垂涎者日阚其旁,将酿为利源之大蠹。”因此,曹鸿勋主张“于省城高等、师范两学堂内选化学较通之学生若干名,先令在厂实验,再择其优者,送日本越后油厂学习此专门,待其学成回国,皆能为油矿师者”。

据此计划,清陕西政府奏请光绪帝后,先派陕西高等学堂等几所学堂的学生吴源沣、沈云骧、由天章 (云飞)、杨宜鸿、方传龙、舒承熙、冯尔鹏、谭熙弭等十人到延长油矿实习。清光绪三十四年七月(1908 年 8 月),练习生吴源沣、舒承熙、杨宜鸿三人“奉派往日本再学习石油”,由天章不得预派,“因典产筹资,自费同往学习”。实际有四名留学生成行。这些留学生在日本越后油厂学习两年左右,先后回厂。

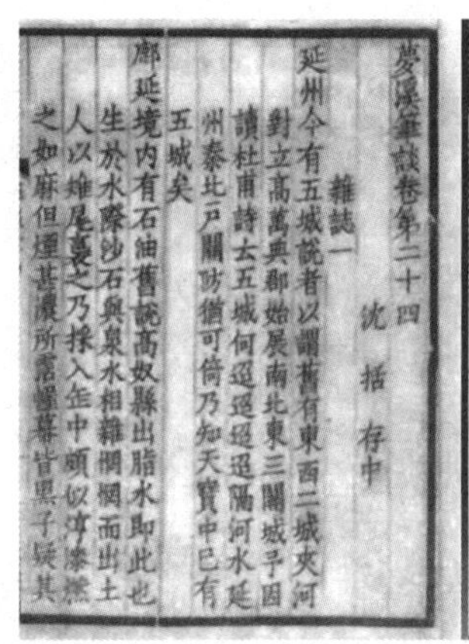

夢溪筆談卷第二十四　沈括存中

雜誌一

延州今有五城說者以謂舊有東西二城夾河對立高萬興典鄜始展南北東三關城予因讀杜甫詩去五城何迢迢迢迢隔河水延州秦北戶關防猶可倚乃知天寶中已有五城矣

鄜延境內有石油舊說高奴縣出脂水即此也生於水際沙石與泉水相雜惘惘而出土人以雉尾裛之乃採入缶中頗似淳漆燃之如麻但煙甚濃所霑幄幕皆黑予疑其

沈括在《梦溪笔谈》中命名陕北石油

延一井旧址纪念碑

张丙昌著《延长油井沿革史》

延长石油官厂

宣统元年(1909)七月，吴源沣“由日本报告调查条陈各事”，并接受陕西省劝业道交付的购机聘匠任务。

宣统二年(1910)七月，杨宜鸿随所聘大冢博士一行同归。

1912年民国成立，新旧交替，厂事无人问津，自费留学归国的由天章“主任一切，勉维现状”。

这是中国历史上第一次派出专门学习石油的留学生，而延长油矿又是世界上开发最早的大陆油田，故从陕西高等学堂派出石油留学生的意义重大，实际上揭开了西北大学在延长、玉门、大庆等我国各大油田以及各个历史时期为中国石油做贡献的历史序幕。

以陕西高等学堂为总司令部发动的辛亥革命西安起义

以孙中山先生为代表的资产阶级革命派顺应社会发展的历史潮流，在 1911 年 10 月 10 日发动了震撼中华大地的武昌起义，即辛亥革命。武昌起义后的第 12 天，即 1911 年 10 月 22 日，陕西革命党人张凤翙、钱鼎、万炳南、张云山、张钫等领导新军和哥老会响应武昌起义，发动了西安起义。

1911 年 10 月 27 日，即西安起义的第 5 天，张凤翙大统领将司令部移驻陕西高等学堂，当日召开大会宣布成立“秦陇复汉军政府”，并在此设府办公。直到同年 11 月 22 日得到在湖北的中华民国军政府授印后，才

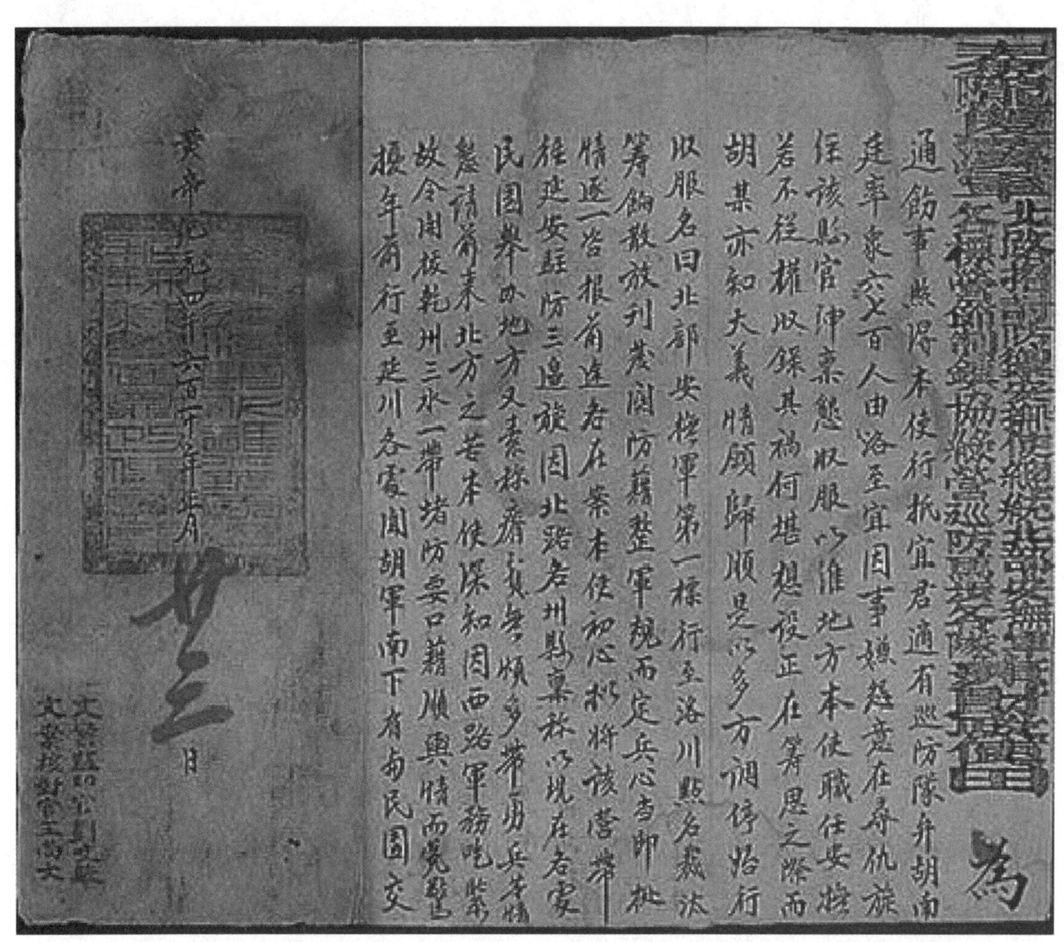
為
通飭事照得本使行抵宜君適有巡防隊弁胡南
庭率衆六百人由洛至宜因事與彥在哥仇旗
任該縣官紳稟懇收服以維地方本使職任安撫
若不從權收錄其禍何堪想役正在籌思之際而
胡某亦知大義情願歸順是以多方調停始行
收服名曰北部安撫軍第一標行至洛川縣名裁汰
籌餉散放刊發關防藉整軍規而定兵心當即批
情遂一咨報前進者在案本使初心於將該營帶
往延安駐防三邊旗因北路各州縣稟稱仍現在各處
民團舉辦地方又素稱齊

1912 年秦陇复汉军北路招讨防御安抚使的战情报告书

秦陇复汉军兵马大都督张云山(前排右一)

秦隴復漢軍大統領張
出示曉諭事准[illegible]函開宣統三年十
二月二十五日奉旨朕欽奉隆裕皇太后懿旨
前因民軍起事各省響應九夏沸騰生靈塗
特命袁世凱遣員與民軍代表討論大局議
開國會公決政體兩月以來尚無確當辦法南北
暌隔彼此相持商輟於塗士露於野徒以國
體一日不決故民生一日不安今全國人民心
理多傾向共和南中各省既倡議於前北方諸將
亦主張於後人心所向天命可知予亦何忍因
一姓之尊榮拂兆民之好惡用是外觀大勢
內審輿情特率皇帝將統治權公諸全國定爲
共和立憲國體近慰海內厭亂望治之心遠協
古聖天下爲公之義袁世凱前經資政院選舉爲
總理大臣當茲新舊代謝之際宜有南北統
一之方即由袁世凱以全權組織臨時共和政
府與民軍協商統一辦法總期人民安堵海內
乂安仍合滿漢蒙回藏五族完全領土爲一大中
華民國予與皇帝得以退處寬閒優游歲月
長受國民之優禮親見郅治之告成豈不懿歟[illegible]
統三年十二月二十五日蓋用御寶內閣總理
大臣國務大臣署名全權袁宥印等因准此合
亟出示曉諭爲此示仰軍民人等一體遵照
知現在共和政體業經成立南北各軍聯爲
一氣所有滿漢蒙回藏各民均成一家爾等務
各安生業共享太平勿得造謠生事別[illegible]
有害治安是爲至要毋違此示
右仰通知
黃帝紀元四千六百十年正月

秦陇复汉军大统领张凤翙发布的布告

将都督府移到城内北院门。

辛亥年暑期，陕西高等学堂留日学生崔云松、郗朝俊、康寄遥、宋元恺、钱鸿钧等返陕，“直接参与革命活动”。在辛亥革命前夕，陕西高等学堂教习李异材、邵力子也参与了西安起义的酝酿。高等学堂学生、陕西临潼人李含芳，在就学期间就积极参加爱国学生运动。在光绪三十四年(1908)的蒲城学潮(即“蒲案”)中，他积极活动西安各学堂反对蒲城知县李体仁殴辱教师、打死学生的罪恶行径，参与罢课等活动。最后在学界等各界人民的抗议下，县令李体仁被革职，并不准援例捐复。在辛亥革命中，李含芳也是最积极的分子之一。

秦陇复汉军政府由张凤翙任大都督，陕西大学堂的毕业生崔云松任财政部长(后任都督府秘书长，民初任陕西都督府参事、财政局局长、法制局局长，1913 年 1 月任陕北观察使)、陕西高等学堂留日学生郗朝俊任副部长，曹澍任教育部长，钱鸿钧任司法部副部长，高等学堂兵学教习宋元恺任外交部部长，陕西法政学堂原监督杨开甲(鼎臣)为民政部部长。财政部的地位和作用尤其重要，作为老西大人的崔云松、郗朝俊、康寄遥三人采取开仓平粜、整理金融、设立粮台、撙节开支、劝捐助饷、发行公债、整顿厘税、开彩筹款等多项措施，支持辛亥革命后军政府的财政，同时支持秦陇复汉军在东、西两路与清军历时半年的战争，度过了辛亥革命后秦省财政最困难的时期。

都督府共由军政、民政、财政、教育、司法、外交、交通、实业8个部组成，16个正副部长中就有9位出自西北大学前身，另有司法部长党积龄(松年)辛亥革命后亦成为西北大学主讲民法的教师，财政部副部长康寄遥亦成为西北大学预科学长。

秦陇复汉军副统领钱鼎　　秦陇复汉军保护外人的旗帜

1961年周恩来总理接见并与出席辛亥革命50周年纪念会代表合影(前排右八为马步云先生)

陕西高等学堂师生参与辛亥西线战役

1908年3月，甘肃兰州宴会场面，左前是陕甘总督升允

李绍棻在陕西巡抚任内，于光绪二十七年(1901)拨库银两万两(实际支出三万两)，筹办陕西大学堂。次年继任巡抚升允又就近奏准光绪与慈禧(时避难在西安)正式立案，为陕西做了一件好事。光绪二十八年(1902)五月，升允又奏准在陕西大学堂设农务、工艺两斋。然而，他却在辛亥革命后成为革命的死敌。武昌起义爆发后，升允站在革命的对立面，率甘肃"精锐军"、陇东"壮凯军"等号称数十万人东进，妄图迎奉溥仪，建立偏安西北的小朝廷。

陕西高等学堂学生、同盟会会员杨荟桢(茂斋)，曾参加张凤翙、张云山在西安五味什字义聚楼密召的各县同盟会员起义前秘密会议。按照秦陇复汉军政府的统一安排，陕西高等学堂等几所学堂一律停课，组织参加起义。鉴于各县秩序混乱，军政府遂分派省城各校学生回县倡办民团，并组织地方革命力量。杨荟桢与同为陕西高等学堂学生、同盟会会员的刘銡(介甫)在西安光复后，即按统一安排偕同回到家乡凤翔。1911年九月初六日(公历10月27日)夜间，杨荟桢和刘銡联合当地哥老会杨凤德等千余人包围凤翔城。县衙差役张三保等在城内做内应。次日全城光复，知县彭毓嵩和知府德祜被斩首示众，清参将王志英刎颈自杀。之后，群众不懂革命意旨，开始寻仇报复，焚公署县衙、焚教堂、烧洋书、杀教民，一时城内混乱。杨荟桢遂请当地哥老会大首领、秦凤山主马秉乾出面维持，才使秩序渐稳，后又派人赴省城请求派来秦陇复汉军副大统领万炳南出镇凤翔，形成以马秉乾等为中、东、西、南、北营管带的军事部署，并派出知府、知县，很快稳定了地方。陕西高等学堂学生周德润(字奋刚)与陕西优级师范毕业生王肇基也参与了凤翔民团的组织和计划实施。

辛亥西安起义的炸弹队总队长、兵学教习宋元恺

宋元恺教习

辛亥革命西安起义中有一位不畏艰险，奋勇杀敌的炸弹队总队长，后来在东渡讨伐张勋复辟时牺牲，他就是宋元恺，陕西高等学堂兵学教习。

宋元恺(1879—1917)，字向辰，陕西耀县人，清末廪生，曾在三原宏道高等学堂求学。光绪三十一年(1905)赴日本留学，先后就读于日本明治大学经济科、陆军士官学校、东武学校，其间入同盟会。宣统二年(1910)，宋元恺奉孙中山指示在朝鲜、大连等地从事反清革命活动，后随井勿幕返陕。

宋元恺返陕后，先后任陕西高等学堂兵学教习(即现在的体操教师)、陕西农业学堂日文教员，并从事革命活动，介绍学堂中不少师生加入同盟会。在陕西辛亥革命中，宋元恺任秦陇复汉军政府外交部部长，他亲往军装局把枪弹配给学生，让学生回乡组织民团，保卫地方。参加西路战役时宋元恺任炸弹队总队长，率部在醴泉(今礼泉)等地作战，西路议和后任交通司司长。其间，经他建议陕西先后派出200余名留日学生，他于1913年辞司长职亲任陕西留日学生经理。1916年自日归陕任乐群学社社长。1917年，张勋复辟后，孙中山密电其率“秦晋健儿，直捣燕京(今北京)，讨伐张逆，再造民国”。按孙中山密令，宋元恺积极奔走鼓动讨伐，组织陕西讨逆军并任总司令，东渡山西讨伐张勋，后在稷王山战斗中殉难。宋元恺牺牲后，孙中山曾为其题挽匾“国而忘家，为国捐躯”。

西安军装局，秦陇复汉军临时指挥部。宋元恺在此给学生配发子弹

参与创办三秦公学的刘治洲先生

陕西省省长刘治洲

刘治洲(1882—1963),字定五,陕西凤翔人。青年时期中过秀才。废科举后,又考入凤翔府中学堂,以优异成绩毕业。后经陕西提学使选拔送上海理化专科学校深造,毕业后曾赴日本留学,与于右任交游,参加孙中山领导的同盟会。1910年冬回西安,参与创办三秦公学(后归入西北大学)并担任理化教习。

1912年冬,刘治洲被陕西省推选为中华民国众议院议员。去北京后,他深知袁世凯排斥异己,阴谋称帝,便与多数议员坚决反袁。1913年6月,袁世凯悍然解散国会,他离开北京去上海继续反袁活动。1917年7月,他与国会议员二百余人由京去广州参加护法国会议员非常会议,选举孙中山先生任军政府大元帅,他担任大元帅府秘书。1922年6月,黎元洪在北京复任大总统,邀刘治洲任农商部次长,继而代任农商部长。此后他又积极投入拥孙(中山)倒曹(锟)活动。

1925年5月,刘治洲调任陕西省省长。刘镇华围困西安城期间,他处境艰难,慨然以“铁肩担道义”自勉,经常宣传北伐革命和坚守西安的重要意义,注意检查军纪,确保军事供给,依靠民众互助,救死扶伤,尽力减轻损失。当时省长公署已不发薪俸,省长亦吃油渣草根,常扶杖访问贫民疾苦。敌军炮弹横飞,屋摇灰落,他始终治公不辍。他与杨虎城、李虎臣同住一处,曾为“二虎”讲《史记》《纲鉴》上的英雄义烈故事,以振“二虎”之气,坚“二虎”之心。他与冯玉祥有旧交,故亲笔函请援兵。1926年9月,冯玉祥将军在五原誓师，组成国民革命军第二集团军策应北伐，挥师东下，一举解西安之围。冯玉祥将军在回忆录中说：“西安被围八月，始终屹立不动，定五先生的功劳，实在不可泯没。”

青年时代的刘治洲

1927 年年初，刘治洲随冯部北伐，曾担任郑州市长、河南省建设厅长和冯玉祥的最高顾问等职。20 世纪 30 年代初，他南北奔波，以冯玉祥代表的身份说服阎锡山、陈济棠联合反蒋抗日。在此期间，他又与中共方面保持密切联系。

七七事变后，刘治洲任陕西省政府委员兼陕西省银行董事长。他尽力宣传抗日和团结，反对投降与倒退。他和八路军西安办事处的负责人董必武、林祖涵（伯渠）是多年老友，在西安常相往来，每在家中便宴，款待董老和林老，从而表达其团结抗日之热忱。后来，他据理力争，营救被捕共产党员张锋伯一事也传为美谈。

1946 年秋，刘治洲脱离陕西省政府公职，并于 1948 年移居上海。次年年初，他听从中共的指示，秘密赴港，由组织安排，乘船北上。同年冬，周恩来总理约见刘治洲，委托他再去香港开展对台宣传工作。他以古稀高龄，甘冒香港特务暗害之险，尽心为党工作。1953 年夏，刘治洲返回北京，随即担任全国政协委员，后又担任民革中央团结委员。毛泽东主席曾派人慰问他，并转交赠款。1963 年 7 月 6 日，刘治洲先生病逝于北京，终年 82 岁。

刘治洲题写的碑文

与陕西客籍学堂、西北大学文科一街之隔的晋商会馆

图说

西北大学百十年历史

民国初年西北大学时期(1912—1915)

辛亥革命战火未熄,张凤翙即以“荡舟急流,势难中止”的决心,将陕西大学堂、陕西法政学堂、陕西农业学堂、陕西实业学堂、陕西客籍学堂合组为西北大学;并确立了服务于现实社会建设以及国家安危的教育理念。此一时期,西北大学师生参与中华民国的创建,出席孙中山临时大总统就职典礼,参加民国初年陕西地方和西北建设,开创和完善西北高等教育,创立我国北方地区最早的大学出版部,创办我国北方最早的综合性大学学报,开展“社会主义能否适行于今日之中国”的大讨论。

张凤翙与西北大学的创设

1912年3月，西路战事未息，中华民国秦军政分府大都督张凤翙即提出创立西北大学的主张，并成立西北大学创设会，亲自出任会长，委员有钱鸿钧、马步云、崔云松、郗朝俊、谭耀唐、党松年、康寄遥、寇锡三、惠甘亭、谢文卿(增华)、王芝庭(觐墀)等。创设会推关中法政大学校长钱鸿钧(原陕西法政学堂监督)为校长，并决定以陕西高等学堂、关中法政大学、原陕西农业学堂、原陕西实业学堂、原陕西客籍学堂为基础，筹组西北大学。

张凤翙为什么要创设西北大学呢？

首先，他认为创设西北大学“关系于现时建设”。他写道：

武昌起义，秦中继起，甘新僻远，亦举义旗，比较东南，未遑多让。自统一政府成立之而后，服务中央政府者，西鄙之人，乃落落如晨星，非勇于破坏，不懈于建设，人才难得，无可如何，不得不诿卸于东南诸贤，使之独任其难巨，国民责任之谓何，无以对国家，尤无以对东南各省，积渐恧而为奋勉，求根本之解决，固之有西北大学之发生。

张凤翙大都督

其次，他认为创建西北大学“关系将来之建设”。因为：

政体改良而后，无论立法、行政，非有高等学识者断难胜任而愉快，东南风号开通，具有高尚知识者所在多有，尚力图进步，急急然有南京、广东、湖北大学之经营，

1950 年 6 月全国政协一届二次会议期间，毛泽东和民主党派的委员们合影。前排左起：张凤翙、陈叔通、毛泽东、李济深；后排左起：王昆仑、刘清扬，许广平、陈劭先、李任仁

西北闭塞日久，若不早为培植，恐愈趋愈下，将来文武法官之考试，西北必少合格人才。东南纵号多才，未必能敷全国之应用，即使敷行政机关之用，而地区所限，于立法机关将奈何?以不健全之分子，而畀之以立法之特权，影响所及，良非浅鲜。一肢痿痹，累及全体，西北不竞，岂国之福?

第三，他还认为创建西北大学“关系于外部之防御”。因为：

俄库协约，西北首当其冲，纵此次和平解决，而野心未死，来日大难，欲取决于疆

张凤翙就任陕西省副省长

场，须布置于平日。布置方法，千经万纬，要必以培养人才为前提。东南(与西北)风气悬殊，风霜之苦，跋涉之艰，与夫鞍马之驰骤，食麦饮酥之淡泊皆西北之所长，而东南所不能耐者也。重洋商战，宜注重东南，大漠边防，宜注重西北。

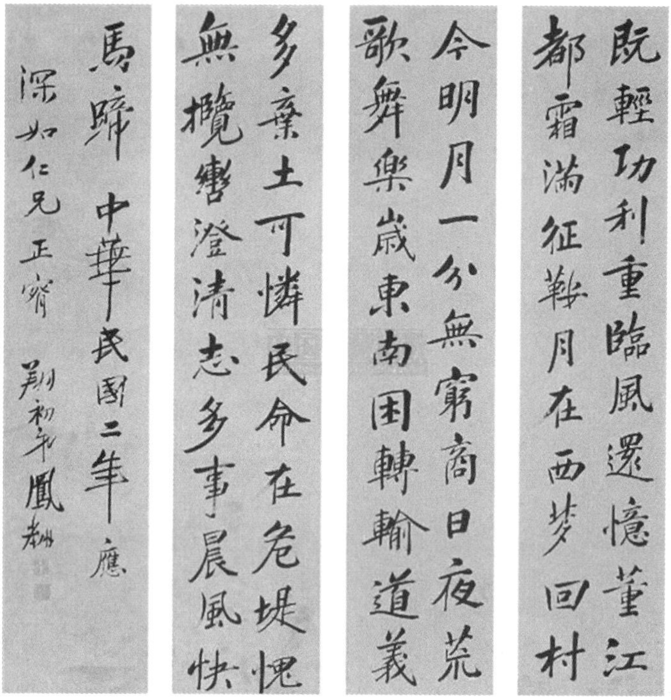

张凤翙书法

综合上述理由，张凤翙认为：“交通便利之省份，设立大学尚可暂行缓图，若西北则地方如此辽阔，关系如此重大，人才如此缺乏，内观外顾，忧心如焚，急起直追，犹虞不及。”因此，他迅速和甘肃、新疆两省商议，得到支持后，即决心排除万难，全力以赴创设西北大学。当遇到袁世凯政府阻挠时，他坚决声明西北大学的开办就好似“荡舟激流，势难中止”，最终于1912年3月力促西北大学开学。他为西北大学学报《学丛》创刊号题词：“障百川而东之，挽狂南于既倒。”表达了他对大学培植建设人才寄托的极大希望。西北大学校长钱鸿钧的题词：“中原板荡起纷争，手挽狂澜不用兵。沧海横流谁砥柱，文章经济勖诸生”，也颇能显示西北大学诞生于辛亥革命之中，以及决心以“文章经济”救助苍生的远大志向。

随着战事结束和建设时代的开始，辛亥志士们更为迫切地感触到陕西以及西北建设人才的紧缺。这就是张凤翙创设西北大学的背景。他从发动起义到东西两路战役120余天的腥风血雨中刚刚坐下，考虑的第一件大事就是成立西北大学创设会并出任会长。他斩钉截铁地指出：“求根本之解决，固之有西北大学之发生。”“本都督环顾东南，起视西北，默察现在，悬想将来，无论从何方观察，似应为破釜沉舟之计，不敢贻因噎废食之机。”在他的主导下，辛亥战事甫定，即有五学堂合组西北大学，确定“教授高深学术，养成硕学宏材，应国家需要”的办学宗旨，并于1912年3月正式开学，招收了来自陕西、新疆、甘肃的六七百名学生。西北大学的创设成为陕西辛亥革命的重要成果之一。

教授高深学术，养成硕学闳材，应国家需要

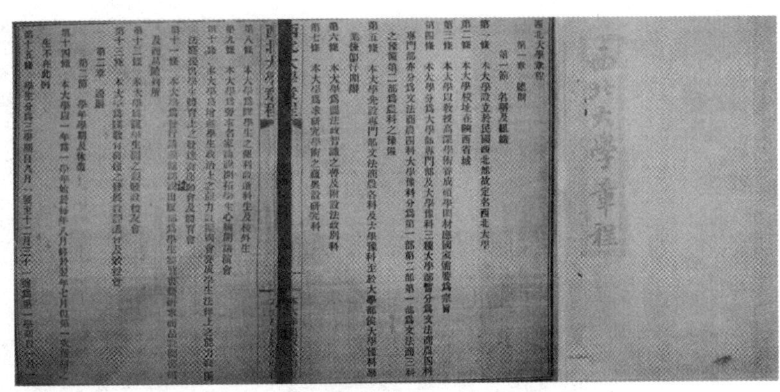

西北大學章程
第一章　總則
第一節　名稱及組織
第一條　本大學設立於民國西北部故定名西北大學
第二條　本大學校址在陝西省城
第三條　本大學以教授高深學術養成碩學閎材應國家需要爲宗旨
第四條　本大學分爲大學部專門部及大學預科三種大學部暫分爲文法商農四科專門部亦分爲文法商農四科大學預科分爲第一部第二部第一部爲文法商三科之預備第二部爲農科之預備
第五條　本大學先設專門部文法商農各科及大學預科至於大學部俟大學預科畢業後即行開辦
第六條　本大學爲圖法政智識之普及附設法政別科
第七條　本大學爲求研究學術之蘊奧設研究科

西北大学章程(1912)

1912 年的西北大学分大学部、专门部和专门预科，大学部、专门部设文科、法科、商科、农科；专门预科分为两部，第一部为文、法、商三科之预备，第二部为农科之预备。

当时的各科学长分别为文科崔云松、法科王觐墀、商科马步云、农科郗朝俊、预科康寄遥。教务长由马步云兼任。

《西北大学章程》(1912)中指明西北大学以“教授高深学术，养成硕学闳材，应国家需要”为宗旨。除上述各科外，“为图法政智识之普及”附设法政别科；“为求研究学术之蕴奥”设研究科；“为谋学生之便利”设选科生及校外生；“为旁求名家论说，开拓学生心胸”开演讲会；“为增进学生政治上之能力”设拟国会；将“养成学生法律上之能力”设拟法庭；为“提倡学生体育上之发达”设运动会及体育会；“为发行讲义杂志”设出版部；“为学生参考书籍、研求商品”设图书馆及商品陈列所；“为谋学生间之亲睦”设校友会；“为谋教育前途之发展”设评议会及教授会。由此观之，现代大学端倪已现。

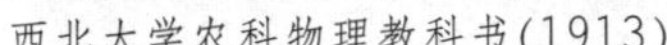

西北大学农科物理教科书(1913)

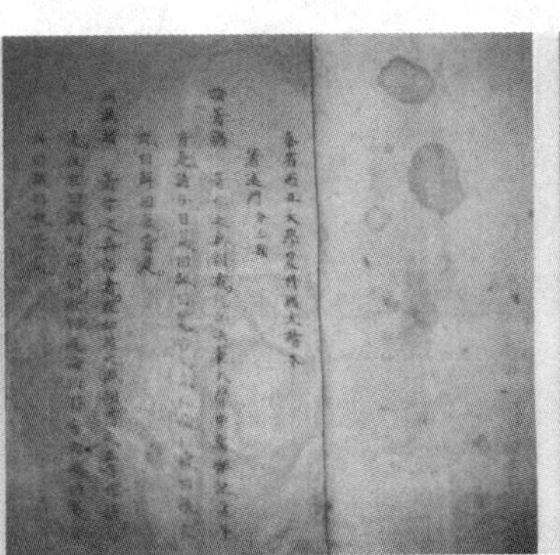

西北大学国文教科书(1913)

100年前的西北大学毕业证

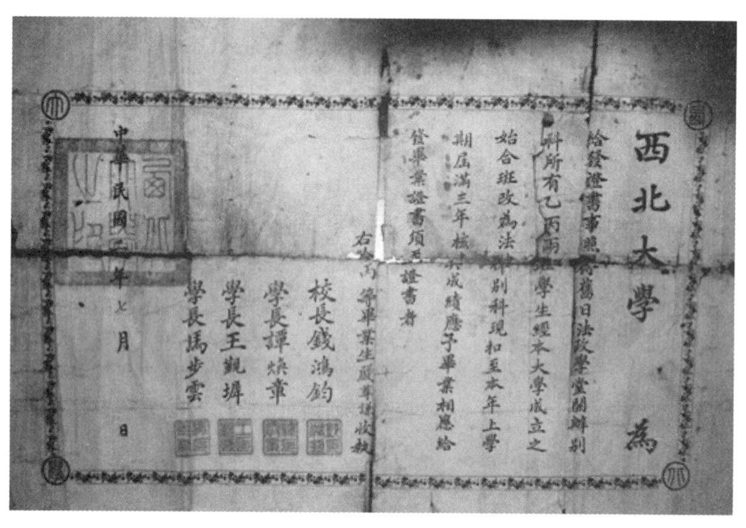

西北大學 為
給發證書事照得舊日法政學堂關辦別
科所有乙丙兩班學生經本大學成立之
始合班改為法律別科現扣至本年上學
期屆滿三年核其成績應予畢業相應給
發畢業證書須至證書者
右給[illegible]第[illegible]畢業生嚴[illegible]收執
校長錢鴻鈞
學長譚煥章
學長王觀[illegible]
學長馬步雲
中華民國二年七月 日

民国二年的西北大学毕业证。1912年，陕西法政学堂别科的甲、乙、丙三个班(三个年级)的学生，随校并入由五个学堂和三秦公学合并组建的西北大学，进入西北大学法律别科学习。当年7月，甲班学生学习届满毕业；至1913年7月，乙、丙两班学生也学习届满毕业。这份民国二年七月编号为“伍拾”的“西北大学毕业证”即来源于此。这也就是1912年刚合并组建的西北大学建学初期的第一、二学年均有学生毕业的缘由。

晚清陕西法政学堂和民初西北大学时期使用的哲学、文学、史学、法学教科书和辅助教科书。这些教科书中年代最久远的为乾隆五十一年(1786)重镌的套红石印本文学教科书《诗经嗜凤详解》一书，还有民初西北大学校长钱鸿钧自编油印的《行政法》。

1907 年的西安城

1907 年的天主教堂西安南堂(位于今西安五星街)

马步云、张蔚森出席临时大总统选举及就职典礼

正值辛亥革命如火如荼之际，陕西高等学堂留日学生、同盟会员马步云和张蔚森二人日夜兼程回到上海，并立即与民立报馆的于右任联系，得知清军正从河南开封调派新军进攻陕西起义军。于右任告之道："陕西最需要的是军火，不断有人来求我在外设法。顷有普陀山僧人代表向《民立报》表示愿助军饷，你最好在回陕前去一趟普陀山。"经与宋教仁、陈其美等协商，遂决定由马步云与同乡雷震至普陀山安抚，张贴保护寺庙的布告，在山上逗留了三天。前后山各寺的捐款后被转交陕西烟商义源厚，成为陕西辛亥革命购运军火的专款。

1912 年 1 月 1 日中华民国宣告成立，受陕西起义军的委托，马步云、张蔚森、于右任（未出席）、赵世钰等 4 人被推选为赴南京选举中华民国临时大总统的陕西代表（17 省代表之一，4 人占 1 票），并出席了总

中华民国临时大总统选举会合影

曾任南京临时参议院议员的马步云

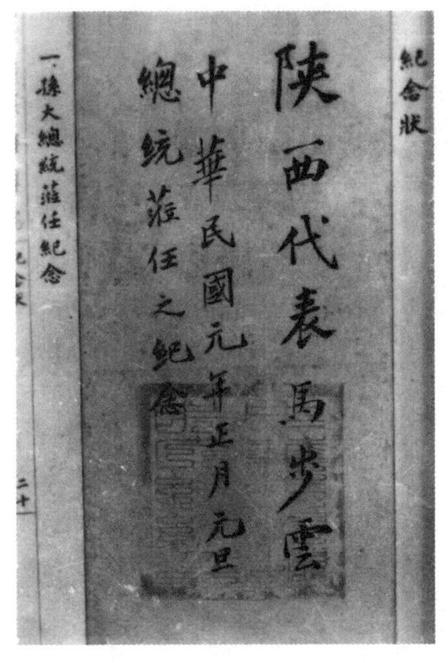

马步云出席孙中山就任中华民国临时大总统典礼的纪念状

统就职典礼。

其中，马步云，又名凌甫，别号自力子，陕西郃阳（今合阳）人，光绪三十一年(1905)官派赴日留学，入早稻田大学习普通科，后改习农科，毕业于日本明治大学政治经济科，在东京加入中国同盟会。1912年1月28日任南京临时参议院议员。辛亥革命后的1912年3月，任西北大学创设会委员，并被聘为西北大学商科学长、教务长，主讲经济学、宪法等课程。之后，又赴日为西北大学选聘日籍教师、购置图书仪器设备并考察日本高等教育，与日本早稻田大学、明治大学、中央大学、法政大学、庆应义塾大学建立联系，使西北大学学生可直接进入以上日本高校学习。

张蔚森，又名荫庭，光绪三十一年(1905)官派赴日留学，入济美学堂习普通科，后改习工科，毕业于明治大学，获政治学学士学位。归国后，于1912年1月28日任南京临时参议院议员，1913年4月至1914年1月复任北京政府时期第一届国会第一期常会议员、参议院议员，后任陕西都督府司法顾问。1912年至1915年，任西北大学创设会委员，西北大学教师，主讲国际法。

民国二年的学生雄辩会

“社会主义能否适行于今日之中国？”这是民国肇造的第二年(1913)，处于西北偏远之地的西北大学学生第三次雄辩会的辩题。它使人深感震撼，这些学生怎么会在社会主义制度在中国推行的几十年以前就开始辩论如此超前的重大理论问题呢？

就此发表演讲的学生有二十余名，主张约分为三派：一是主张“社会主义绝对不能适行”；二是主张“将来能行”，“今日之中国绝对不宜”；三是主张“社会主义可行”。华俨、董彦儒、陈钟秀、陈宏滔等四名政科学生的演讲最有特色，可自圆其说。《学丛》创刊号发表了这四位学生的演讲稿，其大致谓：“社会主义为矫正资本主义之弊而生，中国今日所急宜讲求者在于生产，而不在分配，欲谋生产，必先提倡资本之集中，以与各国大资本家相对抗。夫而后可以谋生产事业之发达。”演讲辩论持续三个小时之久。最后，谭耀唐学长、马步云学长予以点评，并陈述了自己的观点。

辩题的答案正确与否已不重要，重要的是，我们由此看到了西北大学学子怦怦跳动的赤子之心，关心祖国前途命运、关注重大理论问题以及民国初年西北大学在经由日本传入社会主义思潮、引领社会进步方面所做的有益探索。

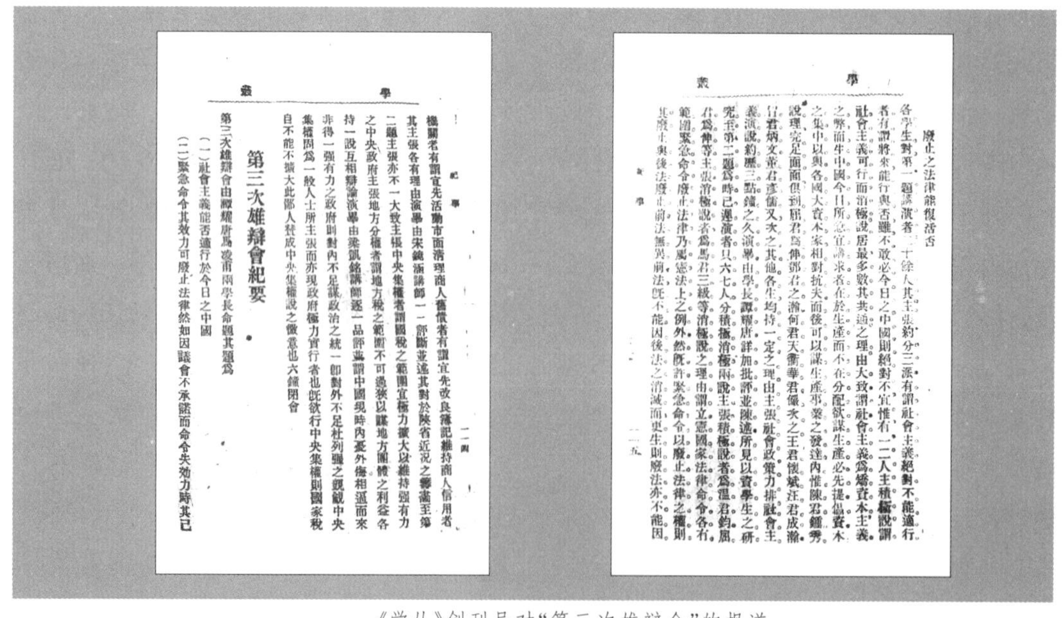

學叢 紀事 一一四

機關者有謂宜先活動市面清理商人舊債者有謂宜先改良簿記維持商人信用者其主張各有理由演畢由宋鏡涵講師一一評斷並述其對於陝省近況之嚮盡至第二題主張亦不一大致主張中央集權者謂國稅之範圍宜極力擴大以維持强有力之中央政府主張地方分權者謂地方稅之範圍不可過狹以謀地方團體之利益各持一說互相辯論演畢由梁凱銘講師逐一品評並謂中國現時內憂外侮相逼而來非得一强有力之政府則對內不足謀政治之統一即對外不足杜列强之覬覦中央集權固爲一般人士所主張而亦現政府極力實行者也既欲行中央集權則國家稅自不能不擴大此鄙人贊成中央集權說之微意也六鐘閉會

第三次雄辯會紀要

第三次雄辯會由譚耀唐馬凌甫兩學長命題其題爲

（一）社會主義能否適行於今日之中國

（二）緊急命令其效力可廢止法律然如因議會不承諾而命令失効力時其已

學叢 一一五

廢止之法律能復活否

各學生對第一題講演者二十餘人其主張約分三派有謂社會主義絕對不能適行者有謂將來能行與否雖不敢必今日之中國則絕對不宜惟有一二人主積極說謂社會主義可行而消極說居最多數其共通之理由大致謂社會主義爲矯資本主義之弊而生中國今日所急宜講求者在於生產而不在分配欲謀生產必先提倡資本之集中以與各國大資本家相對抗夫而後可以謀生產事業之發達內惟陳君鍾秀說理完足面面俱到賴君爲伸鄧君之瀚何君天衢華君儼次之王君懷斌汪君成瀚官君炳文董君彥儒又次之其他各生均持一定之理由主張社會政策力排社會主義演說約歷三點鐘之久演畢由學長譚耀唐詳加批評並陳述所見以資學生之研究至第二題爲時已遲演者只六七人分積極消極兩說主張積極說者爲溫君鈞鳳君爲伸等主張消極說者爲馬君三級等消極說之理由謂立憲國家法律命令各有範圍緊急命令廢止法律乃屬憲法上之例外然既許緊急命令以廢止法律之權則其廢止與後法廢止前法無異前法既不能因後法之消滅而更生則廢法亦不能因

《学丛》创刊号对“第三次雄辩会”的报道

社會主義能否適行於今日之中國

政科學生 華儼

學說因時局而發生時局以學說而轉移此東西之公例古今之定義也歐洲當十七世紀以前君主貴族專制於上僧侶武士暴橫於下人民財產權利受無理之制限而無可如何困苦倒懸殆達極點於是一二有志之士痛心時弊倡言革命盧梭氏之民約論孟德斯鳩氏之三權分立說爲一般學者所傾向通國人民所歡迎而專制政體遂因之而推倒然政體既改而大資本家同時產出法律上之不平等雖除而經濟上之階級乃遂判若霄壤貧民生命悉操諸豪商鉅富之手困苦不可言喻於是公產制度之學說起焉此十九世紀社會主義沸騰之第一原因也社會主義者反對資本家之壟斷權利之主義也或謂反對資本家必爲一般勞動者之所倡此等人未受高等教育乏完全學識何以能鼓動一世不知歐西上流社會中人才濟濟稍次之才活動于上流社會中則不足而活動于下流社會中則有餘倡公產言均富最適貧者之心

1913年《学丛》发表文章《社会主义能否适行于今日之中国》(华俨)

首开西北民主与科学先河的《学丛》

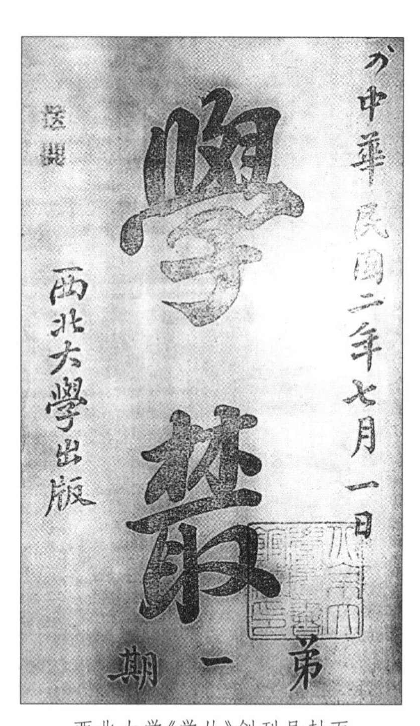

西北大学《学丛》创刊号封面

1911 年 10 月，陕西首先响应辛亥革命起义，志士们刚刚放下刀枪从战场归来，就于 1912 年 3 月由陕西大学堂等五学堂合组成西北大学，又于 1913 年 7 月 1 日创刊《学丛》(又名《西北大学学丛》)。《学丛》是我国最早的学报之一，开设有论说、讲演、杂纂、纪事四大栏目，现见有 170 余篇学术论文和学术报道，内容涉及社会科学、自然科学、农学、国际科学技术会议报道等。《学丛》虽然寿仅两载，但却意义非凡：一是首次向我国偏僻的西北地区系统传播了西方民主制度、社会主义思潮和科学强国的理念以及法学、政治学、经济学知识；二是填补了我国北方地区新闻出版事业中“大学学报”这个新门类的空白。

《学丛》尤为强调效仿日本以科学技术强国。农科学长郗朝俊在分析近世日本何以由弱小变为强盛时，

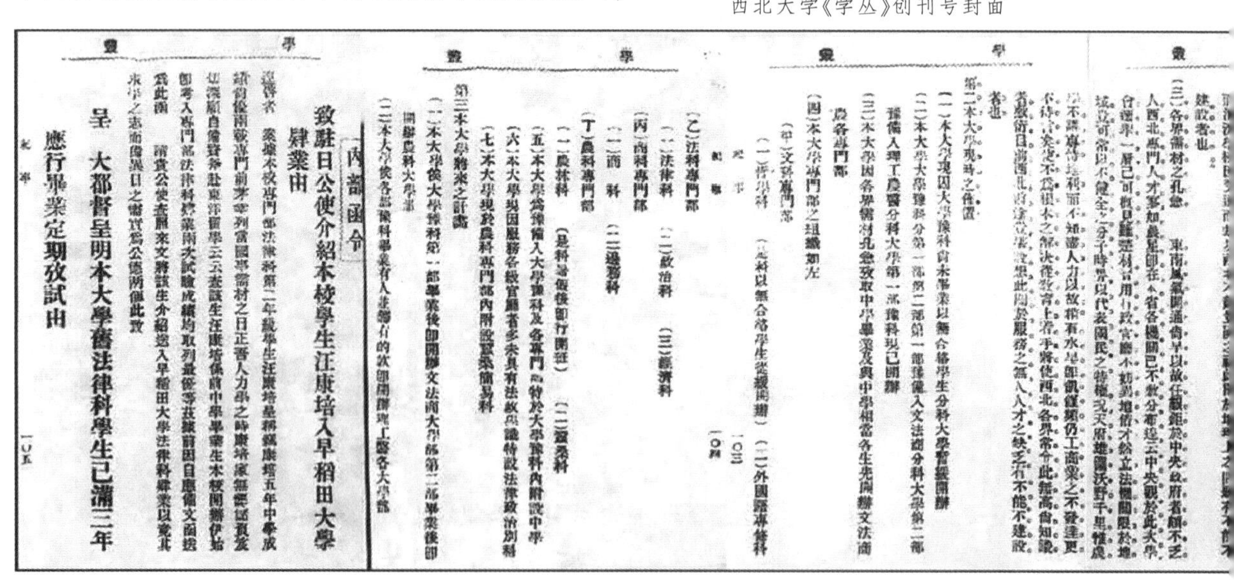
內部函令

致駐日公使介紹本校學生汪康培入早稻田大學肄業由

呈大都督呈明本大學舊法律科學生已滿三年應行畢業定期考試由

见于《学丛》(1913 年第 2 期)的西北大学大事记

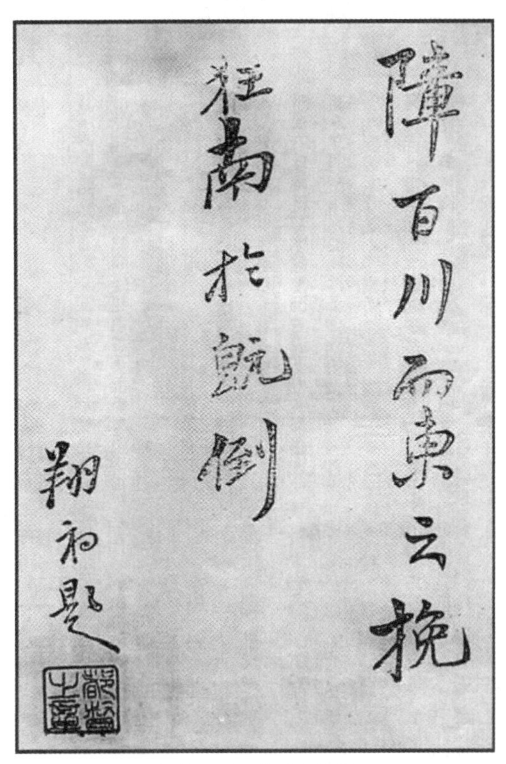

张凤翔为《学丛》题词

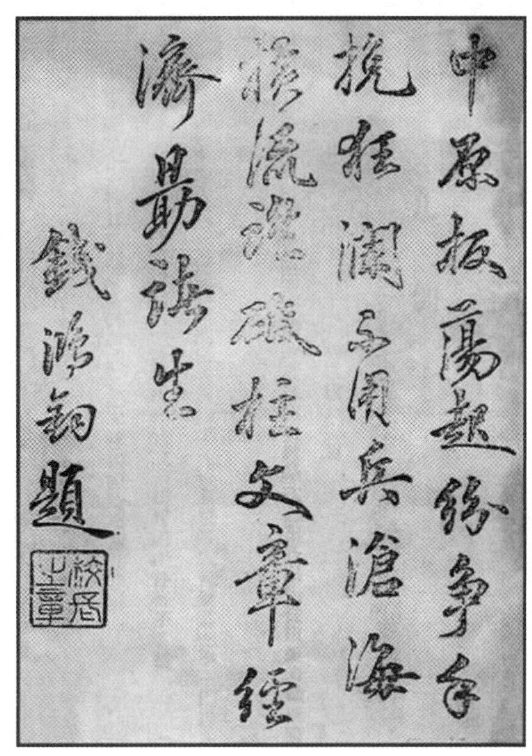

钱鸿钧为《学丛》题词

紀事

本校大事記

名稱之沿革

本校原爲舊日法政學堂地址初定名爲關中大學嗣改爲西北大學其改定之原因見於民國元年十月呈大都督文內茲特謄錄於左

[illegible]

現開之科目

[illegible]

科目	學年學期	班數	人數
法律科	第三年第六期	一	八二
	第[illegible]年第二期	一	九五
政治科	第二年第三期	一	九二
	第一年第一期	二	三四三
經濟科	第一年第二期	一	九一
[illegible]科	第一年第一期	一	一〇一
[illegible]科	第一年第一期	一	五九
[illegible]科	第一年第一期	二	一二〇
法律別科	第一年第一期	二	三五〇
政治別科	第一年第一期	一	一〇七
[illegible]科	第一年第一期	一	四四
附屬中學	第三年第三期	三	一四〇
	第二年第二期	二	一一六
	第一年第一期	一	六四

致部視學說明本大學開辦各科之大要

本大學初定名爲關中大學繼因改組更名爲西北大學所有建設理由及現時情[illegible]

[illegible]

第一 本大學建設之理由

（一）歷史上之必要 [illegible]

（二）地理上之必要 [illegible]

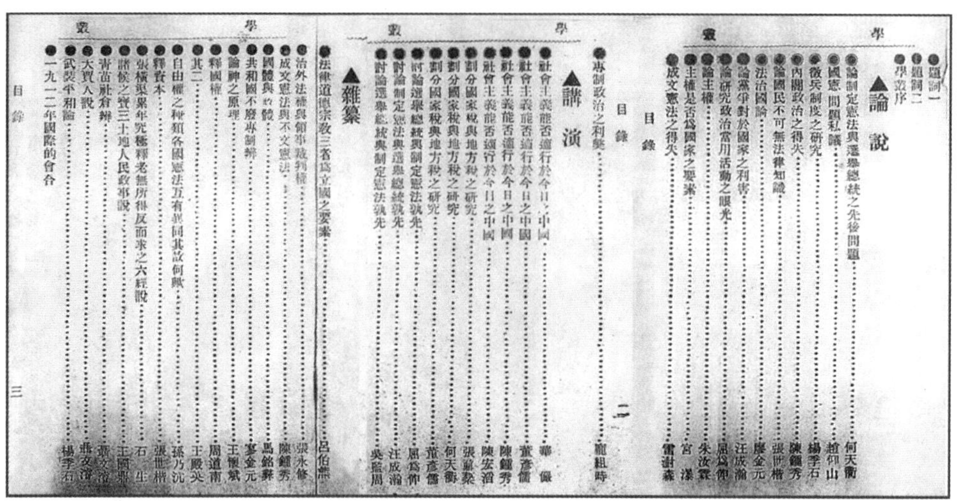

學叢 目錄

●題詞一
●題詞二
●學叢序

▲論說

▲講演

▲雜纂

《学丛》(1913 年第 1 期)目录

在《学丛》第二期撰文指出:其一是“以农立国”,而且“择籽、化壤、肥料、疏苗、筑堤、闸防、水旱之类,皆利用新法”,“故能一町之田再收,一岁之禾屡获,区区三岛所出足供举国之耗费而无虞不足”,“我固将学步”;其二是“日本工艺朴拙,器具苦窳,与我同病,自圣彼易博览会后,痛惩前愆,力图补救,因开劝业、共进等会鼓励进行,迄今日出品之精良、工业之进步,几与欧美并驾齐驱,而彼都人士,尤于电、光、气、化、采矿、冶金、机器等科发其理想,加意研求,内以振国民技艺之精神,外以动世界各国之视听”,“其效果我所急宜取法”;其三是“日本于医学一科,法尚新奇,术精解剖,本诸实验,不泥古方,会通海内外之见闻,甄拔中法、西法之美善,全体部位无不校风寒燥湿淫,无不辨各物生性,无不识经络脉理,无不本仁心以行仁术,人物生灵均获永寿”,“我所宜极力精研者”。另外,《学丛》还对有关应用化学、古生物学、天文学、医学、园艺学、心理学实验、无线电、飞行发动机、铁道安全、火灾救援等内容的国际科技会议做了集中报道。西北大学也在 1905、1914 年两次派出留日学生,这显示了我国地方大学在创建初期就具有面向世界办学、学习外国先进科技和重视国际科技学术交流的姿态。更为重要的是,这酝酿了五四运动前夕偏僻的西北地区知识阶层浓郁的民主与科学气氛,在我国西北地区的近代化进程中具有石破天惊的拓荒意义。

1914 年《学丛》停刊以后,从 20 世纪 20 年代至 50 年代,先后有《西大学报》《西北学报》《西北学术》《西北月刊》《西北大学校刊》《西北大学学报》(哲学社会科学版和自然科学版)等刊一脉相承,延续至今。

西北大学出版部的成立

1912年3月初，西北大学依《大学章程》规定，经三个月建设，“特设出版部”。地址位于学校东部(今西安市东厅门西安高中院内)。出版部还在北京顺治门大街秦中公寓、天津自由镜报社、上海商务印书馆、汉口商务印书馆、甘肃行政公署、新疆行政公署、西安省垣各书局设立了代派处。

《大学章程》规定：“凡本校之讲义录，以及教员与学生所著译之书籍、本校内每月发刊之《学丛》，均由出版部印刷发行。”此外，如教员与学生需用之书籍，亦由出版部向中外书肆代为购买。出版部当时已有机器两台，除印刷本校一切章程、记录外，兼印外间报章及各团体通告、各机关训令。由于业务繁忙，机器不敷使用，又在沪购买石印、铅印机器各一部，1913年7月运回投入使用。

这是迄今所知我国北方地区最早的大学出版机构，也可看作是今日西北大学出版社的渊源。其于1913年7月1日出版的西北大学《学丛》，也是我国北方地区最早的综合性大学学报。清华大学到1915年才创刊《清华学报》，北京大学直到1919年才创刊《北京大学月刊》。

叢

出版部成立紀略

本大學依大學章程內規定特設出版部一處其地址卽在本校東旁於陽歷三月初間動工現已三閱月而工始竣凡本校之講義錄以及敎員與學生所著譯之書籍本校內每月發刊之學叢均由出版部印刷發行此外如敎員與學生需用之書籍並敎授品內所用之白墨鉛筆等件亦由出版部向中外書肆代爲購買現已有機器兩座除印刷本校一切章程記錄外兼印外間報章及各團體通告各機關訓令刻因現有之機器尙不敷用已在滬購買石印鉛印大機器各一座約陽歷七月初間卽可運回一切佈置法另載于出版部詳細規則

紀事　一一九

《学丛》“纪事”栏刊载的“出版部成立纪略”

国立西北大学出版部在城固出版的部分学术研究刊物

題詞

國立西北大學創設陝西，吾人遠覩周秦漢唐之盛世，縱覽陝甘寧青新區域之廣大，不惟緬懷先民之功績，起無限之敬仰。且于祖國前途，抱無窮之希望。故恢復歷史的光榮，創建新興的文化，實爲西北大學應負之使命。本刊卽應此神聖使命而產生，專以研討學術，融合東西文化，發揚民族精神，爲主旨。玆當創刊伊始，爰綴數言，其責任之重，其前途之遠，願本刊同人與讀者共肩負之。

賴璉 中華民國三十二年

钱鸿钧校长身陷囹圄

钱鸿钧校长

钱鸿钧既是民国时期西北大学首任校长，也是西北大学历史上数十位校长中第一个被捕入狱的校长。

钱鸿钧曾任陕西省法政学堂监督(即校长)。1912 年至 1914 年冬，任西北大学创设会委员、西北大学校长。1914 年 6 月，袁世凯把中华民国秦军政分府大都督、西北大学创设会会长张凤翙调往北京，封为有职无权的“扬威将军”。之后又派亲信陆建章率兵入陕，取代了张的职位。陆建章主陕之后，于 1914 年冬天的一个晚上，密令长安知事杨善征带领警察逮捕西北大学校长钱鸿钧，由宋焕彩取代钱鸿钧，以关中道尹兼任校长。

陆建章在北京时曾任军政执法处处长，向以“陆屠户”著称。1916 年 5 月陕西反袁军起兵“逐陆”，不久其子陆承武在富平被反袁军生擒，陆为保全儿子生命，答应反袁军由其岳父王继彬保钱鸿钧出狱。然而，在 1915 年春，西北大学开学时，仅有学生一百余人，教师不安心授课，学生无心学习。陆建章随即将西北大学改为陕西法政专门学校，刚刚成立四年的西北大学遂停顿。

辛亥革命西线战役

宋焕彩校长

居士教授康寄遥

康寄遥教授

他曾在轰轰烈烈的陕西辛亥革命中与另一西大学人崔云松共掌秦陇复汉军政府的钱袋子，整顿厘税，创建财政，有力地支撑了陕西辛亥革命。他也曾追随张凤翙创建西北大学，是12名创设委员之一。然而，革命后，在一片迷茫中，他却成了一名佛教居士。他就是民国元年西北大学的预科学长康寄遥。

康寄遥（1880—1968），名炳勋，字寄遥，法号法真，自号寂园居士。1909年赴北京高等师范学校求学，1912年回陕，被任命为陕西军政府财政司次长，同时兼任西北大学预科学长及国民党秦支部副部长。后因袁世凯势力控制陕西而辞去党政各职，转而热衷于发展实业。十月革命后，康寄遥在上海租界内主编《正报》等报刊，抨击时政，赞扬俄国十月革命，追随陈独秀等人宣传社会主义。不久，他所主办的《日报》与《新青年》被视为过激派刊物而遭查封。就在康寄遥迷茫无措之际，与太虚大师的会面确定了他一生的信仰——皈依佛门。康寄遥成为一名佛教居士后，以振兴陕西佛教为己任，成立了近代西北地区第一个佛教居士组织——佛化社。张凤翙、程潜等先后出任佛化社董事长，康寄遥为社长，一直连任，主持社务。

康寄遥撰写的《陕西佛寺纪略》手稿，从位置、沿革、宗派、国际关系和现状五个方面对关中地区26所重要佛寺做了详细介绍，为人们提供了关中诸寺明晰的历史发展线索，填补了明清以后陕西佛寺历史的空白。其主编的《陕西省民族宗教志》佛教部分，包括沿革、宗派、人物、经典、寺院五部分，为人们研究陕西佛教史特别是陕西现代佛教史提供了珍贵资料。康寄遥先后编撰过《陕西佛教复兴新纪元》《陕西七年来的佛教》《印光大师特刊》《太虚大师弘法专刊》《祈祷特刊》《太虚弘法专刊》等多种弘法刊物和佛学大师们的论述、讲义数十种。在抗日战争时期，因为南北交通阻隔，陕西及西北佛教界一时购买不到所需的各种佛经，康寄遥主持刻印的数十种经本，在很大程度上满足了各地的需要。

孙蔚如中条山抗日

曾是西北大学学生的孙蔚如将军

孙蔚如曾两次与西北大学发生联系：一次是清宣统二年(1910)入西北大学前身之一陕西实业学堂，因辛亥革命爆发而中途辍学；第二次是入由陕西实业学堂等五学堂合组而成的西北大学预科。他最为人们所称道的是指挥中条山抗日。

1938年，蒋介石任命孙蔚如为第四集团军总司令，下令坚守中条山。孙蔚如率领士兵与敌人进行了殊死的战斗。当时的陕西报纸称“西北整个得以安定，皆赖我英勇将士在北岸艰苦支撑所赐”。日军称中条山战役为华北战场的盲肠炎，国人则把第四集团军称为中条铁柱。各地进步

武士敏、杨虎城、冯钦哉、孙蔚如(右一)合影

记者、各界代表团纷纷来到中条山，慰劳官兵，四处称颂，盛况空前。迫于形势，蒋介石也不得不赞扬孙蔚如的抗战业绩。

孙蔚如把慷慨激昂、悲壮英勇蕴于笔端，含笑作词《满江红·中条山抗日》："立马中条，长风起，渊渊代鼓。怒皆裂，岛夷小丑，潢池耀武。锦绣江山被蹂践，炎黄胄裔遭荼苦。莫逡巡，迈步赴沙场，保疆土。金瓯缺，只手补；新旧恨，从头数，挽狂澜作个中流砥柱。剿绝天骄申正义，扫除僭逆清妖蛊。跻升平，大汉运方隆，时当午。"

文武双全的孙蔚如，清光绪二十二年(1896)出生于陕西省咸宁县(民国时并入长安县)灞桥豁口村的书香门第。自学生时代起，他就博览群书，后受孙中山革命思想的影响，于1918年参加靖国军，反对段祺瑞，失败后追随杨虎城，是杨虎城的两大心腹将领之一。他心思缜密，杨虎城有事喜欢与他商议。

中条山抗日英雄跳黄河殉国纪念碑

1932年，第十七师扩编为第三十八军，孙蔚如任军长。1936年，获授陆军中将，被视为当时西北军中号召力仅次于杨虎城的二号人物。西安事变中，他任西安戒严司令、抗日联军临时西北军事委员会副主任委员、抗日援绥军第一军团军团长，积极促成西安事变的和平解决。

1945年7月，孙蔚如调任第六战区司令长官，授上将衔，获抗战青天白日勋章、美国二战金质自由勋章、首批抗战胜利勋章。日寇投降时，他曾为第六战区受降主官，在武汉接受日本第六方面军投降并全权处理第六战区受降事宜。武汉中山公园内至今还有一座受降碑，碑上镌刻草书铭文："中华民国卅四年九月十八日，蔚如奉命接受日本第六方面军司令官冈部直三郎大将率二十一万人签降于此——第六战区司令长官孙蔚如题。"

中华人民共和国成立后，孙蔚如历任陕西省副省长，中华人民共和国国防委员会委员，陕西省第一、二届各界人民代表会议协商委员会副主席，陕西省第一、四届政协副主席，民革中央常委，民革陕西省委第一、二、三届主任委员，第五届全国政协委员等职。1979年7月27日病逝于西安，叶剑英、邓小平、徐向前等送花圈志哀。

向往光明的赵寿山

赵寿山,清光绪二十年(1894)出生于陕西省户县定舟村北堡。自幼家庭贫苦,深知求学不易,所以刻苦学习、立志报国。1912 年入西北大学预科,后转入陕西陆军测量学校。在西北大学预科第一学期时,得到族人赵鹤一的资助。

曾是西北大学学生的赵寿山将军

1924 年春,赵寿山加入杨虎城部队。西安事变时,赵寿山参与指挥第十七路军的军事行动。毛泽东曾说:“对十七路军的工作,是统一战线的典范。” 西安事变后赵寿山改任第十七师师长。第十七师驻防三原期间,赵寿山向红军支援了大量武器弹药和其他物资,多次受到中国共产党领导人接见。抗日战争爆发后,赵寿山曾亲率官兵与日军血战十五昼夜。1938 年夏,赵寿山升任三十八军军长,在中条山坚持抗战达两年半之久。

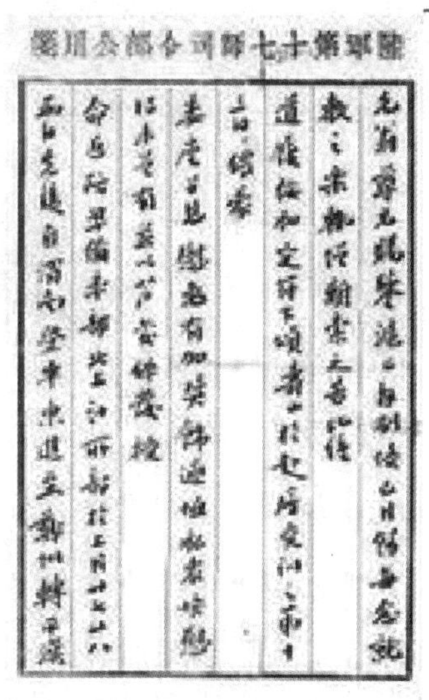

陸軍第十七師司令部公用箋

赵寿山战地手札

1940 年冬,蒋介石下令调三十八军开赴河南,不久中条山失陷。赵寿山深感国共合作无望,遂于 1942 年 10 月经彭德怀介绍加入中国共产党。蒋介石对此可能有所觉察,遂于 1943 年冬调赵寿山到重庆将官团受训,后又明升暗降,调其到胡宗南控制下的甘肃武威任第三集团军总司令。1946 年 8 月,国民党反动派撤销了赵寿山的总司令职务,以出国考察水利为名调其到南京。在此期间,经董必武等人的精心安排,赵寿山摆脱了国民党特务的监视,乘坐“救济总署”号轮船,辗转上海、天津等地,于 1947 年 3 月由河北静海进入解放区,在邯郸受到刘伯承、邓小平、薄一波的热烈欢迎。到陕北后,毛泽东、周恩来给予他很高的评价,并任命他为中国人民解放军

西安事变期间，任弼时(前左一)、彭德怀(前左二)等红军将领与赵寿山(前左三)等友军将领及地方人士在三原合影

1947年秋，中共西北中央局、陕甘宁边区政府部分领导合影。前排左起：林伯渠、贺龙、赵寿山、习仲勋、张邦英、曹力如；后排左起：王维舟、贾拓夫、杨明轩、马明方、马文瑞、姚警尘

第一野战军副司令员、前委委员。1949年9月，赵寿山任第一届政协全国委员会委员，历任青海省人民政府主席和陕西省省长、中共陕西省委常委、全国人民代表大会常务委员会委员、国防委员会委员等职。1965年6月20日病逝于北京。毛泽东、刘少奇、周恩来、朱德、宋庆龄、林彪、董必武等送花圈志哀。

图说西北大学百十年历史

陕西法政专门学校与陕源国立西北大学时期(1915—1926)

民国初年,不同时期先后毕业的西北大学校友投身于中国社会剧烈变革之中,参与和亲历了五四运动。1923年,陕源西北大学在吴佩孚的支持下实现国立,罗素的弟子傅铜、世界知名水利学家李仪祉先后任校长。罗常培、汪胡桢、熊庆来、胡小石等在校任教。鲁迅等知名学者来校讲学。吴宓介绍五四时期著名诗人吴芳吉到校任教。西北大学经历了接近八个月的西安围城之难,培养了中共甘肃省委的创建人王孝锡等优秀学生。

陕人如何办西大

张凤翙以西安东大街铺面房租补办学经费

1912年，以张凤翙为首的秦陇复汉军军政府筹组西北大学，校址在西安老关庙什字万寿宫。草创之初，最大的困难就是办学经费。民国元年，军政府财政司接办陕西法政学堂时，每月仅能凑银300两，有时还要拖延。筹办西北大学当日，创设会即向北京政府教育部申请立案，辗转年余，不予批准，1913年冬还派视学袁观澜来校横加指责。迫于无奈，张凤翙都督从拨给陕西兵变善后的救济款（西安起义后，南北议和，毅军前来协助抵抗升允，不料却在北郊哗变，大肆抢劫烧杀，人民生命财产损失严重，故北京政府拨银50万两救济受难百姓）中提取了一部分，作为西北大学的开办经费。

同时，张凤翙改造顺城巷为东大街，从东门到钟楼，沿街修建南北相对的两层砖木结构楼房，并以房租作为西北大学的办学经费。

1913年，汉阴县民张少云捐银2000两资助西北大学办学，有关部门特予褒奖，令西大核收。

然而，好景不长，陆建章督陕时，排除异己，张凤翙部属纷纷离陕。陆建章以西北大学开办经费报销不清和“假学渔利”为由将钱鸿钧校长免职逮捕，年余方被营救出狱。1915年年初，学校被改为公立陕西法政

西安东大街门面房租用于西北大学办学经费

专门学校，移址东厅门，农科被改为农业中学迁至城外西南隅（现西北大学太白校区），预科改为省立第三中学，万寿宫校址和出版部地址拨给省测绘局，报恩寺地址办了小学。陆建章将划归大学受租的东大街铺面房标价出售，卖得的钱装进了自己的腰包。西北大学文科学长、秦陇复汉军军政府财政司司长崔云松对西北大学第一届留日学生不无感慨地说："吾陕之西北大学，苦学校也；经过之历史，苦历史也；诸君之入校肄业，苦学生也；此次之留学，苦留学也。"

军阀陈树藩

索薪罢教风潮

1915年春，西北大学改为公立陕西法政专门学校，前陕西高等学堂监督周镛等先后任校长，原西北大学的教师郗朝俊、崔云松在校任教，到1922年时有教师39人，学生700人，一切逐渐步入正道。然而，在1920年，爆发了两场索薪罢教潮，却使其备受打击。

事出1920年7月，陈树藩督陕期间，克扣教育经费，致使陕西法政专门学校等校爆发索薪罢教风潮。陈树藩初以暂发大洋两万元来缓和矛盾，答应以后每月发给薪资的一半，作为教职员的伙食，并令各校校长和教育厅长担保。到1920年11月16日，各校经费与教职员薪资仍无下落，陈树藩则以拖、骗应对，遂激起教职员的愤怒，复在学生支持下爆发第二次索薪罢教潮。各校校长向教育厅辞职，并向刘镇华的省长公署请愿。刘镇华与陈树藩联合镇压索薪罢教者，逮捕6名学生，严刑拷打，甚至使用炮烙酷刑。后来在旅京陕西学生和于右任靖国军的支持下，陈树藩不得不拨付了有限的教育经费，后被驱逐出陕。

设烟卷特税办学

1922年，刘镇华省长从冯玉祥手中接任督军，集政权军权于一身，以"西北王"自居。在民间的一片呼声中，他为缓和与教育界的矛盾和培植亲信计，开始设立"烟卷特

烟卷特税处处长程振基

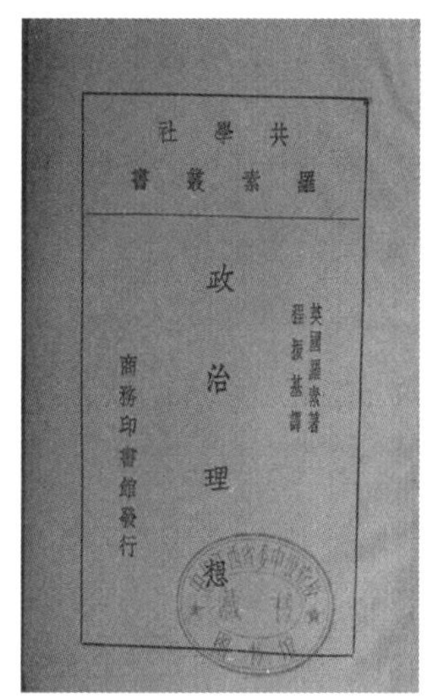

程振基译著

税”作为西北大学的办学经费。正如魏野畴所说:“烟卷特税每年征收总额固不止维持一西北大学,其余额即可为刘氏掠去,以填私囊,或增兵招匪,多买枪械,杀戮陕人。此当刘氏熟思审虑举办之理由也。”

在增设新税种的同时,刘镇华又任命程振基为烟卷特税处处长兼西北大学总务处长,统筹税款和办学经费。同时在报纸上宣传,每年烟卷特税可收入 40 万元,“以此一项巨款办大学,即可保证敷用云云”。刘镇华复拨款 1 万元在北京设办事处,购买图书仪器设备和聘请教师;拨 4500 元整理陕西法政专门学校旧址为校舍;拨 10 万元先办预科,等等。1924 年 1 月,刘镇华又通过吴佩孚、曹锟总统获准国立。到 1925 年,西北大学在校学生已达 300 余人,其间还邀请鲁迅等来校讲学,一时颇为兴盛。然而,陕西连年的战祸、灾荒使办学日渐艰难。1926 年冬,李仪祉校长专赴北京、天津、南京、上海等地筹措办学经费和引泾工款,虽多方设法,但毫无所获,途中又闻西安被围,回陕无望,被困于外地。

注释:

程振基(1891—1940),字铸新,安徽婺源(今属江西)人。早年毕业于安徽高等学堂。1912 年赴英国格拉斯哥大学、爱丁堡大学留学,1918 年获经济学硕士学位。归国后,历任北京大学经济学讲师、国立北京高等师范学校英语部主任兼总务主任、国立北京师范大学秘书兼会计主任、国立北京艺术专门学校英文教授兼事务长、国立武昌商科大学教授等。1924 年任国立西北大学教务长、代理校长,兼陕西烟卷特税处处长。1925 年参与筹备安徽大学。1927 年 7 月起历任第四中山大学、江苏大学、国立中央大学商学院院长,1931年 5 月卸任。1929 年兼任中国农工银行杭州分理经理。1934 年任全国学术咨询处主任。1935 年 1月任国民政府教育部秘书,同年任安徽地方银行行长等职。1940 年逝世。译著有《政治理想》《正义与自由》等。

杨虎城大洋五百济困

济困西大的杨虎城

刘镇华被驱逐后卷土重来，西安被围如铁桶，李仪祉校长因战火阻隔无法返校，由刚刚归国的教务长王凤仪代理校长职务。王凤仪因甫自海外归国，与社会生疏，所得无几：守城的“二虎”(李虎臣和杨虎城)之一杨虎城赠予500大洋，用为纸张油炭等费；姬汇伯旅长捐赠西大谷子一担充饥；斋务主任王翰芳自私人处借白米十担，分发维持。华洋义赈会、青年会等慈善团体及慈善家路后甫、民初西大教师康寄遥等私人赈济于学生，使学生得免于死。潘镇、丁明德、魏邦理、金自诠等28名学生，由刘镇华私人补助返回故里。此外，还有一部分学生暂借十里铺附近民居，另一部分被安置于刘镇华镇嵩军师旅团各部。

西安交通内外断绝，豫鄂军兴，影响陇海路交通，大批卷烟遂不能西来，百业停滞，烟卷税空有其名。刘镇华还放火烧了城外10万亩麦田，火烧周余。城内日益困苦，教师生活难以维持，1926年第一季度的教职工工资已无钱发放。11、12月两月校务纯靠借贷维持，艰难竭蹶，不可名状。西大教授多携衣物至“鬼市”求售以糊口。须恺、蔡亮工、闻仲伟、刘养初等教授乔装难民，冒险出城求生。

7月初，城中军队四处搜粮，人民渐多饿死。须恺教授、吴芳吉教授皆曾冒死出城求救，均无果。10月1日晨，西大校门外倒毙饿殍8具，吴芳吉作《出门书所见》哀之，复再次冒险出城，衣物、裤带、眼镜皆被抢劫净尽，仅穿一件单衣，露宿城壕，两日一夜不得饮食，只得再回城中。直到11月27日，冯玉祥部方才解围，西安总计被围7个月零20天(号称围城八月)。吴芳吉的学生柳潜因饿极暴饮而死，老师写《哭柳潜》祭之。西北大学从此元气大伤，校内空无一人，房廊对空，仅余康有为题写的“国立西北大学”校牌在风中荡悠。

学校积欠教职员工的工资、外债，一直到改为西安中山学院后，才予以解决，仍由烟卷特税办理，不足部分由冯玉祥、于右任所属的国民军联军总司令部补贴。冯玉祥、于右任还通电各地驻军，禁止截收烟卷特税和商税以及教育经费。

参加过五四运动的几位校友

五四运动时期，西北大学改为公立陕西法政专门学校。1919年5月7日,陕西法政专门学校学生群起响应五四运动，举行罢课,组成学生联合会,通电北京,要求“外争国权，内惩国贼”,“力争青岛，营救学生”。5月中旬数次游行示威,高呼“取消二十一条”“诛卖国贼曹汝霖、陆宗舆、章宗祥”,并开始抵制日货。省学生联合会会长屈武等赴京请愿,血溅总统府。西北大学另一前身陕西甲种农业学校（今西北大学太白校区)的学生也每十人一组,监督抵制日货。行动持续到6月中旬,直到被陕西军阀陈树藩镇压。另外,有几位校友参加了五四当天在天安门广场的游行示威活动和火烧赵家楼行动。这些校友是:

刘含初(1895—1927),既是西北大学前身的三秦公学的学子，又是西北大学的教师，后来一度出任西安中山学院院长。他于1916年考入北京大学中文系。1919年在北京参加五四运动，因参与火烧赵家楼和痛打章宗祥而被捕,后获释。1920年与刘天章、李子洲、杨钟健、魏野畴等发起成立陕西旅京学生联合会,创办《秦钟》月刊(次年创立共进社后改为《共进》半月刊)。

刘含初院长

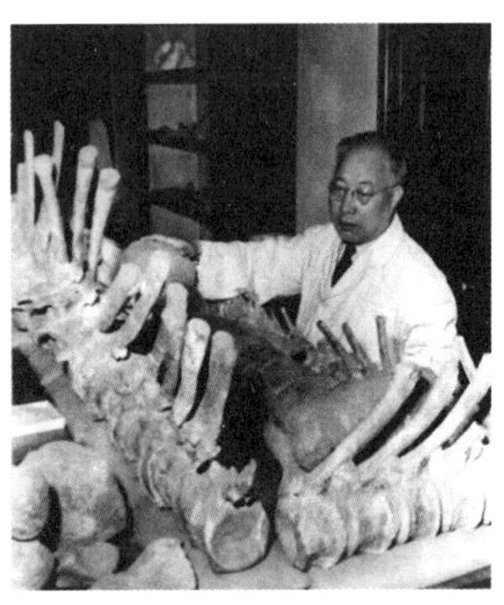

杨钟健校长

杨钟健(1897—1979),中央研究院院士,1948年出任西北大学校长。他于1917年考入北京大学地质系,开始与李大钊、毛泽东、邓中夏等交往并从事革命活动,并与毛泽东有书信往来。其间,他参加了五四当天的游行,并冲入赵家楼,痛打卖国贼。此后一直参加国货维持股、演讲队,直到6月3日全国罢课被捕学生放回。

罗章龙（1896—1995),1938年8月起任西北联合大学、西北大学经济系主任、教授。他于1918年参与发起新民学会,旋入

罗章龙教授

北京大学哲学系。在北京大学上学期间，参加发起马克思主义学说研究会和共产主义小组，为北京大学支部负责人、中国共产党北方区委组织者和领导成员之一，并任中国劳动组合书记部北方部主任。他是1919年五四前夕以北京大学学生会为中心，联合在京其他国立大学学生秘密组织的行动组核心成员之一，也是北京大学学生会负责人之一。五四当天早晨，行动组组织北京八所国立院校数千人在天安门广场集会、游行。当游行至王府井时，罗章龙与另两位学生会负责人易虎、罗汉等密商，将游行队伍引向赵家楼曹汝霖家，随后发生了火烧赵家楼事件。6月3日，罗章龙、罗汉、邓中夏在街头宣传时被捕，与一百多人被关押在北京大学教室内，后获释。

初大告(1898—1987)，1948年至1949年曾任西北大学外文系主任、教授。他于1918年8月考入北京高等师范学校英语系。1919年参加五四运动，是五四当天被捕的32名学生之一(与他同时被捕的北京高等师范学校学生还有梁希、张西曼、褚辅成、税西恒、金善宝、涂长望、张雪岩等7人，号称“北师八君子”)，在民众声援下于5月7日获释。

1919年5月7日，北京高等师范学校师生热烈欢迎5月4日被捕的八勇士返校

中华民国时期学校历任负责人

姓名	生卒年	籍贯	学校名称	职务	任职时间
张凤翙	1881—1958	陕西西安	西北大学	创设会会长	1912.3—?
钱鸿钧	1883—1942	陕西西安	西北大学	校长	1912.3—1914年冬
宋焕彩			西北大学	校长	1914年冬—1915年春
周镛	1875—1931	陕西泾阳	陕西法政专门学校	校长	1915—1917.1
罗仁博	1882—?	陕西安康	陕西法政专门学校	校长	1917.1—?
蔡屏藩	1891—1973	陕西渭南	陕西法政专门学校	校长	1923.1—1924.2
李仪祉	1882—1938	陕西蒲城	陕西省水利道路工程专门学校 国立西北大学	校长 校长	1922 1925.5—1925年冬
傅铜	1886—1970	河南兰考	国立西北大学	校长	1924.3—1925.5
王凤仪	1882—1938	陕西户县	国立西北大学 西安中山学院 西安中山大学	代理校长 院长 校长	1925年冬—1927.3 1927.8—1928.2 1928.2
刘含初	1894—1927	陕西黄陵	西安中山学院	院长	1927.3—1927.7
惠又光	1884—1927	陕西清涧	西安中山大学	校长	1927.8
余天休	1896—1969	广东台山	西安中山大学	校长	1929—1930
延国符	1900—1975	山东广饶	西安中山大学	校长	
徐诵明	1890—1991	浙江新昌	国立西安临时大学 国立西北联合大学	校常务委员	1937.10—1939.7
李蒸	1895—1975	河北滦县	国立西安临时大学 国立西北联合大学	校常务委员	1937.10—1939.7
李书田	1900—1988	河北昌黎	国立西安临时大学 国立西北联合大学	校常务委员	1937.10—1938.6
陈剑翛	1896—1953	江西遂川	国立西安临时大学 国立西北联合大学	校常务委员	1937.10—1938.6
胡庶华	1886—1968	湖南攸县	国立西北联合大学 国立西北大学	校常务委员 校长	1938.7—1939.8 1939.8—1940.8
皮宗石	1887—1967	湖南长沙	国立西北大学	校长	未到职
陈石珍	1892—1981	江苏江阴	国立西北大学	代理校长	1940.10—1942.3
赖琏	1900—1983	福建永安	国立西北大学	校长	1942.5—1944.1
杨宙康	1898—?	湖南长沙	国立西北大学	代理校长	1944.2—1944.7
刘季洪	1904—1989	江苏丰县	国立西北大学	校长	1944.7—1947.10
马师儒	1888—1963	陕西米脂	国立西北大学	校长	1947.10—1948.9
杨钟健	1897—1979	陕西华县	国立西北大学	校长	1948.9—1949.5

张凤翙

钱鸿钧

蔡屏藩

傅　铜

李仪祉

刘含初

惠又光

余天休

延国符

徐诵明

李　蒸

李书田

陈剑翛

胡庶华

皮宗石

陈石珍

赖　琏

刘季洪

马师儒

杨钟健

少练一团兵，办一个西北大学

军阀刘镇华是一个典型的反复无常之人。他既曾在辛亥革命前夕动员豫西王天纵率领刀客，投靠和参与张凤翙领导的陕西秦陇复汉军政府东路保卫战，也曾在“二次革命”中杀害黄兴使陕的信使，投靠袁世凯。袁世凯死后又投靠皖系军阀段祺瑞、陈树藩，做了陕西省省长，皖系战败后又出卖陈树藩投靠曹锟、吴佩孚及其陕西督军阎相文，阎相文死后又投靠新的陕西督军冯玉祥，并拜为弟兄。1922 年 4 月，直奉战争爆发后，冯玉祥奉命东征，刘镇华遂任陕西督军。

刘镇华督军

这一时期，他在陕西省督军任上却也做了一件好事，那就是于 1923 年恢复重建了西北大学，并使之成为国立。

五四运动之后，新文化思想在全国传播，各省也随之创办了不少新的大学。由于在“驱逐刘镇华”运动中与陕西籍各地大学生以及陕西人民结下的反弹镇压的死结，刘镇华急于改变在陕西人心目中的形象。

1922 年，恰逢陕西省教育厅学监段绍岩出国考察教育归来向他汇报。刘镇华遂问：“办一个大学需要多少钱？”段绍岩即将国内各省办大学的情况俱告。刘镇华听后随口而出：“少练一团兵，就可以办一所大学，这有何难！”

1923 年，刘镇华开始筹集办学经费，为此专门设立“烟卷特税”，命程振基兼任陕西省烟卷特税处处长(后同时兼西北大学总务长)。同年 8 月正式成立西北大学筹备处，分电甘肃、新疆两省同意，专派省议会议长吴晓川赴兰州具体商议合办事宜。同时，聘请当时在北京大学的傅铜任筹备处处长，陕西法政专门学校校长蔡江澄、省教育厅段绍岩、省长公署秘书张辛南等参与筹备。8 月 20 日发布《西北大学组织大纲》。

然而，甘肃教职员联合会却提出异议，

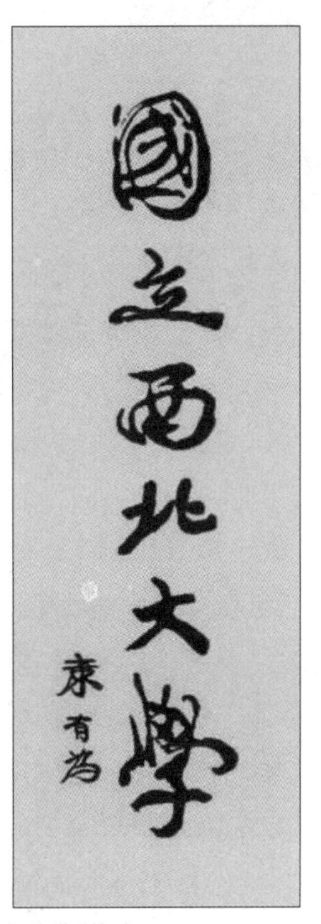

康有为与其题写的“国立西北大学”校名

要在兰州抢办西北大学，并在陕西代表未出席的情况下，在全国教联会上做出了有利于甘肃的决议。刘镇华不甘心就此失信于陕西人，提出“民国肇兴，前陕西都督张凤翙得甘肃、新疆两省同意曾设西北大学于西安”，“西安为西北政治、经济、文化、交通中心”，“陇海铁路已修至陕州（河南陕县），聘请名师购买图书仪器均较方便”，“西安已设西北大学筹备处”等理由，加快了西北大学的筹备。

1924 年 3 月国立西北大学正式开学，傅铜任校长，时设文学院、社会科学院、自然科学院、应用科学院四院。

这就是刘镇华在陕所做的唯一一件好事。

注释：

抗战胜利后，刘镇华自城固移居开封，1948 年 7 月迁居上海。1949 年，去台湾，1956 年 11 月 18 日（一说 1952 年 3 月，另说 1955 年 11 月 18 日）在台北家中病逝。

1924 年国立西北大学文科设在城内报恩寺街南教场

罗素的弟子——西北大学校长傅铜

傅铜校长

人们过去对傅铜所知甚少，仅提及的只言片语也大多是负面的，诸如“自诩为罗素(Bertrand Russell,1872—1970)弟子”,鲁迅讲学时的一些报道有揶揄的、有讽刺的,陕西旅京学生刊物《共进》的报道也很负面。在今天看来,这些说法过于偏颇,并不符合史实,傅铜的确是英国大哲学家罗素的弟子。他是中国最早学习西方哲学的留学生，最早参加国际哲学学术会议,于 1921 年创办中国最早的哲学社团——哲学社，并创刊中国第一份哲学杂志——《哲学》，他还将西方数理哲学首次引入中国。

傅铜校长与妻儿

傅铜,字佩青,河南兰封(今兰考)人,生于清光绪十二年(1886)。13 岁中秀才。光绪三十一年(1905)官费赴日留学,先后毕业于东京巢鸭宏学院、东洋大学哲学伦理系。1913年致信罗素并得到回信,遂转赴英国留学,先入牛津大学，再入伯明翰大学,1917 年获硕士学位,师从罗素研究数理哲学。再赴日本,入东洋大学学习。归国后，历任北京师范大学、北京女子大学、中国大学哲学教授,河南大学文学院院长、安徽大学校长、北平大学法学院及女子师范学院哲学讲师，私立中法大学社会科学院讲师,私立中国学院教授等职。

傅铜回国时已年过 30,经天津名流严修

英国哲学家罗素

傅铜创刊的中国第一份哲学杂志

(1860—1929,字范孙)先生做媒,与毕业于天津女子师范学校的韩升华女士结婚。韩升华与清华学校校长梅贻琦的夫人是亲姊妹,虽非孪生,面貌酷似,因此常常有人将“梅夫人”和“傅太太”混淆。

1920年,因反对资本主义和反战而备受英国政府冷落甚至判刑半年的罗素应邀来华,傅铜遂陪同其到各地讲演兼翻译。之后,傅铜应蔡元培之聘到北京大学任教。

1923年8月国立西北大学筹备处成立,与刘镇华同乡的傅铜任处长。1924年1月,北洋政府正式批准西北大学立案,并于1924年5月8日任命傅铜为国立西北大学校长。1925年3月,国民军胡景翼赶刘镇华出陕,傅铜随之离开。

1937年抗日战争爆发,傅铜在北平正拟南下赴中山大学和云南大学之聘约时,被敌伪逮捕,后以不离北平为保证而被保释。傅铜特意留蓬头垢面照作为国耻纪念,遂蜗居北平八年,任具有一定独立性的私立中国大学哲学系主任、研究生院副院长,坚辞不任一家日伪学院的院长。抗战胜利后,傅铜参加了中国民主同盟北平地下组织,一度主持支部工作。中华人民共和国成立后,他被聘为中国科学院哲学研究所特约研究员和中央文史馆馆员。1949年在东北人民革命大学学习,为首届毕业生,后在北京民盟总部工作。1950年被评为一级教授。1970年5月29日在北京逝世。

1923年国立西北大学再建与改办时期部分著名教授

胡小石(1888—1962),江苏南京人。古文字学家、历史学家。1924年被聘为国立西北大学国文系教授。

程振基(1891—1940),江西婺源人。在英国获经济学硕士学位。1924年任国立西北大学总务长。

郝耀东(1891—1969),陕西长安人。教育家。1925年任国立西北大学教授兼学生指导员。

蔡屏藩(1891—1973),陕西渭南人。1923年担任国立西北大学筹备主任,后任法科专门部主任。

熊庆来(1893—1969),云南弥勒人。数学家。1924年被聘为国立西北大学数学系教授、主任。

吴芳吉(1896—1932),重庆江津人。著名诗人。国立西北大学教授。

汪胡桢(1897—1989),浙江嘉兴人。水利工程学家。1924年被聘为国立西北大学工科教授。

罗常培(1899—1958),北京人。我国现代语言学奠基人。国立西北大学国文教授兼国文专修科主任。

须　恺(1900—1970),江苏无锡人。水利工程学家、教育家。国立西北大学教授。

1924年举办暑期学校

1924年夏，国立西北大学和陕西省教育厅合办了一期暑期学校，邀请了北京、天津、南京三地的知名学者来西安讲学，前后近20天，是20世纪20年代陕西文教界一大盛事，至今为人津津乐道。此前的1923年7月，西北大学再次筹建期间，校长傅铜已邀请过朱希祖、王星拱、陈大齐、徐旭生及美籍学者柯乐文来陕做讲演。这次暑期学校规模更大、时间延长，讲演人增多，且与省教育厅合办。听讲者除西北大学师生以外，还有全省各县中小学教师，因而影响更大。暑期学校通过沿海文化发达

鲁迅先生

1924年陕西省教育厅与国立西北大学合办暑期学校开学仪式合影（2排右起第11人为鲁迅）

地区学者的讲演，把五四运动以来兴起的新思想、新学说深入传播到陕西全省。

暑期学校于1924年7月20日开学，来陕演讲学者，北京有王桐龄、李顺卿、夏元瑮以及后来成为伟大文学家的鲁迅先生（当时兼任北京大学讲师、《呐喊》已出版，陕西报章称其为小说大家周树人），天津有陈定谟、李济、蒋廷黻，南京有陈钟凡、刘文海。前来采访的孙伏园、王小隐也各做了一次讲演。

这次暑期学校成绩显著，影响深远。特别是鲁迅《中国小说的历史的变迁》的讲演，听众几十年后回忆起来，仍觉得收获巨大，对鲁迅充满感激之情。讲演记录整理后，铅印成《暑期学校讲演集》两册，西北大学校长傅铜、陕西省教育厅厅长马步云均有序言。鲁迅当时的讲稿现已收入《鲁迅全集》。

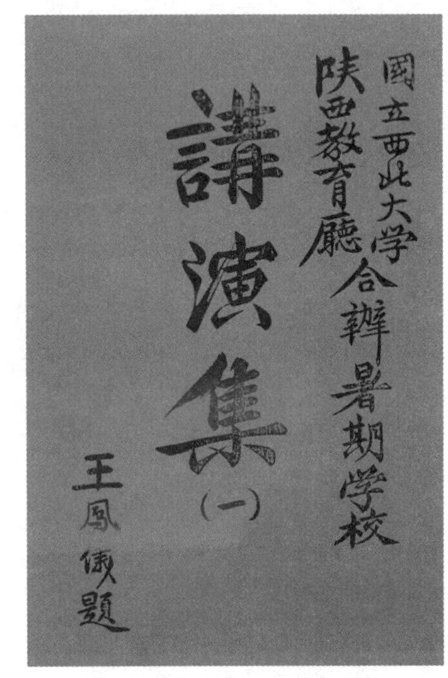

暑期学校讲演集

前来暑期学校讲学的部分著名学者

王桐龄(1878—1953)，河北任丘人。历史学家。

夏元瑮(1884—1944)，浙江杭州人。物理学家、教育家。

蒋廷黻(1895—1965)，湖南宝庆人。历史学家、外交家。

陈钟凡(1888—1982)，江苏盐城人。古典文学家。

孙伏园(1894—1966)，浙江绍兴人。现代散文作家。

王小隐(1895—1946)，山东费县人。著名报人。

国立西北大学历史上第一次校庆

陕源西北大学虽然肇始于清光绪二十八年(1902)的陕西大学堂,但时移世易,多元演化,第一次校庆却是在1925年。《天津益世报》1925年2月1日第七版以《西北大学之周年纪念会》为题对陕源国立西北大学历史上的第一次校庆做了报道,给我们了解这次校庆留下了宝贵史料。

这次校庆自1924年1月1日成立算起,到1925年1月1日为一周年。时任校长傅铜。校庆活动自1924年12月开始筹备,先期出版了《国立西北大学一周年纪念特刊》。是日上午九时,校园高搭彩楼五座,国旗飘扬,灯笼满园。纪念会在学校大礼堂举行,到会者数百人。校长傅铜和工科主任李仪祉门迎嘉宾至礼堂就坐;教务长吴小朋、斋务主任张鹤侣召集身着制服的学生鱼贯而入。首由蔡江澄宣布开会,奏乐、唱国歌、向国旗行礼;再由傅铜校长致开幕词;复由省长代表李翰庭致词;次由宋聚五、康寄遥、李仪祉致词;最后在礼堂外全体合影留念。会议至上午11点。下午4点,学生俱乐部又在大礼堂开办游艺会。自前门至礼堂皆有招待员款接,赠送来宾《国立西北大学一周年特刊》、会序、演出剧目说明、出题测验社会心理等。晚会演出至晚九时闭幕,男女来宾约1500余人,演出了《群

傅铜校长

工科主任李仪祉教授

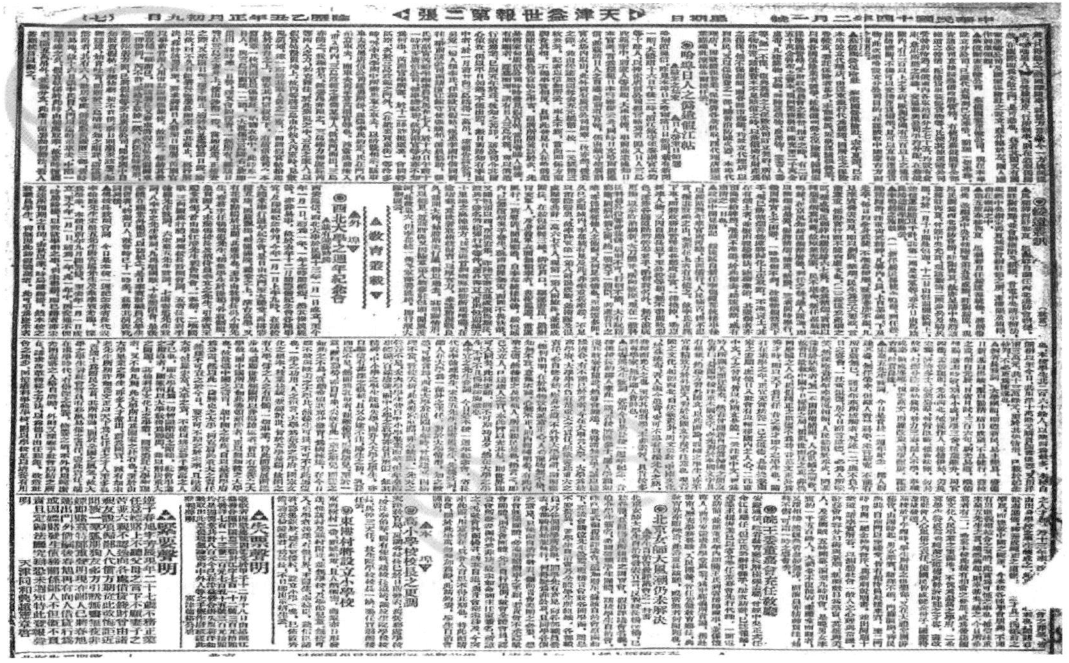

《天津益世报》1925 年 2 月 1 日第七版《西北大学之周年纪念会》

盲》《英雄与美人》《爱国贼》等剧目，“礼堂不复能容，环礼堂而观者，又踵相接”，“可谓一时之盛会也”。

傅铜致词指出：“本校自前年九月间筹备”，“学生共二百六十余人，以陕西省为最多”，“开办以来共用大洋十三万余元”。

李翰庭代为宣读的刘镇华省长的致词指出：“大学纲领，明德新民，易主变易，盛德日新，基以崇峻，业以勤精”；“光起西北，棫朴作人，椎轮伊始，美奂未臻，济济多士，敬业乐群”；“勿封故步，勿掷分阴，终始兴学，努力三春”；“鄙人不学”“勉成盛举”“期望弥殷”。

宋聚五勉励学生：“诸君在求学之年，正宜充实培养一己之道德，具备挽救国家之宏愿，庶他日入社会有以转移国内之人心。”

李仪祉的致词述及“西北大学于民国初年时，曾经建立……此次黉宫重开”，“愿诸君奋志进修，务养成纯正之道德洗从前之学风，而挽救中国之厄运”，“养成高尚纯洁之道德与干济时艰之才略，尽改造社会人心风俗之责任，使国民皆成健全分子，国家得尽量发达”，“希冀本校此后有相当之发展，成为发达国家文化、人民事业之策源地，不愧为最高之学府”。

希望"西北国学仍赓弦诵之声"

1924年北京政变后，段祺瑞执政。陕西督军刘镇华所部憨玉琨与督豫的胡景翼爆发了"胡憨之战"。刘镇华在率军离开西安到豫西督战前，将陕西军政交给吴新田(1876—1955)暂为"照料"。后来，刘镇华在豫西战败，只身逃往山西投靠阎锡山，段祺瑞政府于1925年4月30日正式任命吴新田为陕西军务督办。就在"照料"与正式任命之间，吴新田拟取消西北大学。

为此，西北大学全体学生遂致函要求保留西北大学，希望"西北国学仍赓弦诵之声"，并在1925年4月16日的《天津益世报》上发表全文。迫于舆论压力和社会各界的意见，加上击败刘镇华的国民军第二军已逼近陕西，吴新田于7月15日潜回汉中，故使西北大学暂得保全，学生的抗争取得胜利。其信全文如下：

军阀吴新田

生等素仰钧座驻节汉中时，即以提倡教育为怀，自照料军民两政以来，闾阎安堵、众望喁喁，行将百政维新，与民更始，安忍遽绝弦诵，有违初衷，生等三百同学，千里负籍，一旦校务停顿，既牺牲可贵之光阴，复抛掷一年之成绩，况道路梗阻，返里无术，汇兑停滞，资斧匮绝，进退难为，啼笑皆非，将来回里，何颜以对父兄亲朋。凡属仁人，常无不怜生等之遇，怜生等之情，矧钧座素以奖掖后进，提倡教育为心者，再四思维，惟有吁恳钧署，念西北文化之重要，学校成立之艰难，推提倡教育之至意，怜悯学子之仁心，请立即收回成命，俾西北国学仍赓弦诵之声，莘莘学子，无废学呫哔之苦，无任屏营待命之至。谨呈。国立西北大学全体学生 叩。

中華民國十四年四月十六號 星期四 天津益世報第二張 陰曆乙丑年三月廿四日

◎吳新田擬取消西北大學

▲學生之呼籲

◎小學體育觀摩會表演門類

▲本埠

▲專件

◎美國聖本篤會創設北京公教大學宣言書

◎又一接自天津之證據

▲多年病苦得愈

價目 小瓶 一元五角 大瓶 二元七角 半打 八元十五

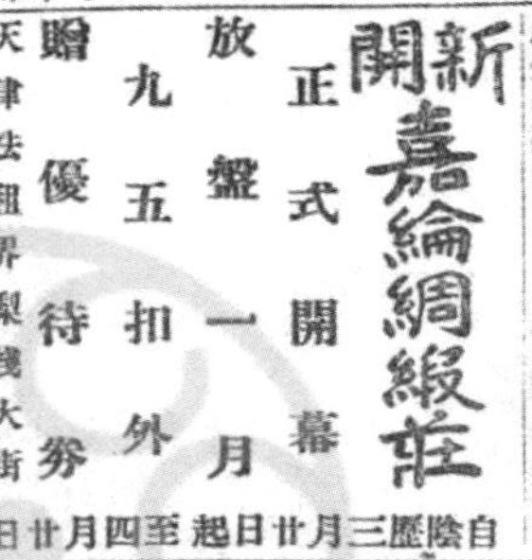
新開嘉綸綢緞莊
正式開幕
放盤一月
九五扣外
贈優待券
天津法租界梨棧大街
電話南局二一三七號
自陰曆三月廿日起至四月廿日止

▲北票煤礦有限公司召集股東常會通告

▲聲明失票作廢

◎六百零六藥針善治新舊花柳大症保險病愈不犯

▲同和裕銀號遷移聲明

1925 年 4 月 16 日《天津益世报》发表的国立西北大学学生给吴新田的信

李仪祉成“神”

李仪祉(1882—1938)是中国近代水利建设事业的奠基者,号称“当代大禹”。在陕西洋县的庙宇中,他已经转化为“神”。有人认为,20世纪二三十年代全世界只有两个半水利学家,一个在德国,一个在中国,半个在日本,而李仪祉就是中国的那个水利大师。

李仪祉校长

李仪祉早年曾在西北大学前身之一——三秦公学留学预备科任教。他是西北大学工科的创始人。1922年,他在原水利道路技术传习所的基础上创办水利道路专门学校,该校于1924年归入国立西北大学工科后,由他亲任主任。1924年暑期鲁迅到西北大学讲学期间,他也同时做了专题讲演。1925年5月至1927年1月18日,李仪祉任国立西北大学校长(1925年冬至1927年1月18日李仪祉在南京期间由王凤仪代理西北大学校长)。抗日战争爆发后,李仪祉加入陕西抗敌后援会,兼任西安临时大学工学院土木工程系名誉教授,曾于1937年12月应西安临时大学之邀在大礼

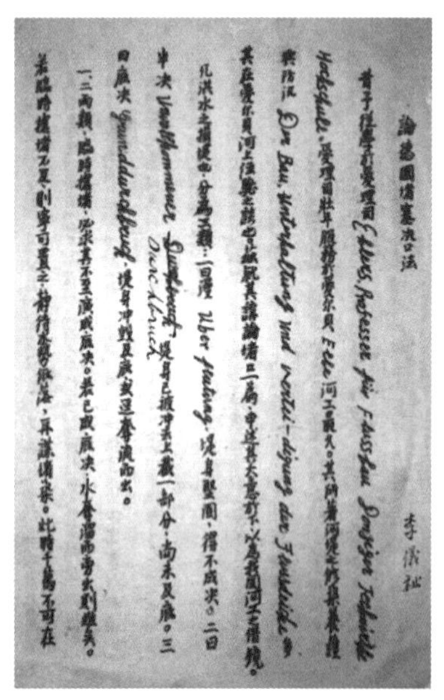
論德國堵塞决口法

李儀祉

李仪祉手迹《论德国堵塞决口法》

李仪祉著作

泾惠渠水利枢纽

1932 年，杨虎城、李仪祉与外国专家视察泾惠渠水利工程途中留影

位于陕西泾阳县社树堡泾惠渠两仪闸旁的李仪祉陵园，即便在“文革”那样的年代，其香火亦从未中断

堂（今西北大学太白校区大礼堂）做题为《抗战力量》的讲演。

李仪祉青年时代就立志振兴中华水利事业，留学归国后负责过许多水利工程。他将现代水利科学知识和中国传统的水利科学技术结合起来，倡导科学治水。他对桑梓水利特别关心，曾致力于关中地区的灌溉事业，主持建设了陕西著名的“八惠渠”(其中一半在其生前建成)，受益农田在 1948 年时即已达到 330 万亩，是旧中国水利建设史上罕见的成就。

据其学生、当年西安围城期间毕业的西北大学工科“十八学士”之一陈靖回忆：一次李仪祉驱车前往泾惠渠施工现场视察，途中遭遇土匪拦截。土匪正要实施抢劫之时，听说这是修泾惠渠的总头头李仪祉，遂马上放行。原来，泾惠渠兴工正值陕西大年馑之后，李仪祉实施“以工代赈”，招募大量饥民凿渠，既救济了灾民，又保障了凿渠用工，可谓一举两得，自然受到民众拥护，就连土匪亦敬其三分。正如水利部原部长钱正英在纪念李仪祉诞辰一百周年大会上所讲的：“像李先生这样对我国水利问题探讨研究之深、涉及范围之广，在近代还是少见的。”

这样的人物，在去世仅 70 年之后就被老百姓供起来，成了庙堂中的一尊“龙王”，说明科学家只要为民除灾兴利，就会永远活在老百姓心中，成为民间的“神”。

熊庆来创办数学系

熊庆来(1893—1969),字迪之,云南弥勒人,是最早将近代数学引入中国的数学家之一,他也是中国近代数学研究和教育的开拓者和奠基人之一,被公认为“中国近代数学的先驱”。熊庆来曾说:“大学的重要,不在其存在,而在其学术之生命与精神。”在这一理念的引导下,他创办了中国多个大学的数学系。

先后就读于法国格伦诺布尔大学和蒙彼利埃大学的熊庆来,获得理学硕士学位后,于1921年回国执教于东南大学,并创建了东南大学算学系。1925年秋,国立西北大学校长李仪祉聘熊庆来任西北大学教授,完善基础学科专业教育,遂创办了西北大学数学系。之后他又参与筹办清华学校算学系。

熊庆来手迹

1937—1949年,他出任云南大学校长,创办了云南大学数学系,并使云南大学的学科门类和教学科研水平得到极大的发展。其间,1932年,熊庆来赴瑞士苏黎世出席国际数学会议,后转往巴黎,专攻函数论,获得法国国家理科博士学位。他在数学研究方面的重要贡献是定义了一个“无穷级函数”,国际上称为“熊氏无穷数”。

熊庆来教授

在教育界,熊庆来与华罗庚的故事最为令人津津乐道。1930年,时任清华大学算学系主任的熊庆来在《科学》杂志上看到华罗庚发表的论文《苏家驹之代数的五次方程式解法不能成立的理由》,遂邀请只有初中文化程度的华罗庚至清华大学担任算学系助理员。华罗庚在清华大学边工作,边旁听课程,努力进修,最终成为世界著名的数学家。不仅仅是华罗庚,严济慈、赵忠尧、钱三强、赵九章、陈省身、许宝禄、庄圻泰等驰名中外的大科学家都是熊庆来的学生。

受命于危难的王凤仪代校长

王凤仪(1887—1938),字来庭,陕西户县人。清末秀才,废除科举制度后,曾留学于德国、法国、瑞士等国,精通英、法、德三种语言。

王凤仪很早即与西北大学有关。1913年,他与田仲玉、宋元恺、焦子静、李仪祉等人发起创立三秦公学;1914年,三秦公学并入西北大学。1924年,王凤仪自法国留学回国,任国立西北大学政治经济科教授,后任该科主任,主讲财政学、外交史、国际公法和法文等课。李仪祉任校长期间,被聘为教务长。1925年冬,李仪祉为学校办学经费奔波京城,多方求助无果,又因战乱无法返陕。自此,王凤仪代理校长一职。王凤仪可谓是在艰难时期维持学校的运转。然而更艰难的是西安围城时期。

趙端甫公墓表
昔顧甯人云小官
康僖公亦踵行之
事又奚怪民不興
縣定舟村人性聡
成弊藪豪強往往
和雖未盡合呂氏
以司賑務量力以
濟公雖無一命之
學以教寒畯有造

王凤仪丹书立于民国二十五年(1936)的“赵端甫公墓表”石碑(局部)。原表文楷书453字,用笔刚劲峻拔,笔画方润厚重,字体严谨工整,结构稳健平实,气韵文如其人。赵端甫是王凤仪的同乡好友、西北军将领赵寿山的父亲

1926年4月12日,被陕西军民驱逐出陕的军阀刘镇华为重新夺回对陕西的控制权,率十万镇嵩军进逼西安,与守城军民对垒,开始了近8个月的围城之战。西北大学师生与城内军民一起,遭受了无法想象的饥饿灾难。城内百姓掘鼠罗雀,吃尽草根树皮。其间,学校于战火中的端午节,举行了屈原纪念会;吴芳吉教授组织了“围城读书会”;针对暑期不能回家的学生,还组织成立了“暑期学校”;校学生会主席、中国文学科学生王孝锡等还组织学生,发动群众,积极加入反围城战争。学校将所有能吃的动物、植物及至皮革制品、药材、油渣等都搜罗殆尽。作为代理校长,王凤仪率领学校学生坚守校园,在一驻军旅长的大力支持下,尽力扩大食源,以维持师生之基本生存。工科的18名学士就是在围城期间的8月毕业的。

1927年,于右任主持陕政,以西北大学所有校产经费为基础,委任王凤仪与李寿亭、赵葆华、刘含初、李子洲五人为收束西北大学筹办中山学院委员会委员。

1928年,王凤仪离陕赴京,担任北平大学区高等教育处处长。抗战时期的1938年,王凤仪任北平中法大学孚尔德学院院长,一人长期居住公寓,不料意外触电身亡。

1926年西安围城纪念——革命亭(位于今西安市革命公园)

吴芳吉爬出围城复折回

吴芳吉教授

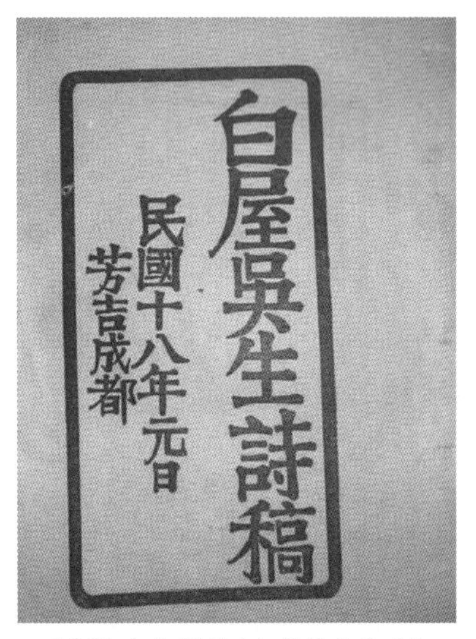

1929年初版的《白屋吴生诗稿》

“天愁地暗,美洲在哪边?剩一身颠连,不如你守门的玉兔儿犬。残阳又晚,夫心不回转……”如今上了年纪的老人,还经常吟起吴芳吉代表作《婉容词》中凄婉的诗句。1919年,这首诗给吴芳吉带来了极高的声誉,使他成为全国闻名的诗人。

1925年,成名后的吴芳吉辗转来到西安,在西北大学任教授。1926年4月,刘镇华以10万军队围攻西安,时虽战火纷飞,西北大学仍坚持上课。5月,吴芳吉与学校文科师生在战火中为屈原举行纪念会,不料10天之后,学校便因战火停课,吴芳吉组织“围城读书会”,每日为学生补习两小时课程。同年7月,西安局势日益恶化,短短两月后,全城饿死者已有500人之多,吴芳吉师生20多人冒险出城,却被土匪洗劫,连他的近视眼镜和皮带也未能幸免,无奈复折回城。其后,他饥饿难耐,再次出城,潜于城壕,然城外10万亩麦田被围城的刘镇华镇嵩军烧得一干二净,只好再次折回。吴芳吉回到学校,当即提笔,写下了以下令人啼笑皆非的诗句:“宁遭贼,勿遭兵,贼来挺身御,兵来死吞声。”

同年冬,西安解围。一年后,吴芳吉返回四川老家,并在成都度过了一段安逸的教书育人生活,这是他短暂的生命中最后的闲适。1932年,身在成都心系抗战前线的吴芳吉应邀到重庆,当街演讲,慷慨激昂,声泪俱下。同年5月初,吴芳吉又到江津参加集会,在会上朗诵《巴人歌》,因为感情过于激动,突然昏倒在台上,去世时年仅36岁。

柳潜之死

柳潜，字慕陶，清光绪三十二年(1906)生于甘肃静宁县城西关。其父柳绳五，为清末秀才，待赠儒士，也是地方名医，长于风寒治疗，著有《风寒杂症辨析》等，惜已佚。柳潜为其长子，16岁即撰家谱，有一子，名国立，婚后早逝于肺痨；一女，名国玺，其夫为最后一任天水国民党党部书记，中华人民共和国成立后为甘肃省民革常委。

柳潜约于婚后数年的1924年3月考取国立西北大学国学专修科，成为该科主任、著名诗人吴芳吉教授的得意门生。柳潜曾随师学习中国文学史、诗文选读、文学等课程，尤喜屈原、李白、杜甫、白居易、陆游、丘逢甲等人的作品，学习刻苦，成绩优异，且姓与师之字“碧柳”同，故颇为师所注意。在1926年4月至11月长达近8个月的西安围城期间，军阀刘镇华放火点燃城外10万亩麦田，城内人民多有饿死者，西北大学师生更是苦不堪言，教授多携衣物至“鬼市”求售以糊口，师生杀马煮草，掘鼠捕雀而食，学校操场、图书馆后院的青草、野菜均成救命食物，被采掘殆尽，仅10月1日在西北大学门外就有8具饿殍。吴芳吉冒死出城又被迫返回，拟与学生柳潜同至校礼堂端坐而死。

1926年11月27日，西北军冯玉祥部第一军总指挥孙良诚率回族骑兵万人攻入西安，被困7个月零20天的西安得以解围。可怜的柳潜在解围后因久饿遽食而暴死。其师吴芳吉痛哭不已，作诗《哭柳潜》三首吊之。

2010年11月4日，柳潜的堂弟柳恒生先生到访西北大学。我们由此知道了柳潜校友不为人知的一些家事。柳潜家人也由此知道了柳潜暴毙的准确时间，消除了以为柳潜是博士和西北大学教师的误解。

今西安革命公园内埋葬围城中死难者的墓冢

围城中毕业的“十八学士”

李仪祉与其学生参加第六次泾惠渠水老会议合影

李仪祉先生任西北大学校长时，将其所创陕西水利道路专门学校并入西北大学，成为西北大学工科的开端。这个工科初招学生五六十名，淘汰率极高，到1926年在西安围城中毕业时，仅余18名学生。

西北大学自诞生之日起，秉性之中即有艰苦创业、自强不息的基因。1926年，河南军阀刘镇华率军围困西安城近八个月，西安军民弹尽粮绝，饿殍横陈。西北大学困苦不堪，师生于绝境之处，仍坚持办学。教师们晚上还开窗让学生交作业，后半夜在灯下改作业。学生们学习也很刻苦，据“十八学士”之一陈靖回忆说：“一些主要课程，如《平面测量学》《灌溉工程设计》《物理》《水力学》都使用的是外文课本。”“学校的课程进行得十分紧张认真，晚上12点以前入睡者很少，早饭多是羊肉煮馍馆派人送到学生房里吃。”“当时，一些人认为学校不过是泥瓦匠行当，有何出息。不想刚过一年，我们就学完了温德华氏代数。西安其他学校的学生很吃惊，争着要借我们的练习题本做参考，辗转互用，我们许多练习题本都寻不回来了。”在如此艰难困苦之际，工科水利道路工程班18名学生于当年毕业，被誉为“西北大学十八学士”。这些学生在李仪祉领导兴建的关中水利工程、西汉公路、汉白公路以及青铜峡等西北基础设施建设中大多成为创始人或骨干。

百年发展历程铸就了西北大学精神，淬炼出“公诚勤朴”的校训。在艰苦创业、自强不息精神的激励之下，西北大学历经坎坷却总奋然前行，几临困境却总闯过难关，数遭磨难却总到达彼岸。

播火秦陇的王孝锡烈士

王孝锡烈士

“慷慨歌太平，从容作楚囚。暴刀逞一快，何惜少年头。”这是革命烈士王孝锡被捕时题写的一首诗。他是西北大学早期学生，在校入党，结业离校，后成为秦陇地区筚路蓝缕的革命拓荒者、播火人。

1924年年初，西北大学恢复招生，刚从平凉省立二中毕业的王孝锡奔赴兰州报名应考，被录取为官费生（每年120两银，旅费26两银）。经数日跋涉，王孝锡于1924年4月1日抵达西安，入校报到注册。注册后，他被分配到学校东寄宿舍14号，对门有自修室，每人一桌。学校教学管理甚严，所授课程除国文外，一律用英语讲授。学校从美国直接购回的书籍均为英文原版。每日规定英语作文

甘肃第一个农村党支部组建者王孝锡（右一）、任鼎昌（左二）等人合影

不得少于 40 句。数学以自学为主，教师辅导解析疑难问题。学生每月伙食费为米饭 8 元、面食 6.5 元，用银圆计算。王孝锡先学理科，后转文科，主修国文，从古代文学到现代文学，从文字训诂到新文学理论，从各种文体到诗文写作，都下了很扎实的功夫。

王孝锡思想进步，忧国忧民，在西北大学积极投身学生爱国运动，担任校学生会主席，带领西北大学学生参加了声势浩大的“驱吴”（北洋系陕西督军吴新田）斗争和声援上海工人的示威游行。1925 年 6 月，经魏野畴、刘含初介绍加入中国共产党。1926 年镇嵩军围城之际，他组织学生，发动群众，积极加入反围城行动。同年 8 月，他领到李仪祉校长钤章的文科修业期满证明书。1927 年 2 月，受在冯玉祥部队工作的中共党组织负责人刘伯坚委派，王孝锡赴兰州整顿国民党省党部，并建立中共兰州特别支部，担任组织委员，公开身份为甘肃省督办公署政治部主任、甘肃政治委员会会长及第二军事政治学校政治处处长。大革命失败后，他回到家乡宁县坚持斗争。1928 年春，他以中国共产党彬宁支部书记的身份参与领导旬邑农民暴动，1928 年10 月被捕，12 月 30 日在兰州英勇就义，年仅 26 岁。

当王孝锡得知敌人即将对他下毒手时，视死如归，从容写下诀别词一首：

纵有垂天翼，难脱今夜险。问苍天，何不行方便。驭飞云，驾慧船，搬我直到日月边。取来烈火千万炬，将黑暗世界，化作尘烟。出铁笼，看满腔热血，洒遍地北天南。

一夕风波路三千，把家园骨肉齐抛闪。自古英雄多磨难，岂独我今然！望爹娘，休把儿挂念；养玉体，度残年，尚有一兄三弟，足供欢颜。儿去也，莫牵连！

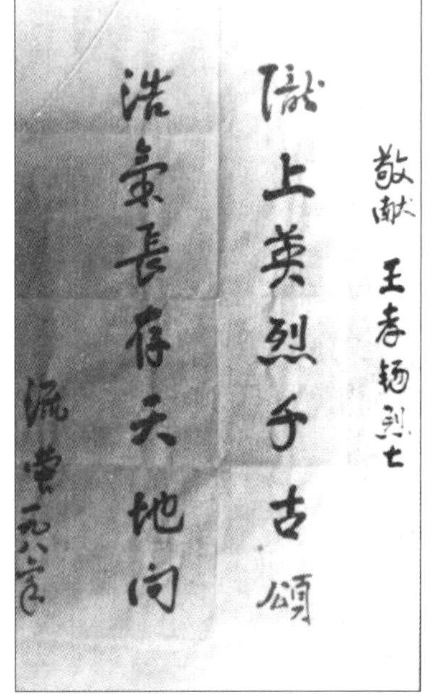

流萤题词（流萤原名刘瀛，20 世纪 40 年代毕业于西北大学，曾任中共甘肃省委组织部长、甘肃省人大常委会副主任，已故。）

王孝锡故居

1925 年王孝锡(中)与葛实秋、任宜之合影于西北大学

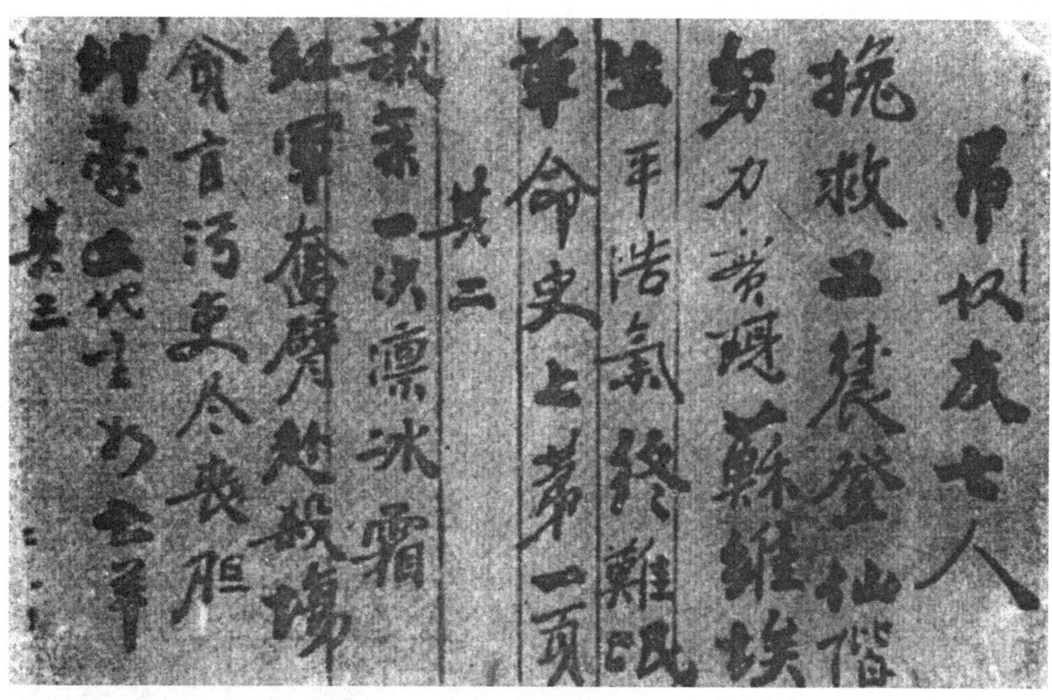

王孝锡手迹

我国水力发电留学第一人汪胡桢教授

汪胡桢教授

他是我国水利建设领域的著名专家，曾主持多项国家重大水利工程。1950 年至 1954 年任淮河水利工程局副局长、治淮委员兼佛子岭工程总指挥时，他主持设计和组织施工，修建了中国第一座大型连拱坝工程——佛子岭水库；1954 年至 1960 年任水利部北京勘测设计院总工程师和黄河三门峡工程局总工程师期间，他主持了黄河第一项枢纽工程——三门峡水库的建设。他就是李仪祉的学生汪胡桢。

1920 年，汪胡桢赴美入康奈尔大学研习水力发电工程，成为中国最早出国学习这一专业的人。1923 年，汪胡桢获土木工程硕士学位后回国，于 1924 年被聘为国立西北大学教授。1931 年，中国水利学会成立，汪胡桢是创始人之一，历任第二至第十届董事、第七届副会长，并兼出版委员会主任，主编《水利》月刊。《水利》月刊对交流水利科学知识，促进中国水利事业的发展发挥了重要作用。1955 年，汪胡桢成为第一批中国科学院学部委员。

1989 年 10 月，汪胡桢逝世于北京。汪胡桢为教育事业呕心沥血，但当人们要宣传他时，他却说：“我已经老了，应该多留些版面给那些有贡献的中青年同志。”

汪胡桢(右一)陪同周总理(左一)视察三门峡水利枢纽工程

图说西北大学百十年历史

西安中山学院—西安中山大学时期(1927—1931)

1927年国共合作时期，中国共产党与冯玉祥、于右任合作，将国立西北大学改为西安中山学院。共产党人刘含初任院长。此时，西安中山军事学校政治处主任邓小平等到校讲课。学生中有高岗、杨虎城夫人谢葆真、红二十九军军长陈浅伦等。1928年，西安中山学院又改称西安中山大学。

邓小平在西安中山学院讲学

西安解围之后，冯玉祥与共产党有过一次合作，这就是在接收国立西北大学校产的基础上成立西安中山学院。1927 年 1 月 18 日，国民军联军驻陕总司令部发布“收束西北大学,筹建中山学院”的命令。原国立西北大学代理校长王凤仪、李寿亭、赵葆华,原国立西北大学代理事务长刘含初、李子洲任“收束西北大学兼筹备中山学院”五委员。后来,刘含初、王凤仪先后任中山学院院长。

这时,邓小平(时名邓希贤)乘坐汽车从莫斯科出发经蒙古到达西安，出任西安中山军事学校政治处主任，从而与西安中山学院发生联系。

20 世纪 20 年代,时任中山学院农运班主任的冯文江后来回忆道:“星期六有专题报告,刘伯坚、邓小平、苏联顾问乌斯曼诺夫等都利用这个时间做过报告。”

1927 年 2 月即在西安中山学院工作的陈云樵所撰《一九二七年党领导的西安中山学院》一文回忆:“记得给我们做过报告的有苏联顾问乌斯曼诺夫、谢依夫林和刘伯坚、邓希贤(即邓小平)同志,还有惠友光先生等。他们的讲话给我们留下了极其深刻的印象。”

青年时期的邓小平

西安中山学院学生张觉回忆:“西安解围以后,我从三原到西安,从政治队转到中山学院政治班学习。”“刘伯坚、邓小平同志和苏联顾问都给我们做过报告。我记得邓小平同志给我们作报告时用手卡着腰,讲得很生动。”

《邓小平年谱》及其女所著《我的父亲邓小平》均对此有详细记载。

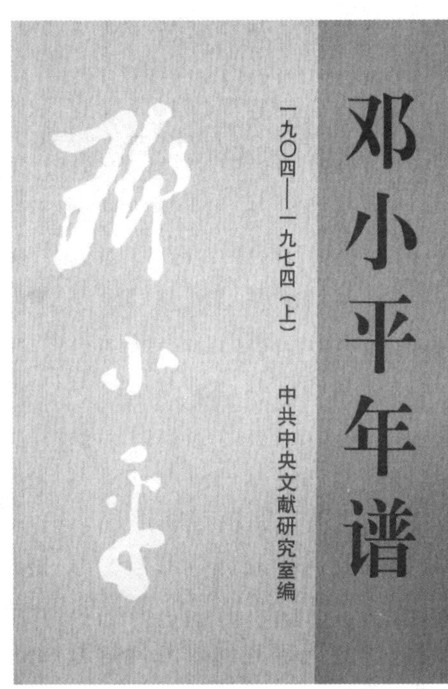
邓小平年谱

一九〇四——一九七四（上）

中共中央文献研究室编

1927年4月　33

校长。

4月12日　蒋介石在上海发动反革命政变，大肆逮捕和杀害共产党人和革命群众。

4月27日—5月9日　中国共产党在武汉召开第五次全国代表大会。会议根据共产国际执行委员会第七次扩大会议关于中国问题的决议案，批评陈独秀忽视同资产阶级争夺革命领导权，忽视农民土地问题的右倾错误。但未作根本纠正，仍选举陈独秀任中共中央总书记。

4月—6月　在国民军联军军事政治学校（西北军官学校）和西安中山学院授课。这两所学校实际由中共党员领导。

5月20日　应邀出席陕西青年第一届代表大会，在会上作《苏俄之近况》的报告。

5月23日　在中山军事学校国民党特别支部成立大会上，当选为六名正式执行委员之一。二十四日，在第一次执行委员全体会议上，被推选为三名常务委员之一，负责组织工作。

6月10日　武汉国民政府汪精卫等在郑州与冯玉祥会谈，企图联冯反蒋反共。

6月12日　应邀出席陕西省立第一中学召开的非基督教同盟成立大会，在会上讲演，宣传革命与科学。

《邓小平年谱》中的相关记载

西安中山学院

杨虎城与西安中山学院学生谢葆真的生死恋

杨虎城将军

1949年12月重庆解放后,在寻找挖掘杨虎城遗体时,发现杨将军右肩旁放有一骨灰盒。这就是他的夫人谢葆真的骨灰。谢葆真遇难火化后,杨虎城日日夜夜将夫人的骨灰带在身边,直到特务从背后刺死他,他仆倒在地时骨灰盒仍在身旁。这真是一场生死恋,生生死死皆在一起。

杨虎城将军的夫人谢葆真,1927年2月进入西安中山学院妇女运动班。刚满16岁的谢葆真毕业后至冯玉祥的国民革命军第二集团军总政治部直辖的前线工作团,在团长宣侠父的影响和培养下加入中国共产党。当时杨虎城任国民联军第二集团军第十

杨虎城、谢葆真一家

中山学院学生谢葆真

杨虎城将军陵园

军军长，驻皖北太和县城。1927 年 11 月谢葆真任太和县妇联主任。其间，杨虎城向谢葆真示爱。经请示，中共河南省委批准谢葆真与杨虎城结婚。

杨虎城于 1937 年 11 月底从巴黎回国后被囚禁于南昌。1938 年 1 月 14 日，27 岁的谢葆真带着 8 岁的儿子杨拯中赶往南昌陪伴丈夫，自此开始了长达 10 年的监狱生活。1938 年 10 月，武汉失守后杨谢夫妇被押解至贵州息烽县的玄天洞。1947 年 2 月 8 日，时年 36 岁的谢葆真已经绝食几十天，被特务向小腿注射了毒针，痛苦挣扎而死。杨虎城得知后扑在遗体上放声痛哭，并要求火化遗体。之后，杨虎城昼夜抱着谢葆真的骨灰盒。1949 年 9 月 6 日，杨虎城与儿子杨拯中、女儿杨拯贵、秘书宋绮云夫妇在松林坡惨遭杀害。中华人民共和国成立后，杨将军夫妇的灵柩被运回西安安葬于西安南郊韦曲杜公祠的烈士陵园。

杨虎城的孙女杨延武女士为了激励西北大学学生勤奋学习，特捐款 30 万元在西北大学设立了“杨虎城奖学金”。

西北大学每年清明节都会组织师生代表赴杨虎城将军陵园，追思和缅怀杨虎城将军与夫人谢葆真。

三入牢狱的红二十九军军长陈浅伦

陈浅伦烈士

陈浅伦是从西安中山学院走出的唯一一位红军军长。他曾三入牢狱,却宁折不弯,始终坚持革命。

1933 年 3 月底, 国民党军队向马儿岩根据地发动进攻, 并用重金收买隐藏在红二十九军内部的反革命分子、原神团头子张正万。4 月 1 日,张正万利用红二十九军主力外出作战之机发动叛乱, 在马儿岩包围袭击军部开会的会场。与会人员听到枪声后,立即进行反击,但因寡不敌众,除军长陈浅伦和政委李艮突围外,其余 40 名干部全部壮烈牺牲。陈浅伦和李艮二人转移到西乡磨子坪后,不幸落入敌人之手。4 月 6 日,敌人准备杀害陈浅伦,并把村里的群众赶来观看。面对叛匪,陈浅伦怒斥道:“张正万,你这个狗东西,你杀我一个,杀不完红军,红军会给我报仇的! ”并向在场的群众高呼:“乡亲们,不要怕,将来红军来了,有冤伸冤,有仇报仇! ”最后,他在“共产党万岁”的口号声中壮烈牺牲,年仅 27 岁。

1906 年出生在陕西西乡的陈浅伦,于 1925 年春考入汉中陕西省立第五师范学校。在汉中,他开始接触革命书刊。1927 年 4 月, 陈浅伦考入西安中山学院农运班,学习马列著作和进化史等课程。

陈浅伦在英勇就义之前已有过两次被捕入狱的经历。第一次是在 1930 年年初,他参加上海党组织的一次暴动时被捕入狱, 遭严刑审讯, 关押一年。第二次是在 1932 年 5 月发动“红五月运动”,他组织了汉中中小学生 1600 余人宣传抗日救国,揭露蒋介石卖国阴谋,再次被捕入狱。3 个月后,经党组织营救获释。

两次入狱都丝毫没有削弱他的革命热情。陈浅伦曾说:“我们共产党、红军闹革命,并不是为了当官发财,而是为了天下受苦人都有饭吃、有衣穿,都过上好日子! ”有这样的远大抱负, 人们就不难理解为何他三次入狱受尽酷刑都宁折不弯了。

我国第一个社会学社团的创始人余天休校长

社会学乃近数十年来的新兴科学之一，其中原理含集各社会科学之精华，可称为诸社会科学之基础。1922年2月，时任北京师范大学社会学教授的余天休发起成立了中国第一个社会学学术团体——中国社会学会，并创刊《社会学》双月刊作为会刊，于1930年1月在西安出版第3卷第1号，由西安中山学院出版部发行。余天休在其《本杂志经过及其将来》一文中写道："社会学在我国学术上所占之地位甚为幼稚……休自民二以还，即追随国外先知研磨该学，民九返国，即讲学于燕都，民十创办社会学会，民

余天休校长

余天休教授(中)在嘉峪关

西安中山大学校长余天休赴任途中

西安
中山大學日刊
余天休題

《西安中山大学日刊》

余天休校长兼任陕西省政府顾问时，时常下乡了解普通老百姓疾苦

余天休生活照

晚年余天休教授与夫人和女儿胡余锦明女士合影

西北大学"余天休助学金"续约签字暨发放仪式

十一创刊社会学杂志……本杂志曾出刊三年，刊登极有价值之中英文论文不下百余篇，每期分销1300余份，此亦一时之盛举也。今者本刊重新出世，仍本公开主义，提倡社会学术，讨论社会问题，凡对于社会学有关系之著作，一律欢迎。社会学在我国来日之发展，实无可限量。"

余天休博士早年曾留学美国，并获博士学位，是我国社会学初创时期的著名学者之一，也是一位关注西北、关注教育、促进中美文化交流的社会活动家和教育家。1929年，余天休出任西安中山大学校长。

余天休的女儿胡余锦明（Helen Woo）女士1992年就提出了"开发西北、关注教育"的观点，为完成父亲的理想和遗愿，支持祖国教育事业发展，曾向国内多所大、中、小学校捐助。她于2007年10月在西北大学设立"余天休助学金"，首期资助73.5万元。自2002年以来，胡余锦明女士已为陕西省教育事业累计捐资300余万元，资助大、中、小学家庭经济困难学生2000余人次，为陕西省学生资助工作做出了很大贡献。

西安中山学院走出的革命者

陈浅伦(1906—1933)，陕西西乡人。1930年任共青团西安市委书记。1933年任中国工农红军第二十九军军长。

杨明轩(1891—1967)，陕西户县人。1963年任中国民主同盟中央主席。1965年任全国人大常委会副委员长。

刘伯坚(1895—1935)，四川平昌人。1930年任中共中央军委秘书长。

刘含初(1894—1927)，陕西黄陵人。西安中山学院院长。

曹力如(1902—1949)，陕西志丹人。1946年任中共中央西北局副秘书长。1949年任新疆维吾尔自治区人民政府第一主席。

高　岗(1905—1954)，陕西横山人。1949年任中华人民共和国中央人民政府副主席。

卫志毅(1905—1973)，陕西泾阳人。西安中山学院学生会主席、纠察队队长。1928年任中共西安市委书记。

李子洲(1892—1929)，陕西绥德人。西安中山学院副院长兼总务长。1928年代理中共陕西省委书记。

谢葆真(1913—1947)，陕西西安人。中共党员，杨虎城夫人。

王韵清(1901—1940)，陕西蒲城人。中共蒲城特别支部创建人。

张汉民(1903—1935)，山西稷山人。中共党员。西安中山学院学生总队长。曾任杨虎城部警备第三旅旅长。革命烈士。

魏野畴(1898—1928)，陕西兴平人。1927年任中共陕西省委军委书记。1928年任中共皖北特委书记。

图说

国立西安临时大学—国立西北联合大学—国立西北大学时期(1937—1949)

九一八事变与七七事变相继爆发后,中华民族最根本的文脉所系——高等教育,面临国破校亡、根基沦丧的空前灾难。1937 年 9 月 10 日,国民政府教育部发布第 16696 号令:“以北平大学、北平师范大学、北洋工学院和北平研究院等院校为基干,设立西安临时大学”(1937 年 9 月省立河北女子师范学院复并入西安临大)。由此形成抗日战争时期中国最大的两个大学联合体之一。1938 年 3 月国立西安临时大学南迁城固,改称国立西北联合大学,下设 6 个学院 23 个系。1939 年 8 月 8 日,继西北联大工学院、农学院独立设校后,按国民政府教育部令:国立西北联合大学再次改组,文、理、法商学院组建国立西北大学,医学院、师范学院改称国立西北医学院、国立西北师范学院。抗战胜利后,国立西北大学迁回西安陕源西北大学旧址办学。

国立西北联合大学提出了“发扬民族精神,融合世界思想,肩负建设西北重任”的办学宗旨,表达了传承中华五千年灿烂文明,融汇世界优秀文化成果,建设祖国辽阔西部的办学愿景。

国立西安临时大学—国立西北联合大学组织系统

1937 年 9 月 10 日，国民政府教育部下发第 16696 号令，成立西安临时大学；10 月 11 日，国民政府教育部长王世杰发布《西安临时大学筹备委员会组织规程》，以教育部、北平研究院、北平大学、北平师范大学、北洋工学院、东北大学、西北农林专科学校、陕西省教育厅等单位代表组成筹备委员会。王世杰兼任主席，聘任李书华、徐诵明、李蒸、李书田、童冠贤、陈剑翛、周伯敏、臧启芳、辛树帜等 9 人为委员。随后又任命徐诵明、李蒸、李书田、陈剑翛 4 人为西安临时大学常委，不设校长，由常委商决校务。

西安临时大学分为第一院、第二院、第三院，再细分为文理、法商、教育、农、工、医六大学院，24 个系。同时设置教务处、秘书处、总务处 3 个处组。学生以文理学院(439 人)、工学院(386 人)、法商学院(279 人)居多。全校三院分布在西安的三个地方：校本部、第一院的国文系、历史系、外语系、家政系在西安城隍庙后街四号；第二院的数学系、物理学系、化学系、体育学系以及工学院与东北大学工学院共处一院（今西北大学太白校区）；第三院的法商学院三系、农学院三系、医学院和教育系、生物系、地理

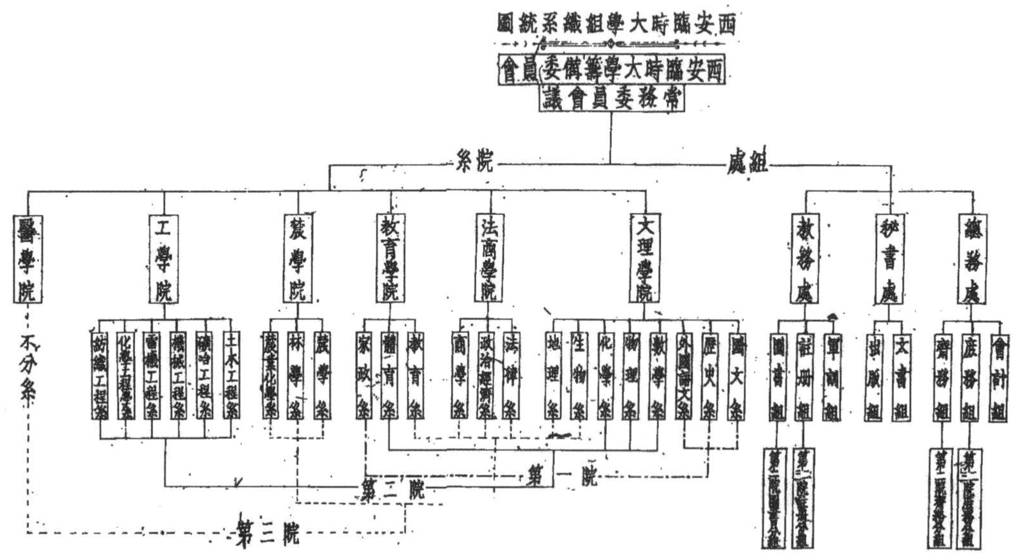

西安临时大学组织系统图

系在西安北大街通济坊。

1938 年 3 月 16 日,西安临时大学正式迁离西安,历时月余,行程 400 余公里,迁至陕南汉中,全校分布在三县六地:大学本部、文理学院设于城固县考院(黉学巷贡院旧址);教育学院全部、工学院一部设于城固县城文庙;法商学院设于城固县城小西关外原县简易师范旧址;体育、地理、土木三系和附设高中部设于城固县古路坝天主教堂,利用大自然形势和环境, 研究地理和实地测量;医学院设于南郑县居民聚居区,便于民众诊病;农学院在沔县(今勉县)武侯祠,利用汉水开凿沟渠,从事农业和灌溉研究。

1938 年 4 月, 国立西安临时大学更名为国立西北联合大学,仍不设校长,由徐诵明、李蒸、李书田、陈剑翛 4 位常委商决校务。后因陈剑翛请辞,国民政府教育部复派胡庶华接任常委。学校初设 6 个学院 23 个系:文理学院有国文系、外国语文系、历史学系、数学系、物理学系、化学系、生物学系、地理学系;法商学院有法律学系、政治经济学系、商学系;教育学院有教育学系、体育系、家政系;农学院有农学系、林学系、农业化学系;工学院有土木工程学系、矿冶工程学系、机械工程学系、电讯工程学系、化学工程学系、纺织工程学系;医学院不分系。1938 年 7 月工学院与农学院分出独立后,学校有文理学院、法商学院、医学院、师范学院 4 个学院,除各学院原有系科外,新增医科研究所、师范研究所。当时联大人才云集,师资力量雄厚,师生们在极其艰苦的环境下坚持教学和学术研究, 同时还积极开展抗日救亡运动。

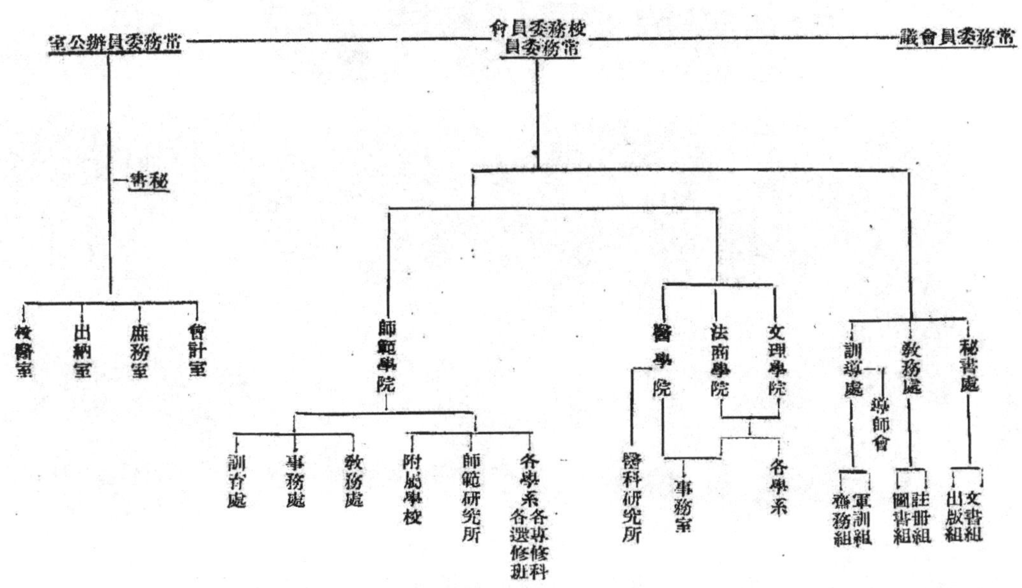

西北联合大学组织系统图

1938年国立西北联合大学部分师生合影

国立西安临时大学中华民族解放先锋队部分队员

国立西安临时大学—国立西北联合大学的“五常”

徐诵明

徐诵明(1937 年 10 月—1939 年 8 月在任)，1918 年毕业于日本九州帝国大学医学院。1919 年任国立北京医学专门学校病理学教授。1928 年任北平大学医学院院长。1932 年任北平大学代理校长等。1937 年后,历任西安临时大学、西北联合大学常委,教育部医学教育委员会常委,同济大学校长兼医学院院长,沈阳医学院和浙江医学院院长等。1949 年,拒绝出任台湾大学校长。以后,历任卫生部教育处处长、人民卫生出版社社长、中华医学会编辑部主任兼中华医学杂志总编辑、全国政协第三、五届委员。1985 年被推举为西北大学北京校友会名誉会长。

李　蒸

李蒸(1937 年 10 月—1939 年 7 月在任),字云亭,河北滦县人。毕业于北平师范大学并留校任教。后赴美国留学,在哥伦比亚大学获哲学博士学位。归国后历任国立中央大学教育学副教授、北平大学教育行政院扩充教育处处长兼秘书、国立北平师范大学校长。1937 年起任西安临时大学、西北联合大学校务委员会常委,同时兼任西安临时大学法商学院院长和西北联大师范学院院长。1949 年任北平和平谈判代表,后历任中国人民政治协商会议第一届全体会议代表,中华人民共和国行政院参事,民革中央委员,第二、三、四届全国政协委员。

李书田

李书田(1937 年 10 月—1938 年 6 月在任),字耕砚,河北昌黎人。1923 年毕业于北洋大学土木工程学门,同年考取清华学校, 被派赴美国入康奈尔大学研究铁道及水利学。1926 年获工学博士学位及美国华铁尔博士顾问工程师处副工程师,归国后历任北洋大学土木系教授、北洋工学院院长等职。

國立北平師範大學二十七年畢業同學紀念

建國之根本在教育，教育之基礎在師資。諸君今攜此重大而神聖之責任以離校，明知工作之艱鉅，務期毋負徹其初衷。

李書田題贈 [illegible]

學不厭教不倦多士楷模

廿七年夏為師大畢業同學題

陳劍翛 陝西城固

察之情偽隱微之間，審之言行樞機之始。

朱子語。

黎錦熙

國立北平師范大學畢業紀念冊（一九三八年）

師資所承

徐誦明

国立北平师范大学毕业同学录题词

1937 年 10 月至 1938 年 6 月任西安临时大学、西北联合大学校常委。后历任西北工学院院长、黄河水利委员会委员、华北水利委员会总务处处长、黄河水利委员会副委员长。1949 年赴美,任工程师、教授、美国土木工程师学会会员、美国土木工程协会会员等。

陈剑脩

陈剑脩(1937 年 10 月—1938 年 6 月在任),名宝锷,字剑脩,江西遂川人。毕业于北京大学。后赴英国留学,获伦敦大学硕士学位。归国后历任国内多所高校教授。1927 年起历任南京市政府教育局局长、国民政府大学院社会教育处处长、国民政府教育部参事、国民政府教育部社会教育司司长等职。抗战初期以教育部特派员身份相继担任西安临时大学和西北联合大学校常委,并兼任西北联大秘书主任(后改由黎锦熙接替),负责学校的文书工作和出版工作。他还为 1937 年创刊的《西安临大校刊》撰写了发刊辞。1949 年往香港,与张难先等联名发表对时局的"国是"宣言,退出国民党。中华人民共和国成立后任中南军政委员会教育厅副厅长。

胡庶华

胡庶华(1938 年 7 月—1940 年 8 月在任),字春藻,湖南攸县人。清末秀才。1912 年毕业于北京译学馆。1913 年公费赴德国留学。1920 年毕业于柏林工业大学,获铁冶金工程师学位,复获德国铁冶金博士学位。1922 年归国后,历任国内多所大学教授、校长。1938 年 10 月,国民政府教育部改西北联大筹备委员会为校务委员会,增聘为校务委员、常务委员。1949 年在香港通电起义,后历任北京工业学院、北京钢铁学院图书馆馆长、教授,第二、三、四届全国政协委员等职。

国立西安临时大学·国立西北联合大学·国立西北大学部分著名教授

张贻侗(1890—1950),安徽全椒人。化学家。

黎锦熙(1890—1978),湖南湘潭人。语言文字学家、词典编纂家、教育家。中国科学院学部委员。

汪堃仁(1912—1993),湖北嘉鱼人。在美国获医学硕士学位。生理学家、细胞生物学家。中国科学院学部委员。

罗根泽(1900—1960),河北深县人。古典文学研究专家。

黄国璋(1896—1966),湖南湘乡人。在美国获理学硕士学位。地理学家、教育家。

赵进义(1902—1972),河北束鹿人。在法国获理学博士学位。数学家、天体力学家、教育家。

许寿裳(1883—1948),浙江绍兴人。传记作家、教育家。

章友江(1901—1976),江西南昌人。经济学家。

季陶达(1904—1989),浙江义乌人。经济学家、翻译家。

曹靖华(1897—1987),河南卢氏人。翻译家、散文家、教育家。

高　明(1909—1992),江苏高邮人。古典文学研究专家。

杨钟健(1897—1979),陕西华县人。在德国获哲学博士学位。中国古脊椎动物学奠基人。中央研究院院士、中国科学院学部委员。

傅种孙(1898—1962),江西高安人。数学家、教育家。

陆懋德(1893—1965),山东历城人。在美国获政治学硕士学位。历史学家。

刘　拓(1897—?),湖北黄陂人。在美国爱荷华大学获博士学位。化学家。

马师儒(1888—1963),陕西米脂人。在德国获教育学博士学位、在瑞士获哲学博士学位。教育家。

罗章龙(1896—1995),湖南浏阳人。政治活动家、经济学家。中共早期领导人。

王耀东(1900—2006),黑龙江嫩江人。体育教育家。

沈志远(1902—1965),浙江萧山人。经济学家。中国科学院学部委员。

杜元载(1893—1975),湖南溆浦人。在美国获法学博士学位。法学家、教育家。

侯宗濂(1900—1992),辽宁海城人。获日本京都大学医学博士学位。生理学家、医学教育家。

岳劼恒(1902—1961),陕西长安人。获法国巴黎大学理学博士学位。物理学家、教育家。

张贻惠(1886—1946),安徽全椒人。物理学家、教育家。

寸树声(1896—1978),云南腾冲人。经济学家、教育家。

抗战时期东北大学寄居西北大学旧址的两年岁月

如今，西北大学校园里留有一座原东北大学礼堂，门前有张学良校长勒石为证，人们都以为两校有什么沿革关系，其实，只是东北大学曾寄居于此而已。

早在明清之际，西北大学这块地盘就被称为“风水宝地”，一位在此踏青的举人曾预言:“此地日后会出一斗芝麻的官。”果然，之后这里成为培养成千上万国家干部的大学云集之地。据《续修陕西通志稿》卷三十六载，在光绪三十年(1904)，此地已是陕西中等农林学堂的所在地，同时复为陕西农业学堂所在地。1912 年并入西北大学，成为西北大学农科所在地(包括今西安习武园、儿童公园北部和西关外)。同时，三秦公学亦借西门外农业学堂一部建校(后又将附属农事试验场划入，从城西北角到西南角几乎均有其舍)，1914 年大部分并入西北大学。1915 年西北大学停办后，于1916 年改为陕西甲种农业学校，后复于 1923 年成为西北大学农艺科、畜牧科的一部分。1934 年改为陕西省立西安初级农业职业学校(后改为陕西省农林职业学校)，包括 200 亩农

东北大学在西安时的校门

东北大学西安分校学生宿舍

东北大学西安分校校长办公室

东北大学西安分校校园

东北大学教师家属在大礼堂前合影

场（将毕业之学生可各领半亩至一亩地实习栽培作物）、运动场、礼堂等。

1936年2月，寄居北平的东北大学工学院及其补习班41名教职员和263名学生迁入西安。学校建筑工程是东北大学工学院毕业生郭毓麟等义务设计并监督施工的。这些建筑不到一年时间即全部竣工，兴建大礼堂时在墙基内嵌砌了一块纪念碑，刻有张学良校长的题词："沈阳设校，经始维艰，自九一八，惨遭摧残，流离燕市，转徙长安，勖尔多士，复我河山。"

抗日战争时期，此地被胡宗南所部占据，称为战时干部训练团第四团。团长蒋中正，副团长陈诚、蒋鼎文、胡宗南，教育长葛武棨，政治部主任汪震。连战的父亲连震东在此任教官。毛泽东和史沫特莱的翻译吴莉莉被迫离开延安后，亦

张学良校长的题词碑

东北大学在西安设校碑记

到此工作，并与西北大学兼任教授张研田结婚。据第五期学员和留团区队指导员薛玉回忆：其间，蒋介石、宋美龄、何应钦、白崇禧、李宗仁、于右任、驻英大使顾维钧、驻德大使陈天放、驻美大使胡适均曾到此给军官训话。后来，大礼堂的纪念碑被士官挖下来当饭桌用。胡宗南听说还有人背诵张学良那段朗朗上口的题词，一怒之下，将纪念碑砸碎。1992 年，西北大学觅得碑文拓片，遂重新立石纪念。

历经磨难的东北大学只在此待了两年零一个月，便再次南迁。东北大学在西北大学旧址上留下不少建筑，还扩大了几百亩地盘。1937 年 11 月，西北大学京源的前身之一国立西安临时大学工学院、数学系、物理系、化学系和体育系迁驻此处。校门左悬东北大学校牌，右悬国立西安临时大学校牌。这时的大礼堂，除作为大课教室外，还曾组织过多次大型讲演和报告会，如水利大师李仪祉曾在此做过《抗战力量》的讲演，张伯声教授也在此做过《西北地质》的讲演，李俨院士在此做过《隧道工程》的演讲。1938 年 3 月，国立西安临时大学由此迁往陕南。

20 世纪 30 年代的西安大清真寺

柳青与西安临时大学

以长篇小说《创业史》著称的柳青(1916—1978)曾是西北大学的前身国立西安临时大学法商学院俄文先修班的学生,这一学习经历后来成为他俄文修养和马列主义理论修养的源泉之一。

1937年七七事变爆发后，平津相继沦陷,国立北平大学、国立北平师范大学、国立北洋工学院、国立北平研究院、河北省立女子师范学院等四校一院迁至西安，组成国立西安临时大学。

柳青于1937年秋考入国立西安临时大学法商学院商学系主办的俄文先修班，其前身是北平大学俄文先修班，与创建于1899年的东省铁路俄文学堂、1912年的外交部俄文专修馆、1922年的北京俄文法政专门学校、1927年的外交部部立法政专门学校亦有渊源。该校一向以培养俄文人才为主，瞿秋白即毕业于俄文专修馆。1928年并入北平大学法商学院后,一时进步教授云集,李达、侯外庐、范文澜、许德珩、陈豹隐、沈志远等均曾在此任教。

柳青的代表作《创业史》

据柳青女儿刘可风的《柳青传》记录:柳青入学考试考了两次,“临大的考试很全面,由于(柳青)上高中时学习偏科严重,第一次未被录取。经过短期补习,很快又参加了第二次考试,终被录取。1937年11月间,他进入了西安临大俄文先修班学习”。关于其在校学习的具体时间,柳青自己在其《自传》中说:“七七事变后,大学未考成,与流亡学生一同跑回西安。十天后,任《西北文化日报》副刊编辑。两个月后,考上搬到西安的临时大学(师大、平大、北洋工学院联合),入原平大俄文先修班,编辑位子让给刚从上海逃难来的叶以群。1938年4月,学校南迁,中共陕西省委组织部要我随校去,第一学好俄文,第二做学校支部工作。我不愿意,我要求去延安,从事文学工作。”

在这段不到半年的短暂学习经历中,柳青接受到了沈志远、曹靖华、季陶达、李毓珍几位优秀的马克思主义学者的教育,学习了哲学、政治经济学、俄文文选、俄文讲读、俄文文法、俄文文法实习、俄文会话、俄文默写等课程，在一定程度上为《创业史》的创作做了理论或思想上的先期准备。

琳琅满目的家政系手艺义卖

家政系由清光绪三十二年(1906)的北洋女子师范学堂、河北省立女子师范学院发展而来,既是我国最早的女子师范教育之根,也是西安临时大学最有特色的系科之一。在西安时,这个富有特色的系属第一院,与国文系、历史系、外语系一起在城隍庙后街4号上课。家政系于1938年1月28日及2月4日在学校大礼堂举行了两次“实习成绩义卖捐赠抗战将士鞋袜”活动,着实地“显摆”了一下师生的手艺绝活。

家政系学生进行食物调剂练习

据《西安临大校刊》第11期报道:

鉴于前方抗战将士亟需鞋袜,特将平日烹饪、缝纫实习成绩全部献出义卖,而以所得卖价制备鞋袜,捐赠前方战士。为此,特设临时义卖处于本校大礼堂,每星期六下午举行义卖一次,以三次为限,前两次为食品义卖,业于一月二十八日及二月四日分别举行。售物计有饼干、花生饼、油煎饼、牛肉干、笋豆、假咖啡、香园酱、柠檬酱、橘子汁、可可糖花生、糖花生、花生糖、芝麻糖、鸡排、柠檬排、可口排、可口蛋糕、蛋糕、小蛋糕等食品数十种。

城隍庙后街4号——西安临时大学国文系、历史系、外语系和家政系曾在此上课

西安临时大学师生既可捐款救国,又有可口的美味,大家都慷慨解囊,不到一小时,大部分货品即已售罄。成绩非常可观。随后又举行了第三次义卖活动。

闻第三次将举行服装义卖,备有大批精美婴儿服装、儿童服装、桌布、靠垫、枕套、口袋、手帕等出售。

这些义卖活动既显示了家政系丰富多彩的教学内容、实习教学成绩和师生们琳琅满目的手工艺制品,也显示了全校教职员工踊跃支援抗战的义举。

临大南迁:翻越秦岭的故事

1938 年 3 月 16 日晚,国立西安临时大学千余师生在西安乘坐火车,开始南迁。此次南迁以校常委徐诵明为大队长, 率领1400 余名学生,编为 1 个大队,下分 3 个中队、14 个区队、106 个分队。

南迁队伍从西安乘火车到宝鸡下车,

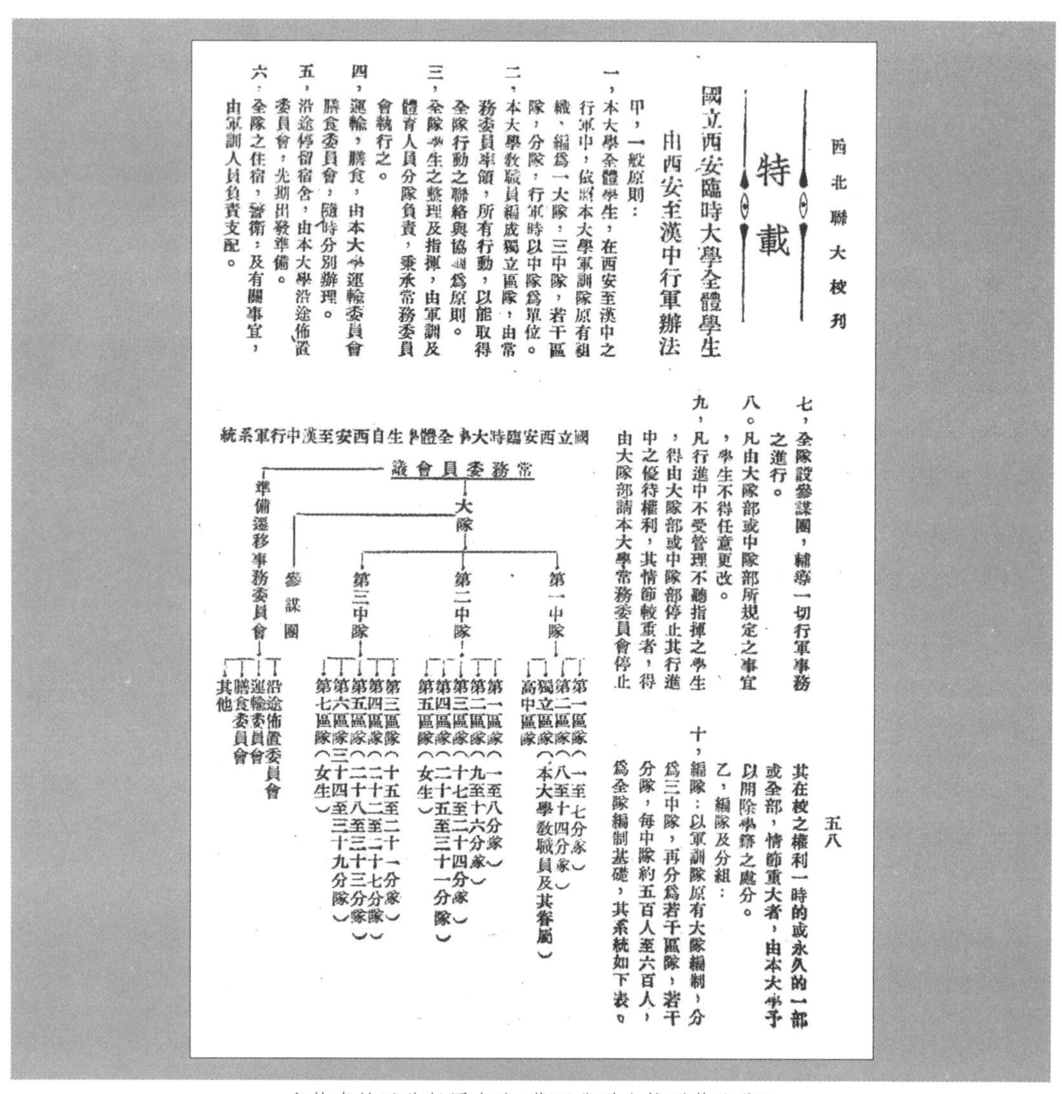

西北聯大校刊　　五八

特載

國立西安臨時大學全體學生由西安至漢中行軍辦法

甲，一般原則：

一，本大學全體學生，在西安至漢中之行軍中，依照本大學軍訓隊原有組織，編爲一大隊，三中隊，若干區隊，分隊；行軍時以中隊爲單位。

二，本大學教職員編成獨立區隊，由常務委員率領，所有行動，以能取得全隊行動之聯絡與協調爲原則。

三，全隊學生之整理及指揮，由軍訓及體育人員分隊負責，秉承常務委員會執行之。

四，運輸，膳食，由本大學運輸委員會膳食委員會，隨時分別辦理。

五，沿途停留宿舍，由本大學沿途佈置委員會，先期出發準備。

六，全隊之住宿，警衛，及有關事宜，由軍訓人員負責支配。

七，全隊設參謀團，輔導一切行軍事務之進行。

八。凡由大隊部或中隊部所規定之事宜，學生不得任意更改。

九，凡行進中不受管理不聽指揮之學生，得由大隊部或中隊部停止其行進中之優待權利，其情節較重者，得由大隊部請本大學常務委員會停止其在校之權利一時的或永久的一部或全部，情節重大者，由本大學予以開除學籍之處分。

乙，編隊及分組：

十，編隊：以軍訓隊原有大隊編制，分爲三中隊，再分爲若干區隊，若干分隊，每中隊約五百人至六百人，爲全隊編制基礎，其系統如下表。

國立西安臨時大學全體學生自西安至漢中行軍系統

- 常務委員會議
  - 大隊
    - 第一中隊
      - 第一區隊（一至七分隊）
      - 第二區隊（八至十四分隊）
      - 獨立區隊（本大學教職員及其眷屬）
      - 高中區隊
    - 第二中隊
      - 第一區隊（一至八分隊）
      - 第二區隊（九至十六分隊）
      - 第三區隊（十七至二十四分隊）
      - 第四區隊（二十五至三十一分隊）
      - 第五區隊（女生）
    - 第三中隊
      - 第三區隊（十五至二十一分隊）
      - 第四區隊（二十二至二十七分隊）
      - 第五區隊（二十八至三十三分隊）
      - 第六區隊（三十四至三十九分隊）
      - 第七區隊（女生）
    - 參謀團
  - 準備遷移事務委員會
    - 沿途佈置委員會
    - 運輸委員會
    - 膳食委員會
    - 其他

翻越秦岭迁移行军办法(载西北联大校刊第 1 期)

3月20日从宝鸡南行，开始徒步翻越秦岭，三个中队分为四批行军，由宝鸡至汉中分十站行进。全校千余学生行程近千里，历时月余，并以沿途社会调查、抗战宣传、军事拉练、强身健体为目标。其中西安到宝鸡170公里，宝鸡到汉中255公里，每日须步行10余公里，多者30余公里。

学校规定学生们自备背包一个，草鞋两双，二人合组轻便行李一件。每个中队一般由军训教官任队长、年轻教授任副队长，下设运输组、设营组、纠察组、交通组、医务组、警卫组等。每个中队配有民夫、驮运骡马等。

佟学海买尽西安全城锅饼与咸菜

国立西安临时大学南迁汉中前夕，齐国梁教授任膳食委员会主席，佟学海为书记，他们进行了一次全城干粮、咸菜大采购。一时间全西安城大街小巷、老少妇孺皆为此而“战”；佟学海坐镇西安火车站，过秤、登记、付款。直到3月16日临大西去宝鸡的火车开车前，采购317袋锅饼，共计8676斤，还有3000余斤咸菜。

其间闹了不少误会与尴尬。在车站的锅饼收购中，庶务组组员胡铭右先生在雇佣胶皮轮大车时，顺便委托大车公会会长之妻代为购集，并由其率领全城各家锅饼小贩分头送至火车站，随即陆续过秤、登记。由于秤提不堪重负，一会儿断了，一会儿再系上，一直到开车前。正拟请大车公会会长之妻出具收条领款之时，她却说：“以货换钱，何须收据？”不愿意出具收条，且恐火车开车无处要钱，便哭起来。而这时，等车的临大学生们误以为几个大男人在为难妇人，反来谴责，真是闹得哭笑不得。

买咸菜时，佟学海分别向西安各酱园采购酱萝卜，起初倒还顺利，但后来一些较大的酱园所存酱菜无多，不肯全数出卖，恐将无法应付经常主顾，以致停止营业。佟学海只好跑遍全城采购，最后也只买到17袋，计3000余斤。

民国时期的西安火车站

南迁必经地凤县，位于嘉陵江上游东岸，屏障陕南，控扼陇蜀，为陕西西部重镇。图为今照

蜀道难，难于上青天(悬崖栈道)

韩镜良与成舍我

这些锅饼与咸菜成为翻越秦岭的千余名学生的主食，即使如此，也只能每人每日一斤锅饼、一块咸菜。出发10天之后，锅饼已经吃得差不多了，佟学海只好又在秦岭南部的马道一带再次收购锅饼，直到第11天到了褒城，佟学海买锅饼的工作总算告一段落。

绣鞋不翼而飞

法商学院谷景耀与经济系张仪修所在的第三中队夜宿凤县，一部分同学被安排住于凤县西街一无名小庙内。

小庙年代久远，殿宇清洁，庙内有女像两尊，被信徒打扮得粉面桃腮，束腰紧袖，栩栩如生，特别是其金莲瘦小，所着绣鞋更是古今罕见。夜晚，谷景耀与张仪修就躺在女像脚下。临行，二人出自对民间工艺的极度好奇，各从女像脚上脱下绣鞋一双，藏之于背囊。然而，带到汉中以后，两双绣鞋皆不翼而飞。整整一学期，二人心里都觉得惴惴不安。

刘艺民英雄救美

在翻越秦岭南迁汉中的川陕道上，法商学院学生刘艺民一直难忘扒车救美的惊险一幕。

那时候，川陕道虽然路况极差，却也有

一些商用汽车往来。一天,一辆客车拴住后门,空车沿着30°左右的坡路缓缓前进,正从刘艺民所在的小队旁边经过。刘艺民出于好奇和讨巧的念头,纵身一跃,一只手抓住了汽车后门的拉手,同时踏定了上车的踏板,心里非常惬意。然而,车子经过两三个女同学身旁时,其中一位叫韩镜良的同学,也效仿他猛然纵身一跃,右手抓住汽车后门的另一个拉手,但脚未踏住蹬板,车悬拖着她往前去,手又不能松,情况十分危险,遂紧握拉手惊呼大叫起来。这时,旁边的刘艺民情急之下用右手抓紧拉手,左手一抄,抄住了她的腰部一提,她趁势双脚踏住了蹬板。这时汽车并未停车,仍在前进。惊慌之下,韩镜良花容失色,刘艺民紧紧挽牢她的腰部,直到车子开始走下坡路,这场英雄救美的好戏才慢慢落幕,刘艺民也才终止了“保驾”行动。夜晚集队宿营时,韩镜良的恋人(亦为校友,已故)特地来向刘艺民道谢。

故事的主人公韩镜良1969年与中国著名报人成舍我(1898—1991)缔结百年之约,成为其第三任妻子。当时韩镜良已70岁,任台北中兴大学教授,其前夫因“匪谍罪”被处决。韩镜良现居加拿大。

恪守古训“行不由径”的谢似颜教授

南迁路上,为保障秩序和安全,以防发生意外,大队长徐诵明命令全队由公路前进,不准走小路。第一中队队长谢似颜教授遵命一直沿公路缓步前进,一些身体较弱或性情稳健者亦大多随行。

然而,川陕公路上酒奠梁、柴关岭一带盘道甚多,汽车迂回在大道上,还没有人走得快,学生们常有与汽车争先者,故大家愈往前走,愈觉得小路实在近得多。于是,就连中队长和参谋团的人也不愿遵守命令多走冤枉路了,都绕小路下了山,在山下休息好久以后,才见谢似颜教授率领一部分队员整队而来。谢似颜教授始终遵循“行不由径”的古训和大队长命令,诚不愧为道德学之教授(其在教育系亦兼带道德学科目之教学)。徒步行军,对学生和青壮年来说当

南迁途中的同学在木桥上小憩

然不成问题，但当时仍有很多教师颇有疲乏狼狈之相，一路成为笑谈，像谢似颜教授这样“儒风不倒”者的确令人敬佩。

土匪劫车

1938年3月19日晚，第二中队队长刘德润正在主持召开各小组组长会议，安排次日行程，突然闻知，前一日在马道附近家眷汽车遭匪劫，“损失不赀”。

川陕道上褒城之石门景色

从留坝县城南行至马道，是川陕公路上的一个险要之处。再南出谷，便是褒城。此地以汉代萧何追韩信至此而闻名。同时，由于此地位于褒城斜谷口，太白河流经其间，路途艰险，当年又以车祸频发而闻名。然而，劫道者也看中此地的艰险，这里遂成为川陕道上的土匪出没地之一。

王耀东教授回忆说，整个民国时期，政府的控制能力很差，各地匪患迭起，川陕边山区常有土匪出没，更有王三春等巨匪，动辄啸聚数千众，打家劫舍，抢掠商旅，甚至攻城略地，与政府军对抗。南迁沿途山高谷深，路途艰险，正所谓“蜀道难，难于上青天”。此时，虽然开通了川陕道，但防匪仍为头等大事。

台湾的尹雪曼校友也回忆说：“一辆载乘学校教授和眷属的汽车，在赴陕南路上被抢劫，人没有伤亡，但太太们的金银首饰和现金损失不少。所以，学校就给我们中队派来四位保镖护送。给我印象很深，那时虽是阳历三月，农历还是一月底光景，秦岭北面还有残余的积雪，但是爬上秦岭翻越过去后，南面就已有了春天的气息。我看见这四位保镖的时候，正是越过秦岭以后，因为大伙儿出发时还穿着棉衣，走路一热，那四位保镖就光着上身，露着胸臂，每人腰里插一把盒子炮，把手还扎着红布，真是威风凛凛，不可一世。然而，我心里暗自琢磨，如果像美国西部片那样，土匪躲在山林或岩石堆里向这四位保镖一齐开枪，恐怕也是不堪一击。好在劫匪的事再没听说，我们安然到达目的地城固。”

女生入观开先例

张良庙地处柴关岭，形势险峻，为邑要隘。此地为汉留侯张良隐居之处，群峰葱翠，曲涧清流，风景极佳。据南迁第三中队谷景耀回忆：其间花木清幽，十分整洁，在迎门处，有进履桥一座，院内平宇长廊，共有两列，左供方丈起居，右为往来接待所。受书阁题咏甚多，皆为纪念张良治国安邦的故事。此处游人虽多，但从不留容女客，是远近闻名的道家森严禁地。

然而，自宝鸡下车后第 8 天，西安临时大学第一支南迁队伍抵达庙台子，张良庙却打破规矩，第一次容留数批女学生，且留驻观内，整休数日方才继续前行。截至 1937 年 12 月，西安临时大学有女生 229 人，其中文理学院 144 人，法商学院 24 人，师范学院 36 人，医学院 25 人。到底是谁第一批入观，已经不得而知，但起码我们知道，1938 年 3 月间，一群西安临时大学的女学生给这深山老林中的道观、给这与世隔绝的秦巴山地带来了外面世界的气息。

误杀耕牛打牙祭

褒城古称褒国，为褒姒故里，位于褒河西岸，鸟语花香，山地清幽。法商学院谷景耀所在的第三中队抵达褒城，大家晚间分

张良庙

在川陕道上艰苦跋涉

同学们结伴向城固迈进

宿于河东西两岸。谷景耀与同学们被分至一座文庙,庙因空闲已久,跳蚤过膝,遂央人清扫,大家随后打开行李,各按其位入睡,直至次日凌晨,才被一声枪响惊醒。原来,晚上负责警戒的同学在晨曦朦胧中以为野兽来袭,随即举枪射击,误杀一头耕牛。后经与物主和解赔偿后,整头牛全部赠与第三中队,因而数日不见荤腥的同学们终于大快朵颐。会餐之后,晴空万里,烟景阳春,学生们有的往河边田野,有的去桃花树林,漫步轻歌,好不快哉。

无独有偶,王耀东、谢似颜带领的第一中队护卫队的一位学生,看见一只大鸟落在牛背上,举枪就射击,没打着鸟,倒把雇佣老乡的牛给打死了,自然又是一番赔礼道歉和赔偿以及一顿烧牛肉。

“公诚勤朴”校训的由来

校训牌匾

1938年10月，国立西北联合大学第45次会议提出，以“公诚勤朴”为学校校训。

这则校训源于1937年国民政府教育部的一则训令。其训令《颁发国训及青年守则》指出：“查全国各级学校……每一学校各有其不同之历史环境及一贯之精神，故每校应依其所有之特征，制定校训校歌，昭示诸生，以必遵之准绳”。据此训令，西北联大常务委员会根据学校地处西北等实际情况，决定以“公诚勤朴”四字作为校训，并悬挂于礼堂、饭厅等处。受命撰写校歌歌词的西北联大秘书处主任兼国文系主任黎锦熙教授和法商学院院长许寿裳教授稍后将校训写入校歌。自西北联大分出的西北工学院、西北农学院也分别拟有“公诚勇毅”“诚朴勇毅”的校训，表现了三校同出一源、分而有合的紧密联系。

校训最原始的解释出自黎锦熙教授1944年5月在城固撰成的《国立西北大学校史》。其中有：“‘公诚勤朴’校风养成，盖与西北固有优良之民性风习相应。夫‘民生在勤，勤则不匮’，此足以去贫，非仅治学修业宜尔。勤以开源，朴以节流；然朴之意又不至此，乃巧诈之反。‘今之愚也，诈而已矣’，此足以去愚，凡诈皆愚也。公以去私，用绝党争。‘诚者天之道也，天行健，君子以自强不息’，此足以去弱。弱源于虚，诚则实矣。‘贫、愚、私、弱’，人皆知为吾民族之所苦；勤朴公诚，正其对症药也。”

2002年1月15日，西北大学筹备百年校庆时研究确定，沿用1938年所定之校训。

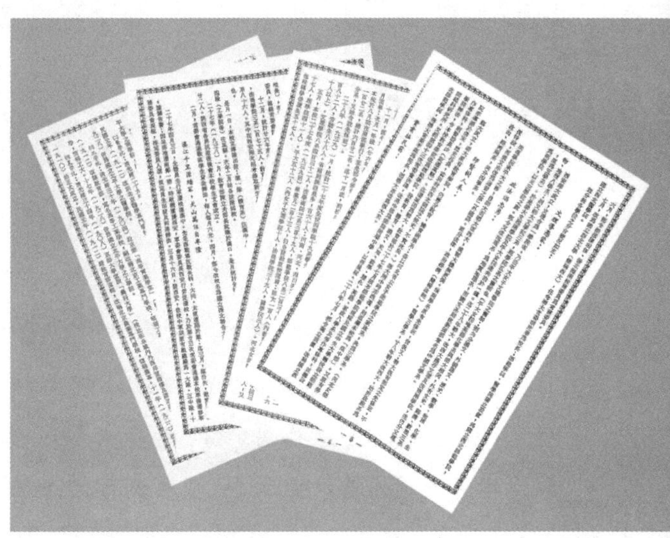

黎锦熙撰校史之影印稿

黎锦熙与西北联合大学校歌

國立西北聯合大學校歌

並序連黌，卌載燕都迴；
聯輝合耀，文化開秦隴。
漢江千里源嶓冢，天山萬仞自卑隆。
文理導愚蒙；
政法倡忠勇；
師資樹人表；
實業拯民窮；
健體明醫弱者雄。
勤樸公誠校訓崇。
華夏聲威，神州文物；
原從西北，化被南東；
努力發揚我四千年國族之雄風！

黎錦熙

民國二十七年秋

并序连黉,四十载燕都迴。联辉合耀,文化开秦陇。汉江千里源嶓冢,天山万仞自卑隆。文理导愚蒙,政法倡忠勇,师资树人表,实业拯民穷,健体明医弱者雄。勤朴公诚校训崇。华夏声威,神州文物,原从西北,化被南东。努力发扬我四千年国族之雄风!

校歌是一所大学的办学特色、传统风格、文化底蕴的沉淀，是其人文精神的浓缩和升华。

西北联合大学校歌创作于1938年，由时任国文系主任黎锦熙教授和法商学院院长许寿裳教授撰写歌词。这首豪气冲天、壮志凌云的西北联大校歌，精辟地反映了西北联大组建的历史渊源与院系的社会教育功能，并高度概括了三校在平津40年以及在秦陇联合创办的文理、政法、师范、农、工、医学科教育以“公诚勤朴”为校训，传承民族文明，发扬民族精神的鲜明办学特色，也深刻地表达了西北联大教育家们对育人的忠诚感和责任感。然而，学校委托专家为歌词配制曲谱一事竟因学校改组而搁置，以致西北联大校歌最终没有曲谱。

黎锦熙教授

黎锦熙是我国著名的语言文字学家、词典编纂家、文字改革家和教育家。他1911年开始从事教育工作，早年在长沙第一师范任教时，毛泽东是他的学生。1915年应国民政府教育部之聘到北京任教科书特约编纂员，1920年开始在高等学校任教，1937年随北平师范大学迁往西安，后来又辗转至汉中、兰州等地，历任教授、系主任、师范学院院长等职。

校歌有词无曲，西北联大不复存在，他心有不甘，乃于1944年以歌词为纲，撰成一部简明的《国立西北大学校史》，并自重其文曰：“斯亦史家创体也欤！”

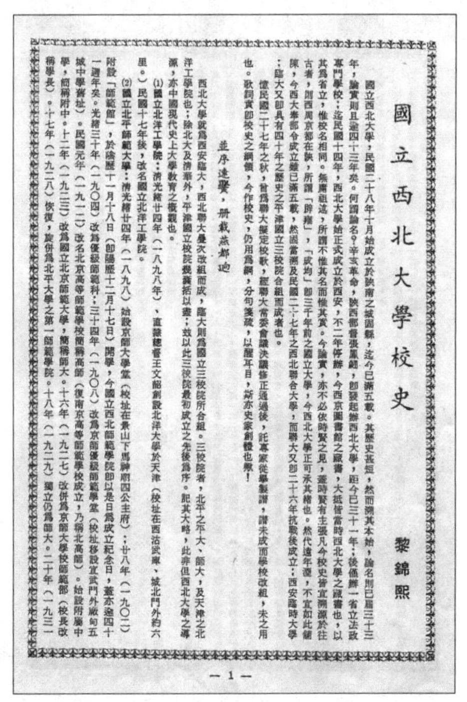

國立西北大學校史

黎錦熙

國立西北大學，民國二十八年十月始成立於陝南之城固縣，迄今已滿五載。其歷史甚短，然而溯其本始，論名則已届三十三年，論實則且逾四十三年矣。何謂論名？辛亥革命，陝西都督張鳳翽，即發起辦西北大學，距今已三十一年；後僅辦一省立法政專門學校；迄民國十四年，西北大學始正式成立於西安，不二年停辦，今西京圖書館之藏書，大抵皆當時西北大學之藏書也，以其爲省立，惟校名相同。無庸祖述，所謂不惟其名而惟其實。今論實，亦不必依時賢之見，遠時賢有主張凡今校史皆宜溯源於往古者，則西周京都在陝，所謂「辟雍」，「成均」即三千年前之國立大學，今西北大學正可承其緒也。然代遠年湮，不宜如此儱侗，今西大奉部令成立雖已滿五載，然固當溯及民國二十七年之西北聯合大學，而聯大又即二十六年抗戰後成立之西安臨時大學；臨大又即具有四十年之歷史之平津國立三校院合組而成者也。

憶民國二十七年之秋，曾爲聯大擬定校歌，經聯大常委會議決議修正通過後，託專家從事製譜，譜未成而學校改組，未之用也。歌詞實即校史之綱領，今作校史，仍用爲綱，分句箋疏，以醒耳目，斯亦史家創體也歟！

並序遠黌，卌載燕都迴

西北大學就爲西安臨大，西北聯大屢次改組而成，臨大則爲國立三校院所合組。三校院者，北平之平大、師大，及天津之北洋工學院也；除北大及清華外，平津國立校院幾囊括以盡；玆以此三校院最初成立之先後爲序。記其大略，此非但西北大學之溯源，亦中國現代史上大學教育之概觀也。

(1)國立北洋工學院：清光緒廿四年（一八九八年），直隸總督王文韶創設北洋大學於天津（校址在西沽武庫、城北門外約六里。）民國十七年後，改名國立北洋工學院。

(2)國立北平師範大學：清光緒廿四年（一八九八）始設京師大學堂（校址在景山下馬神廟四公主府）；廿八年（一九〇二）附設「師範館」，於陰歷十一月十八日（即陽歷十二月十七日）開學，今國立西北師範學院即以是日爲成立紀念日，蓋亦逾四十一週年矣。光緒三十年（一九〇四）改爲優級師範科；三十四年（一九〇八）改爲京師優級師範學堂（校址移設宣武門外廠甸五城中學舊址）。民國元年（一九一二）改名北京高等師範學校簡稱高師（復南京高等師範學校成立，乃稱北高師）。始設附屬中學，簡稱附中。十二年（一九二三）改爲國立北京師範大學，簡稱師大。十六年（一九二七）改併爲京師大學校師範部（校長改稱學長）。十七年（一九二八）恢復，旋併爲北平大學之第一師範學院。十八年（一九二九）獨立仍爲師大。二十年（一九三一

— 1 —

黎锦熙撰写的《国立西北大学校史》

龚锡庆副教授城固家中遇害

民国三十三年经济系毕业同学合影

城固之城墙及西大门

西安临时大学南迁城固后，由于工资很低又不解决住房，许多教师不得不在外面租住一些条件很差的房子。1938年3月26日晚，住在城固县城小西门至法商学院之马路东的一个土墙茅屋内的法商学院商学系俄文副教授龚锡庆，突然被匪徒破门行凶刺死。邻居赵先生相救受伤在汉中住院。龚、赵两位先生的财产亦被洗劫一空。城固县政府抓捕了几个疑犯，审问后了无下文。

两位先生皆为法商学院教师。龚先生到校3个月，为人谦和。赵先生则刚刚到校。因此，此次事件绝不可能为仇杀，完全是土匪所为。

学校为此向教育部提出龚先生的抚恤金申请，并将其薪金发放至1938年7月止。同时报销了赵先生的医药费。

为加强教职工安全保障，学校将校警队伍扩充到30人。学校常委会第68次会议又通过决议，成立警卫委员会，由体育系董守义教授任总干事，军训教官李在冰任副总干事，加强全校警卫安全。

汪堃仁自述:行程万里抵陕南

汪堃仁教授

“1937年7月7日卢沟桥事变爆发,祖国半壁河山受到残暴的蹂躏。”“我感到再也不能容忍下去了,毅然决定离开协和,到后方去,到已迁往陕南的西北联大。”“1939年5月,我筹借到路费,携带妻女(当时长女2岁,次女才6个月)和简单的行装,开始了西北之行。从塘沽登船,经香港抵海防,换乘火车到昆明,再由昆明乘卡车穿过云贵高原,到达山城重庆,此时已是盛夏酷暑的七月了。在重庆停留期间,敌机不时狂轰滥炸,尸陈遍地,一片慌乱。”“当时,我考虑到内地教学一定很需要生理仪器,便冒着敌机轰炸的危险,找到中央大学(今南京大学的前身)医学院生理教授蔡翘办的教学仪器厂,自己筹款买了几套生理实验仪器,以备教学之用。那时候,大后方的交通十分困难,四川没有铁路,成渝公路也尚未通车,我和妻子杨淑清抱着孩子、带着仪器和行李,由重庆乘江轮溯江而上,到了泸州。由泸州经成都、剑阁、广元到陕西,途中多次更换交通工具,有时还得步行,终于在1939年9月到达陕西城固。”“此行历时四个多月,行程万余里,受尽长途跋涉之劳,饱尝蜀道难行之苦。目睹日寇的残暴肆虐、国民党统治的反动腐朽,使我为灾难深重的祖国感到无限的忧虑。”

“我到校后,先后讲授过生物系的动物生理学、解剖学和组织学,体育系的人体解剖学和人体生理学以及家政系的生理学等课程。”“最初没有助教,举凡课堂讲授、准备实验、上实验课、课堂演示等,都由我一人完成。”“由我从重庆带来的仪器这时也发挥了重要作用。我几乎开出了北平协和医学院所开过的全部基本的生理实验课程。解剖实验没有尸体,我便和其他老师炮制狗、猫来代替;没有骨骼,便捡取无主尸体,加工后串成骨骼架子。”

“西北五校分立时期,我还带头先为西北大学生物系讲授动物生理学等课程,仪器设备也互通有无,使两系的学生都得到益处,提高了教学质量。”

这是北京师范大学生命科学学院网页中汪堃仁教授的一段自述节录。汪堃仁是中国组织化学和细胞生物学的开拓者之一,1934年毕业于北平师范大学,1939年至1946年任西北师范学院、西北大学合聘教授。1980年当选为中国科学院学部委员。

城固时期的二校门

城固时期的学生宿舍

城固时期法商学院的教室楼院

王耀东、谢似颜化装逃出北平

青年时期的王耀东

1937年7月28日早晨，北平街头，王耀东像往常一样照常起早去北平大学女子文理学院指导田径队练习，准备参加北平市大中学校田径运动会。

然而，这一天正是抗日战争中的北平沦陷日。王耀东像北平社会各阶层的许多人一样，对此浑然不知，根本就没有任何战争动员或者准备。人们哪里知道，这天早晨，守卫北平的宋哲元二十九军已经撤离，日本侵略者正在进城。

王耀东走到半路，发现街上行人很少，一个个面露惊恐，一打听才知道日本军队马上就要进城了。第二天，他就看见大批荷枪实弹、全副武装的日本军队在天安门前和东西长安街耀武扬威。大街小巷随处可见日本侵略者肆意打骂我国同胞。

得知政府在西安成立了包括北平大学

1921年北京高等师范学校赴远东运动会篮球代表队员(右起第二人为王耀东)

城固时期的法商学院学生宿舍

在内的国立西安临时大学，王耀东便与体育系主任谢似颜于10月间离开北平，绕道前往西安。临走那天，妻子齐志修悄悄来到谢先生家为丈夫送行，王耀东心情十分沉重，留下800元钱，让弱妻幼女稍待时日听候消息，随即化装成商人模样（日军严查军人和学生），并在医院取得防疫注射证（否则日本人要临时注射防疫），当即起程。

这可是一段凶险难料的旅程，他们连闯四关。

第一关，在布满日本军队的北平火车站，王耀东用行李遮挡住脸面，总算在持木棒列队而立的日本兵夹道中进了站，进站后才发现被人盗窃钱包，好在丢的是零钱，车票也还在。

第二关，到了天津，出站后在一小旅馆住下，眼见得日本宪兵扣留许多中国同胞，不敢贸然去车站取行李。后来只得硬着头皮去拿行李，却见行李就摆在站台上，尚未检查，还是车站服务员提醒他们说“趁日本人没来，还不拿走”，二人这才上前提上箱子就跑。

第三关，因为各铁道线成为中日争夺的焦点，他们只好改海路从天津乘轮船往青岛。在天津港，日军盘查极严，逐个检查行李物品，好在两人没有露出破绽，船过大沽口，总算脱离虎口。

第四关，从中国军队控制的青岛换乘火车到徐州，凶险却依然伴随。火车刚进徐州站，日本飞机就开始低空扫射，站台上的人纷纷逃避，只有他们还留在站台上。直到旁边有人高喊“卧倒”，他们才赶紧俯身倒地，随即一排机枪子弹扫射过来，所幸没有受伤。

一路心惊肉跳，两位体育精英终于在10月下旬到了大后方西安，双双任教于国立西安临时大学体育部。

三年后的1940年，王耀东的妻子齐志修才带着两个孩子，历经艰险，辗转数千里找到陕南城固，一家人终于团聚。

化学系在城固的制造与科研乐趣

1938 年，西北联合大学化学系初到城固，鉴于当地物资缺乏，遂就地取材制造了不少具有特色的“校产土特产品”，包括试制中药、进山调查制革原料五倍子、分析黑米、酿造芋头酒、绘制第一份汉中土壤成分图等，满足学校和地方的需要，为抗战和地方经济社会发展做出重要贡献。以下仅为其事迹之一二。

刘拓教授

刘拓造纸

1938 年年初，在城固最感紧缺的就是纸张。文理学院院长、化学系主任刘拓教授立即着手研究，派学生收集原料，发现陕南的构树纤维很长，可以造纸。于是，他们采集标本，分离粗皮，软化细皮，经蒸煮之后制成的白纸质地洁白平滑。刘拓教授还据此撰成论文，在美国《化学工程》杂志发表。

朱有宣教授

二朱制蜡

西北联合大学初到城固，没有电灯照明，全靠蜡烛。但蜡烛熔点甚低，亮度欠佳，气味难闻，夏天点用极易弯曲。为此，化学系朱有宣、朱汝复两位教授悉心研究，予以改良，使得蜡烛硬度增强、灯蕊燃烧速度与蜡的消耗更合理，而且外形美观，气味芬芳，大受欢迎。

城固时期的校舍

助糖坊制糖

汉中盛产甘蔗，西北联合大学驻地有糖坊一所，制造粗砂糖。某年忽然早霜，糖坊所制糖浆不能结晶。眼看其一年心血将付诸东流，东家焦急万分，遂至化学系求救。化学系学生在刘拓教授的指导下前往糖坊调查分析，发现脱色方法落后，转化糖过多，漏盆中温度过低，致使结晶与母液不能分离。遂“对症下药，手到病除”。刘拓教授还据此撰成《糖液中加石棉粉过滤之效果》一文，发表于美国《化学工程》杂志。

谈“七”色变

汉中巴山之阴的西乡、秦岭之阳的洋县一带均产漆树，遂进入化学系的研究视野。结果，凡是接触的学生都满身红肿，刘拓教授认为是异蛋白质反应，校医温大夫也束手无策，后来请教木工，才知“七木打了，八木治”！蒙赐八木片，煮水洗伤，不久痊愈。然而，此后学生们连与“漆”谐音的“七”都不敢谈，“谈七色变”，无人再敢与“漆”有染。

裂化桐油造汽油

学生们“谈七色变”，不敢染“漆”，遂又研究起桐油来。陕南桐树漫山遍野，桐油输出，为一大财源，但抗战时期出口停顿，货弃于地，非常可惜。学生们遂在朱老师的指导下，进行各种试验，以裂化桐油制造汽油，获得成功。

自酿芋头酒

陕南盛产芋头，学校食堂整日水煮芋头，倒尽胃口，但芋头与山药炒成的二泥，又当别论。化学系试验室自酿成“芋头酒”，味道极为醇美，也很有开发价值。数十年过去，田岁成校友在台北回想起来，仍然回味无穷，不禁勾起酒瘾来。

创办全国最早的两个考古学科之一

1938年5月，西北联大成立考古委员会，展开对张骞墓的发掘维护，标志着国立西北大学考古学科的创立。至战后，西北大学历史系考古学科已经有了较大发展。“自联大迁至城固，即大量搜集陕南文物，成立考古室，近年来在甘、青、新等省所获史料亦多，曾公开展览数次，1945年春，教部复将西北艺术文物考察团累年所得文物资料，全部拨归学校整理研究，成立西北文物研究室，将原有考古处并入，并拟成立永久性之西北文物馆，以资长期陈列，先以原有文物为基础，然后就西北特有之文物资料逐渐扩充，务使各类文物均能独有一时代系统，以发挥其在教育上之价值。”

当时，其保存的文物已有：史前石器、铜器、陶器、砖瓦、佛像、钱币、写经、藏画等实物；陵墓雕刻、佛教雕刻、碑刻等模型；碑碣、墓志、造像、花纹图案等拓片；壁画摹绘、风俗写生、史迹名胜等图画；建筑、雕刻、壁画、风俗、史迹名胜等照片。共计五大类，100种，2000余件。

黄文弼和徐炳昶同为我国最早的两个高等学校考古专业——北京大学考古学科和西北联大—西北大学考古学科的奠基人，这也许是一个历史的巧合。以同出一源的北平大学—北平研究院—西北联大为契机，两支高校考古力量实现了一次历史性交集。1924年北京大学国学门考古室的建立和1927年夏天徐炳昶、黄文弼(后均为北平大学—北平研究院历史研究所主要成员)作为中方代表与斯文·赫定第一次随西北科学考察团出发，标志着北京大学考古学科的重要发展；1938年5月西北联大成立考古委员会，建立文物陈列室，并以北平大学—北平研究院驻西安碑林研究员徐炳昶为指导，黄文弼等具体参与实施张骞墓发掘，他主导的一系列西北科学考察和考古发掘，标志着西北联大—西北大学考古学科的诞生和重要发展。扎根西北的我国第一个大学考古学科由此建立，并培育了西北最早的一批科学考古人才。

注释：

1929年9月9日，国民政府行政院以北平大学的研究机构为基础组建成立国立北平研究院，研究人员具有北平大学教授和北平研究院研究员双重身份，李煜瀛任院长。研究院隶属于教育部，下分行政事务与研究机构两部分。行政事务设总办事处，处理全院行政事务。研究机构分理化、生物、人地三部，设物理、化学、镭学(后改称原子学)、药物、生理、动物、植物、地质、历史等九个研究所和测绘事务所。除药物、镭学两研究所设于上海外，其余各所均设在北平。1937年7月抗日战争爆发后，国民政府令与北平大学、北平师范大学、北洋工学院、河北女子师范学院合组为国立西安临时大学，旋改为国立西北联合大学，但实际上仅有历史、生物等学科的少数教授并入西北联大。

张骞墓

西北联大在发掘维护张骞墓后所立的碑

西北联合大学发掘张骞墓轶事

1938年7月3日至9月2日，正值七七事变爆发的第二年，由西安迁至汉中城固不到半年的国立西北联合大学历史系考古委员会主持对汉博望侯张骞墓实施了发掘和增修。8月24日，西北联大师生已经发掘到墓冢东侧墓道东耳室，据说已经看见铁链所系的悬挂状棺木，但尚未进入墓室时，散居墓周数村的千余村民胸带“张氏后裔”红布佩条，群情激昂，扛着锄头、扁担，蜂拥至发掘现场，围住陵墓，要与掘其祖墓者决一生死，一场群殴瞬间蓄势待发。发掘遂中止，双方协商，遂改墓室发掘为墓道增修，退出墓道并回填墓冢封土，树碑留念，纷争遂平息。

其实，西北联合大学校常委徐诵明、李蒸及许寿裳、黎锦熙等教授调查汉中著名

西北联大师生发现张骞墓门

发掘张骞墓

墓道增修竣工后，陈士骥、周国亭发表发掘报告。次年由西北联合大学在墓前刻立“增修汉博望侯张公骞墓碑记”，其上有书：“国立西北联合大学讲师吴世昌谨撰；国立西北联合大学教授黎锦熙书丹；国立西北联合大学常务委员会李蒸、徐诵明、胡庶华谨立；中华民国二十八年五月吉日，田鸿玉刻石立。”

1939年4月6日，西北联合大学全校师生员工1400余人为纪念“民族扫墓节”，提倡民族精神，整队赴汉博望侯张骞墓举行祭扫活动。

1939年8月13日至14日，刚由西北联合大学改为西北大学的学校考古室举办了张骞墓出土古物展览。先后有时在学校的教育部次长顾毓琇教授，学校常委李蒸、徐诵明、胡庶华教授，学校秘书主任黎锦熙教授以及师生数百人参观。1942年，国民政府监察院院长于右任在国立西北大学视察后，也到张骞墓拜谒。

这是迄今对张骞墓唯一一次未完成的正式科学发掘。但通过已发现的“博望侯”封泥等，已确认为张骞墓无疑，其相关资料在中国外交史、对外开放史、文化交流史和“丝绸之路”研究方面均具有重要意义。

古迹之后，曾提出张骞墓发掘和增修的详尽计划。为此，学校事先商准各级政府，也曾与张骞后裔协商并获同意，一起参与发掘和增修工程。主持此次发掘的是西北联合大学历史系的陈士骥和周国亭两位教师以及张循祖、杨贻等二十余位学生。许寿裳、李季谷、陆懋德、许重远、黄文弼等历史系教授亦为主要参与者和研究者。县政府保安队陈思礼、联保主任朱秀峰(代表严维馨)、保长饶胜五、甲长饶文明等13人协助。然未与“张氏后裔”有效沟通，遂险遭毁祸。

“瘦骨一撮不胜衣”的黄文弼教授

黄文弼(1893—1966),字仲良,湖北汉川人,著名考古学家,西北史地学家。他于1918年毕业于北京大学哲学系,后留校任教。1935年,黄文弼受聘为国民政府中央古物保管委员会委员,派驻西安任办事处主任,负责修整西安碑林。1937年10月至1947年9月,黄文弼先后任国立西安临时大学—国立西北联合大学—国立西北大学历史学系讲师、教授兼主任,边政学系教授兼主任。

黄文弼

斯文·赫定

黄文弼一生曾四次深入亚洲腹地新疆进行科学考察,行程38300公里,前后历时近六年,他的考查范围包括内蒙古与甘肃西部,新疆北起阿勒泰、布尔津,南至和田,东起罗布泊,西至喀什。他勘查大小遗址数百处,重点发掘数十处,踏遍绿洲,深入沙漠,特别是在吐鲁番盆地、罗布泊、塔里木盆地获得了丰硕成果,是最先进入新疆专门从事考古工作的唯一一位中国学者。

在晚清至民国早期,辽阔的大西北是外国探险者的天地,这一时期我国有大批文物被盗取。黄文弼对此感到非常气愤,因此,在1927年斯文·赫定率大型远征队第五次来华拟往西北考察时,他与其他学者一起强烈反对,最后达成由中国和瑞典联合组成中国西北科学考察团,斯文·赫定、徐炳昶任团长,采集品全归中国所有的协议。黄文弼随团前往,这也是他首次赴新疆考察。在1930年去楼兰遗迹考察时,斯文·赫定竟将瑞典的国旗插在沙丘上,黄文弼当场提出严正抗议:“这是中国的国土,不许插外国国旗!”他一边说着一边拔掉瑞典国旗,插上了中国国旗。1934年,在以修筑西安到新疆的公路和黄文弼考察新疆教育为由的第二次科考过程中,因为斯文·赫定在新疆盗掘文物,黄文弼报告给教育部,二人发生了激烈冲突。按斯文·赫定的说法:中国铁道部、新疆地方政府、南京国民政府,还有一些中国学者最终都向他妥协了,只有一个人绝不妥协,那就是黄文弼,他几乎是在进行“一个人的战争”,顽强地坚持

黄文弼在科考途中

着自己的原则。此事的结果虽然不尽如人意，但我们看到了黄文弼维护国家利益的高大形象。尽管如此，在国际合作考古中，黄文弼却以严谨、扎实的工作赢得了合作者的尊重。后来，斯文·赫定在他出版的《长征记》中对黄文弼特别敬佩和赞赏。中瑞科学考察团双方友好合作，取得了许多重要成果，成为中国近代史上第一个中外合作的成功典范。

1943年，在国立西北大学派出的第三次新疆考察途中，黄文弼在镇西（今巴里坤）患上痢疾，但他不顾旅途劳顿，仍然拖着病体拓印汉碑。他白天拉着骆驼行进在戈壁滩上，晚上写考察记录到深夜，甚至连年旅行而不习惯于定居，回到城固后常常秉烛至凌晨两三点，一生笔耕不辍，著作达数百万字，真可谓行万里路，写万卷书。刘半农曾经这样评价黄文弼："此公傻"，"瘦骨一撮不胜衣"，"身披一身老羊皮"，"不看江南之绿杨，而探绝漠之红柳，天炎饮绝沙如焚，人驮平等匍匐走，幸而当晚得水头，不然傻公今何有"。

黄文弼不仅在考古事业上成就斐然，作为教授的他也赢得了学生的赞誉。据他的西北联大历史系学生向玉梅1969年教师节前夕在台北回忆："黄文弼教授，一身中山装，不知穿了多少年，两袖发亮，肘下裂缝，我们望着他的衣服，常常联想到博物馆的陈列品。黄教授教的是边疆史，我们这些缺德鬼，常说教授的衣服没有边疆。他上课从来不说闲话，讲授材料之丰富，治学态度之严肃缜密，令人由衷敬佩，他口才虽不佳，声音又低，可是我们上他老先生的课，却是全神贯注，肃静无声。"

在陕西的12年，占黄文弼40年学术生涯的近1/3，是其自1927年开始西北科学考古以来最重要的一个历史阶段。他在民国期间共出版了50篇（本）论著，其中有24篇（本）论著是在这个时期完成并出版的。他的《罗布淖尔考古记》是我国第一部符合现代考古学体例的考古报告，是我国考古学演变的标志之一，实现了晚清民初以来中国学术传统向现代学术形制的转变。黄文弼教授不愧为我国西北考古第一人、科学考古第一人，国际合作科学研究第一人。

1939年国立各院校统一招生简章

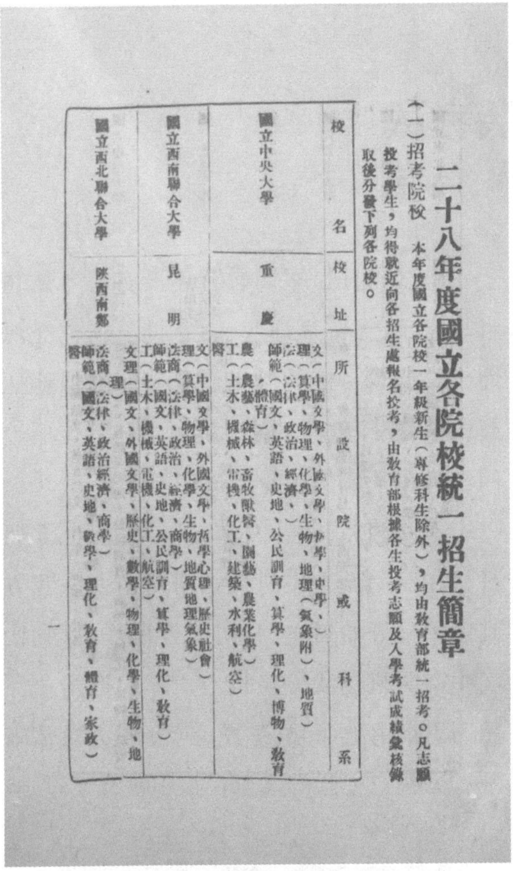

二十八年度國立各院校統一招生簡章

（一）招考院校　本年度國立各院校一年級新生（專修科生除外），均由教育部統一招考。凡志願投考學生，均得就近向各招生處報名投考，由教育部根據各生投考志願及入學考試成績彙核錄取後分發下列各院校。

校名	校址	所設院或科系
國立中央大學	重慶	文（中國文學、外國文學、哲學、史學、） 理（算學、物理、化學、生物、地理（氣象附）、地質） 法（法律、政治、經濟、） 師範（國文、英語、史地、公民訓育、算學、理化、博物、教育、體育） 農（農藝、森林、畜牧獸醫、園藝、農業化學） 工（土木、機械、電機、化工、建築、水利、航空） 醫
國立西南聯合大學	昆明	文（中國文學、外國文學、哲學心理、歷史社會） 理（算學、物理、化學、生物、地質地理氣象） 法商（法律、政治、經濟、商學） 師範（國文、英語、史地、公民訓育、算學、理化、教育） 工（土木、機械、電機、化工、航空）
國立西北聯合大學	陝西南鄭	文理（國文、外國文學、歷史、數學、物理、化學、生物、地理） 法商（法律、政治經濟、商學） 師範（國文、英語、史地、數學、理化、教育、體育、家政） 醫

一

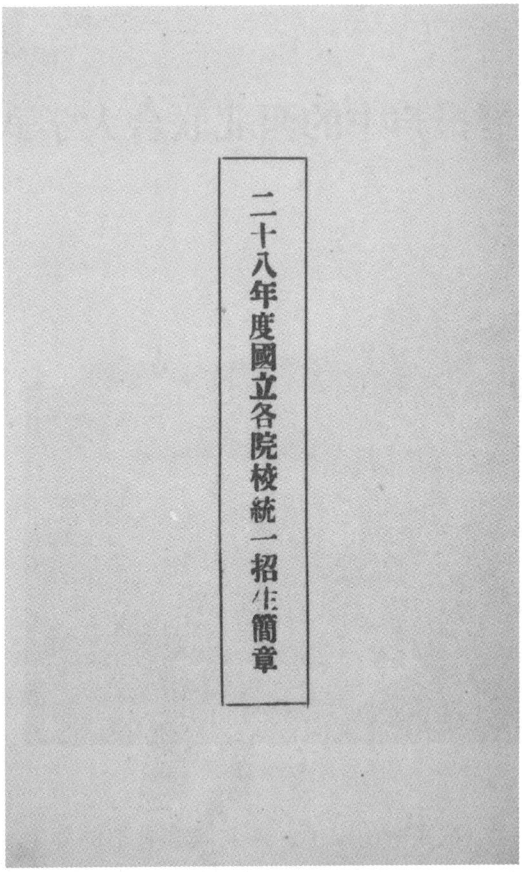

二十八年度國立各院校統一招生簡章

西北联大经济系1941届毕业班师生合影(校友黄流提供)

警报声中的西北联合大学武装考试

1939 年日军轰炸汉中后的情景

抗战时的汉中，西北联合大学的师生们常常听到警报声，频频遭遇日机轰炸。

1938 年 11 月 4 日，在汉中南郑县集训地，西北联合大学为期两月（自 1938 年 9 月 8 日开始）的军训——陕西省学生集训队陕南支队受训结束，并迎来考试之日。然而，谁也没有想到的是，模拟军事训练竟然迎来了一次携带枪支、刺刀、子弹袋的实战武装考试。

考试的前一天晚上，军训总队部已经通知：除了免戴钢盔以外，其他武器均要随身佩戴。卫万瑞同学在其《集训日记》中说："这种考试在我一生考试中，算是破题儿第一次。"

考试当日，军训教官还没有将考试题目写完，警报钟声即起，教官掷下粉笔夺门而出。武装考试的学生们也一窝蜂似地扛起枪来，撒腿跑向城外。卫万瑞与一位周姓同学躲在一片树林的两个墓冢之间。

不一会儿，8 架、9 架……相继有 26 架日机在汉中城上空盘旋。嗒嗒嗒……我方高射机枪开始射击，日机炸弹爆炸。同时，汉中西关机场我方飞机应声而起迎击。一团团黑烟由地而起，弥漫天空。卫万瑞清晰地看见我三中队的飞机在头顶盘绕飞过。

《西北联合大学校刊·集训专号》

1938 年西北联大医学院迁移汉中，租用汉中联立中学校舍办学

1939 年，附属诊所迁至东郊文家庙，建重伤医院，更名为西北联合大学医学院附属医院

国立西北联合大学改名国立西北大学

1939年8月,国民政府行政院决定,国立西北联合大学改为国立西北大学，任命胡庶华为校长,学校设文、理、法商3个学院共12系，继承西北联大的教学体制,仍为西北地区唯一之大学和高等学府。同时,将该校原有之师范学院和医学院独立设置，分别改为国立西北师范学院和国立西北医学院。按《国立西北大学组织规程》规定:“本大学根据中华民国教育宗旨及其实施方针,以研究高深学术、陶铸健全品格、培养专门人才为职责。”

此一时期，陕南顿成全国文化中心之一,尤以教授方面成就甚宏。

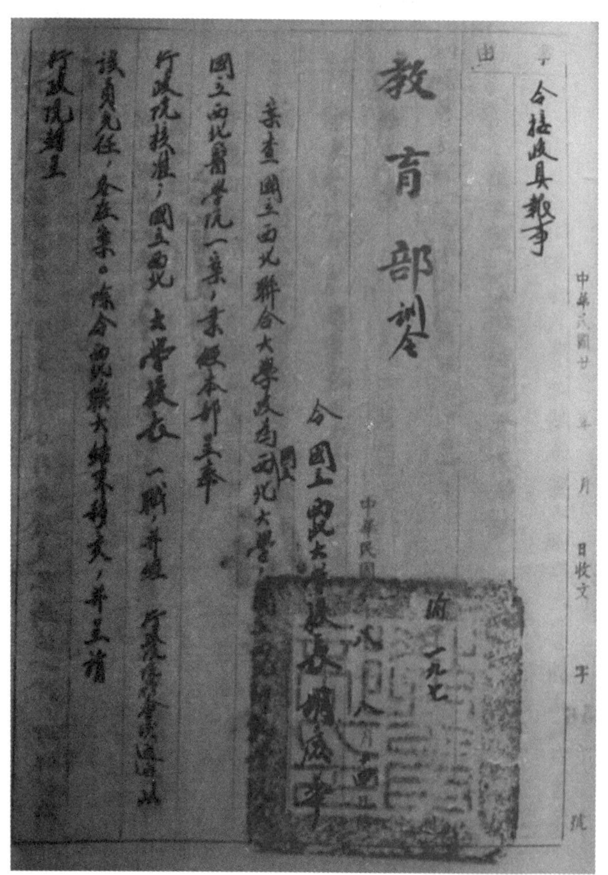
教育部训令

国民政府教育部关于西北联大改为西北大学的训令(1939)

国立西北大学校徽

国立西北大学校旗

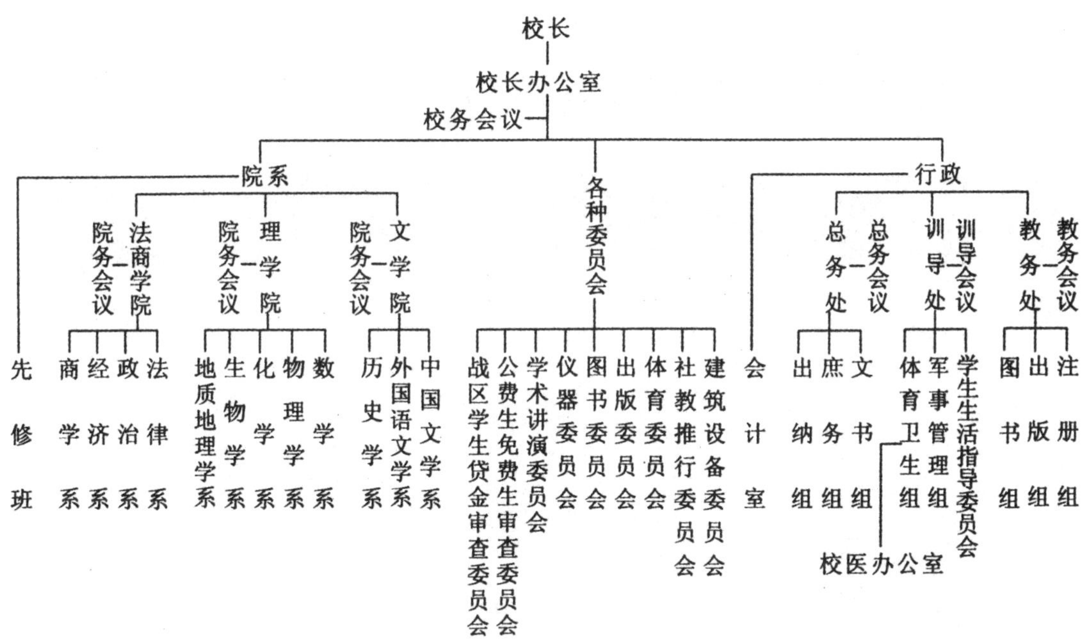

国立西北大学组织系统图

国立西北大学正门(1939)

1941年9月《西北学报》创刊号介绍的国立西北大学教授部分研究成果

著 作	作 者
《中华民国民法论》	刘鸿渐
《民法总则》	李宜琛
《民法概要》	
《亲属法与继承法大意》	
《民事诉讼法》	刘毓文
《土地法》	
《破产法》	
《强制执法法》	
《法院组织法》	
《中国财政问题与立法》	曹国卿
《日文文法》	于鸣冬
《信用合作社》(译著)	
《东方的战祸》	徐褐夫
《航空字典》	
《统计学》	孙宗钰
《中国地方政府》	许兴凯
《中国政府》	
《陕西建省沿革史》	
《三民主义教程》	贾晰光
《中国外交史》	
《由地理上认识西北》	殷祖英
《吐鲁番古代之文化与宗教》	黄文弼
《建设西北应理解之两问题》	王季平

国立西北大学时期来校视察与交流的部分名流

1939 年 1 月 9 日，国民政府教育部次长顾毓琇来校视察并做讲演。

1940 年 6 月，国民政府教育部部长陈立夫来校视察。

1945 年 4 月，国民政府军委会汉中行营主任李宗仁来校讲演。

1945 年 9 月 15 日，英国著名科学家李约瑟博士来访，并做“科学与民主主义”的学术报告，还以英文书刊数百册赠与校图书馆。

1947 年 6 月和 10 月，著名地质学家、北京大学教授裴文中应邀来校，做“关于北京猿人”及“渭河、洮河流域古代人类文化之新发现”的学术报告。

1948 年 1 月 10 日，著名文学家郑伯奇应邀来校做“我的文学经历”的报告。

1948 年 4 月 6 日，国学大师吴宓应邀来校做“大学之起源与理想”的学术报告，并讲授“世界文学史”“文学概论”及“中国小说”。

1948 年 11 月 18 日，国立清华大学教授陈梦家应邀来校做题为“文史研究与现代科学”的学术报告。

我国病理学的奠基人徐诵明

徐诵明(1890—1991),字轼游,浙江新昌人,1906年入浙江高等学堂预科,1908年赴日留学,同年加入同盟会。辛亥革命爆发后,他毅然回国参加革命军,后再赴日本留学,1918年毕业于日本九州帝国大学医学院。

回国后,徐诵明受聘于国立北京医学专门学校(北京大学医学部前身),在此成立了中国第一个病理学教研室,并任主任、教授。他与胡正祥等老一辈病理学家做出了开拓性的贡献,冲破封建迷信的观念,力主尸体解剖,积累标本。他还翻译了一批病理学专著作为学生学习教材,并主持审定了病理学的中文名词。在教学中,他融合多国诸学派之长,授课内容翔实,为国家培养了一大批著名的病理学家。他有着病理学的深厚造诣,也有着丰富的医学教育管理实践,相继任国立北平大学医学院院长,国立北平大学代理校长、校长,国立西安临时大学校常委,国立西北联合大学校常委,一度兼代西安临时大学医学院院长。西安临大—西北联大医学院传承了徐先生开创的病理学科。1939年后,他出任教育部医学教育委员会常务委员,负责全国医学院规章制度建设,后在全国多所医学院任院长。

徐诵明常委

1949年,他拒绝出任台湾大学校长,后历任卫生部教育处处长、人民卫生出版社社长、中华医学会编辑部主任兼《中华医学杂志》总编辑以及全国政协第三、五届委员。1983年任九三学社中央委员会顾问。1985年被推举为西北大学北京校友会名誉会长。1991年8月26日在北京逝世。

中华人民共和国成立后,徐诵明主持出版和重版了一批中医经典著作和俄文版高等医学教科书,他的译著主要有《病理学》(上、下册,木村哲二日文原著,日本同仁会,1934;新医书局,1950);《论广岛原子弹爆炸及危害性》(译自英文,北京:人民卫生出版社,1953)等,被誉为中国病理学科的开山鼻祖。

陆懋德与我国第一部《史学方法大纲》

陆懋德(1888—1965)是清华大学历史系的首任系主任,还是“甲骨文”概念的提出者,在中国史学界有很高威望。他在1937年至1943年期间历任国立西安临时大学、国立西北联合大学、国立西北大学历史系教授、系主任。1938年7月至9月,西北联合大学历史系考古委员会在何士骥、周国亭的主持下,组织了对张骞墓、樊哙墓等的调查和发掘,陆懋德、许寿裳等人参与了对张骞墓的发掘与研究工作,发现“博望侯印”封泥和绿釉陶器座等一批珍贵文物,并发表了《发掘张骞墓前石刻报告书》。1939年,国立西北大学历史系成立考古室,组织师生对汉中地区的文物古迹进行调查。陆懋德先后发表了《汉中各县诸葛武侯遗迹考》和《汉中地区的史前文化》等论文。1940年年初,在顾颉刚主持下,陆懋德、吕思勉、何炳松、蒙文

陆懋德教授

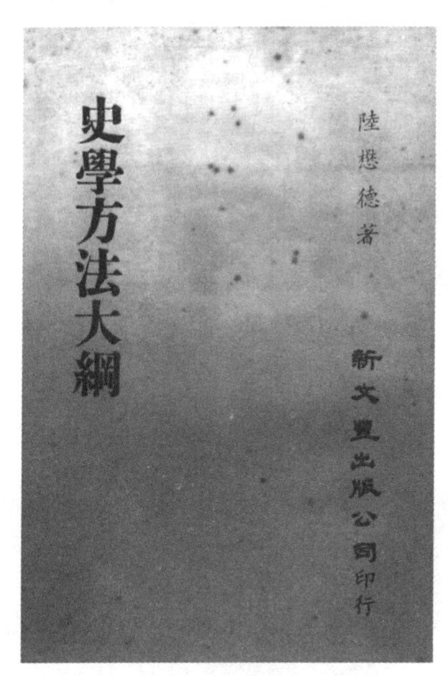

陆懋德著作

张骞墓出土封泥

中華郵政特准掛號認為新聞紙類

中華民國二十七年十二月一日出版

本刊已呈請內政部登記

西北聯大校刊

第六期

編輯者 西北聯合大學出版組

發行者 西北聯合大學出版組

印刷者 西北聯合大學出版組

論著

漢中各縣諸葛武侯遺跡考

陸懋德

民國二十七年春，西北聯合大學由西安遷至漢中。其初，教職員住南鄭，學生住褒城。其後，文理法工各院設在城固，農學院設在沔縣，醫學院設在南鄭。考三國志，屢言諸葛武侯伐魏，「北駐漢中」，故以上四縣，皆有武侯遺跡。然古今地名不同，郡縣分合不一，以今證古，每多謬誤。當時武侯用兵，蓋以漢中為總兵站，故由此向北，則攻散關，由此向東北，則攻武功，由此向西北，則攻祁山。先明此路線，則於武侯用兵經過之地點，可以瞭如指掌矣。武侯為吾國第一流政治家及軍事家。蜀人彭羕已稱武侯為「當世伊呂」，而晉人陳壽乃謂武侯為「管蕭亞匹」，非定評也。杜子美詠武侯詩云：

「伯仲之間見伊呂，

指揮若定失蕭曹」。

斯言正對陳氏之評論，加以糾正，而其推崇武侯，亦可謂至矣。校中同人每詢問漢中各縣武侯遺跡，以備採尋，故為考其概略如下：

漢中本楚地，後入秦。在秦漢為郡，前清為府，其首縣為南鄭。東為城固，西為沔縣，西北為褒城。考武侯由四川成都出兵，當先至沔縣。蜀志本傳稱武侯「北駐漢中，屯於沔陽。」漢之沔陽，即今之沔縣也。水經沔水注引武侯與人牋曰，「朝發南鄭」。漢之南鄭，即今之南鄭也。蜀志後主傳稱魏曹真等「欲攻漢中，亮待之于成固。」漢之成固，即今之城固也。蜀志魏延傳裴松之注引魏略稱「延請亮假兵五千，從褒中出。」漢之褒中，即今之褒城也。然則吾校同人所在之四縣，皆昔日武侯用武侯地也。

南鄭城為秦人所築：見史記秦本紀。其故城在今城東二里，見前清一統志。今城為宋嘉定年間築，見漢中府志。

西北聯大校刊　一

陆懋德在西北联大校刊上发表的文章

通等七十余人发起创办了齐鲁大学国学研究所的《史学季刊》。1944年，陕西省立师范专科学校成立，应校长郝耀东之邀，陆懋德出任陕西省立师专史地科教授，主要讲授中国上古史、中国中古史、考古学、历史教材教法等课程。抗战胜利后，陆懋德随北平师范大学迁回北平。

陆懋德是中国现代著名史学家，研究领域甚广，包括教育学、法学、哲学史、历史学，而在历史学方面贡献尤多。他的《中国上古史》于1941年获国民政府教育部著作发明三等奖。他的《周秦哲学史》首次提出并实践了文化史的理论，被认为是最早对胡适的哲学体系提出挑战的重要学术著作。他曾参与《古史辨》论战，其论文《评顾颉刚古史辨》注重理论研究，中肯的评价为人称道，被广泛引用。

陆懋德关于史学“无所谓中西，但取其长而求其是”的观点，主要表现在他对中国古代史学方法成就的评述上。在他看来，中国史学发展悠久，有着辉煌的成就。自《尚书》起，中国史学进入了重要的发展阶段。在春秋战国时代，第一部私人撰述的史著《春秋》出现，“以政治的眼光判断各种问题”，“这自为上古史学中一大进步”。这一观点，既看到中国古代史学的优点和缺点，又指出了中西史学的联系和区别，这就避免了二者的优劣比较，进而为中西史学的交融提供了一种可供选择的途径。他的《史学方法大纲》撰成于1937至1939年间，出版于1945年，是我国第一部研究史学方法的著作，并获国民政府教育部著作发明二等奖。该著作的出版，有力地推动了当时反思近代史学思潮的发展。

第一部中国逻辑思想通史的著作者汪奠基

汪奠基先生年近花甲之时仍受命独自完成第一部中国逻辑思想通史，可谓老骥伏枥，志在千里。汪先生研究中国逻辑史，艰辛苦难不寻常，终于在1961年撰成《中国逻辑思想史》，铅印成册以作为教材，之后曾多次修改。1979年6月写《后记》时，他的身体状况已不允许继续修改补充。他于1979年8月逝世，书于9月正式出版，终未见书。

汪奠基生于晚清，1920年赴法国留学，攻读哲学和数理逻辑，先后获巴黎大学数学学士学位、哲学硕士学位和里昂大学哲学硕士学位，1925年归国后任北平大学文理学院教授。1937年七七事变爆发后，北平大学迁入西安，与其他各校合并为西安临时大学，1938年迁至汉中，改名为西北联合大学，汪奠基一直担任共同科目和文理学院教授。1949年后任中国科学院哲学研究所研究员兼学术委员会委员、中国社会科学院哲学研究所逻辑研究室顾问等。他的著作有《逻辑与数学逻辑论》《科学方法》《哲学与科学》《现代逻辑》《理则学》《老子朴素辩证的逻辑思想——无名论》《中国逻辑思想史料分析》《逻辑通俗讲话》(与金岳霖等合著)《中国逻辑思想史》等。

汪奠基教授

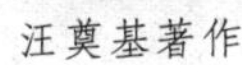

汪奠基著作

城固时期的法商学院外景组图

毛泽东称他为“人民的哲学家”

沈志远教授

1951 年，在北京怀仁堂的晚会上，毛泽东握其手道：“你是人民的哲学家。”这个人就是从 1937 年起先后任国立西安临时大学、国立西北联合大学法商学院教授的沈志远。

沈志远 (1902—1965)，浙江萧山人，早年在苏联莫斯科中国劳动大学留学。留学期间，他参加了《列宁选集》的中文翻译和出版工作，因此接触到马克思主义哲学。

1931 年毕业后，他于次年回国。1936 年 8 月，受李达之邀，到北平大学法商学院任经济系主任。抗日战争爆发后，转赴西安临时大学、西北联合大学法商学院任教。他在校期间主要讲授社会科学方法论等课程，以李达的《社会学大纲》为教材，注重以马克思主义理论分析我国半殖民地半封建社会的性质，论证抗日救国的历史任务，颇受青年学生的欢迎。他还指导学生成立了社会科学研究会，并经常为之做学术演讲。1939 年因反对学校解聘许寿裳，发出快邮代电而遭解聘。

任职期间，沈志远从未停止过对马克思主义的学习和探索，相继撰著了《新经济学大纲》《社会科学基础》《新民主主义经济概论》。

沈志远还翻译了米汀 70 万字的《辩证唯物论》与《历史唯物论》(上册，商务印书馆，1936)。全书 34 万多字，共分 6 章 34 节。该书对马克思主义哲学在中国的传播起到了重要的推动作用，受到了毛泽东等中共领导人的重视和肯定。在 1937 年 7 月以前，毛泽东仔细研读了这本书，同时做了 2600 余字的批注。

沈志远著作

毛泽东的批注主要集中在 “社会的实践为认识底标度”“对立体一致底法则”和“量变质和质变量底法则”等章节,明确提出了“实践是真理标准”“实践高于认识”“正确的理论积极地指导着实践”“实践是发展的,理论也应是发展的”,以及“对立统一规律”“外因通过内因并被曲折才能发展”“不废除外因,但内因是主导的;不明内因,即无从了解发展”“任何现象自身的矛盾性引起了事物发展,这是唯物辩证法的发展观的基本要素”“运动就是矛盾,即是连续和中断的一致”等重要观点。由此来看,这部译著对毛泽东写作《实践论》《矛盾论》产生了重要影响,也说明毛泽东研读《辩证唯物论与历史唯物论》(上册),是为他写作哲学著作做准备的。

沈志远为人耿直,对国家的兴旺发达怀有强烈的责任感,他把马列主义与中国实际相结合的经济学观点,在建设社会主义市场经济的今天仍有着重要的参考价值。他于1955年当选为中国科学院哲学社会科学部学部委员。

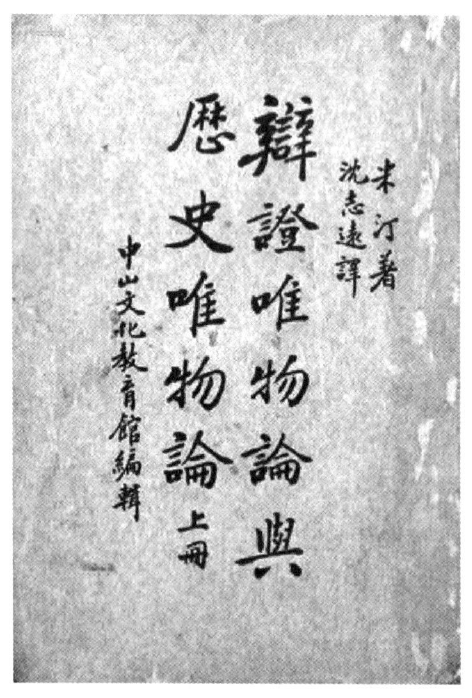

沈志远译著《辩证唯物论与历史唯物论》上册

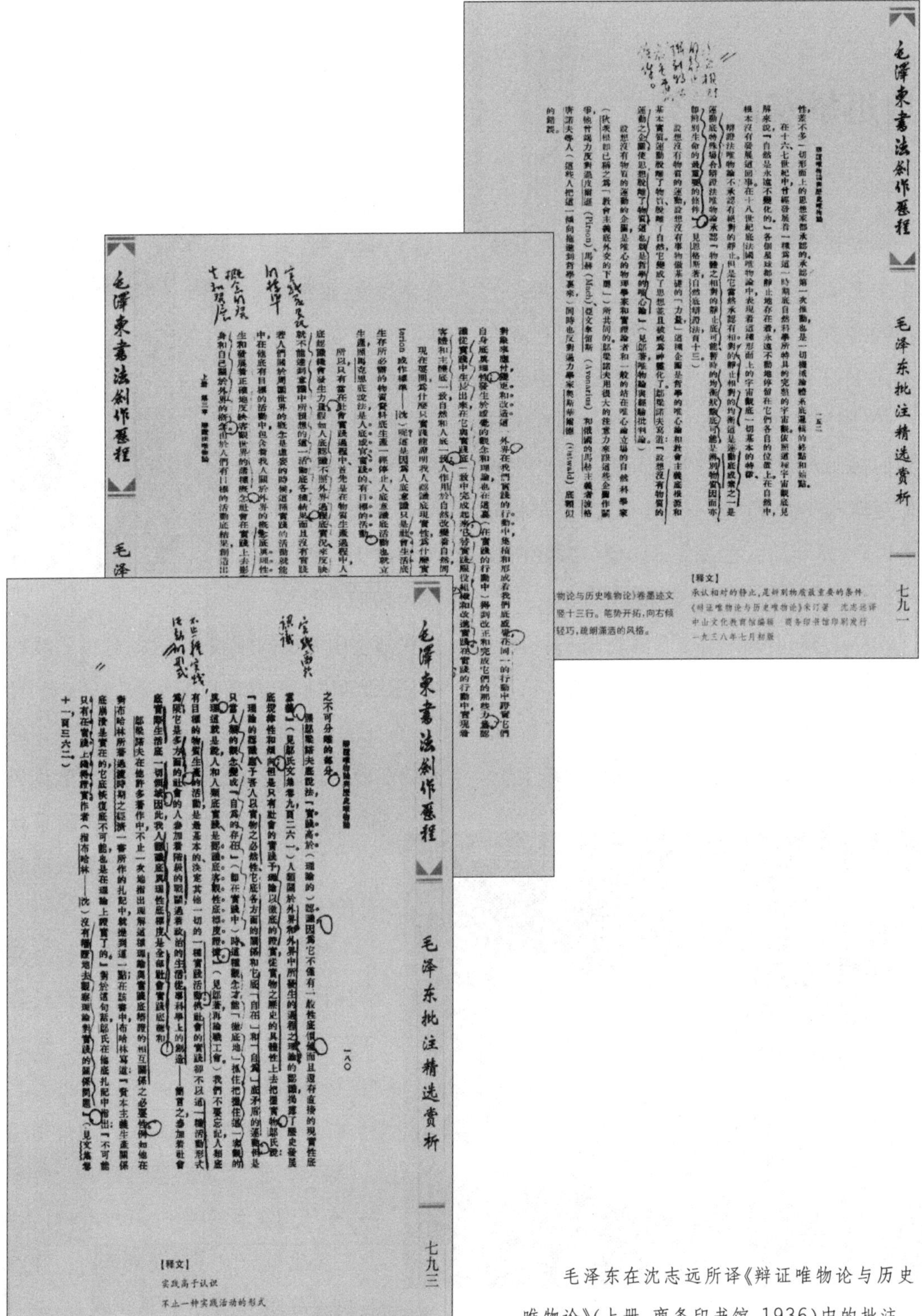

毛泽东在沈志远所译《辩证唯物论与历史唯物论》(上册，商务印书馆，1936)中的批注

鲁迅挚友许寿裳

提到许寿裳，必定绕不开中国近代文化史上最伟大的文学家鲁迅先生，两人于1902年相识于日本弘文学院，又同拜章太炎先生门下学习，作为同处异国的绍兴老乡，又同为挽救民族危亡而走出国门探求新知的热血青年，相同的生活经历让彼此之间的距离和友情得到进一步升华。许寿裳相继著有《鲁迅年谱》《亡友鲁迅印象记》《我所认识的鲁迅》和《鲁迅的思想与生活》等。

作为鲁迅挚友的许寿裳更是一名教育家，他曾在北京大学、北京高等师范学校、中山大学、台湾大学等十余所高等院校任教，并任西安临时大学、西北联合大学史学系主任、法商学院院长、国文系教授，西北联大建筑委员会主席等职。

许寿裳教授

抗日战争时期，许寿裳坚守教育战线，来到西安临大、西北联大任职，他坚持在师生中开展国难教育，宣扬越王勾践精神，激励学生们抗日救亡的斗志。1938年10月，在任法商学院院长期间，他与国文系主任黎锦熙教授共同撰写校歌歌词，这首歌词概括了西北联大的组建历程和院系状况，充分表达了其对育人的忠诚感和责任感。

鲁迅和许寿裳等人合影

然而，1938年11月，就在许寿裳为抗日摇旗呐喊时，新任教育部长陈立夫密电西北联大常务委员会，提出“主法商院长须超然而接近中央者”，其实是不让许寿裳当院长。他得知这一消息后，非常愤慨，当即辞去行政职务，专任国文系教授。1939年8月，西北联大改组为国立西北大学时，许寿裳决意辞职，与友人一道离陕。

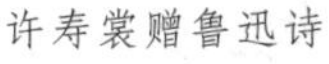

许寿裳赠鲁迅诗

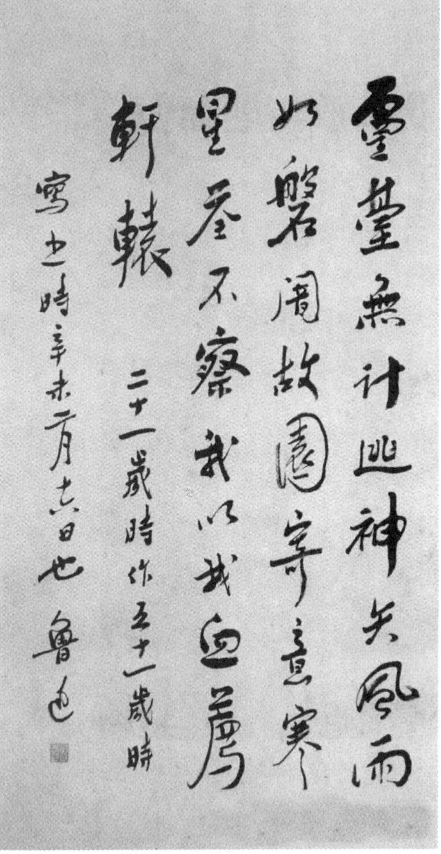

鲁迅《自题小像》

1938 年国立西北联合大学法商学院教职员合影，前排左五为时任法商学院院长的许寿裳

龚人放与老师曹靖华

曹靖华教授

曾是西北联大学生的龚人放教授

龚人放生于1915年,吉林双阳人,满族。九一八事变后,他中学毕业考入以苏联人为主的哈尔滨工业大学预科学习,奠定了良好的俄语口语基础。1935年,他只身入关,复入东北大学学习,参加过一二·九学生运动,加入中华民族解放先锋队,并在此时结识了在北平大学女子文理学院、中国大学和北平东北大学任教的著名俄国文学翻译家曹靖华教授,从而影响和奠定了其一生的研究方向——俄罗斯语言文学。

七七事变爆发后，龚人放于1938年入西北联合大学，复与在此任教的恩师曹靖华相遇,并在老师遭遇教育部无理解聘时联名上书要求收回成命,因此虽然成绩优异，却在1941年于国立西北大学商学系毕业时,不能留校,只能在汉中中国银行谋得职业。在一次从西安往汉中押运现钞的车上,他与前往西北大学的马师儒教授相识，遂得于1946年任国立西北大学讲师,从事俄语教学工作。

1948年春,龚人放拟赴解放区,遂经南京与曹靖华老师同去北平。曹靖华任清华大学教授,推荐龚人放任清华大学讲师，兼任北京师范大学外语系副教授,与其一起教授俄语。1949年12月5日,龚人放任北京人民广播电台“俄语广播讲座”主持人。1950年秋,龚人放开始在曹靖华任系主任的北京大学西语系(1951年分出俄罗斯语言文学系)任教,一直工作到1985年离休。

龚人放编写了我国第一部俄语广播教科书和

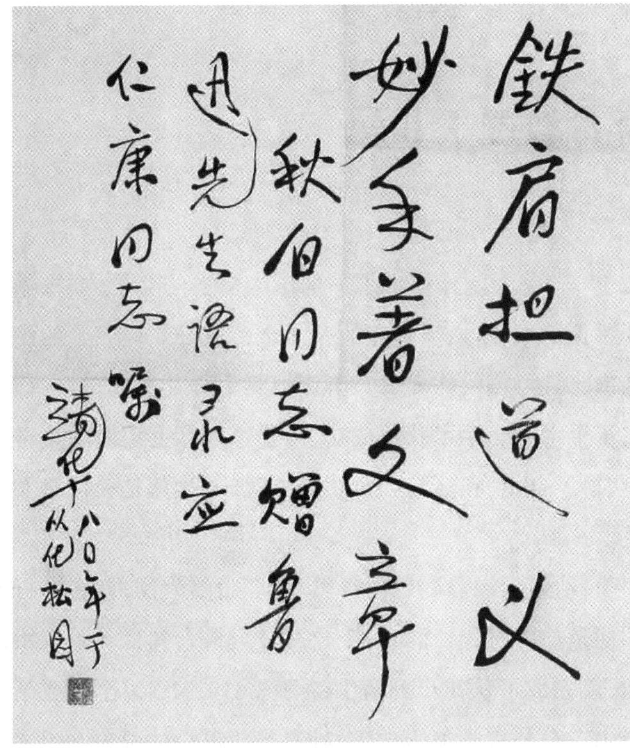

曹靖华手迹

龚人放著作

第一部中国人编写的俄语语法书。他先后翻译了剧本《云雀在歌唱》(苏，科拉比瓦著)、《深入勘探》《最后笑的人》(苏，克朗著)、《绿街》(苏,苏洛夫著)、《嫁妆》(苏,吉亚科诺夫著)，电影长诗《南极洲的发现》(苏,杜甫仁科著),报告文学《天涯海角》《执行法院判决》(苏,高尔基著)等。专著有《俄语语法》《俄汉文学翻译词典》《俄语语法词法》等。主编有《俄语百日入门》等。

他与老师曹靖华在北平大学、西北联合大学、西北大学、清华大学、北京大学数度别离,又数度重逢,一起开拓了我国俄罗斯文学研究的新纪元。

锯掉脚趾变大脚的传奇女教授王非曼

王非曼教授

1922年,齐鲁医院外科来了一位二十多岁的女子,要求做双脚放开矫正手术,将六岁裹起的三寸金莲放开。但因她的脚骨已经定型,无法放开,需要每只脚锯掉三个脚趾才行。她二话不说就上了手术床。手术获得成功,终于可以穿上定做的皮鞋了,双脚获得了自由,年轻的心也获得了解放。她就是一代奇女子王非曼。

王非曼,幼名王淑静。她出身教育世家,酷爱读书,在奉行女子无才便是德的时代,犹如一个异类被全村人侧目。她仅用三年时间,就完成了从初小到高中的学业,1923年以全优成绩被录取为山东全公费赴美留学生。她是当年仅录的两名女生之

1942年西北师范学院家政系附设保育室师生合影(后排中为主任王非曼)

1931 年，王非曼回国后与家人合影（坐者为其父母王祝晨与刘氏夫人及三弟王浩，立者为王非曼及二弟王谔）

王非曼、慈冰如夫妇晚年在美合影

一，也是中国最早的公费女留学生之一。

1931 年，王非曼获得哥伦比亚大学师范学院家政学系硕士学位。回国后她先是在河北省立女子师范学院任教，是开风气之先的女教授之一。后因 1937 年七七事变爆发，随校西迁内地，经历了八年多颠沛流离的文化苦旅，先后执教于西安临时大学、西北联合大学、西北师范学院。

王非曼不仅喜欢读书和教书，还有难以忘怀的革命情结。1942 年暑假期间随团访问延安近 40 天的经历，给她留下深刻的印象。她曾有个赴法勤工俭学的恋人，回国后因参加革命而牺牲，对她的思想也产生了影响。

王非曼在社会动荡的旧中国，勇破传统，追求新知，教书育人，时刻关注着祖国命运，用她那双为追求自由而克服巨大痛苦争取来的大脚丈量着天地四方，在家政学教育领域留下了不可磨灭的深深足迹。

皈依佛门的张纯一教授

张纯一教授

张纯一教授修行的缙云山寺

张纯一(1871—1955),字仲如,法号觉义、证理,湖北汉阳人。少时中秀才,喜读先秦诸子书,也曾博览新学。早年在家设馆教学。1903年任武昌文华书院国文教习。次年赴日本入弘文书院习教育伦理科。1906年回国,执教于武昌文华书院。后发起参与革命团体日知会,创作军歌激励青年从军报国。1908年任温州师范学堂伦理教习。曾在上海广学会任编纂,兼办《大同报》。辛亥革命后曾任西北边防督办高等顾问,后应聘至武昌中华大学、文华大学,天津南开大学,北平燕京大学,上海法政大学任教。1928年曾任湖北感化院院长、汉口佛教正信会理事长。

七七事变爆发后,他任国立西北联合大学教授。执教后不久,他开始潜心研究佛教,并于1941年入居重庆缙云山寺,专心研究佛学。章太炎、黄侃、蔡元培、梁启超及佛教界太虚法师、虚云法师等都曾与他论学。他一生致力于宗教哲学研究,所著《耶教与佛教》得到中国佛教协会会长、中国佛教整理委员会主任太虚法师称赞。章太炎曾为他的《增订墨子闲诂笺》作序。此后,他又完成了《先正典型》《墨子闲话笺》《融通各教谈道书》《基督立教大纲》《晏子春秋校注》《墨学与景教》《墨学分科》《佛学之根本伦理》《伦理学》《老子通释》等著作。

中国生物统计学的主要创始人汪厥明教授

汪厥明教授

生物统计学的开设是生物遗传学科突飞猛进的重要成果，汪厥明（1897—1978）是中国生物统计学的创始人。汪厥明，字叔伦，浙江省金华县（现为金华市）人。1924年在日本东京帝国大学获硕士学位，回国后任北平大学农学院教授兼系主任。1936年，他奉派赴欧洲考察，并在英国剑桥大学农学院进修，专攻生物统计学。1937年，他在西安临时大学、西北联合大学农学院任教授兼农艺系主任。1938年年初，他赴广西大学农学院任教授兼农艺系主任。20世纪40年代，他完成了题为《动差、新动差、乘积动差及其相互关系》的著作。抗日战争胜利后，他任国立云南大学农学院教授。1946年，任台湾大学农学院教授兼农艺系主任。1959年4月在台湾当选为第三届“中央研究院”院士。1973年7月退休后，他仍致力于生物统计学研究，撰写了多篇有价值的论著。

在西北联合大学任教期间，汪厥明主讲麦作学、育种学、生物统计学及田间试验技术等课程，是国内最早开设生物统计学课程的教授之一。汪厥明对生物统计学有独特的研究和见地。当英国的生物统计学权威费歇教授的变量分析法（后称方差分析）在欧美初露头角时，他便在国立北京农业大学开始讲授。他开中国试验研究应用统计和放射率测定之质疑的先河，其论著均有精辟、独到的见解。

汪厥明教授（前排中）与同事合影

受到斯大林接见的徐褐夫教授

徐褐夫(1903—1978),江西修水人,原名徐作圣,为中共做地下工作时别名王立才、胡良方,1926年在苏联学习、工作时取名“徐褐夫”(俄文音译)。他于1923年加入共青团,曾任南昌地方工作委员会团委书记,1928年加入苏联共产党。他毕业于莫斯科东方大学,因反对机会主义,曾受第三国际及苏共中央奖励,斯大林接见他时称赞他为“中国人民的好儿子”。

徐褐夫教授

1931年徐褐夫回国,任上海外论编辑社的翻译,继而执教于多所大学,专心从事教学研究活动,其中在西安临时大学、西北联合大

徐褐夫手迹

西北联大部分教员合影

学、西北大学任教时间最长，从 1937 年至 1946 年整整 9 年时间一直担任法商学院商学系的教授。因俄语功底深厚，他执教期间长期从事俄语教学工作，讲授过俄文会话、俄文讲读、俄文作业、俄文翻译、俄文文法和俄文报章选读等课程，同时也为青年教师讲授俄语，教学工作成绩显著。当年商学系的毕业生就业率远远领先于其他院系，大部分学生都服务于西北地区的金融财政等行业。中华人民共和国成立之初，他曾任西北军政委员会文教委员会委员、兰州大学接管委员会副主任兼校务委员会副主任、副校长、甘肃省政协委员等。1951 年之后徐褐夫担任西北师范学院副院长及教授，继续为西北地区的教育事业做贡献。

徐褐夫通晓英、俄等五国语言，出版的译著有《东方的战祸》《日德意集团》《考古学》等，其中《日德意集团》(1937 年)一书便是在西北联大任教期间完成的。此外，他还著有《苏联哲学》和《中国文学史》等。

中国冶金物理化学学科的创始人之一魏寿昆院士

2006 年，中国科学院资深院士魏寿昆度过了自己的百岁生日。这位生于清光绪年间的百岁老人,从事了近 80 年高等教育工作。从中国的第一所大学——北洋大学,到抗战时期的西北联合大学,再到中华人民共和国成立院系调整后的第一批大学,魏寿昆院士见证了中国高等教育的百年沧桑。

魏寿昆 1929 年从北洋大学矿冶工程系毕业后留校任助教,后又留学德国,1936 年获工学博士学位后回国，任北洋工学院矿冶工程系教授。1937 年七七事变爆发，北洋大学西迁合组为西安临时大学，后又更名西北联合大学。魏寿昆一直任矿冶工程系主任及教授。1937 年,他与张伯声教授带队前往安康考察和勘测金矿,做出了很有价值的报告,首开西安临大为地方工业建设做贡献的先河。1938 年，西北工学院从西北联大分出后，魏寿昆任矿冶系教授及工科研究所矿冶研究部主任。1939 年,随李书田赴西康创办西康技艺专科学校,任矿冶科主任、化工科主任及教授。之后的六十余年里,魏寿昆先后在贵州农工学院、重庆大学、唐山交通大学、天津大学、北京钢铁学院、北京科技大学担任教授,从事冶金学研究近六十年,其中约有三分之二的时间从事冶金热力学的研究,是中国冶金物理化学学科的创始人之一。

魏寿昆院士

魏寿昆的《本大学安康探矿队报告》(载于西安临大校刊第 12 期)

2014 年 6 月 30 日,魏寿昆院士在北京逝世。

城固时期国立西北大学的藏书楼尊经阁

中国西医皮肤性病学的奠基人之一蹇先器教授

七七事变爆发后,北平大学医学院困在北平,大家商议未来前途与命运时,有吴祥凤、王同观、王晨、蹇先器四位教授当场签名——逃出北平,奔赴西安临时大学。其中,蹇先器(1893—1945),字孟涵,贵州遵义人,毕业于日本千叶医科大学。1929年至1936年任北平大学医学院附属医院院长,1935年到德国考察皮肤花柳病一年。1937年,他怀着强烈的爱国心,保持民族气节,不甘奴化教育,拒绝出任伪职而奔赴西安,参与组建国立西安临时大学医学院,1938年至1939年任国立西北联合大学医学院院长兼皮肤花柳科主任,在国难时期克服极端困难为抗战军民服务。他翻译日本土肥章司的《皮肤及性病学》作为讲义,1933年正式出版,1948年增订再版,此书是民国时期主要的中文皮肤花柳病学教材。1939年8月,他因不满国民政府的反动政策以及打击进步人士的行为愤而离开医学院。1940年到福建省立医学院任教授。蹇先器教授一生著译甚丰,译有日本《泌尿科学》《内科学》等多部著作。

蹇先器教授

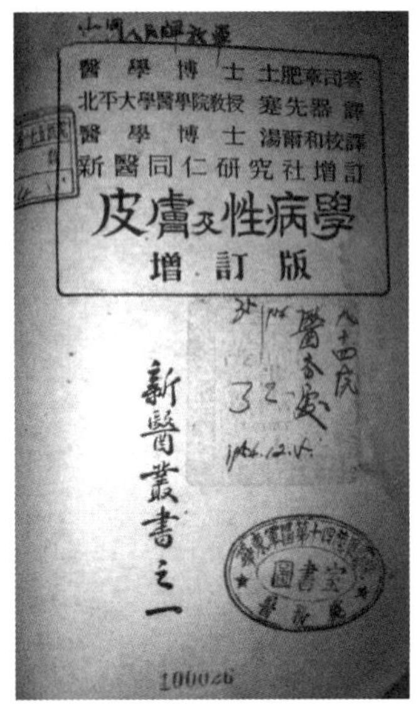

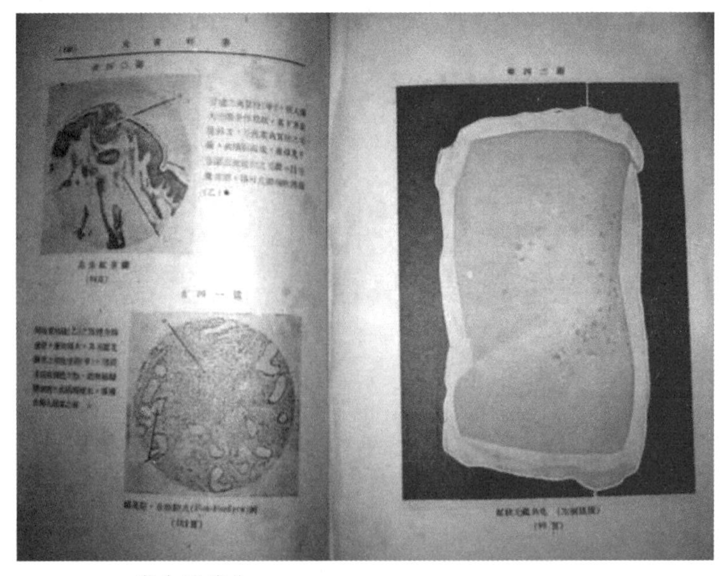

蹇先器著作

中国现代法医学的创始人林几教授

林几教授

林几教授生活照

中华民族的法医学历史源远流长，也曾经有过古代的辉煌。然而,说到我国现代法医学的奠基,就不得不谈及林几。

林几毕业于柏林大学，获医学博士学位后回国，受北平大学医学院之聘，筹建法医教研室。由于当时法医人才匮乏,虽然法律为法医学的发展奠定了基础,但在司法实践中,许多案件仍由仵作(旧时官府检验命案死尸的吏役)承担,以《洗冤集录》为指导的旧法验尸依然盛行于全中国。1924 年,林几发表《收回领事裁判权与法医学之关系》一文,提出改良法医应为司法革新目标之一。林几坚决提倡废除旧法验尸,改为尸体解剖,培养法医人才改变法医队伍,以现代法医学知识为武器解决与法律有关的医学问题。抗战爆发后,林几随北平大学西迁,任西安临时大学和西北联合大学医学院教授，继续从事法医学研究和教学工作，并尽可能地添置了许多实验仪器，为中国培养了第一批现代法医学人才。林几一向以室所为家,事必躬亲,终因长年日夜操劳,致使消化道旧病加剧,于 1951 年 11 月 20 日逝世,终年仅 54 岁。

我国现代法医学奠基人林几教授，使得依靠《洗冤集录》断案的时代成为历史。

中国遗体捐献的发起人严镜清教授

2005年的一个凌晨,一位99岁的耄耋老人安详地走了,他的家人根据他生前的夙愿,将其遗体无记名、无条件地捐献给了首都医科大学用于医学研究。他在遗嘱中这样写道:“当我在医院去世时,只要临床医师宣布我已经死亡,就在同一时刻,我的遗体就捐献给国家,就归国家所有,不再是我的,是无名氏的。此时,要紧的具体行动是从速将遗体送入太平间冰冻,以减少死后变化。”这位令人肃然起敬的老人,就是我国著名的公共卫生学家和国内遗体捐献项目发起人之一严镜清教授。

严镜清1906年出生于浙江宁波,1932年毕业于北平协和医学院,获美国纽约州立大学医学博士学位。回国后,曾任北平大学医学院教授,1937年随北平大学医学院西迁,任国立西安临时大学医学院、国立西北联合大学医学院教授,从事公共卫生学的教学和研究工作,对城市卫生管理经验尤其丰富,著有《工业卫生学》。1999年,已经93岁高龄的他立下遗嘱,死后把遗体捐献给国家,用于医学教学工作。2003年,严老以97岁高龄加入中国共产党。2005年9月6日,严镜清因老年性肺炎医治无效,在首都医科大学附属北京友谊医院病逝。

严镜清生前说,无论是谁,你给别人的少,别人给你的多;捐献遗体有两大好处,一是完全彻底,二是不让后代有负担。每个人的病都不一样,因此每一次解剖都有意义。

严镜清老人(轮椅中)与其长子严天南

颜守民开创我国儿科学

颜守民(1898—1991),字逢钦,浙江温岭人,著名医学教育家、儿科学家,一级教授。1920年自国立北京医学专门学校毕业后即留校任儿科助教,后赴德国柏林大学,专攻儿科学。1926年回国,任国立北平大学医学院教授。他于1929年在北平大学医学院创建我国第一个现代儿科学教研室,并出任主任,将儿科由内科分出,开设儿科门诊,建立儿科病房,这是我国现代西医儿科学创建的标志。1937年七七事变爆发后,颜守民先后任国立西安临时大学医学院—国立西北联大医学院儿科教授、五年级导师。1939年5月任西北联大医学院附属医院院长。在院长任内,他日门诊量达300人次,新建了三排能容纳60张病床的平房,开设内、外、妇、儿、眼、耳鼻喉、皮肤等科室以及检验室、调剂室等,并为河南大学医学院、南通医学院等医学院教学提供临床实习基地。他曾对小儿伤寒、黑热病等有较多研究。1938年发现母乳中的初乳小体。著有《哺乳儿养育法》《乳儿营养与看护》《小儿解剖生理概要》《小儿体表病态诊断学》《简要小儿科学》等。

颜守民教授

抗战胜利后,颜守民历任西北大学医学院教授兼附属医院院长、沈阳医学院儿科学教授、江苏医学院儿科学教授及儿科主任等。20世纪50年代末期,他以儿童肾脏病作为科研主攻方向,创建小儿肾脏病研究小组,建立儿科实验室。1978年接受卫生部下达的“小儿肾炎和肾病的防治研究”课题,在南京医科大学第二附属医院儿科建立了首批国家博士学位点。1991年在南京逝世。

紧随其后的西北大学医学院教授兼小儿科主任隋式棠继承了颜守民的儿科学,在《中华医学》《中华儿科》杂志发表有《百日咳的链霉素疗法》《乙型脑炎病例分析》《乳婴铁缺乏性贫血》等论文,其《小儿风湿》等论文曾受到西北卫生部嘉奖。

侯宗濂开辟“针感生理学”新领域

侯宗濂教授

侯宗濂（1900—1992），字希颐，辽宁海城人，中国近现代生理学家和医学教育家，一级教授。他于1920年毕业于沈阳南满医学堂（后改为满洲医科大学），后留校任生理学助教。1922年至1924年在日本京都大学学习，归国后任南满医学堂讲师，1926年晋升为副教授。其间他曾作为中国生理学界的代表，出席了在日本东京举行的热带医学会议，并宣读论文。1930年至1931年先后在奥地利因斯布鲁克大学、德国莱比锡大学学习。留学期间，他在自己的研究论文中，对当时已被世界生理学界公认的由法国科学院院士拉皮克(Lapicqe)提出的“时值”理论，提出了质疑，并首先提出要找到一个新的确实反映兴奋性的指标来取代拉氏“时值”。论文在德国《生理学杂志》以教授名义发表后，引起了国际生理学界的关注。1937年7月，侯宗濂创建福建医学院，任院长兼生理学系主任、生理学教授。1944年起先后任西北医学院、西北大学医学院院长。从1972年，他开始进行针刺镇痛原理的研究，把针刺穴位的生理功能与结构统一起来，开辟了新的“针感生理学”研究领域。他论证了Fick氏间隙的本质是阳极抑制，提出短时通电两极兴奋、两极抑制学说；研究了兴奋性及其指标问题，论证结果能正确反映兴奋性的指标；研究过针感生理，论证了不同穴位的针感感受器和针感传入纤维。其指导的“针麻原理—穴位针感研究”和“肌肉神经一般生理学——应激、兴奋、抑制及适应”两项课题，于1978年获全国科学大会奖和部、省一级成果奖。

中央人民政府任命通知書 府字第3963號

茲經中央人民政府委員會第三十二次會議通過任命侯宗濂爲西北醫學院院長

特此通知

主席

一九五四年六月十九日

中華人民共和國中央人民政府之印

侯宗濂的西北医学院院长聘书

除了在医学领域和教育领域的卓越贡献，侯宗濂还历任全国和陕西省人大代表、省人大常委会副主任、全国及陕西省政协委员、省政协副主席、中国科协委员、陕西省科协主席、名誉主席等多种职务。1992年于西安逝世。

李赋京发现“李氏钉螺”

李赋京(1900—1988),陕西蒲城人,一级教授,寄生虫学家、教授、著名解剖学家、组织胚胎学家、钉螺研究专家、医学教育家。他早年毕业于同济中学德文医工学堂,后赴德国格丁根大学医学院学习,并获医学博士学位。回国后在南京任卫生部技正,兼东南大学病理学教授、上海中央卫生试验所病理科主任。1939年任西北联大病理解剖学教授。1940年至1942年任陕西省立医学专科学校校长兼教授。抗战胜利后,他随省立医专并入西北大学医学院,任西北大学医学院教授。之后在台湾大学医学院、上海同济大学医学院任病理学、解剖学教授等。1988年在武汉逝世。

李赋京主要从事对血吸虫的中间宿主钉螺的生理、生态、解剖分类的研究工作,是我国最早研究钉螺的专家之一。为了获取第一手资料,他长期在江苏、浙江、江西、安徽、湖北、湖南等省的湖汊、沟渠、沼泽地带,躬身出没于芦苇、草丛中寻找钉螺,观察其生活习性、生态环境等并做详细记录。抗战时期,他在逃亡途中也不忘收集钉螺标本,在颠簸的火车上他就将装有钉螺的水桶抱在怀里。他将采集的钉螺带回实验室继续深入细致地观察,绘制了大量精美逼真的形态图和发生图,并先后发表了《钉螺的解剖》《钉螺的治后发生》《日本血吸虫的中间宿主》《钉螺的解剖、生活习性和种的鉴别》等文章。1936年他在安徽省发现一个钉螺新种,并首次在《中国动物学杂志》上发表了这一发现。同年该种经正式鉴定并命名为Oncomelania Anhuinensis Lii(李氏安徽钉螺)。

李赋京教授

他在西北大学医学院和陕西省立医专工作期间,仍不忘从事血吸虫的研究,相继在《中国动物学杂志》《中华医学杂志》等刊发表了《日本血吸虫中间宿主》(1939)、《陕西西安黑热病之调查》(德文,1945)、《几种平卷螺的比较解剖》(1948)、《中国日本血吸虫病及其管制》(1948)等文章,并著有《医学昆虫学》《普通解剖生理学》等。

毛鸿志首倡我国防癌立法

毛鸿志教授

毛鸿志（1901—1978），字抟风，江西广丰人。1923年毕业于北京医学专门学校。北伐时期曾任广州大本营陆军医院医师、第六军医务主任、江右军野战医院院长。北伐胜利后入北平大学医学院病理教研室工作，在徐诵明教授指导下做病理学助教。1935年赴日本九州帝国大学病理科进修并任研究员。1937年归国，先后任西安临时大学医学院副教授、西北联合大学医学院教授、西北医学院教授兼总务主任。他于1942年1月实施了陕西第一例临床法医学尸检。至当年年底，已实施法医病理尸检30例，并出具鉴定报告。1946年，毛鸿志被教育部选派赴加拿大多伦多大学医学院病理科进修和研究。1948年归国后任西北大学医学院教授兼理总务。1949年9月，他在《西大医刊》发表了《恶性瘤病之管理与医教》一文，这是他赴加进修期间对美国、加拿大等国考察的报告之一。在该文中，他首次提出对我国癌症防治立法的建议。1950年，毛鸿志参加了全国第一次卫生工作会议，受到毛泽东同志的亲切接见。

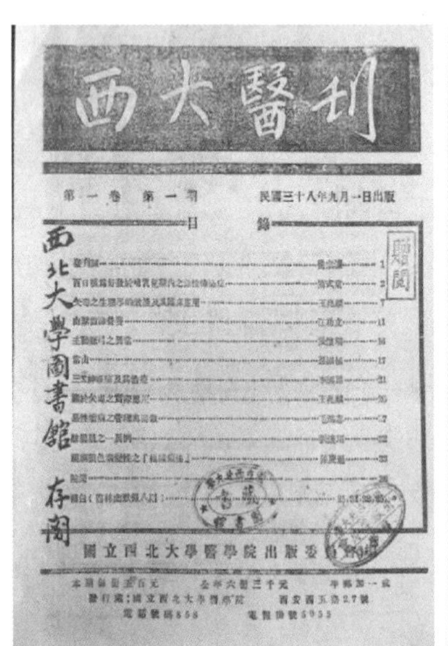

惡性瘤病之管理與醫教

毛鴻志

毛鸿志发表于《西大医刊》的关于癌症防治立法的论文

参加过台儿庄会战的张同和教授

1937年在台儿庄抗日战场，一支医疗队不顾危险，活跃在前线，其队长即为胸脑外科专家、中国神经外科的创始人之一张同和教授。

张同和(1902—1966)，字喜平，清光绪二十八年(1902)生于山东潍坊。1928年毕业于北平协和医科大学，留校工作。1937年抗日战争爆发后，在武汉组建中国红十字会第28医疗队，任队长，并参加台儿庄会战。1941年任军医学校西安第一分校外科主任。1946年赴美留学，专攻胸外科和脑外科。1947年归国，任西北大学医学院教授兼附属医院外科主任。1966年1月3日去世。他的心脏标本今存于西北大学分出的西安交通大学医学院。抗日战争时期，他在台儿庄会战中带领医疗

张同和教授

参加台儿庄会战的中国军队

战斗中的台儿庄

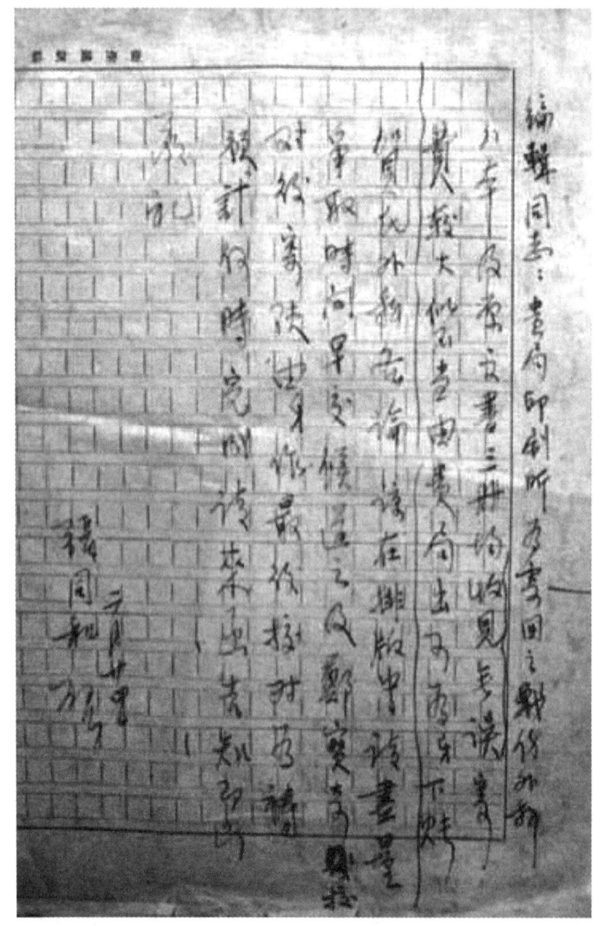

张同和写给商务印书馆钢笔信札一页

队建立手术室,抢救了大批伤病员,直至台儿庄失守前两天才与伤员和器材一起撤出,为此受到中国红十字总会及战地指挥部嘉奖,获国际红十字勋章。在西北大学医学院期间,他建立健全了外科医师查房、术前讨论、死亡病案讨论等项制度,并积极送出教师到京津一带医疗机构深造,为陕西培养了第一代外科专家。1948 年,他和万福恩教授一起,在校医院首先开展了脊髓神经鞘瘤切除术,又开展了前额叶切除术治疗精神分裂症,推动了陕西神经外科的发展。他的著作有《脑瘤的诊断》《脑瘤的诊断及治疗与神经外科患者的处理》,译著有《贺门氏外科学各论》《实用神经外科学基础》等。

西北联合大学的美籍体育教授沙博格

1936年,第11届奥林匹克运动会在德国柏林举行,中国除了派代表团参赛外,还派出了一个“赴欧体育考察团”前往柏林观摩比赛。后来担任西北联合大学体育系主任的袁敦礼是考察团成员之一,他对获得体操全能第七名的美国选手沙博格(B.F. Schaberg,1912— ?)青睐有加,遂与其签约,邀其来华担任体育教授。奥运会结束后,沙博格即与其弟史密斯(在辅仁大学任教)一起来华任教。

沙博格擅长双杠、吊环。在双杠上可以做前后空翻挂臂和后回环挂臂;在吊环上可以做倒立;在单杠上可以做向前、向后大回环及转体;自由体操可以做前、后空翻和连续后手翻。沙博格动作示范准确,姿势漂亮,教学要求严格,特别是腿部、脚尖的姿态。经常听他在操场上喊:“Knees straight, toes pointed!”(膝盖伸直,脚尖绷紧)他的教学容量虽然很大,但是教学方法很好,引起同学们对体操的浓厚兴趣,在他的带动下,本来很冷清的体操课活跃起来。

沙博格与另一外籍教授克顿一起随西安临时大学的千余师生徒步翻越秦岭,到达陕西城固,继续担任改名后的西北联合大学教授。

在城固初期,没有体育活动场地和器械,沙博格就带领学生动手建立了体操场地并制造了体操器械。当时沙博格只有26岁,他一天到晚和学生们泡在体操场上,在西北联大形成了一股“体操热”。当时的青年教师徐英超也擅长器械体操,他和沙博格一起组织学生练习和表演。1939年,沙博格奉命回国后,西北联大的体操教学活动就由徐英超来领导。

沙博格还是学校里教师垒球队的队员,常常与王耀东、刘同林、董守义、刘汝强等教授在一起进行垒球比赛。所用的垒球,竟然是教授们利用制革厂的边角废料、用棉纱缠成的线团,让修鞋匠用皮子缝起来的特制球。

城固时期的西北联合大学

哥廷根学派在中国的传人——曾炯教授

曾炯教授

哥廷根代数学派在近世数学的发展中长期占有主导地位，著名科学家高斯、爱因斯坦、冯·诺依曼、埃米·诺特等均出自其中。国立西安临时大学、国立西北联合大学数学系曾炯教授就是哥廷根学派抽象代数奠基人之一埃米·诺特的弟子，因此他是这一学派在中国的传人。

他也是我国第一个研究抽象代数的人。1934年获哥廷根大学哲学博士学位后，由于他在传世的三篇论文中提出著名的以其名字命名的“曾定理”和“曾层次”等重要定理和概念，哥廷根大学曾挽留他留校工作，但曾炯怀着一颗报效祖国之心，毅然于1935年7月返回了祖国。1937年暑假后，他任教于北洋工学院。后随北洋工学院迁至西安，任西安临时大学、西北联合大学数学系教授。1939年，他受原北洋工学院院长、著名水利专家李书田之邀，参与创立国立西康技艺专科学校。该校位于西康省西昌市郊区，以郊区泸山一带寺庙为校舍，绵延十余里，教学与生活条件极为艰苦，但曾炯仍坚持讲授高等数学。1940年11月，长年的奔波加之医疗条件的恶劣致使曾炯胃疾加重，终因胃穿孔而殒命，享年43岁。

1937年4月浙江大学数学系全体师生合影(前排右四为曾炯，左五为苏步青)

罗章龙在西大

罗章龙曾经是中共早期重要的领导人，杰出的政治活动家，中共初创时期最早的五十余名党员之一。1931 年，他因公开反对被王明把持的六届四中全会制定的极“左”纲领，犯了“分裂党”的错误，被开除党籍。离开火焰熊熊的革命营垒后，理论根基深厚的罗章龙，泛舟学海，化名罗仲言，成为一名经济学教授，1938—1947 年任教于国立西北联合大学（1939 年 8 月改称国立西北大学）。据说他 1938 年来西北联大任教是由时任国民政府教育部长的陈立夫介绍的，陈于 1931 年曾在上海保释他出狱。

罗章龙教授

罗章龙曾任西北大学经济系主任，作为教授，主讲中国经济史、经济政策、经济学等课程。在西大期间，他曾介绍沈筱宋来校教书。除从事教学外，罗章龙“伏案奋笔，刻苦攻读”，完成了教科书《中国国民经济史》的撰著。1944 年，该书由商务印书

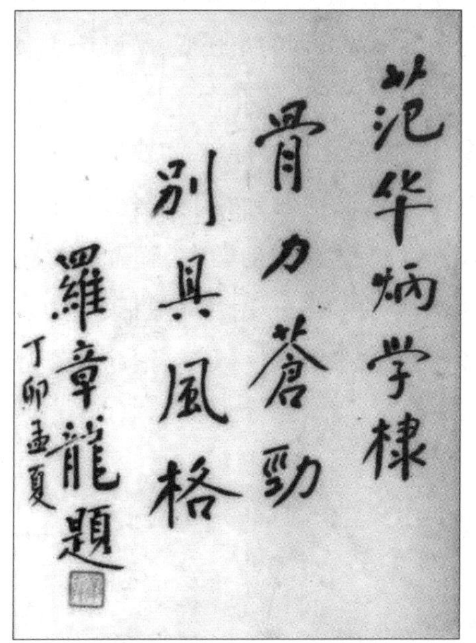

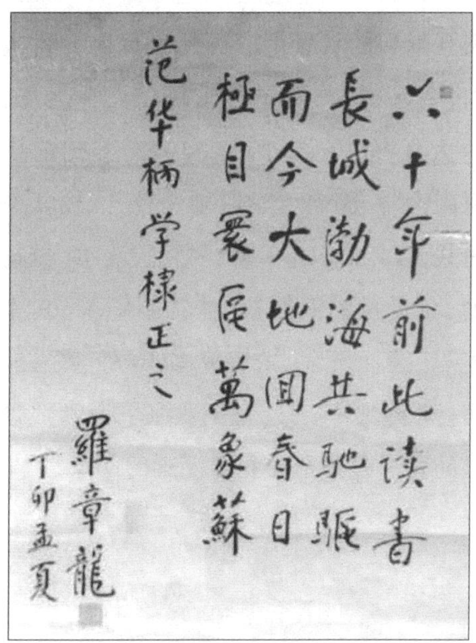

罗章龙手迹

罗章龙著作

1947 年罗章龙在西北大学时的全家合影

馆出版，学界给予高度评价，被国民政府教育部列入大学丛书，并获教育部学术审议会奖金。

1949 年 8 月，他在致毛泽东信中谈到他离开党后的从教生涯，其中写道，“抗战期内，武汉撤守，复应西北联合大学之聘，在西大任教 10 年（1938—1947）”，此前曾在河南大学、湖南大学两校任教，三校任教时间共 15 年。“15 年来，‘磨血’著书，授徒自给，备受反动派排挤，然犹不顾一切，早作夜思，锲而不舍，先后成书 10 种，约 250 万言。”谈到父亲时，儿子罗海平说：“那烛光里的背影是他留给我最深刻的印象。”

罗章龙自述“惟平生行谊不慕势力，不事剥削，不背阶级，不出卖同志，不残害人民，不投机取巧，尽心竭力，为祖国为人民服务，则有事实可验，差堪告慰”。1978 年，他在中国革命博物馆任职，举家迁往京城。

罗章龙曾连任五、六、七、八届全国政协委员。耄耋之年，为抢救和搜集整理党的历史资料工作，他做出了巨大努力。1995 年 2 月，这位令人崇敬的学者、革命老人与世长辞，享年 99 岁。有副挽联概括了他的一生：章龙文虎有道亢斋一支笔，浪起潮落无愧椿园百岁翁。

毛泽东在陕北接见回乡省亲的马师儒

1942年4月，西北大学文学院院长马师儒教授回陕北米脂奔父丧期间，毛泽东在范文澜的陪同下接见并宴请了马师儒。毛主席宴请他时，介绍了国共两党建立抗日民族统一战线的过程，介绍了自己的家庭和革命经历，同时也询问了西北大学和陕南大学教育的情况。分别时，毛主席还特别请他回陕南后，向其早年的老师黎锦熙先生问好。

在陕北两个月期间，马师儒参观了延安的学校、工厂、农村，并在米脂、绥德以及延安抗日军政大学发表演讲。他眼见延安新气象，兴奋地说："耳闻不如目见，信然，信然！"他赞扬边区是"国家民族新的生机"，指出国民党的报刊宣传是"传闻掩盖了事实，误解埋没了真相"。在辞别时，他坦率地说："边区虽小，有新气象，就像咱陕北所说的新发展；反过来，重庆摊子虽大，但有死气，倒像一个破落户。毛主席体大思精，所望群策群力，中国大事已定，共产党必胜。"

他回到陕南西北大学后，不但鼓励女儿马昭信参加学生运动，奔赴延安，而且在一次"总理纪念周"演讲会上，讲到了毛主席问候黎锦熙的事，引起国民党、三青团的注意。随后，国民政府教育部部长陈立夫立即致电西北大学："身为文学院长，在陕北公开讲演，公开赞扬异党政治，应予警告！"同时，教育部训导委员会也密令西北大学指责马师儒"为奸党大肆宣传"。不久，赖琏校长宣布免去其文学院院长职务，并放风说要对其"痛下毒手"。马师儒闻知，书写文天祥的《正气歌》，准备应付不测。

马师儒教授

然而，当时毕竟还在国共合作时期，接连两位校长任内学潮不断，甚至被学生占领校长办公室、夺枪、夺印，在全国声援西大学潮、各大报纸纷纷揭露真相的情况下，马师儒作为两方面都能接受的政治开明人士，于1947年10月到1948年9月担任西北大学校长。

延安

延安中国抗日军政大学

西北聯大文學院長

馬雅堂先生會見記

本報特派記者 蘇冬

一、「我得到了證實」！

二、「這是一個新的局面」！

界舉行座談會 王實味反動思想 文抗開除其會籍

米脂縣級機關學習文件 黨內外幹部一齊參加

《解放日报》关于毛泽东接见马师儒的报道

体育教授谢似颜轶事

1939 年西北联合大学学生在城固汉江上游泳课

据说，西北联合大学体育系教授谢似颜(1895—1960)留学日本东京高等师范学校时,有一次在运动场上做练习,突然,对面投来一支标枪，躲闪不及的他被标枪击中前额,霎时血流如注,倒地昏迷,后经医师施行手术,一个月后竟完全康复。

1925 年谢似颜回国后，先后任春晖中学、浙江省立第四中学、浙江体育专门学校体育教师，浙江体育场场长;1929 年 8 月，北上任北平师范大学体育系理论课教授，兼授女子文理学院《游戏原理》;1931 年 12 月, 任北平私立民国大学体育系主任, 兼授体育理论课；1933 年 1 月，应徐诵明校长邀请，全面主持北平大学体育行政工作。七七事变后, 谢似颜来到西安临时大学,分管学校体育行政工作，将北平师范大学体育系、北平大学女子文理学院体育系、河北省立女子师范学院体育科合并为西安临时大学体育系。1938 年年初,西安临时大学迁往汉中，谢似颜和原北平大学教授王耀东被编入第一大队，率领学生先行翻越秦岭山脉到达城固县。由于长途步行，又因风餐露宿而受寒，谢似颜染上风湿性关节炎，痛苦不堪，也为其日后仙逝埋下病因。1939年，国立西北联合大学的各个院系纷纷独立，他曾与许寿裳先生诗一首，排遣胸中的郁闷和对日寇的憎恨：

莫因座随叹无衣，心镜平明造化机。
我志读书秉蜡烛，君能闻到早知非。
满门桃李人生乐，万里烽烟俗事稀。
东望海空龙战猛，究凶日寇已残晖。

谢似颜是中国现代体育史上的知名学者，是许寿裳先生的学弟和好友，许寿裳在《吾友鲁迅印象记》里写到“吾友谢似颜”，并有多封写给他的信。当年北平的几所体育科系，都有他教学的足迹，他从国家民族前途发展出发，着重提高国民身体素质，洗刷“东亚病夫”耻辱以与列强竞争并存，为我国体育专业人才培养做出了重要贡献。他的著作有《奥林匹克沧桑录》《田径赛的理论与实际》《西洋体育史》等。

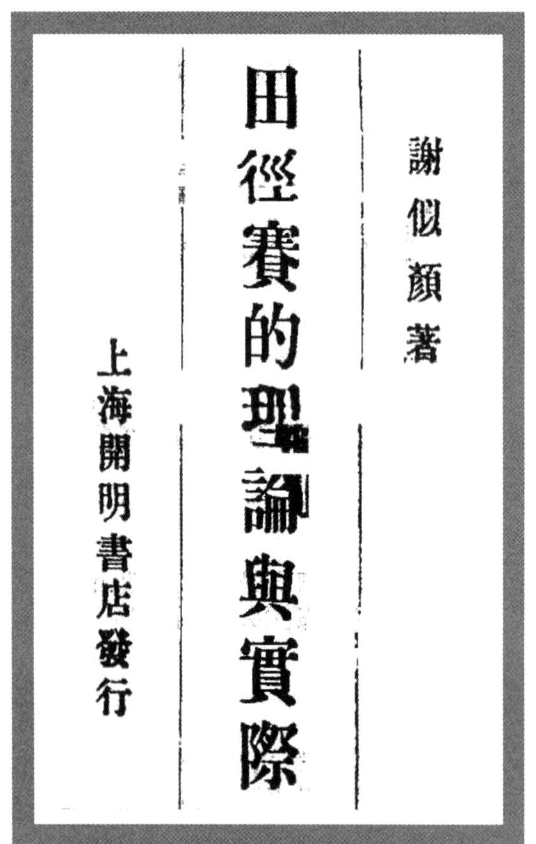

谢似颜著作

西北聯大校刊（第十三期）

論著

民族主義與道德

謝似顏

谢似颜著《民族主义与道德》(载于西北联大校刊第13期)

民国时期的西安西大街

赖琏校长“走马上任”

赖琏校长

赖琏校长为国立西北大学第七届毕业生题词

1942 年 5 月 21 日，赖琏被任命为国立西北大学校长,其时他正担任着西北工学院院长。

赖琏早年赴美留学，在伊利诺大学学习机械工程，1925 年入康奈尔大学研究院研究机械工程和工商管理，获得工学硕士学位。回国后历任《中央日报》总编辑、南京市政府秘书长、国民党湖南省党部主任委员、西北工学院院长、国民党中央海外部副部长等职。1945 年 5 月，赖琏当选为国民党第六届中央执行委员,1946 年当选为国民党中央执行委员会常务委员。1948 年赖琏赴美，后任联合国秘书处中文部主任、华美日报社社长。1978 年定居台湾。他虽然是工科出身,但一生中的工作始终围绕着办党、办报和办学,被誉为国民党中不可多得的“三办”人才。

刚接到西北大学校长的任命，赖琏心中充满畏难情绪。西北大学多年的学潮让他“一想起就心悸”,再加之前两任校长胡庶华和陈石珍(代理校长)的黯然离去,都让他心存疑虑。赖琏甚至不惜不告而别,携妻离开城固,在西安附近游玩盘桓了几周。

赖琏就任西北大学校长的当天上午,即召开全体学生大会,提出“安定第一、纪律至上”,要求大家“树立严格的校风,倡导学术精神,加强读书空气,要使西大称为名副其实的西北最高学府”。下午,他以茶会的方式招待全体教职员,勉励大家“远观周秦汉唐之兴盛,环视大西北区域之雄伟,人人应以恢复旧的光荣,建设新的文化为己任,为最高理想”,并强调自己来西大“非教人,乃来领教;非役人,乃役于人”。

赖琏的住处距西北大学校本部有十多里的距离,他在《一个最愉快的回忆》一文中提到,当日赴任既非徒步,也没有乘坐滑竿,而是向附近一位退休的将军借了一匹壮马,“走马上任”。这位将军,就是曾于 1923 年创办国立西北大学的刘镇华。

国立西北大学第一届毕业同学及全体教职员合影

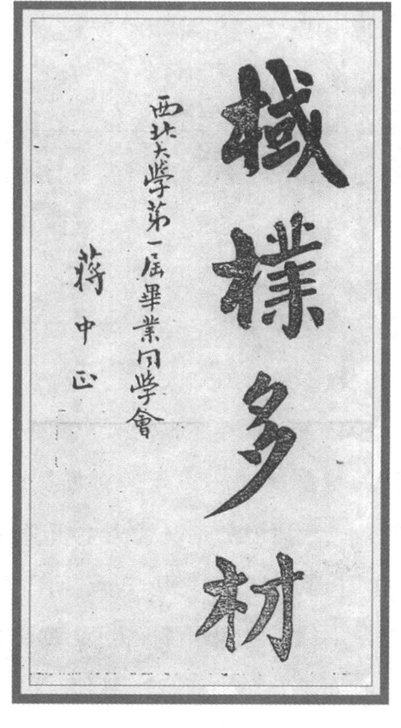

蒋介石为国立西北大学第一届毕业生题词(他为一至六届学生题词的内容相同)

创办全国两个最早的边政学系之一

西北大学向来重视西北边疆人才的培养。1923 年的陕源国立西北大学即设有蒙藏专修科,主任为黄成珖教授。西北联大时期,边疆教育被正式纳入国家计划。黄文弼教授早在 1933 年 10 月初旬即以教育部特派员的身份,随视察新绥路汽车路线之斯文·赫定等一行赴新疆考察教育。他于 1941 年起,任教育部第二、四、五届边疆教育委员会委员,与顾颉刚等作为历史学界代表,利用多次边疆考察所得经验,为边疆教育的发展做出了积极贡献。1941 年 6 月,他赴重庆出席教育部边疆教育委员会期间,得知在西南、西北各大学内,拟设置有关边疆问题的课程或科系,遂积极参与了国立西北大学边政学系的筹备。国立西北大学的边政学系于 1943 年夏经教育部批准正式成立,与国立中央大学成为全国两个最早设立边政学系的国立大学。

1945 年,西北大学边政学系正式开学,聘任教育部第二届边疆教育委员会秘书、第四、五、六届委员王文萱为主任、教授。当年 11 月,黄文弼辞去历史系主任,接任边政学系主任。在培养目标方面,黄文弼勉励边政系同学"步武马伏波(马援),效法班定远(班超)为边疆服务之精神","以传教师之精神,传播中原文化,造福边疆人民"。在技术方面,他要求同学要会骑马术、游泳术、摄影术、绘画术等,系方专门从第一战区长官部借来蒙古高头骏马上骑术课,练习野外调查本领。学校每年 6 月前后都要安排学生们前往甘、青、新等省实习,"深入蒙、藏、维三族集中之区域,做实际调查与研究,俾达学以致用之目的"。1947 年 6 月 16 日即为该系三年级学生出发实习之日,学生早在图书馆、阅览室、自修室做了资料预研准备,"系方早就准备妥了旅费、车辆、服装、药品、照相机等",在"晨光熹微中乘长车直向甘、青、新等省而去"。至 1947 年,边政学系已有 87 名学生,除部分统考录取者外,几乎全部为复员青年军,按教育部规定在战后重新回到原校学习。他们毕业后,大部分扎根于西北地区,成为西北地区最早的一批接受过高等教育的边疆干部。

1952 年,全国高校院系调整时,西北大学边政学系和兰州大学边疆语文学系均并入西北民族学院。

西北大學邊政系素描

陳允

《西北通讯》1947 年 6 期发表的《西北大学边政系素描》

西北大學的邊政系

——西安通訊——

習之

《西北文化》1947 年第 1 卷第 6 期发表的《西北大学的边政系》

西北大学青年远征军从军题名榜

1944 年，国民政府配合世界反法西斯战争，决定在中国战区组建高素质的武装部队，成立中国青年远征军。此一时期，国立西北大学 50 位学子从军，他们的名字被深深地烙在了青年远征军的历史上。他们是：

李穆三　段新民　张　韡　陆伯铮　郭光前　蒋震方　方正御　唐尧天

张汝霖　安九鼎　吴十英　陶享樾　刘绵第　高启伟　吕新吾　张恩庆

唐若愚　袁　衡　王沛然　傅　维　李逸君　李海涛　郭　锋　陈乐哉

马焕乡　程东孚　魏　劼　高　骏　田际明　张存棋　柳毓钟　孙继儒

顾　绳　杨昭忠　武启昌　薛之时　杨保国　田树柽　尤冠雄　何培松

国立西北大学师生欢送抗日从军学生

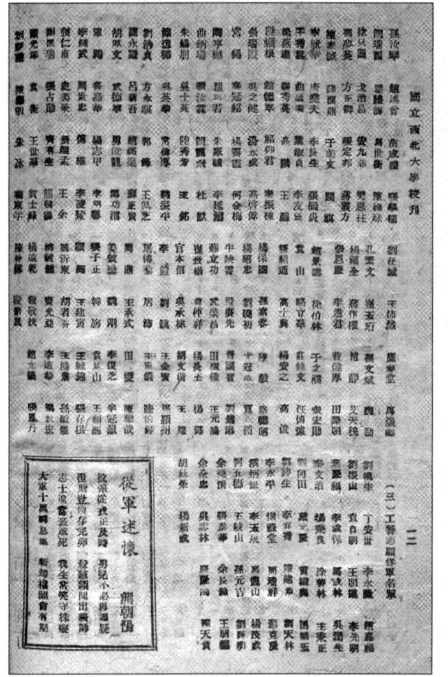

國立西北大學校刊

(三)工警志願從軍名單

從軍述懷 熊朝陽

六、工警熱烈響應

七、參加遠征軍同學赴渝受訓

九、同學盛良瑞等投效空軍

十、從軍職生工警題名

國立西北大學校刊

國立西北大學校刊

歡送本校青年遠征軍入營特刊

上級電令

佈告

本期目錄

国立西北大学校刊上的报名从军师生有336名

秦冠绍　常伦厚　黄仲祥　关永谦　史美荣　张学儒　武德宁　陈久阳

王怀成　任和春　另有先修班(即预科)学生4名(均佚名)。

其中文学院7人,理学院17人,法商学院26人;一年级8人,二年级20人,三年级11人,四年级11人。

先期已经有熊朝阳、王鸿业两位同学于1944年11月中旬首途赴渝,参加远征军政工干部训练;张学儒、任和声、吴鲁文、冯梦英4名同学于1944年11月25日赴南郑远征军教导团受训;第二批齐矗华、赵铭渠、薛汉鼎等4人于1944年12月20日赴南郑远征军教导团受训;地质地理系二年级学生、河南淅川人盛良瑞,生物系三年级学生、陕西洋县人黄安,经济系三年级学生、河北望都人王耀等3名同学投效空军,并于1944年12月先入空军军官学校受训;1945年3月28日,又有外文系三年级桂诗晶、李秀华2位女学生从军,赴西安集中。

据此,自1944年11月1日西北大学成立全国知识青年志愿从军征集委员会以来,截至1944年年底,先后有校长刘季洪、教授郁士元等56名教职员工,李金锡等234名学生,丁安世等46名工警报名,全校共报名336人。合格和实际成行并见刊者只有郁士元1名教授和66名青年学生。

远征军战士在整理汽车

远征军在战场

1944年12月5日，学校举行隆重的欢送大会。黄仲祥代表从军同学致答词，宣誓："不见功，即成仁，歼灭敌寇，光复失土"，激昂慷慨，气撼山河。

1945年2月8日，从军学生程东孚、柳毓钟、杨保国、马焕乡、高启伟、魏劼、顾绳等7同学致函学校：除李穆三、陈乐哉先行离去、武启昌因病去昆、秦冠绍因眼疾留团外，其余52名同学已于1月19日抵曲靖入营，皆膺选赴印度受训。2月9日，学校收到杨保国等同学来信，称48名同学飞抵印度，之后均编入汽车兵团，受命接收美军汽车。齐矗华、单励、赵铭渠三同学飞滇，被编入炮连。张韡被编入云南曲靖二〇七师六一九团迫击炮连，亦曾飞往印度受训。

1946年5月，按照国民政府教育部知识青年从军优待办法，有200余名未完成学业者分发本校。截至1946年10月，已有半数以上到校。

教授从军第一人郁士元

1944年秋，国际反法西斯战争转入战略反攻阶段，国民政府为了在中国战区储备反攻力量，号召全国知识青年从军，组建一支以知识青年为主体的、高素质、能够操纵飞机、汽车、坦克、大炮等现代武器装备的武装部队——青年远征军，简称青年军。

时年43岁的国立西北大学地质地理系教授郁士元就是在此背景下，决定放弃教授职务而报名从军的。他不顾家人和孩子们的阻拦，向汉中师管区正式申请入伍。

同年，由张治中将军引领陪同，郁士元到达重庆，受到蒋介石的接见慰勉，特授予少将军衔，安排在蒋经国中将领导下的重庆青年军总部受训。

一时间，这成为各报的一大新闻。1944年8月20日的《大公报》即报道："各方闻讯，极表敬崇。先军政部已核定郁氏入驻陕之教导团充任同校级之政治指导员。自知识分子从军运动成为风尚后，大学教授之申请入伍者，此为第一人。"

之后，郁士元调任驻防汉中的青年军二〇六师少将视导，身着军服，负责部队的

郁士元教授与龙凤胎儿女

郁士元教授和妻儿

抗战宣传，随时准备待命开赴前线。因为部队工作不是很多，郁士元一边在军中工作，一边又回西北大学兼课，每周各半。常见他每周乘坐木炭班车往返汉中、城固两地。1945 年抗战胜利后，郁士元谢辞蒋经国的挽留，复员返校。内战爆发后，他不满国民党的腐朽统治，拟申请脱党，恰逢国民党在 1948 年进行重新登记，遂选择不去登记，波澜不惊地退出国民党，迎接新西大。

蒋介石视察青年远征军

郁士元与胡乔木

郁士元和胡乔木均为江苏盐城人,两家亦为世交。胡乔木的父亲胡启东比郁士元大 12 岁,而郁士元又比胡乔木大 12 岁。追随孙中山的胡启东介绍郁士元加入国民党。郁士元上大学时,胡乔木还在上小学。每年寒暑假,郁士元都要带这个邻家小弟玩耍。后来,郁士元做了北京大学的副教授,胡乔木却在清华大学历史系上学,常到郁家,郁夫人廖秉珩总是呼着胡乔木的本名“鼎新”,做些好吃的家乡饭菜热情招待。

晚年的郁士元教授(1980 年)

1931 年,九一八事变的突发震撼了中华大地,激起了全国人民的抗日怒潮。胡乔木于当年 8 月调任共青团北平市委委员、宣传部长,亲自参与并领导北平学生的抗日救亡活动。 然而,由于当时王明的路线在共产党内占着上风,胡乔木等团市委领导很不赞成这些脱离实际的“左”倾思想,为此共青团北平市委被解散。胡乔木因所谓“同情托派分子”而被“挂”了起来。他的名字“胡鼎新”同时也上了北平市警察局要抓捕的黑名单!

中年胡乔木

于是,这年寒假,胡乔木没有返回盐城,而是隐藏在郁士元家继续从事革命活动,直到后来父亲至北平带其返乡。胡乔木每次给家里写信,都会写明“北京大学地质系郁士元转”。郁士元对胡乔木的事完全心知肚明,但从不过问,只是感叹鼎新走了另一条道路,不知何时得见。

“文革”开始,胡乔木被半点名批判。就这样郁士元也被牵连进了秦城监狱,而且郁士元曾被蒋介石接见,

1975年冬，郁士元父子与胡乔木(中)在胡乔木家楼下合影

胡乔木又曾躲在郁士元家，郁士元到北京胡乔木都亲自接送，胡乔木到西安请郁士元到西北局见面，这一系列的串联遐思成为郁士元是特务、胡乔木是叛徒的“合理”猜测。这为郁士元家带来一系列灾难。郁士元被关7年之久。直到1975年胡乔木随邓小平复出，郁士元方才回到西安的西北大学新村，而老伴已经先他而去。

回到西北大学后，郁士元给胡乔木写了一封信航空寄出，胡乔木对郁士元入狱毫无所知，很快回复信函表示歉疚。后来郁士元在女儿的陪同下，在胡乔木家住了半月余，还在北京看望了原西北大学教授黎锦熙等。粉碎“四人帮”后，郁士元获得彻底平反。

陈寅恪的弟子周传儒

周传儒在回忆他的学生时代时，总结了对其后来影响深远的几点——“优良的时代、优越的环境、优异的良师益友”，这些都是一个人成才的重要因素，而“优异的良师益友”这一点对他来说尤为重要，其中最重要的一位老师即是我国国学泰斗之一——陈寅恪。

周传儒教授

周传儒(1900—1988)，号书舱，四川江安人，我国当代历史学家。1925年，他以全国前十名的成绩考入清华研究院国学门，1927年毕业，1938年起先后担任西北联合大学、西北大学历史系教授。任教期间，他主要从事世界近现代史、中国近代史的教学和科研工作，曾讲授中国上古史、中国通史、世界史、世界近代史、中西外交史和意大利史等课程。他发表过数篇学术论文，包括《兰亭序的真实性与中国书法发展问题》《论梁启超与王国维》《六十年来中国史学界变迁发展史》等。

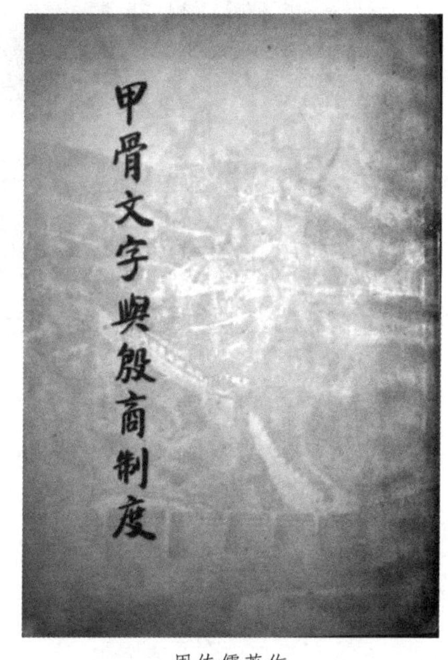

周传儒著作

周传儒为学一生，执教三十余年，为史学界培养了大批英才，于万难之中，锲而不舍，著作等身，功名卓著。其重要的著作有《中国古代史》《书院制度考》《甲骨文字与殷商制度》《西北利亚开发史》等。

天作之合的王子云与何正璜

20 世纪 30 年代留学法国的王子云教授

何正璜

抗战时期的 1940 年 8 月，一位年轻美丽的女孩正与父亲在小城恩施避难。一天，她在江边洗衣服时，偶然见水中漂着一张《大公报》，其上一则教育部招聘西北文物考察团团员的启事吸引了这位美术专业出身的女子。她随即赶赴重庆应聘，并如愿成为西北文物考察团的核心成员之一，而且与这个考察团的团长成就了一对美好的天作之合。

她叫何正璜，别名玉子，1914 年生于湖北汉川，1934 年毕业于湖北武昌美术专科学校。1934 年赴日本东京多摩川高等美术学校留学。七七事变之后毅然回国。

他叫王子云，原名青路，光绪二十三年（1897）生于江苏徐州府萧县（今属安徽）。1931 年赴法入巴黎高等美术学校。1937 年回国，初任杭州美术专科学校教授，旋奉命组织西北文物考察团，并开始招募团员，先后于 1940 年 8 月 3、4、5 日在《大公报》上刊登广告招聘启事。这就是何正璜看到的那张报纸。

何正璜参加王子云的面试时，二人一见钟情，1940 年 12 月 1 日便宣布结婚。婚后，二人即与团员奔赴河南、陕西、甘肃、宁夏、青

王子云与何正璜夫妇

海、新疆等省考察艺术文物，本以两年为期，后延至1945年8月抗战胜利前夕。在近五年的时间里，王子云夫妇与西北文物考察团的团员一起，辛勤工作，足迹遍布西北各省，先后发现、整理数百处(件)各类文物遗址及艺术文物，收集了超过两千件珍贵的艺术文物和不同时代的石刻艺术拓本，绘制了一千余幅各类艺术文物速写图、写生图及相关地区的艺术文物分布图、艺术文物遗迹实测图，摄制了一千余张各类艺术文物题材的照片，拓印了上千套(张)各类石刻艺术拓本。

1945年8月，教育部令西北艺术文物考察团并入国立西北大学，王子云夫妇遂一起任教于西北大学，王子云开始担任国立西北大学历史系教授，兼任西北文物研究室主任。考察团历年考察所得的文物数千件，也大部分捐给西北大学(保存在今西北大学博物馆)。之后，王子云成为我国现代美术运动最早的倡导者和参加者，以及中国艺术考古的拓荒者。何正璜先后在西北大学、陕西省历史博物馆、西安碑林博物馆工作，是我国文博事业的先驱，为文物保护和博物馆建设做出了杰出贡献。

王子云先生写生作品

改造中国古地理学的先驱黄国璋

1926 年，黄国璋(1896—1966)怀着振兴中国地理科学，改进中国地理教学的志向，辞去教师职务，毅然踏上赴美留学之路，成为我国出国学习经济地理第一人。在轮船上，他望着浩瀚无边的海洋，经受着滔天巨浪的颠簸，心潮澎湃，思绪万千，恨不得马上进入美国的大学课堂，接受那些认识海洋、高山、平原、湖泊、河流，认识大千世界的地理学知识。他早在 20 世纪 20 年代即成为我国传播西方地理科学思想的先驱者之一，特别对 30 年代前后尚存的记述性中国古地理学的改造发挥过重要作用。

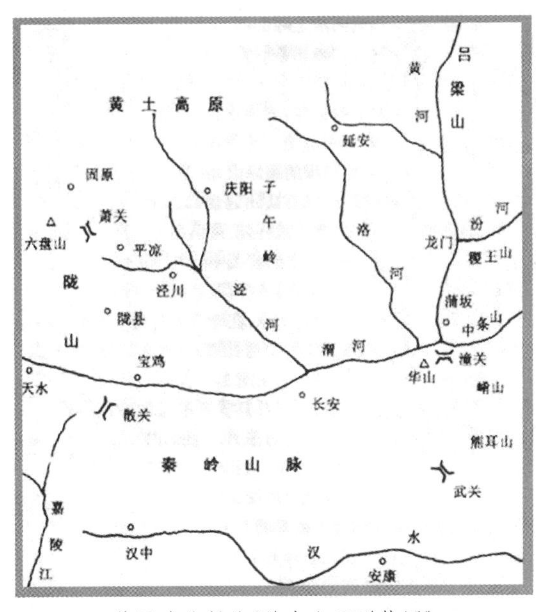

黄国璋绘制的《关中山河形势图》

黄国璋教授

1928 年年底，他满怀报国图强之志，带着丰硕的学习成果回到了祖国。他先后在多所学校任教，是我国参与创建大学地理系最多的人之一。1936 年，黄国璋被聘为北平师范大学地理系教授兼主任。七七事变后随校西迁西安，任西安临时大学、西北联合大学地理系主任及教授。在国家艰危、烽火连年的岁月里，他克服重重困难，日夜奔波操劳，使地理系在短时间内筹备就绪并及时开课。黄国璋先后主讲世界地理、北美地理、中国经济地理、地理学原理、地理教学法及英语等课程。他的讲授内容充实，语言风趣，引发学生对地理科学的浓厚兴趣。他在教学中不断吸收科学新成果，充实教材内容。

黄国璋所著的《汉中地理志》被国家地方志指导小组作为地理志的范本推广；《渭水河流域报告》《陕西经济地图》等著作都是他在西北联合大学执教期间完成的，对陕西经济的发展起到了积极作用。

毛泽东与高亨

高亨教授

1963 年 11 月，在中国社会科学院哲学社会科学部第四次委员会(扩大会议)即将闭幕时,高亨先生与其他九位先生一起受到毛泽东主席小范围的接见，毛主席对高先生的研究工作多加鼓励。返校后,高先生把自己的《周易古经今注》《诸子新笺》等六种著作寄呈毛主席。毛主席在回信中称赞高先生的著作“高文典册,我很爱读”。 1963 年 12 月,人民文学出版社出版新版《毛主席诗词》之后,高亨赋词《水调歌头》一首和之。高亨将此词连同一封贺年短函一并寄呈毛主席，一个月后即收到毛主席的回信(见下图)。

高亨(1900—1986),又名晋生,初名仙翘,吉林双阳人。他是我国当代著名的古文字学家、先秦文化史研究的著名学者和古籍校勘考据的专家。1926 年夏,高亨先生从清华大学研

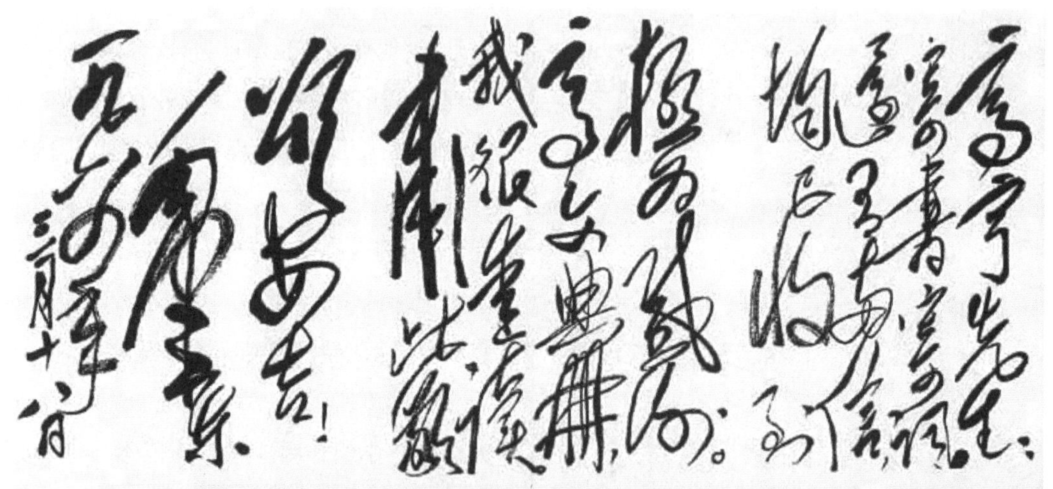

高亨先生：寄书寄词，还有两信，均已收到，极为感谢。高文典册，我很爱读。肃此。敬颂安吉！毛泽东 一九六四年三月十八日

毛泽东给高亨的信(1964 年 3 月 18 日)

信的内容:“高亨先生:寄书寄词,还有两信,均已收到,极为感谢。高文典册,我很爱读。肃此。敬颂安吉！毛泽东　一九六四年三月十八日。”这封信在“文革”中成了高亨的护身符。

究院毕业后开始任教。初任吉林省立法政专门学校教授兼第一师范学校教员。1929年,任沈阳东北大学教育学院国文专修科教授。九一八事变后,随东北大学迁至北平。之后曾在多所大学任教。1939年起,高亨任国立西北大学文学院中国文学系教授。1953年起,任山东大学教授,1957年受中国科学院哲学研究所之聘,兼研究员。1967年以后不再任教,调至北京,专门从事古代学术研究工作。"文化大革命"期间,高亨教授曾来西北大学寻访探望,晤单演义教授,并在其家小住。

高亨著作

遥相呼应的钟鼓楼。钟楼东现东大街皇城豪门酒店是原西北大学工科及陕西省水利道路专门学校的旧址,鼓楼北现北院门莲湖区政府大院是原西安中山军事学校旧址

陈寅恪的托命之人蒋天枢教授

蒋天枢教授

蒋天枢(1903—1988)青年时期就读于无锡国学专修馆，1927年考入清华研究院，师从陈寅恪、梁启超学习文史，1929年毕业，曾任东北大学教授，1946年8月起任西北大学教授，后调任复旦大学教授。

蒋天枢著作

陈寅恪晚年，在病榻上将编定的著作整理出版事宜全权授予蒋天枢，这被后辈学人视为他一生学问事业的“性命之托”。蒋天枢虽是陈寅恪早年在清华国学研究院的学生，但1949年后，十余年间两人只见过两次面。

蒋天枢配得上这份信赖。1958年，他在其履历表“主要社会关系”一栏中写道：“陈寅恪，69岁，师生关系，无党派。生平最敬重之师长，常通信问业。此外，无重大社会关系，朋友很少，多久不通信。”

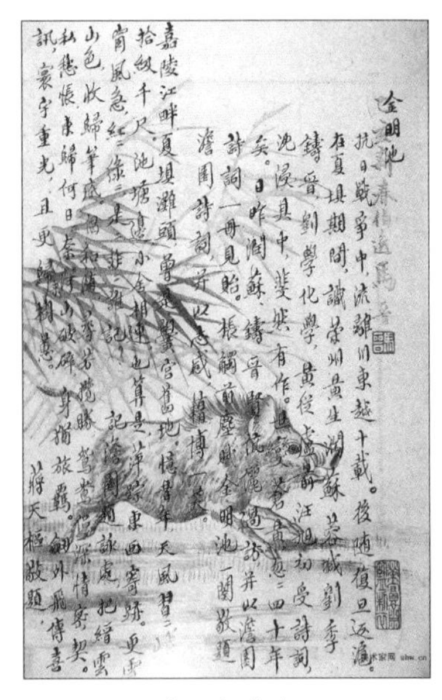
蒋天枢书法

当年，批判资产阶级史学权威的政治运动正如火如荼，蒋天枢在这种只会带来麻烦而不会有任何好处的“社会关系”中，丝毫不掩饰对陈寅恪的敬重之情，足见其为人之笃忠执着。他也确实没有辜负这份重托。晚年，他放弃整理自己的学术成果，全力校订、编辑陈寅恪遗稿，终于在1981年出版了300余万言的《陈寅恪文集》，基本保持了陈寅恪生前所编定的著作原貌，作为附录还出版了他编撰的《陈寅恪先生编年事辑》。这大概是“陈寅恪”这个名字在中国大陆重新浮现之始。

缥缈无踪影的“魔鬼诗人”于赓虞

于赓虞教授

于庚虞著作

20 世纪二三十年代的中国诗坛群星闪耀，有一位诗人宛如流星，瞬间划过，留下灿烂的光芒后便悄然隐去。他就是被人们遗忘了近 80 年的诗人——于赓虞。

于赓虞(1902—1963)，名舜卿，以字行世，河南西平人，中国现代著名诗人、翻译家，著有《晨曦之前》《魔鬼的舞蹈》《骷髅上的蔷薇》《孤灵》等。早年在河南省立第一师范学校、天津南开中学、汇文学校读书。在汇文学校读书期间，与赵景深、焦菊隐、万曼等人创办“绿波社”和《绿波周刊》，发表大量新诗。1924 年后在燕京大学国文系读书，在此期间结识徐志摩、闻一多等，并一同创办《诗镌》。1926 年因经济困难，从燕京大学退学，但一直坚持文学创作，与胡也频、沈从文、焦菊隐等人创办“无须社”。1935—1937 年赴英国留学，其间翻译了但丁《神曲·地狱》和七十余首英诗，著有《英国文学史》等。七七事变后，于赓虞回国任教于河南大学文学院。1942 年受时任西北大学文学院院长焦菊隐之约，赴陕西城固任教于西北大学外文系，后任文学院院长，同时兼任西北师范学院教授。于赓虞在西北大学任教期间，除正常授课外，也教学生创作诗歌，与师生研讨诗艺，对西北大学师生的文学创作起到了推动作用。1963 年 8 月 14 日，病逝于开封家中。

于赓虞的诗风大都诡异凄凉，诗作充满忧伤绝望的情调。他深受法国著名颓废派诗人波德莱尔的影响，逐渐形成了一种阴郁的“透着森森鬼气”的个人诗作之风格。他的诗集《骷髅上的蔷薇》与波德莱尔的《恶之花》也正契合这一独特诗风。因而，于赓虞在当代文坛上被称为“魔鬼诗人”。

于赓虞是以发掘自我的生命体验为基石进行诗歌创作的，并始终忠于表达自我的情感与体验。于赓虞认定“诗是生命的艺术的创造”，在其 12 篇诗论中对此多有阐述，如：“诗之所以为独立的艺术，即诗乃诗人个人生命之表白”，“诗是从生活苦汁中压榨出来的”，等等。于赓虞是一位为生命歌咏的诗人，他通过独特的情调，完成了其艺术即生命之理想，也阐释了其对诗歌与生命的追求。

中国第一部新式《清代通史》的著者萧一山教授

萧一山教授

有人说萧一山是个奇人，这句话并没有夸张之嫌。王家范教授说："凭一己之力撰写而成，中国第一部体系完整的新式清代通史，始出于北京大学三年级的学生，年方 22 岁；而全书杀青，三卷联袂问世，竟在 40 年之后，算得上是近世学术的一件奇闻轶事。"梁启超评价他说："萧子之于史，非直识力精越，乃其技术也罕见也……萧子之学，未见其止……吾将于萧子焉有望也。"

1944 年 7 月至 1946 年 5 月，刘季洪任西北大学校长，萧一山继于赓虞接任西北大学文学院院长兼历史系教授。

萧一山一生的事业始终与清史研究相关联。他在清史研究方面的主要贡献是写出了一部规模宏大、包罗万象的《清代通史》。学人将他与孟森并称为中国清史研究的两大奠基者。此外，他还搜集了不少有关太平天国及秘密会党的史料，编成《太平天国丛书》《太平天国诏谕》《太平天国书翰》《中国近代秘密社会史料》等书，在史料研究上为太平天国的历史增添了不少有价值的线索，为廓清这一举国范围内的农民运动与清廷镇压提供了相当数量的、极其珍贵的历史依据。因此，他与简又文、郭廷以又被称作著名的当代太平天国史专家。20 世纪 30 年代，萧一山哀于国势日蹙，积极提倡"经世致用"之学，以求挽救国家。他发起成立经世学社，刊印了《经世半月刊》《经世季刊》及《经世丛书》等。

1949 年，萧一山去台湾继续潜心研究清史。1978 年，在台湾"清史档案研讨会"期间，萧一山因心脏病突发，于同年 7 月 4 日逝世，享年 77 岁。

萧一山著作

中国穆斯林史学家杨兆钧教授

杨兆钧(1909—2003),字涤新,经名萨迪,出生于北京市牛街一户回族家庭。1926年年初,他于北京尚志中学毕业后做过职员和小学教员,同时加入牛街“穆友社”,并与他人创办“追求学会”。曾任《穆友月报》《正道》《新绿》《晨燕》月刊等回族刊物编辑。

1933年至1936年,他在南京《晨熹》月刊社任编辑期间,师从土耳其学者赖义夫先生学习土耳其语。1936年8月赴土耳其安卡拉大学法学院留学,专攻伊斯兰教及土耳其史。1941年后,他受聘担任国立西北大学历史系教授,参与创办西北大学边政学系并担任该系教授。1949年至1953年,任西北大学历史系教授。

在西北大学的教学和研究生涯中,他讲授了世界史、伊斯兰教史、伊斯兰教概论、土耳其史、突厥简史和回族史等课程,在伊斯兰教史、土耳其史、回族史、撒拉族史、突厥学等领域翻译了大量著作,他的译著有《克拉维约东使记》《突厥学纲要》《土耳其共和国史》等,著作《维汉字典》《土耳其现代史》等促进了中土两国文化交流。他于1988年曾应聘为土耳其共和国阿塔图尔克文化历史最高委员会委员。

杨兆钧译著

西北學術月刊　三六

撒拉人語文習俗之調查

楊滌新

《西北学术》第2期刊载杨兆钧的论文

负笈数百册越过封锁线到西安临时大学的傅种孙教授

傅种孙教授

1937年七七事变爆发，北平师范大学西迁，合组并入国立西安临时大学。从沦陷区到后方，必须穿过敌军的封锁线，行路万分困难。逃出来的教员，几乎没人带书出来。有一位数学教授不惜运费，不怕风险，带来几百册外文书籍，因此他在西安和陕南的卧室就成了西北联合大学数学系的书库。他就是西北联合大学数学系教授傅种孙。

傅种孙（1898—1962）1917年在北京高等师范学校参与创办数理学会，编辑《数理杂志》。1920年毕业于北京高等师范学校数理部。1928年起任北平师范大学数学系教授，兼任北平女子师范大学、北平女子文理学院、北平大学、私立辅仁大学教授。1935年

西北联合大学数学系师生合影（后排戴帽右起：赵进义 杨永芳 傅种孙 刘亦珩 赵桢）

当选为中国数学会评议委员。1937 年随北平师范大学迁至西安,历任西安临时大学、西北联合大学、西北大学数学系教授。1945 年至 1947 年被西北大学派赴英国考察，归国后任北平师范大学数学系主任、教授会主席。他的著作《大衍(求一术)》是用现代数学方法研究中国古算的创举。中算史开拓者李俨先生曾说,由于这篇论文的启发,自己才对中国古算研究发生了兴趣,并决心把中国数学史整理出来。

他在西北大学任教期间培养了一大批数学人才，调离后仍和西北大学师生保持着密切的联系。

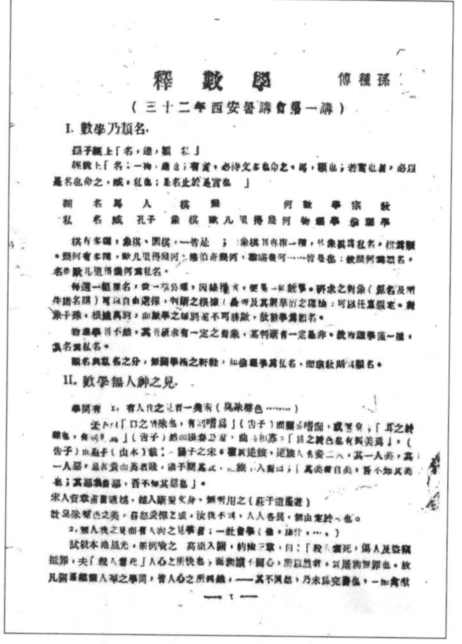

释數學　傅種孫

（三十二年西安暑講會第一講）

I. 數學乃類名.

II. 數學無人我之見.

《西北学术》第 4 期刊载傅种孙的论文

西安东门内的东岳庙大殿

张贻惠、张贻侗兄弟教授

西北联合大学时期的张贻惠、张贻侗兄弟教授

在西北联合大学有一对兄弟教授——张贻惠（1885—1945）、张贻侗(1890—1950)，专攻数学、物理学和化学，相得益彰。

张贻惠早年赴日本留学，1922 年赴美国芝加哥大学研究院进修，次年游历英、法、德诸国。留学回国后，张贻惠很想在学术上做出贡献，但当时各大学设备不齐，既没有良好的实验室，也没有完备的图书馆，他感到很难在实验室里做实验，或著书立说、在理论研究中实现自己的夙愿，遂将一腔热情倾注于教育之中，历任北平师范大学校长、数理系主任。七七事变后，他只身离平赴陕，先后任西安临时大学、西北联合大学、西北大学教授、教务长兼物理系主任。在西北大学期间，他以提倡学术风气、培育优秀师资为志向，除训练专门技术外，尤重学生人格道德的培养。他在国内高校首开原子构造(即原子物理学)课程，并指导学生从事原子物理学论文写作。在教学中，他自编讲义并进行实验，以加强直观性；在讲课中，他经常介绍国外新理论如相对论，为将国外的现代物理知识介绍到国内做出了贡献。当时国内科技图书缺乏，图书馆藏书也很少，他与弟弟张贻侗教授将自藏的一批科技图书无偿献给学校。1945 年 7 月 12 日，张贻惠教授在赴冀、热、察视察时因飞机失事遇难。

前西北工学院院长所撰挽联云：

为救国生，为建国死，浩气凌云霄，事业勋名成一现；

以游学始，以讲学终，公门遍桃李，文章道德已千秋。

张贻侗挽云：

毕生致学，半生讲学，桃李遍寰区，次日同悲耆旧谢；

爱弟则友，诲弟则师，仪型思往昔，人间赖有父兄贤。

张贻侗早年留学英国，师从诺贝尔化

张贻惠、张贻侗曾经任教的北平师范大学

学奖获得者拉姆塞，归国后历任北京大学、北平大学和北平师范大学理学院化学系系主任等。1937 年随其兄长来到西安，历任西安临时大学、西北联合大学、西北工学院、西北师范学院和西北大学教务长及校务委员会委员，中国化学会陕西分会理事长。在西北大学期间，他尽心竭力培育后学，延揽人才，增置图书，扩充设备，曾讲授理论化学、高等理论化学、化学热力学、电化学、定量分析化学等。他重视适应社会需要，多方联系工厂，安排学生参观实习，并增开化工原理、制革、造纸、实用化学等选修课。1945 年，西北大学庆祝他连续执教 25 周年时，他利用教育部颁发给他的一等奖奖金 5 万元（法币）及各方筹款，在西北大学设立了"小涵先生奖学金"。1950 年他去世后，西北大学隆重举行追悼会，时中央人民政府教育部马叙伦部长挽幛赞其为"教师楷模"，以悼巨人，而励后学。

张贻惠著有《高等力学》《几何光学》《宇宙及进化》等。张贻侗发表《原子弹问题》《偶极矩与分子结构》等论文，临终前译注《理论化学大纲》，受到国内著名学者称赞，说其"质量之佳，时人莫及"。

首创土壤热力学的虞宏正教授

虞宏正教授

中华人民共和国成立初期，有一位教授奔波于西安、咸阳、武功，在西北大学、西北工学院、西北农学院这三所西北联合大学的子体院校分别开课，并兼任西北大学仪器委员会主任，但从未领取过兼课费，他就是虞宏正教授。

虞宏正（1897—1966）于1916年考入北京大学化学系，并参加了五四运动。抗日战争时期，正在英国伦敦大学物理化学部进修考察的虞宏正毅然于1937年10月回国，相继任西安临时大学、西北联合大学农学院教授以及西北农学院教授。此后直至抗战胜利的八年岁月中，他除了出色完成繁重的教学任务外，还开展了热力学和胶体化学的研究工作。抗战胜利后，虞宏正赴英国剑桥大学胶体科学部进修，后由英国赴美国，在美国布鲁克林高分子研究所、美国加州理工大学化学部进修考察。1947年春回国后，他深感西北地区十分缺乏专业人才，急需培养物理、化学教师，遂仍留任西北农学院，承担了多门课程的教学任务，并多年为西北联合大学在陕西的几所子体院校兼课。20世纪50年代后期，他就高瞻远瞩地指出："当前国际上土壤科学发展迅速，数学、物理、化学都渗透到土壤科学，形势需要我们向边缘学科迈进。"于是，他建立一个新的分支学科——土壤热力学。1955年他当选为中国科学院学部委员（相当于院士）。1956年，他亲自创建中国科学院西北生物土壤研究所，即现在的西北水土保持研究所，并担任首任所长。在他的亲自主持下，该所1959年就建起设备先进的、可应用于工、农、医的同位素实验室，培养出一支以水土保持为中心的从事资源环境研究的科技队伍，取得了多项重要科技成果。1962年陕西电影公司为他拍摄了《辛勤教学40年》新闻纪录影片。

虞宏正在生命垂危之际，仍念念不忘祖国科学教育事业的发展，他将收藏的近千册国内外珍贵图书资料捐献给国家，将多年积攒的七万元作为党费交给了党组织。

吴宓在西北大学讲学:《大学之起源与理想》

吴宓教授

国学大师吴宓与西北大学渊源颇深。吴宓先生在清华学校留美预备班读书时,一次学潮中,他和大多数同学都屈服了,唯有后来被荐至西北大学任教授的吴芳吉以气节自命,坚不低头,最后丧失了清华学籍。吴宓钦敬吴芳吉的人品志节,也倾慕他的诗才。1925年,吴宓担任清华学校国学研究院主任,学术声誉日隆,许多大学委托他代为聘任教授,吴宓便力荐吴芳吉,然均以其未得大学文凭而拒绝。后来,吴宓亲往北京石驸马大街的太平湖饭店造访西北大学校长李仪祉,“为碧柳教职故也”。李仪祉和吴宓是世交,又在用

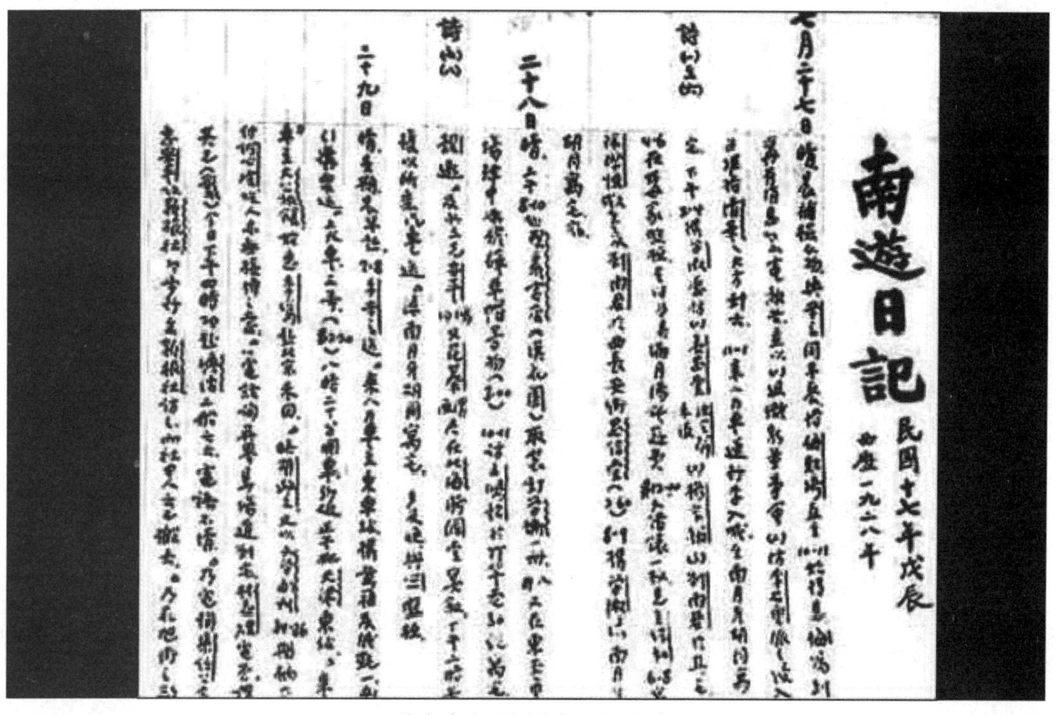

南遊日記
民國十七年戊辰
西歷一九二八年

吴宓先生 1928 年日记手迹

人之际，一说便通。同年 9 月 4 日，吴宓送吴芳吉赴西安，当日有诗：“重逢乍别此京华，十载劳生未有涯。照眼兵烽轻险阻，填胸浩气辟龙蛇。荣枯易地同兹梦，秦蜀连疆何处家。”吴芳吉到西北大学后，马上被聘为国学专修科主任、教授。

1940 年 1 月 29 日，就在吴宓先生对他执教多年的清华萌生去意之际，他突然收到西北大学校长胡庶华和教育部次长顾毓琇的电报，敦请他担任西北大学文学院院长。胡庶华与吴宓不熟，与顾毓琇却是老朋友。

马师儒请吴宓讲学电文

顾毓琇电称：“国立西北大学胡校长，拟聘吾兄担任文学院院长，面嘱代为促驾。尚祈惠允。俾为西北学术文化建树基础，无任盼祷。盼即首途，并先复电。”作为中国当代杰出教育家的顾毓琇先生，特别以“西北学术文化建树”嘱望于吴宓先生。

吴宓得此两电后，未多思谋，第二天便匆匆复电顾次长并转胡校长“敬谢雅命”。吴宓终未能应西北大学之聘，但此番经历，也给他留下了难忘的记忆，甚至有些遗憾和自责。当年 8 月 4 日他致函胡庶华校长再次辞聘后，即在日记中写道：“语颇激昂，一以自占身份；二为不使西北教职员中之清华校友陕西同乡，认宓为胡之私党也。”及至 1948 年春天，吴宓回陕省亲，在西北大学做了《大学之起源与理想》的学术报告，又为中文、外语、历史三系学生分别举办了世界文学、文学概论及中国小说的专题讲座，时间虽短，终于使西大学子亲承謦欬。对于吴宓先生来说，也聊可谓负笈远游之后有益家邦的一点安慰吧。

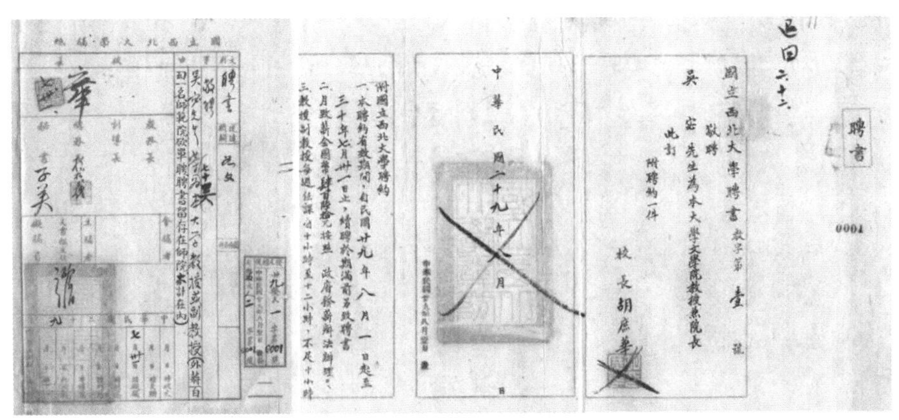
聘書
國立西北大學聘書 教字第壹號
敬聘
吳宓先生為本大學文學院教授兼院長
此訂
附聘約一件
校長 胡庶華
中華民國二十九年 月

附國立西北大學聘約
一、本聘約有效期間，自民國廿九年八月一日起至三十年七月卅一日止，續聘於期滿前另致聘書
二、月致薪金國幣肆百陸拾元按照 政府頒發辦法辦理
三、教授副教授每週任課

胡庶华校长聘吴宓

于右任与西北大学及其七留墨宝

于右任（1879—1964）与西北大学有数次联系：一是宣统元年（1909）与邵力子在上海主办的《民吁日报》遭到查封后，介绍邵力子赴陕到西北大学前身陕西高等学堂担任法文和西洋史教习；二是在上海会见辛亥革命前夕回国的陕西高等学堂留日学生马步云、张蔚森，安排其到普陀山为陕西起义军筹款购买军火，并作为四位陕西代表之一出席中华民国临时大总统选举和临时大总统孙中山就职典礼；三是1927年年初任国民革命军援陕总司令期间与共产党合作，主持将国立西北大学改为西安中山学院；四是在视察西北回渝途中，于1941年12月6日应国立西北大学代理校长陈石轸之邀，在陕南城固西北大学法商学院做《标准草书》的学术演讲，开始其首倡标准草书之旅，并出席晚间在汉滨大戏院由陈石珍校长主持的茶话会；五是在西北大学回迁西安之后的1948年年底，委托西北大学历史系文物研究室的王子云教授代为整理鸳鸯七志斋藏石，包括魏、晋、隋、唐各代墓志铭300余种，表明对西北大学文物考古功力的认同和信任；六是曾于1940、1941、1942、1943、1944年，先后五次为西北大学应届毕业生编辑的同学录题词，还为《西北大学陕西同学会会刊》题写了刊名，这些题词内容包括“以学报国”“知难行易”“学作完人”等；七是20世纪60年代在台北，曾为西北大学台湾校友会编印的通讯录题写“国立西北大学旅台校友通讯录”，并在其去世的前一年（1963）为西北大学台湾校友会负责人李鸿超题字：“以三省思过，以百忍容人，以万夫不当之勇创业。”

青年时期的于右任

于右任曾在国立西北大学做关于“标准草书”的学术讲座

不識南塘路今知第五橋名園依綠水野竹上青霄谷口舊相得濠梁同見招平生為幽興未惜馬蹄遙少陵

不同先生正之
于右任

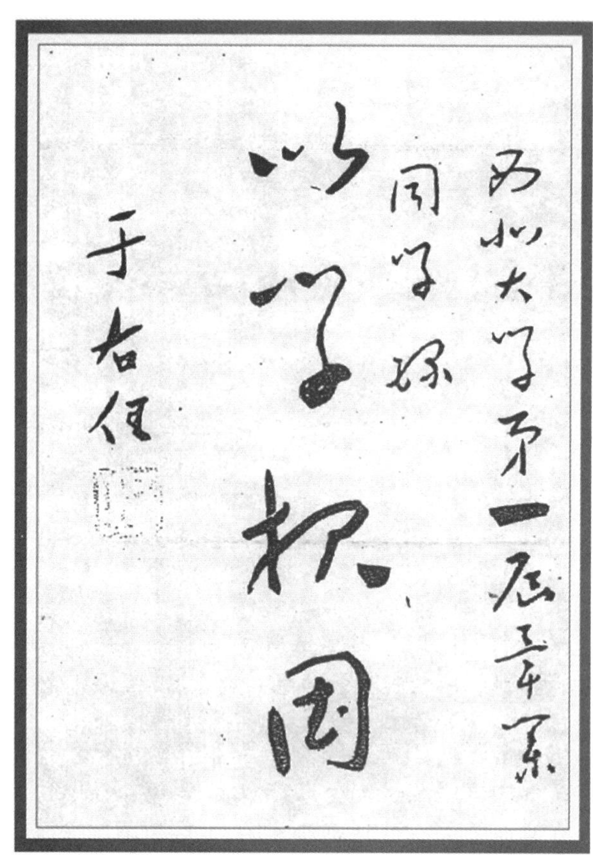

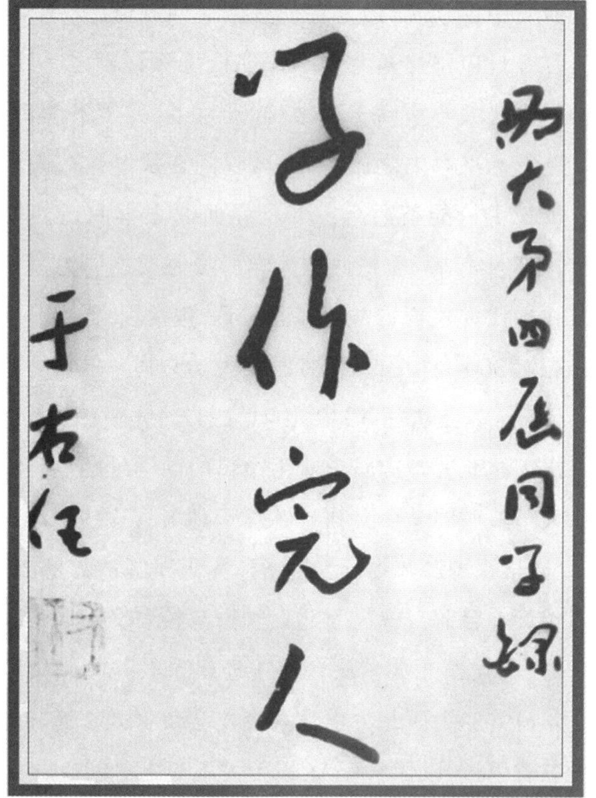

于右任书法

中共隐蔽战线“后三杰”之一申健

在中共隐蔽战线斗争史上，有前后“三杰”之称，“前三杰”指的是李克农、钱壮飞、胡底，“后三杰”指的是熊向晖、陈忠经、申健。这是中共隐蔽战线的领导人周恩来以及熊向晖的说法。

青年时期的申健

申健(1915—1992)，化名申振民(刘少奇在一张任命书上改其名为“申健”)。1937年至1939年在国立西安临时大学和国立西北联合大学法商学院经济系学习。1938年5月，西北联合大学共产党地下组织以杨剑秋为介绍人，发展申健以化名陈松严正式加入中国共产党。1938年10月，杨剑秋向申健传达党组织决定，指示申健去胡宗南

1977年金日成和申健会谈

申健与熊友榛夫妇

的战时干部第四训练团（在今西北大学太白校区）受训，并打入敌人内部。受训毕业后，申健任三青团西安市分团部干事长、书记，兼任宝鸡工合事务所主任。1945 年任胡宗南总司令部党政处上校参议。抗战胜利后，申健与熊向晖的三姐熊友榛(原名熊汇苓)结婚。1947 年，经周恩来副主席同意，申健赴美国西保大学留学，1949 年 6 月回国。中华人民共和国成立后，申健历任中央社会部、中央军委联络部科长，驻印度使馆参赞，外交部美澳司司长，中国外交学会副会长，驻古巴大使，中共中央对外联络部副部长（主持工作），第五届全国政协常委，第六、七届全国政协委员等。

1950 年，申健以中国驻印使馆政务参赞的身份在印度参与了和平解放西藏的工作。1955 年，参加亚非会议的中国代表团租用的印度国际航空公司“克什米尔公主号”飞机被台湾特务机关炸毁，申健被派到新加坡处理遇难人员的善后事宜，随后又到万隆参与了周恩来的保卫工作。1960 年 12 月，申健出任中国首任驻古巴大使。“文化大革命”期间，申健以中共中央联络部副部长的身份主持中联部工作，为动荡时期维持党对外的正常交往做出了很大贡献。“文化大革命”后，申健出使印度，出任中国驻印度特命全权大使，为恢复中印友好关系又做了很多有益的工作。其后，他担任中国现代国际关系研究所高级研究员，从事对外关系研究工作。1987 年任西北大学北京校友会会长。

苏共地下工作者王敦瑛

西北大学教授中有一位充满传奇色彩的“红色间谍”,他就是受苏共中央情报部直接领导的“西安通讯组”(即西安军事情报组)组长王敦瑛。

王敦瑛教授

王敦瑛又名伯刚、岳翰,清光绪三十一年(1905)生于山东黄县。1925 年考入哈尔滨俄文法政大学,中间因家庭经济困难休学两年,休学期间在驻苏联远东地区的大城市哈巴罗夫斯克(伯力)中国领事馆做译员工作。1930 年大学毕业。1933 年在哈尔滨加入第三国际组织,同时加入苏联共产党,成为苏共党员。1934 年 8 月被派往莫斯科参加谍报工作训练。回国后在东北各地搜集日军情报。1937 年至 1943 年在国民政府从事俄文翻译工作。1943 年至 1948 年任国民革命军第一战区司令部上校副官、绥靖公署资料组组长、黄埔军校西安王曲第七分校俄文教官。1949 年后相继任西北大学副教授、教授,兼任中苏友好协会理事。1950 年 8 月加入中国共产党。1952 年至 1954 年参与创办西北俄文专科学校(今西安外国语大学),任校长、教授。1979 年病逝于西安。

王敦瑛长期从事地下工作,1935 年起即在苏联情报人员米列尔的领导下,在中国为共产国际做情报工作。1940 年国民革命军洛阳军事会议期间,他曾为八路军朱德总司令做俄文翻译。1943 年春,苏联政府出于国内反法西斯战争的需要,撤出了驻华苏联军事顾问团。王敦瑛奉苏联驻重庆大使馆武官罗申的指令留在西安,成立“西安通讯组”并担任组长,搜集国民党及日军方面的情报,直接向苏联情报机关报告。当时通讯组的主要成员还有夏中和、钱瑾、李儒珍和张自刚。其中夏中和、钱瑾夫妇均为中共党员,由周恩来同志应罗申的请求派往西安。为便于王敦瑛开展工作,周恩来还把西北民盟的创始人杜斌丞以及中共地下党员杨明轩、蒙定军介绍给王敦瑛,与之交换情报。

西安解放前夕，国民党党政军机关纷纷逃往汉中，王敦瑛悄然留在西安。西安甫一解放，他就和1947年撤往延安、时任中国人民解放军西安警备司令部参谋长的蒙定军取得联系，在身份未公开前协助警备司令部秘密做肃清敌特、维护西安秩序的工作，为中国革命做出了卓越贡献。

“西安通讯组”联络图

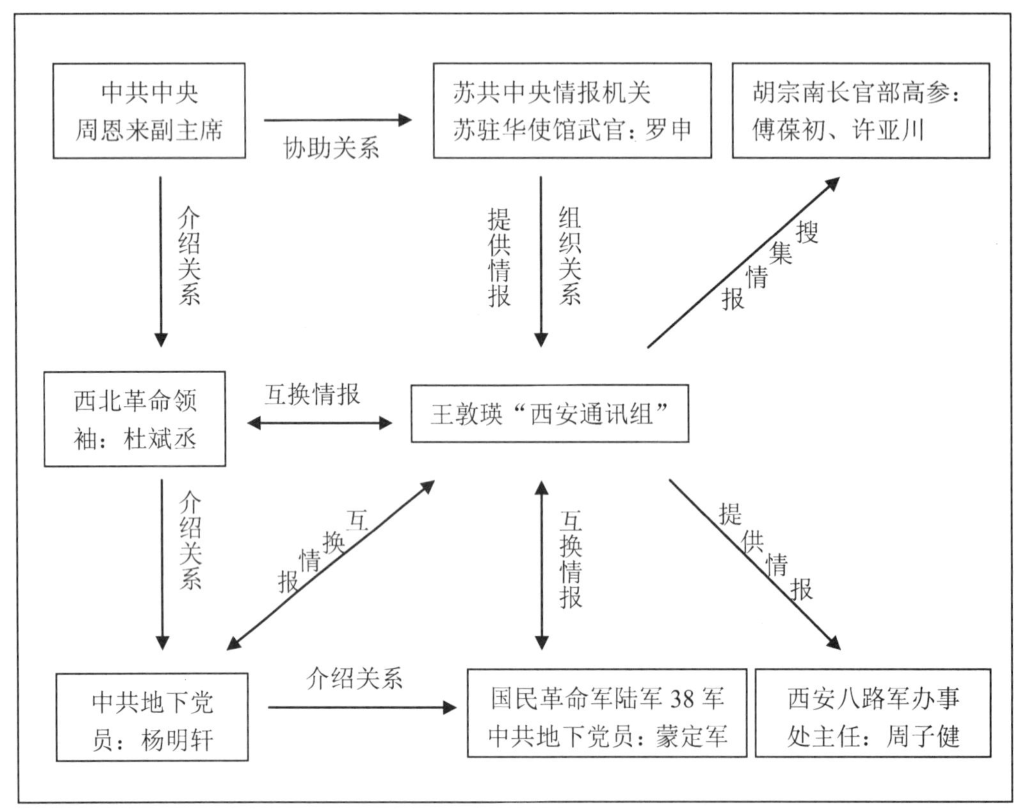

“西安通讯组”成立于1943年，是隶属于苏共中央的情报机关，在中国境内受苏联驻华使馆直接领导，王敦瑛任组长，联络点和电台设在西安建国路玄风桥34号。当时中共协助苏共情报机关在西安开展工作，并互换情报。（制作人：王敦瑛之子王涛）

西北大学抗战远征军老兵高启伟

高启伟先生

高启伟与孙慰琳夫妇

1944年9月16日，蒋介石提出“一寸山河一寸血，十万青年十万军”的口号。为此，中国政府组成一支入缅作战部队，史称中国远征军，其中有一支远征军被派往印度接受汽车驾驶等技术培训，高启伟就是其中一员。

高启伟，1919年生于陕西泾阳县，辛亥名人高又明为其伯父。他于1941年入国立西北大学理学院地质地理系学习。1944年参加抗日青年远征军，加入新编103师（总司令为杜聿明）在云南曲靖整训，旋飞印度阿姆加，在蓝伽汽车学校（校长为美军少将毛士瑞）培训。自蓝伽汽车学校毕业后赴加尔各答城，加入以美制十轮大卡车（GMC）为装备的运输团（团长为简立）。之后，他奉命驾驶大卡车开回国内，至柳州时，日本宣布投降，运输团学生军遂复原回原校继续学习。高启伟于1945年在西北大学毕业，退休于中国标准缝纫机公司五分厂，2014年在西安逝世。老伴孙慰琳是低一年级的同系校友，2006年去世。西北大学校长刘季洪曾为他们证婚。

这位抗战老兵唯一不能释怀的就是他这段经历在有生之年不能被人理解。

行进中的青年远征军

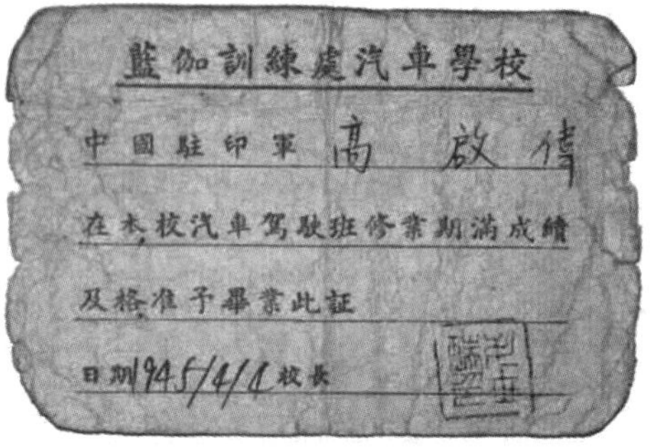

藍伽訓練處汽車學校

中國駐印軍 高啟偉

在本校汽車駕駛班修業期滿成績

及格准予畢業此証

日期1945/4/1 校長

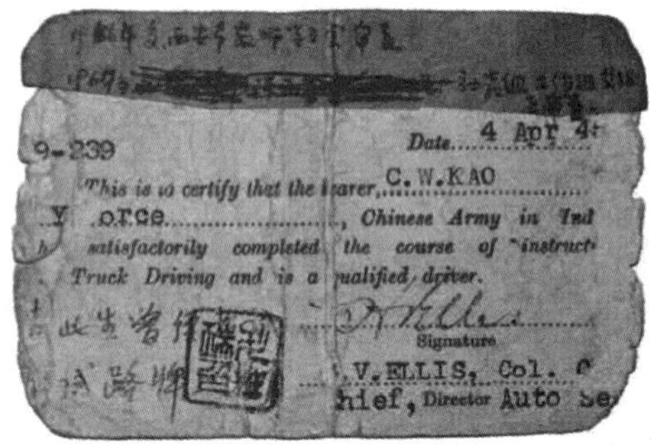

Date 4 Apr

C.W.KAO

This is to certify that the bearer, C.W.KAO

Chinese Army in Ind

satisfactorily completed the course of instruct

Truck Driving and is a qualified driver.

Signature

V.ELLIS, Col.

Chief, Director Auto

高启伟先生保存的“蓝伽汽车学校”毕业证正反两面

高启伟先生保存的《国立西北大学第六届毕业同学纪念册》彩封

曾任中国驻苏联大使的杨守正

杨守正大使

1964年毛泽东主席接见中国驻外大使
(第三排左一为杨守正大使)

杨守正，曾用名田冲、田大聪，浙江上虞谢塘人。1935年曾就读于北平大学，后肄业，参加过一二·九学生运动。1937年入国立西安临时大学学习，同年加入中华民族解放先锋队，次年加入中国共产党。

1938年，西安临时大学南迁前，他北上抵延安，入延安抗日军政大学学习。1940年起历任八路军一二〇师支队(三五九旅补充团)政治教员、支队政治处副主任、团政治处代主任、湖南人民救国军三支队政治部主任、中原军区后勤部政治部主任、吉林工业专科学校校长。1949年后，历任东北工业部设计处处长、重工业部设计司司长、国家计委设计计划局副局长、国家建委标准定额局局长、辽宁省化工石油厅厅长、中共辽宁省委副秘书长。1964年起，历任中国驻索马里、苏丹、埃塞俄比亚、莫桑比克、苏联大使。1985年后，任中国人民大学经济系教授，外交学院、解放军外语学院等院校兼职教授。1991年被选为世界生产率科学院院士。

1946年冬日的西北大学教职员住宅区一瞥

1945年李约瑟第一次访问西北大学

中英科学合作馆馆长李约瑟博士于1945年9月15日上午由南郑抵达城固，开始第一次对西北大学的访问。

西北大学教务长杜元载负责全程接待，并邀理学院院长赵进义及张贻侗、岳劼恒、刘汝强、殷祖英、刘亦珩诸先生与之座谈交流，交换了中英科学合作的意见。中午，学校在大礼堂举行宴会款待李约瑟博士，并在席间继续交流。杜元载教务长以一份英文备忘录赠予李约瑟博士。备忘录内容包括西北大学校史、现状以及理学院各系情形，李约瑟对此一再示谢。下午，李约瑟参观了学校图书馆、各个实验室，并主动提出极愿意对今后标本、仪器的购置、补充予以协助，直至下午4时方才返回驻地南郑。

9月18日下午，李约瑟再至城固，在西北大学大礼堂做了题为《科学与民主主义》的演讲。教育系高文源教授做翻译。李约瑟先生对科学与民主之关系、科学研究应具之精神、中国现代科学不发达之原因以及今后世界科学之展望均加论列。演讲结束后，以英文书刊数百册赠予西北大学图书馆。晚8时离校遄返汉中。

李约瑟博士

道德楷模龚全珍

龚全珍，1923年生，山东烟台人。父亲早逝，学生时代的她在兄长供养下读书，初中毕业后成了一名小学教师。当时的烟台已经沦陷，见惯敌人的暴行及奴化教育的阴险，她和一位同学遂相约逃离敌区南下。两位姑娘辗转到了河南，继续高中学业，同时帮助未考上初中的教师子女补习。时过不久，日寇的铁蹄又踏进了河南，学校被迫西迁，搬到了秦巴山间盆地的陕西城固，和城固中学合并，龚全珍也最终在此完成了高中学业，随后如愿以偿地考入了旁边的国立西北大学教育系，成为一名公费大学生。

民国卅四年十月九日（1945年10月9日），龚全珍办完注册手续，成为位于陕西城固的国立西北大学文学院教育系（1945年教育部特令增设）招收的第一届学生，也是全班23名同学中少有的6名女生之一。在新生调查表上，龚全珍写下“希望以教育作精神的寄托，作终身事业”，并“希望国家能树立一个真正为人民福利着想的政府，希望提高教育标准”。

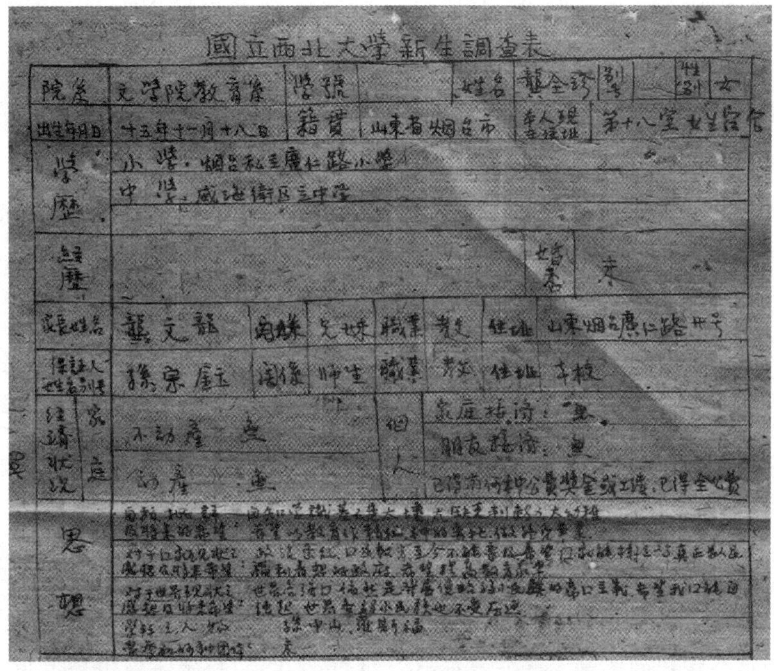

國立西北大學新生調查表

院系	文學院教育系	學號		姓名	龔全珍	別號		性別	女
出生年月日	十五年十一月十八日	籍貫	山東省烟台市	本人現在住址	第十八室女生宿舍				

學歷：小學 烟台私立廣仁路小學；中學 威海衛區立中學

經歷：　婚否：未

家長姓名	[illegible]	關係	兄妹	職業	[illegible]	住址	山東烟台廣仁路卅号
保證人姓名別號	[illegible]	關係	師生	職業	[illegible]	住址	本校

經濟狀況 家庭：不動產 無；動產 無
個人：家庭接濟：無；朋友接濟：無；[illegible]

思想：[illegible]

龚全珍填写的《国立西北大学新生调查表》（现存陕西省档案馆）

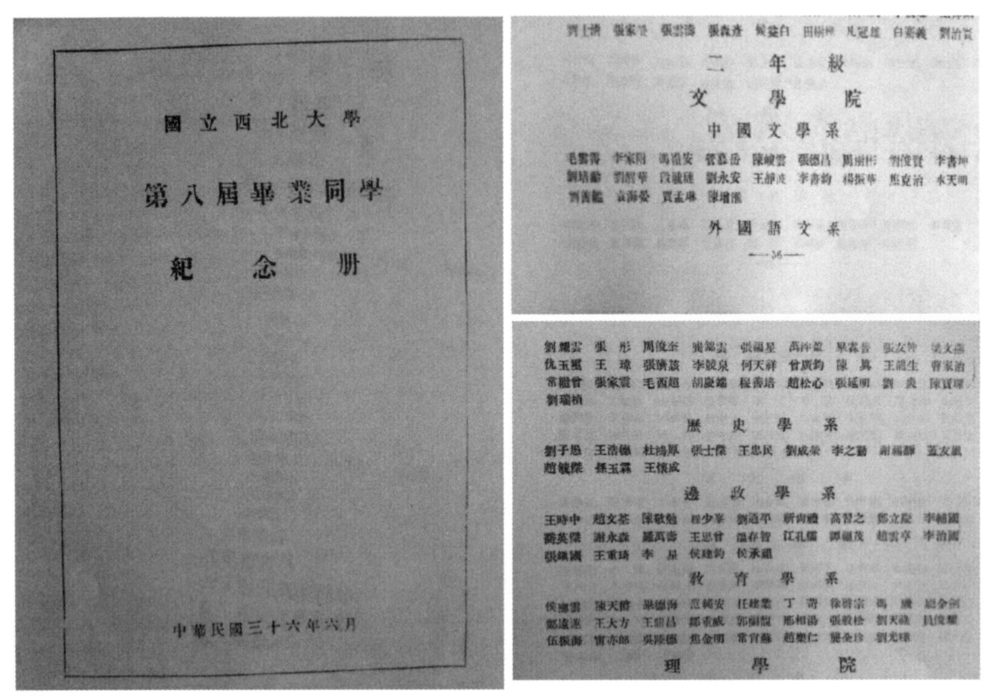
國立西北大學

第八屆畢業同學

紀念冊

中華民國三十六年六月

二年級

文學院

中國文學系

外國語文系

—36—

歷史學系

邊政學系

教育學系

理學院

《国立西北大学第八届毕业同学纪念册》上的龚全珍(文学院教育学系倒数第二名)

当时,西北大学的校长是刘季洪,马师儒任文学院院长,高文源任教育系主任。全系必修课有教育概论、中国教育史、西洋教育史、教育心理学等18门,选修课有教育学论、近代教育思潮学等,最后还有毕业实习和毕业论文。入学后,按教育部规定,先进行一周的新生训练。训练前两天,校长刘季洪、教务长杜元载、训导长蓝文征以及各位教授相继做出训示,教导学生爱国并养成健全人格、良好习惯,同时指导了新生各学科的学习方法及应具备之条件。龚全珍对孙宗钰教授所讲的“优良习惯的养成”和许兴凯教授所讲的“中华民族之精神”印象深刻,她在“受训感言”中指出:“有高深的见解,可以做每个青年的警钟。每个青年都应当有彻底的觉悟,首先训练自己,养成优良的习惯,再抓住我们中华民族博大、宽厚、义气、忠信的优点,除去表面柔弱、内心阴险的缺点,才能使我们的国家走上强国的路子。”“各处的负责先生及各系的系主任,对我们都有明白清晰的训示,使我们更深切地了解了西北大学的内情,更深深地敬爱西北大学的伟大,使我们立定了一个坚定的目标,为爱护西北大学而努力。”(龚全珍的“受训感言”引自国立西北大学教育系学生自传及调查表,现存于陕西省档案馆。)

在西北大学读书期间,龚全珍与学长赵传礼结婚。婚后,她渐渐发现与丈夫理想抱负不同,深感难以继续共同生活,便于

1950年报名参军,到了新疆迪化(今乌鲁木齐),被分配在军区子弟学校当教师,并担任教导处副主任，实现了自己从事教育的理想。1952年,龚全珍与赵传礼离婚。之后，在与老红军甘祖昌的接触中，龚全珍被他的谦虚、大度和坦诚深深吸引，两人遂于1953年3月结合。

1957年，龚全珍随甘祖昌回到了其故乡江西省莲花县坊楼镇沿背村。此后,她在乡村教师的平凡岗位上几十年如一日,兢兢业业,教书育人。离休后,她传承甘祖昌将军“不求名利、矢志为民”的精神,积极开展革命传统教育和理想信念教育，倾力捐资助学、扶贫济困,还开办了“龚全珍工作室”服务社区、服务群众,办了许多实事、解了不少难事、做了很多好事,赢得了当地干部群众的交口称赞。2013年，龚全珍荣获“全国道德模范助人为乐模范”“全国三八红旗手标兵”荣誉称号。当年9月26日,习近平总书记在接见第四届全国道德模范及提名奖获得者时说:“半个多世纪过去了，龚全珍同志始终保持艰苦奋斗精神，并当选了全国道德模范,出席我们今天的会议,我感到很欣慰。我向龚全珍同志致以崇高的敬意。我们要把艰苦奋斗精神一代一代传承下去。”

同时，西北大学校党委也发出了学习龚全珍同志先进事迹的号召,并指出,她身

习近平总书记于2013年9月26日在接见第四届全国道德模范、西北大学教育系校友龚全珍

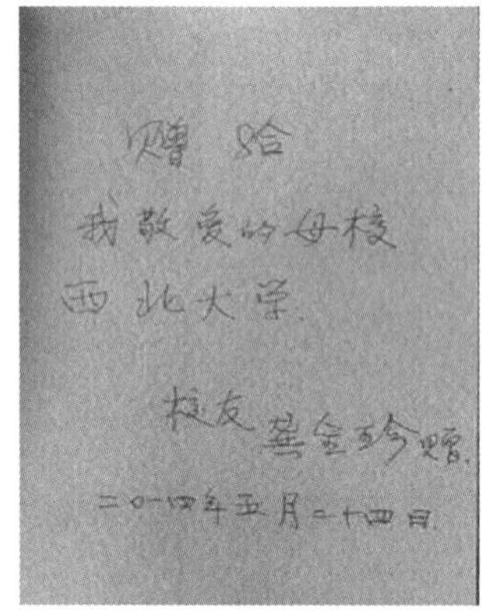

龚全珍向母校赠书

上表现出来的崇高精神和优秀品质也是我校底蕴深厚的大学文化的综合体现。要通过学习活动，坚持正确的价值取向，进一步弘扬我校的大学精神的优良传统，把龚全珍同志的精神和事迹作为宝贵资源渗透到教书育人、管理育人、服务育人的全过程，融入到校园文化建设中，结合文明校园创建、教风学风作风建设和教育实践活动开展，深入开展校园文明道德大讨论活动、师德师风建设大讨论活动，组织开展主题志愿服务和社会实践活动，不断提升思想道德修养和精神境界，推动知荣辱、讲正气、做奉献、促和谐的校园文明风尚形成。

2016年4月，西北大学党委常委、纪委书记李邦邦与学校相关部门负责人一同前往江西省莲花县看望龚全珍校友，并授予她首届“西北大学玉兰奖章”。2016年5月24日，龚全珍校友将她撰写的《我和老伴甘祖昌》《龚全珍日记选》通过西北大学党委宣传部负责人赠送给母校，并在扉页题写“赠给我敬爱的母校西北大学——校友龚全珍敬赠”语句，表达对母校的感念尊敬之情。

反内战、争民主的城固学生运动

抗日战争胜利后，国民党当局撕毁旧政协决议，发动反共、反苏游行，积极准备内战，妄图实行独裁统治。1946年春，国立西北大学广大师生在中共地下组织的领导下，反内战、争民主，掀起了闻名全国的城固学生运动，遭到国民党当局的镇压，120名进步师生被逮捕、记过、开除和解聘。后在全国各界人士的支持和声援下，被捕师生获释。

卫佐臣徒步走出秦岭深山

卫佐臣，1920年生于陕西韩城。1938年加入中国共产党。1946年毕业于西北大学法商学院政治系。在校时任西北大学学生自治会主席，毕业前夕按照地下党的指示在城固发起学运。在斗争日益严峻之时，地下党负责人李敷仁同志指示学生党员妥善撤退。卫佐臣遂通过主席团会议和全体学生大会宣布学生自治会自动解散，拟迁回西安后再战，并安排学生自治会领导成员连夜撤离城固。

同年4月23日夜，卫佐臣与主席团另一成员卢永福每人穿一件大衣，大衣内藏垒球棒，打算若智取不成，就棒打敌人冲出城固城门。哪知二人假装便衣特务，一路高喊乱骂，唬住了七八名荷枪实弹的守城大兵，竟然大摇大摆地出了城。黎明时分到达

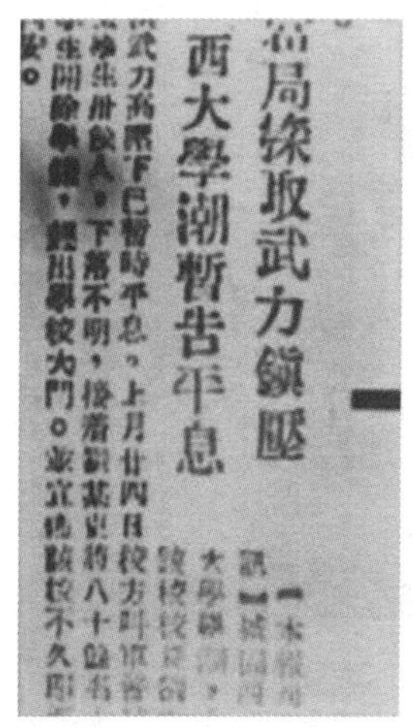
局採取武力鎮壓
西大學潮暫告平息

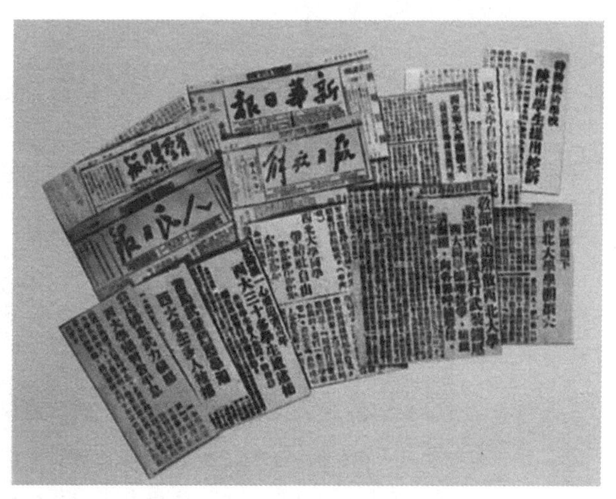

1946年5月18日，《解放日报》等报刊对西北大学学运的报道

洋县县城,他们进城买了些草鞋、大米、食盐、干卷馍背上,复经华阳镇进入秦岭。

这是一条深山古道,行人极少,两旁怪石嶙峋,二人却不畏艰辛,风雨无阻地前行。有时大雨滂沱,人在云雾中,于山腰处伸手不见五指,爬到山顶,只见足下一片云海。

临出山前,迎面看见一个山寨,里面驻有国民党军队,二人遂绕道而行,不想却在半山坡迎头碰见刚刚抢了老百姓鸡鸭粮食的两名国民党士兵。士兵见二人身着大衣,以为是当官的来收拾他们,竟然躲在草丛中让他们通过。

出山不远,二人即进了盩厔(今周至)县城,准备填饱肚子,不料一进城就见墙上贴有《西京日报》刊载的通缉卫佐臣、卢永福等的通缉令。二人复出城赶至普集镇火车站,乘火车连夜赶至西安寻找地下党接头。

二人本拟直奔延安,但西安局势日益

国立西安临时大学、国立西北联合大学、国立西北大学中共地下组织部分负责人

左上起:余士铭、孙济、刘骏达,右下起:卫佐臣、刘辽逸

恶化，与西北大学单线联系的地下党李敷仁已先被营救去了延安。他们仅见到了杜斌丞先生，而杜家很快被监视，阴差阳错，好多时日没有找到去延安的组织关系。最后，卫佐臣只好向北平转移，耗时月余于5月23日才到达北平，次年才找到了北平地下党，从此开始了他在北平的上层统战生涯。

梅枫等20位同学的汉中监狱生活

梅枫，原名陈世庄，1923年生于山东平原县。1946年4月25日起，正在西北大学法商学院读书的梅枫等20位同学因发动学运而在城固的国民政府汉中第二监狱度过了35天难忘的狱中生活。梅枫等18位同学被判处有期徒刑三年，缓刑假释，还受到了学校记过和开除学籍的处分。

据梅枫回忆，进入监狱大门，通过九道铁门才进入男同学住的牢房。监狱中有一幢二层小楼，用来监视全狱。楼下面为看守长及狱卒所在地。以小楼为中心，向四周展开，形成六个院落。向南伸展的那个院落是九道铁门及女监，其他五个院落是仁、义、礼、智、信五个男监。被囚的14个男同学分别住在“智”字狱的两间牢房中。夜里7点以后延至9点，所有狱门便落锁密闭，大小便全在牢房中的一个木桶内。房子、墙壁都涂上了灰色。牢房土炕对面的门上有两个小洞，是夜里狱卒来检点人数和观测活动的。土炕上铺了点乱草，草丛中聚集了数不清的跳蚤。牢房里到处都是蚊子苍蝇。牢狱屋顶漏雨，土炕潮湿不堪，被窝冰凉，难以入睡。刚一入狱的头几天，同学们吃的全都是糙米，菜是发苦的咸水汤，没有油星。直到允许探望后，才吃到了同学们每日两次送进的饭菜。

在狱中，同学们自然地唱起高尔基所写的《囚徒之歌》：

太阳出来又落山啦，
监狱永远是黑暗，
守望的狱卒不分昼和夜，
嗒咳号咳号，
挣不脱千斤锁链！

其他学生不断到监狱探望这20位同学，视其为光荣的斗士，数百名学生联名要求学校撤销对他们的起诉，教授们大多也认为学校对学生的处理太过分。在各方压力下，4月27日至5月28日，15位同学陆续保释候审，5月29日，梅枫等最后5位同学重获自由。

魏庚人掩护齐越脱险记

魏庚人,河北安国人,著名数学教育家。七七事变爆发后,他携全家离开北平来到西安,在西安临时大学高中部任教。迁陕南后,复在西北联大附中任教。1944 年起先后任西北大学数学系副教授、教授。魏先生的夫人陈荣第是魏先生在北京西山温泉女中 (中法大学附中)任教时的学生。魏庚人夫妇二人均极具正义感, 在陕南任教时与进步学生, 特别是任教过的北师大附中学生、河北同乡齐越等多有往来。

1980 年 8 月魏庚人教授(右一)和齐越的合影

1944 年秋齐越与杨沙林在城固的结婚照

齐越又名齐斌濡。1942 年至 1946 年在国立西北大学外文系(俄文组)读书。1945 年春参加"流火社",1946 年因参加学运被校方开除并遭到通缉。1946 年 10 月到达晋冀鲁豫解放区,在《人民日报》社工作。1947 年起担任新华广播电台、中央人民广播电台播音员、播音艺术指导等。1949 年 10 月 1 日担任开国大典现场播音。齐越的妻子杨沙林又名杨淑贞。太平洋战争爆发后,她与几个同学秘密穿越封锁线,几经辗转于 1942 年考入了国立西北大学,在外文系(英文组)读书。1945 年春参加"流火社",1946 年因参加学运被勒令退学。1946 年 8 月至 1948 年 10 月在

齐越与西北大学外文系俄文组师生的合影

河北遵化解放区工作。1949 年 7 月起先后在中央人民广播电台英语播音部、新华社对外部、新华社图书馆工作。

1946 年 3 月，西大三青团煽动学生进行反苏游行，齐越、杨沙林夫妇所在的进步社团遂向校方提出“学生自己的事自己办”，并要求成立西北大学学生自治会，校方予以拒绝。之后，校方与学生矛盾激化，齐越等近千名学生发起爱国大游行、全校罢课。校方随后动用地方军队相威胁，并指使特务挥舞大棒行凶，导致局势剧变。校方与军方实施大逮捕，齐越等人遭到通缉，并被开除学籍，夫人杨沙林也被勒令退学。

事发当天凌晨，齐越来到与魏庚人副教授住同院(城固王家巷 1 号)的薛子福同学家探听消息，不料被特务跟踪，遂翻墙跳进魏家躲避。魏夫人慌忙把他藏在一间堆杂物的黑房子里，才得以逃脱搜捕。在魏庚人夫妇的掩护下，齐越化妆逃出城固，撤往西安。他的夫人杨沙林离开汉中到了西安，几经辗转才见到了隐蔽在郊外一所学校的齐越。她说：“这是我和齐越自从相识结婚后第一次痛苦的离别。当他突然出现在我面前时，我哭了，这是我们共同生活以来，我第一次在他面前痛哭。”之后，齐越与杨沙林回到河北老家，分别进入解放区。

“文革”期间，魏庚人夫妇遭到诬陷，说他们当年掩护的是一个“特务学生”，甚至连自己的孩子大学毕业分配都受到牵连。1980 年 8 月，齐越访问延安，路过西安时，特意拜访魏庚人教授，表达了自己的感激之情，魏庚人却淡淡地笑着说：“这是微不足道的。”

開發西北奠復興基
學成致用報國及時
國立西北大學第一屆畢業同學錄
孫科題

站在学術的崗位
為抗戰建國而奮鬥
國立西北大學第二屆同学畢業紀念
白崇禧題

學風當紹橫渠之大
文化求復漢唐之隆
國立西北大學第一屆畢業紀念
顧毓琇題

士不可不宏毅
任重而道遠
第三屆同學畢業紀念
杜光塤

先憂後樂
西北大學第一屆畢業紀念

學成致用
建設西北
國立西北大学第四屆畢業同学錄
林森

砥德砺才蔚為大器
團结精誠同舟共濟
國立西北大学第四屆畢業同学會
居正題

題贈
西北大學第四屆畢業同學
學成致用
各盡所長
經營西北
固我邊疆
陳立夫

各界名流为国立西北大学毕业生题词

畢業證書

學生梁子涵係河北省豐潤縣人
現年貳拾叁歲在本校文學院
中國文學系修業期滿成績及格
准予畢業依照學位授予法第三
條之規定授予文學士學位此證

國立西北大學校長劉季洪
院長蕭一山

中華民國叁拾肆年陸月日

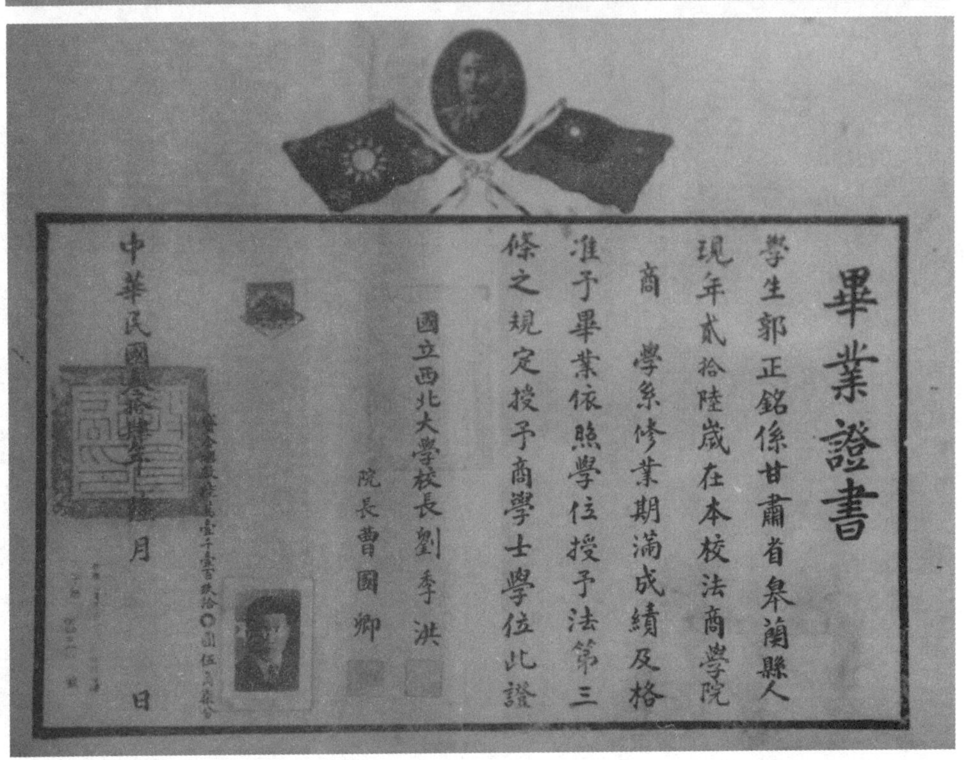

畢業證書

學生郭正銘係甘肅省皋蘭縣人
現年貳拾陸歲在本校法商學院
商學系修業期滿成績及格
准予畢業依照學位授予法第三
條之規定授予商學士學位此證

國立西北大學校長劉季洪
院長曹國卿

中華民國叁拾肆年月日

国立西北大学毕业证书

复员迁校，告别乐城

1940 年 4 月，国民政府教育部令指定西安为西北大学永久校址，但碍于战事，学校一直未能回迁。抗战胜利后，1945 年 8 月，全校即成立迁建委员会，全面开始迁校准备工作。

1946 年 5 月，国立西北大学复员西安，校址在今西北大学太白校区。学校设文、理、法商、医 4 个学院 15 个系，各学院的规模与之前相比没有大的变化。

为了纪念国立西北大学侨寓城固（号称乐城）的八载往事，学校决定在全校师生告别乐城前夕，于校本部讲舍旧址勒碑留念。碑文《国立西北大学侨寓城固记》由中国文学系主任高明教授撰写，校长刘季洪于 1946 年 4 月 30 日立石。

昔周有狄人之亂，不定于邰，轉徙其族。公劉率而之豳，亶父至于岐下，王季文武繼之，緬其德音，而文教遂東，浸漬于齊魯，蔚爲有周一代八百年之盛。晉爲五胡所逼，幽燕失守，河洛爲墟，衣冠南渡，集于江左，揮新亭之痛泪，振玉麈之風流，而三吴文教遂丕著于中國。宋因女真爲患，長江天塹，不能限北人之馬足；臨安帝都，不能庇奔至于播越；避寇之士，南進益深；而文教乃廣被于七閩。蓋我華族，每遘外禍，輒于士類流離之時，開文教更新之運，稽諸往史，歷驗不爽。老子曰『禍兮福之所倚，福兮禍之所伏』。豈不然哉！適者東夷扇毒，猾亂華夏：首據關東勢勝之地，續騁兵家譎詐之謀；陷冀魯，取吴越，蠶食中原，鯨吞南國；名城盡下，海内騷然！于是，北雍學者，右學諸生，痛夫蕃衛之失，耻與非類爲伍；或驅車崄路，或徒步荒原；或褰裳涉水，或策杖攀崖，餐風宿露，戴月披星，載饑載渴，載馳載奔，以莅止于陝西之城固。喘息未定，父老來集；勞之以酒食，慰之以語言，蔭之以宇捨。于是弦歌不復輟響，絳帳于焉重開，問學之士，聞風而至，咸以志道，據德、依仁、游藝、相與期勉，彬彬乎一時稱盛！城固者，北憑秦嶺，南倚巴山，中通漢水，號爲樂城。壘垣險塞，敵騎望之而不前；平疇沃野，民食資之以不匱。正業居學，藏焉、修焉、息焉、游焉于其間，此誠所謂亂世之桃源也。益以吊張騫之故裹，可以發鑿空之遐思；展李固之荒塋，可以礪忠貞之亮節；望湑水之奔流，知賢者之澤遠；頌桔林之榮茂，想騷人之行潔；登樊噲之臺，思鴻門之宴，對子房之山，慕赤鬆之游。蓋進而經綸天下，退而保養性真，無不可供學者之取資焉。惟是大學莅止，風氣聿開；平章世事，則讜論出于鴻儒；講誦道藝，則名言繹于碩學；談宇宙之玄秘，則極深而研幾；論文辭之奥窔，則發微而抉隱。他如搜奇考古，則西北文物燦然備陳；格物致知，則陝南花木紛焉入覽。于是村童野叟，擴其見聞；田父蠶姑，益其神智。蚩蚩群氓，乃睹冠冕之盛；濟濟多士，益見宫墻之美。文教溥被，迥邁尋常。豈非姬周晉宋故事之重演，所謂因禍而得福也哉！今敵酋成禽，寇軍解體，日月重光，典制漸復。國家定百年之大計，將遷校于西安；師弟懷八載之深情，輒縈思乎城固。爰就講捨舊址，鳩工相石，鐫辭銘念。後之考世運之興替，文教之盛衰者，其有取于斯文！

《国立西北大学侨寓城固记》碑文

西北大学最阔绰的一次12亿元国库拨款

西北大学永久校址被指定为西安后，1943年冬，赖琏校长曾致电教育部请迁，并成立迁校计划委员会，着手准备。1945年2月，刘季洪校长出席全国青年志愿从军指导委员会会议期间，曾面见蒋介石，蒋介石主动询问和确认西大永久校址。1945年8月，以校长刘季洪为主任委员的国立西北大学迁建委员会正式成立，开始与陕西省和西安市军政首脑接洽和选址，并提出如下方案：

一是暂以东北大学西安校址为过渡；

二是以西安古都风景区之城南五里勘地建校；

三是战区司令长官胡宗南、省主席祝绍周、西安市长陆翰芹、省政府秘书长王捷三相继建议，将建国公园让与西大，在灞桥、韦曲、未央宫三处择地建造，规模宜求宏达；

四是拟在临潼“总裁蒙难地”建造西北大学，将来可在乌鲁木齐设分校，以与美国西北大学东西辉映，云云。

总之，所需经费颇巨，经教育部派沈亦珍督学到校视察，刘季洪校长出席国民党六届二中全会期间，复与行政院、教育部接洽，提出20亿元的预算，最后落实法币10.5亿元的迁校经费（含医学院2亿元修建费），实际分三批拨款10.083亿元，在校长和各院长联名呼吁下，又增拨2亿元，总计12亿余元。按到西安后教授101人，副教授、讲师91人，助教、职员193人计，旅费及膳食费约计4000万元以上。1946年西北大学的全年经费仅8000余万元，而此次西大搬迁费用是其15倍以上。

与此同时，联合国总部及教育部另拨赠病床设备X光机等100套、药品60箱，美国红十字会捐赠药械3卡车，教育部增拨医疗器械经费3000美元。

以此为基础，西北大学进入了稳定发展时期。

1946年冬日的西北大学校门(北门)

国立西北大学地质学系成立及迎新大会合影(1947)

地质学系师生毕业合影(1948)

国立西北大学1947—1948年学术讲演一览表

时间	主讲教授	讲题	举办单位
1947年			
2月17日	黄川谷	英语学习法	
2月21日	黄文弼	洮河流域考察之观感	边政学会
2月22日	吴澄华	纵论当前国家紧急经济措施	经三级会
3月15日	周传儒	国际干涉	史二级会
3月22日	马宏道	宗教与人生之关系	边政学会
4月7日	赵进义	宇宙射线	总理纪念周
4月26日	郑资约	西南沙群岛问题	地理学会
5月4日	赵进义	神秘的宇宙——星云	科学月报社
5月10日	马师儒	复员期间我国高等教育所急需之补救办法	教育学会
5月17日	冯永轩	中国货币之沿革	考古学会
5月20日	郑资约	地理的野外工作	地理学会
5月26日	许兴凯	假使我管理中华民国	政治学会
12月19日	吴澄华	从美苏对立看世界局势和中国局势	训导处
1948年			
3月17日	傅种孙	中英对照	学生自治会
3月25日	高元白	一个人生观	学生自治会
3月29日	王立础	动乱时期之心理健康	课外活动组
4月3日	傅种孙	数学之万法归宗	数学学会
4月23日	秦佩珩	通货到哪里去	课外活动组
5月4日	虞叔毅	物理的五四运动	科学月报社
5月17日	田炯锦	现代政治之趋势与当前吾国政治问题	政治学会
6月1日	杨炳炎	省之法律地位	法学研究会
6月7日	孙道升	心电感应论的理蕴和功能	学生自治会医学分会
11月11日	林冠一	帝国与民国	学生自治会
11月12日	初大告	英国大学之学生生活	课外活动组
11月19日	董绍良	如何寻求世界和平	课外活动组
11月20日	马师儒	现今中国教育改进上之重要问题	学生自治会
11月25日	赵和民	美苏关系与中国	学生自治会
12月3日	袁若愚	民主制度之演进	学生自治会
12月9日	傅庚生	文学的风格	课外活动组
12月11日	张光祖	中国往哪里去	学生自治会
12月18日	杨钟健	从中国现有版图看中国边疆问题	学生自治会

回迁西安三日后过世的传教士教授贾韫玉

在汉中城固时，西北大学外国语文学系有一位传教士出身的教授，他的名字叫贾韫玉(1871—1946)。可惜的是，他在学校回迁西安(今西北大学太白校区)三日后竟不幸去世。

贾韫玉，原名 Charies Carwarine，1871 年生于英国西部巴斯。清光绪年间来华，在陕南城固一带传教。1931 年收贾梅瑞为养女，甚珍爱之。1934 年曾返国。1936 年秋复返陕南城固，与内地教会脱离关系，遂创设小礼拜堂和英语补习学校，以授课为生。1938 年起被聘为西北联合大学外国语文学系教授，复任西北大学教授，在校任教八年。其平日热心教学，服务认真。学校自陕南回迁西安的第三天即 1946 年 9 月 28 日，贾韫玉突患心脏衰弱症，二十余分钟后即不治而逝，遂安葬于西安南门外的英国教会协同义园墓地。学校于 10 月 2 日举行了隆重肃穆的追悼会，刘季洪校长等百余人到会悼念。

随后，学校专门责成外国语文学系妥善处理善后事宜，将其遗产二十多万元转到其养女贾梅瑞名下，代为保管，并送其在西安上中学。

賈韞玉教授逝世

本校文學院外國語文學系教授賈韞玉先生，自廾七年，任教本校迄今八載，平日熱心教學，服務認眞，自隨校遷西安後，甫經三日，突於九月二十八日午前患急性心臟衰弱症，二十餘分鐘即不治而逝！享年七十五歲。全校師生聞此噩耗，深感哀痛。本校當將詳情陳報省會警察局及地方法院檢察處，旋即會同西安教會有關人士，妥予棺殮，并遵照教會儀式於三十日（星期一）下午一時在靈前舉行公祭，參加員生百餘人，隆重沈痛！當日下午三時舉殯，暫厝西安南門外英國教會之協同義園墓地，執紼者數百人，同聲哀悼。復于上月二日（星期三）上午十時假本校圖書館閱覽室舉行追悼大會，計到劉校長、徐總務長朗秋，高主任文源，孫主任宗鈺及 Oscar w• Beckon• Arther C• Elder 等百餘人，首向賈教授遺像行三鞠躬禮，旋依次進行俯首默哀、讀經、頌讚、禱告及家屬答禮等程序。按先生係英國

《国立西北大学校刊》中关于贾韫玉去世的报道

1946 年夏，国立西北大学迁回西安

激流勇退的蒋介石侍从副官刘持生教授

刘持生教授

蒋介石在1927年至1949年的22年间，更换了许多侍从秘书和侍从副官，大多数人以此为晋升之阶，唯有一人不贪恋富贵荣华，以年少新进，淡于名利，激流勇退。他就是在目睹长沙战役和黄河花园口决堤后，心灰意冷，毅然辞去侍从副官职务回大学任教的刘持生。

1939年，刘持生毕业于南京中央大学并留校任教。后相继在大夏大学、南京临时大学、东北吉林大学执教，曾兼任吉林大学文学院院长。1948年后任西北大学中文系教授，并兼任西北大学学术委员会委员，1980年任陕西省学衔委员会委员，直至1984年11月17日逝世，享年70岁。

在西北大学期间，刘持生先生讲授先秦两汉文学、古典文学

刘持生夫妇

刘持生教授全家福

等课程。他告诫学生，学习古代文学是为了学应世的本领。任职期间，中文系的师生都对他十分敬重。他文章虽不多，但均为精品，如刊于《西北大学学报》1957年第2期的《“风”“雅”“颂”分类的时代意义》，刊于《人文杂志》1959年第2期的《陶渊明及其诗》等。刘先生辞世后，其遗著《先秦两汉文学史》由西北大学出版社出版。家人将其诗作《持庵集》出版，一些诗界行家读后大为惊叹。

20世纪80年代郭琦任西北大学校长时曾说，刘持生教授是中文系考据派的代表人物。在西北大学中文系的学人眼中，他是一位古典文学名家。

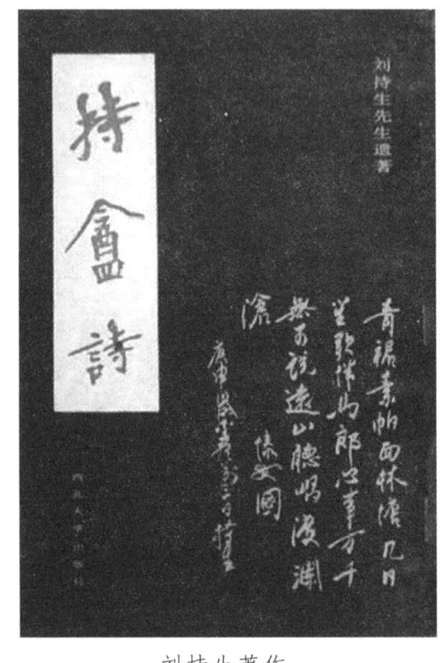

刘持生著作

李俨教授与西北大学

李俨，又名乐之、乐知，中国科学院哲学社会科学部学部委员。他于1917年开始发表数学史论文，是中国科学史事业的开拓者，是中国科学院自然科学史研究所的首任掌门人。

李俨教授

早在1937年，李俨在陇海铁路局工作时，即与西北大学的前身国立西安临时大学发生联系。据《西安临时大学校刊》记载：1937年12月29日，西安临时大学工学院为适应抗战工程需要，假东北大学礼堂（即今西北大学太白校区礼堂），“敦请陇海铁路西段工程局副局长兼副总工程师李乐知作《隧道工程》的学术演讲”，并且还拟请李乐知做《铁道定线之实际技术》的演讲。

1938年3月23日，西安临时大学翻越秦岭，南迁汉中，途中行李车发生故障，第二中队队长刘德润前往时驻秦岭隘门关之宝成铁路测量队接洽借车。时任测量队队长的李俨慨然允诺，测量队汽车一直载行李随队5天，直到故障于留凤关。

据《西北联大校刊》第一期报道：1938年6月27日，李俨以陇海路工程局工程师兼宝成公路测量队队长身份再次应邀访问已经由西安临时大学改名的西北联合大学，由理学院院长刘拓教授主持，请其在西北联合大学礼堂做了《中算故事》的演讲。

李俨于1950年在《中国科学》第一期所发表的《中算家之平方零约术》一文的署名单位有两个：一为“西北铁路干线工程局”，一为“西北大学数学系”。这表明他至少在1950年已被聘为西北大学兼职教授，并经常参加西北大学举行的学术与教学活动。1950年6月30日李俨致严敦杰的信中写道：“最近西安西北大学数学系亦拟于暑期添设数学史，并拟约俨帮忙。如路局可以说通，则拟以新编之《中国数学史》作为讲

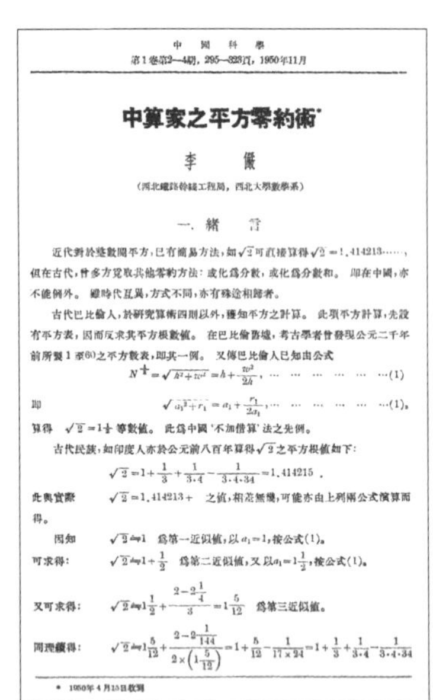

中國科學
第1卷第2—4期，295—323頁，1950年11月

中算家之平方零約術*

李 儼
（西北鐵路幹綫工程局，西北大學數學系）

一、緒 言

近代對於整數開平方，已有簡易方法，如$\sqrt{2}$可直接算得$\sqrt{2}=1.414213\cdots\cdots$，但在古代，許多方覓取其他零約方法：或化爲分數，或化爲分數和。即在中國，亦不能例外。雖時代互異，方式不同，亦有殊途相歸者。

古代巴比倫人，於研究算術四則以外，獲知平方之計算。此項平方計算，先設有平方表，因而反求其平方根數值。在巴比倫舊墟，考古學者曾發現公元二千年前所製1至60之平方數表，即其一例。又傳巴比倫人已知由公式

$$N^{\frac{1}{2}}=\sqrt{h^2+w^2}=h+\frac{w^2}{2h},\cdots\cdots\cdots\cdots\cdots\cdots(1)$$

即

$$\sqrt{a_1^2+r_1}=a_1+\frac{r_1}{2a_1},\cdots\cdots\cdots\cdots\cdots\cdots(1)'$$

算得 $\sqrt{2}=1\frac{1}{2}$ 等數值。此爲中國'不加借算'法之先例。

古代民族，如印度人亦於公元前八百年算得$\sqrt{2}$之平方根值如下：

$$\sqrt{2}=1+\frac{1}{3}+\frac{1}{3\cdot4}-\frac{1}{3\cdot4\cdot34}=1.414215.$$

此與實際 $\sqrt{2}=1.414213+$ 之值，相差無幾，可能亦由上列兩公式演算而得。

因知 $\sqrt{2}\doteq1$ 爲第一近似值，以$a_1=1$，按公式(1)。

可求得：$\sqrt{2}\doteq1+\frac{1}{2}$ 爲第二近似值，又以$a_1=1\frac{1}{2}$，按公式(1)。

又可求得：$\sqrt{2}\doteq1\frac{1}{2}+\frac{2-2\frac{1}{4}}{3}=1\frac{5}{12}$ 爲第三近似值。

同理續得：$\sqrt{2}\doteq1\frac{5}{12}+\frac{2-2\frac{1}{144}}{2\times\left(1\frac{5}{12}\right)}=1+\frac{5}{12}-\frac{1}{17\times24}=1+\frac{1}{3}+\frac{1}{3\cdot4}-\frac{1}{3\cdot4\cdot34}$

* 1950年4月15日收到

数学史家李俨署名西北大学数学系的论文

义，每星期说一二小时。”

自1956年开始，他还指导西北大学数学系教师李培业研究《算经十书》和宋元数学，并将其1957年在《西北大学校刊》发表的《清季陕西数学史料之补充》一文引入其《中国数学史大纲》。

李俨20世纪三四十年代在陇海铁路局和西北大学的工作以及李约瑟访问西大，是现在西北大学科学史事业筚路蓝缕、演化发展的一个重要起点。

西北大学校门

“老太婆”许兴凯教授

“老太婆”本名许兴凯，号志平，是一位男性教授，北京人，1900 年出生。1938 年来西北联合大学任教授，学校改名后又任西北大学教授，直到 1952 年病故，他始终没有离开西北大学。

来西北大学前，许兴凯的经历颇具传奇色彩。他曾与李大钊密切交往，自称两人是“半师生半朋友”，经李大钊介绍做过北京《晨报》记者，参与过《新青年》杂志的具体事务，还在中国劳动组合书记部短期工作过，与邓中夏、罗章龙、楚图南相熟。他在自传中坦言：李大钊牺牲后，“本人因胆小，退出实际政治运动，而走专门教书著作之路”。从政治转向教书治学，他与罗章龙相似。但是，就政治表现看，罗章龙是“烈火”，他只是“荧火”；而且罗章龙是被迫退出，他是自动离开。随后他又靠拢张学良，担任了张学良支持的沈阳《新民晚报》的主笔，因敢骂日本人，销路很广。他写了一本名为《日帝国主义与东三省》的书，被译为日文，影响极大，成为日本问题专家，被请到庐山讲演，并受到蒋介石接见，得到赴日留学的机会。从日本回来后，他做过一年河南滑县县长。滑县沦陷后，他到程潜、商震、沈鸿烈处任过“参议”闲职，之后来到西北大学任教。

1951 年西北大学历史系师生合影（二排左一林冠一、左二许兴凯、左三陈直、左六陈登原、左八侯外庐、右五岳劼恒）

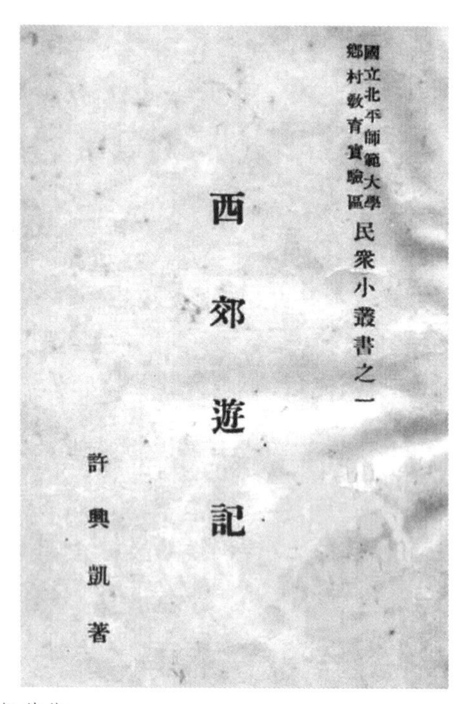

许兴凯著作

许兴凯在北京师范大学上学时学的是理化,后来却讲授政治和历史,先后开过中国政治制度史、日本史、中国经济史等课程。他经历丰富,思想活跃,讲课很随便,笑话、掌故、段子随口而出,妙趣横生,令人绝倒。数十年后,一些学生犹能原原本本说出他在课堂上讲的那些“奇谈怪论”。他不但能说,更能写。他在陕担任过几家报纸的总编辑,笔耕不辍,文章不断,还有作品连载。最著名的是在《大公报》上连载的长篇小说《县太爷》。发表这些作品时大多署名“老太婆”,从此许教授便以此笔名闻名于世了。此公虽然才华出众,却绝非“才貌双全”,“他的长相不敢恭维,生就矮胖身材,满脸麻子,几茎鼠须,又不修边幅,穿着宽袍大褂,袖子如同理发店里的荡刀布,脚蹬‘空前绝后’鞋,走起路来像鸭子一样摇摇摆摆”,这段描述出自台湾校友的回忆。还有校友作诗调侃他:“生成子羽相,却富无盐才。疯语满乐城,自称摩登来。”(孔子弟子澹台灭明字子羽,貌丑而品行端正。齐宣王后钟离春号无盐,貌丑而贤慧多才。乐城即城固。老摩登是许的另一笔名。)由此可见一斑。

由于早年有过一段“红色”历史,刚解放时他曾得意一时,宣称“我的时代来了”,一度在西北大学历史系主讲马列主义理论课。但是,在随后开展的思想改造运动中,他成为批判帮助的重点对象。正当蝉蜕新生之际,“老太婆”倒下去了,死于突发的脑溢血,终年52岁。

袁敦礼、董守义首倡申办奥运

2008年,第29届夏季奥运会在北京成功举办,圆了中国人民“百年奥运”的梦想。而早在1945年,我国第一位国际奥委会委员王正廷,著名教育家、体育工作者袁敦礼及中华全国体育协进会总干事董守义等,就曾在中华全国体育协进会第二届理监事会上提出“第15届世界运动大会(1952)在我国举行案”。决议虽获通过,但由于时局急转直下,最终流于一纸空文,成为中国最早提出申办奥运会的提议。而袁敦礼、董守义当时均为体育界的“五大泰斗”之一。

袁敦礼,祖籍河北徐水县。1923年赴美国留学深造,回国后任北平师范大学教务长兼体育系系主任。抗战期间曾任国立西安临时大学体育系系主任等职,1946年担任北平师范大学校长。全国解放时,袁先生受周恩来书信的劝导,毅然决定留在祖国继续为教育、体育事业服务。他先后任西安临时大学、西北联合大学、西北大学、西北师范学院体育系教授、系主任,兰州体育学院副院长、甘肃师范大学副校长等职。

董守义学生时代即酷爱篮球运动,被青年会推荐到美国麻省斯普林菲尔德市的春田学院进修时,证明了黄皮肤的中国人并非“东亚病夫”。他归国后即训练出了当时闻名全国的“南开五虎”篮球队。后曾在北平师范大学、北平民国大学、北平女子文理学院、西安临时大学、西北联合大学、西北大学与西北师范学院、浙江大学等校体育系任教授。撰写了《篮球术》《田径赛术》《最新篮球术》《篮球训练法》《足球术》《国际奥林匹克》等7部体育著作和150多篇文章。1947年被选为国际奥林匹克委员会委员,为中国奥林匹克运动的发展做出了重要贡献。

袁敦礼教授

董守义教授

南开大学赠予“中国篮球之父”董守义的奖章

第 14 届奥运会中国篮球队义赛获赠的锦旗

参加第 11 届奥运会的中国篮球队，董守义（中排左三）任教练

中国奥运的“传世国宝”——1936 年奥运药箱

获得远东运动会中长跑冠军的生物系教授郭毓彬

郭毓彬(左一)参加远东运动会

在第二届远东运动会上，郭毓彬(1892—1981)独得一英里和半英里两项中长跑冠军，为中国队取得径赛锦标立下了汗马功劳。学生时期,他每天早晨五点就起床,在校门前的操场上进行训练,人送绰号“飞毛腿”。周恩来曾说过:“不要忘记历史,郭毓彬先生在体育上是有贡献的。”郭毓彬临终时嘱咐家属,将珍藏66年的在第二届远东运动会上获得的两枚金牌献给了国家。殊不知,这位中长跑冠军,也是西北联合大学时期著名的生物学教授。

郭毓彬大学毕业后留学美国。时值第一次世界大战，他所在大学体育系停办。1918至1922年，他先后在葛林乃尔学院和依林诺斯大学攻读生物学，获博士学位后回国，历任北平师范大学、西安临时大学、西北联合大学、西北大学与西北师范学院生物系教授,讲授比较解剖学。学生曾这样评价他:“郭教授以达尔文的进化论为纲,不仅以纲带目，且以目证纲，纲目分明，丝丝入扣——那绝对是一种精神享受，那份豁然开朗、那份美丽,怎么形容也不过分！”

在体育与生物两个相去甚远的领域均取得如此成就,在西北大学115年历史上,恐无出其右者。

五四运动前毛泽东给杨钟健的信

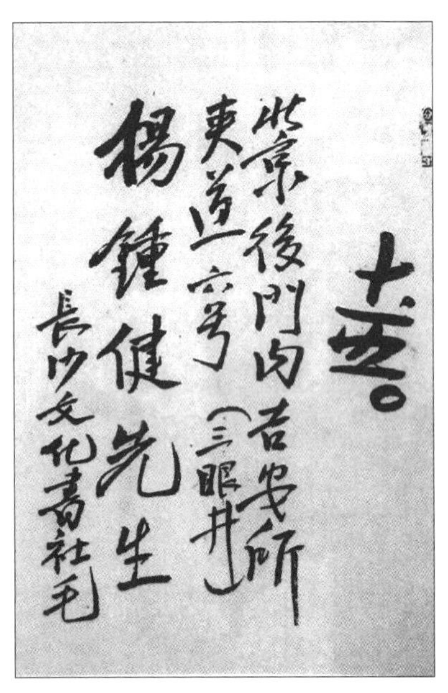

毛泽东给杨钟健的原信手迹

杨钟健校长

杨钟健先生是我国现代著名地质学家、教育家和中国古脊椎动物学的奠基人，是中国恐龙研究的开创人，中国自然博物馆事业的筹备和创建者，也是早期公众科普理念的提出者和科普教育的实践者。他早年毕业于西北大学前身之一——三秦公学，曾相继在北京大学、重庆大学任教。早在20世纪30年代，就兼任西北大学教授，1948年9月8日至1949年12月任国立西北大学校长。他是近代中国自然科学界著述最多的学者之一，终生为古脊椎动物学、古人类学研究呕心沥血。

杨钟健先生在五四运动前曾与毛泽东、李大钊有过接触，并与毛泽东有过书信往来。“文革”期间，杨钟健被打成反动学术权威。一次，红卫兵去他家抄家，结果却抄出了当年毛泽东给杨钟健的信。书信内容如下：

钟健先生：

前几天接到通告，知先生当选执行部主任。今日又接来示，嘱补填入会志愿书，今已照填并粘附小照奉上。惟介绍人系王君光祈[1]为我邀集五人，我现在只能记得三人，余二人要问王君才能知道。以后赐示，请寄长沙潮宗街文化书社为荷！

弟泽东

二十九日

由于落款写的“弟泽东”，此后便再也没有人来抄家了。

注释：

[1]王光祈(1892—1936)，四川温江人，少年中国学会的发起人之一，曾任该会第一届执行部主任。

曾拟行刺张作霖为李大钊复仇的教授卿汝楫

卿汝楫著作

1927 年 4 月 6 日出席李大钊在俄国驻华使馆召集的会议人员中,有位年方 25 岁的青年卿汝楫,因中途离场返校故幸免被捕,而李大钊与其余 7 人被张作霖逮捕,三周后遇害。卿汝楫对此悲愤交加,曾参与谋划刺杀张作霖。1941 年至 1944 年间他曾任西北大学文学院历史学系教授。

卿汝楫(1902—1976),清光绪二十八年(1902)生于湖南隆回。1919 年肄业于长沙湖南高等工业学校,曾参与毛泽东领导的湖南"驱张运动"。1922 年入燕京大学教育系,曾追随李大钊参加国民革命。在燕京大学期间,创办《协进月刊》,参与五卅运动和组织五卅惨案后援会、罢课斗争。1924 年加入中国共产党,后以个人名义加入国民党,任国民党北平西部区党部常委。1932 年冬获洛克菲勒基金会资助,先后入美国普林斯顿大学、加利福尼亚大学、斯坦福大学、芝加哥大学求学,此时开始在美国国会图书馆等处搜集资料并撰写《美国侵华史》。在芝加哥大学求学期间,他与黄圣祖、黄川谷等发起组织中国留学生和华侨抗日救国会,创办《留美学生月刊》,组织华侨上街游行示威,开展抗日救国宣传。1936 年年底,亲蒋分子唆使洛克菲勒基金会将他驱逐出美国。1938 年 2 月他回国前,又在参加抗日救国宣传活动中被亲蒋分子以"是共产党"为名,援引美国移民法逮捕入狱。同年经爱国华侨保释回国,后于 1941 年在西北大学任教。1945 年 1 月在魏德迈将军的美军驻华总司令部机要室任中文秘书厅秘书长,兼马歇尔使团翻译室主任秘书。1946 年 6 月底调任国防部新闻局中将副局长。1947 年 4 月 20 日,卿汝楫率 55 人组成的中外记者团经西安飞延安参观采访胡宗南占领后的延安。中华人民共和国成立后,先

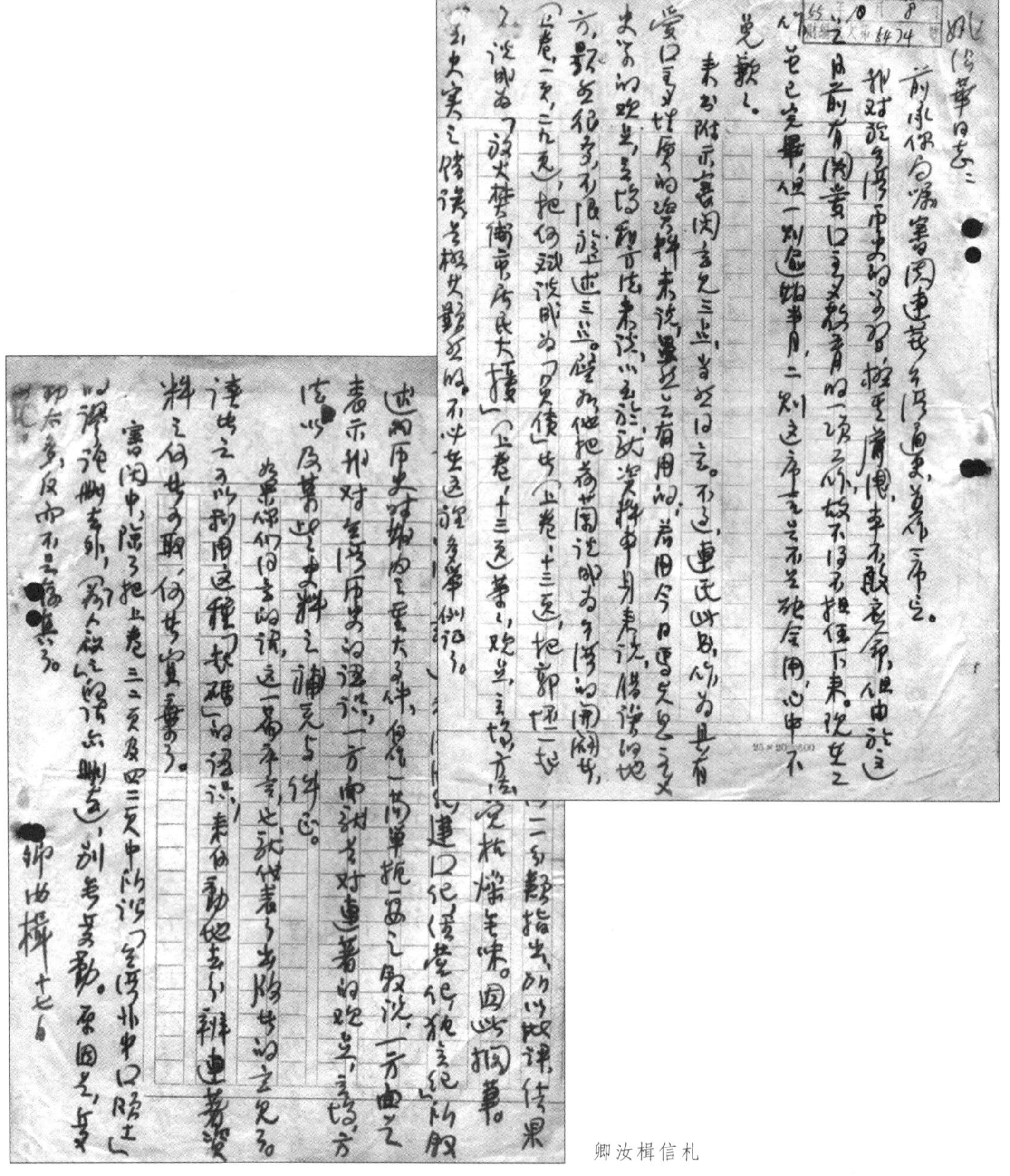

卿汝楫信札

任燕京大学教授，此时完成了多部著作，复任高教部参事室参事。1976 年逝世于北京。著有《美国侵华史》《美蒋阴谋秘闻》《美国侵略台湾史》；译著有《中国对外贸易史》等。

受中国史学家、美国普林斯顿大学讲座教授余英时先生的误导，人们曾一度将同为燕京大学学生的卿汝楫与黄华(1913—2010，曾用名“王汝梅”，曾任副总理)混为一谈。

代表国民政府接收南海诸岛的郑资约教授

郑资约教授

1946 年 12 月 15 日是一个值得纪念的日子。这一天，国民政府内政部接收专员郑资约参加了在太平岛举行的接收南沙群岛升旗典礼，并树立界碑，宣布国民政府按照二战后的《开罗宣言》及《波茨坦公告》正式接收南海诸岛。

郑资约(1901—1981)与学生曹照孟于 1946 年 10 月 23 日搭太平舰从南京出航，次日在黄浦江口与中业、中建、永兴三舰会合。10 月 26 日，四舰在吴淞口外齐集航往广东，次日在珠江虎门口锚泊，等待广东省政府接收团队及物资上船。11 月 6 日，一切物资准备就绪，舰队驶离虎门口。11 月 8 日，舰队抵海南岛榆林港，待命出发前往南沙群岛。11 月 30 日，舰队西沙群岛接收人员在竖立国疆石碑及完成接收工作之后，分别搭乘中建舰及永兴舰返回

接收南沙群岛专门委员会部分成员于太平舰的合影(后排右二为郑资约)

中华民国海军南沙舰队、中央各部视察、广东省政府接收南沙群岛升旗典礼合影(1946年12月15日于太平岛,前排左四为内政部接收专员郑资约,前排左五为南沙舰队指挥官林遵(林则徐侄孙),前排右四为广东省政府接收专员麦蕴瑜)

榆林港。1946年12月12日清晨,南沙舰队驶进太平岛外海,在离岛7海里处下锚,并在舰上用望远镜观察岛上动静。在不确定岛上是否有外军驻守的情况下,两舰缓缓驶近太平岛,在距岛岸1000米处,派武装士兵两组,分乘两艘登陆小艇缓缓靠近太平岛。海上舰只亦做好战斗准备,随时支援。登陆士兵迅速抢滩,搜索后未发现外国驻军,乃发信号报告岛上情况,中业舰遂驶近太平岛,在距岛200码处锚泊,接收人员及物资分批乘小艇登上太平岛。中业舰陆续卸载运来的器材及物资,于12月14日卸载完毕。在此期间,广东省政府属下的水泥石技术人员铸成了两座水泥石碑。1946年12月15日,接收人员在太平岛举行升旗典礼。太平舰在海面鸣炮,庆祝国土收复,并拍照留念。石碑上所刻记的"中华民国三十五年十二月十二日"乃指南沙舰队登上太平岛的日子。接收工作自1946年10月23日开始,至12月26日完成,经两月余,行程2000海里。

代表国民政府内政部参加这次接收的郑资约,又名郑励俭,抗日战争结束后,从西北大学地理系被借调到国民政府内政部方域司,主理接收中国南海岛屿及滇西地区的日据失土。他的聘函是蒋中正具名的,委任为内政部专门委员,负责参与国界的划定以及整理南海水域的岛屿、礁石群及沙滩名称的工作。随从赴任的还有郑资约从西北大学带去的 4 位学生。郑资约回到内陆后，即与内政部方域司同人整理实测资料，绘制中国南海地图，并向行政院呈请核准颁布一系列地图，其中包括内政部绘制南海诸岛位置图、西沙群岛图、中沙群岛

1946 年 11 月，接收人员在太平岛测量地形

内政部令

内政部嘉奖令

1946 年 11 月，太平舰泊榆林港

内政部接收专员郑资约(右)在国测地标前

郑资约著作

图、南沙群岛图、太平岛图、永兴岛—石岛图等以及《南海诸岛新旧名称对照表》。这次接收活动结束后的 1947 年 2 月，郑资约仍旧回到西北大学地理系任主任、教授。他著有《南海诸岛地理志略》(系傅角今主编的内政部方域丛书之一，商务印书馆 1947 年出版)一书。该书附录有内政部颁布的《南海诸岛名称对照表》，系首次对外发表，奠定了我国南海岛屿统一名称的基础。该书记载了南海诸岛地质地形、各群岛地体构造、地形特征、气象气候、风向、台风、海流、岛屿滩险志要、动植物、水产、鸟粪、地位价值、历史回顾、作者本人的考察经历等，并有大量地质构造、气象气候等分布图。至此，南海诸岛各自的名称已经修改并确定，地图上也完整地标绘了东沙群岛、西沙群岛、中沙群岛和南沙群岛。我国政府在岛上举行接收仪式，立碑纪念，派兵驻守，并将其再度划归广东省管辖。一度被外国非法侵占的我国南海诸岛又重新归于中国政府管辖。郑资约在该书中指出："其地原野肥美，田连阡陌，经济的价值诚高矣，然未必具有地位的重要。反之，荒山小岛其物产无足言也，然其地位之重要，往往一国之安危，一战之胜败系之。"郑资约在国民政府接收南海诸岛之时，还告诫国人"应趁机继续建议，力求发展，一以兴本国利源，一以免外人觊觎也"。如今，南中国海被称为"第二个波斯湾"，被赋予中国能源未来的希望之地，已被列为国家十大油气战略选区之一。

郑资约于清光绪二十八年(1902)生于河北衡水，毕业于北平师范大学史地系，曾留学于日本东京文理科大学地理研究所。归国后，历任东北大学(三台)史地系主任、教授，西北大学地理系主任、教授，四川大学地理系教授，台湾师范大学、美国威斯康辛大学、新加坡南洋大学教授。1981 年在美国洛杉矶去世。

1946 年 11 月，中业舰锚泊榆林港

图说

六十余载路漫漫

与时代发展同步伐,为国家强盛做贡献,是西北大学一以贯之的光荣传统。共和国建立特别是改革开放以来,西北大学获得新生,百事俱兴,锐意改革,蓬勃发展,进入了一个全面、协调、持续发展的新阶段。在中华人民共和国成立初期的院系调整中,西大为陕西和西北高等教育格局的形成奠定了基础。由部属改为省办之后,学校服务地方经济社会发展和西部大开发的自觉性更强,贡献更多更大。20世纪70年代后期,拨乱反正,正本清源,教学科研重新步入了正常轨道,被教育部确定为全国重点大学。80年代中期,率先开展联合办学,打破条块分割束缚,找到了一条地方院校的兴校强校之路。90年代中期,苦练内功自强其身,学科专业建设与改革全面推进,迈入了“211工程”建设行列。进入新世纪后,相继成为一省一校国家重点支持院校、教育部与陕西省共建高校。学校在人才培养、科学研究、服务社会、文化传承诸方面取得了一系列重大标志性成果,站在了新的发展平台上。立足陕西,面向全国,放眼世界科学前沿,西北大学正在向有特色、高水平、研究型综合性大学的奋斗目标阔步迈进。

黎明前的暗战

杨钟健校长

教育是国家建设的基石，人才是民族振兴的希望。所有的党派和政府，无论政见有多么不同，对于人才的重要性却都有相同的认识。中华人民共和国成立前夕，西安各院校的学生成了国共两党积极争取的对象。在西北大学看似平静的校园里，一场“迁校”与“反迁校”的暗战悄然上演……

西北大学反迁校的斗争开始于1948年冬天。当时，西北野战军在彭德怀将军的指挥下已进入关中和陇东。国民政府明白西安已不可保，图谋将西北大学等国立院校再次南迁。杨钟健校长接到了国民政府教育部勒令学校迁往成都的密函，胡宗南也命令学校“要在一个月内迁毕，一个月后便不负责任”。

此时的西北大学，在校长杨钟健就任之后，各项工作皆大有起色，学校里学术氛围浓厚，学生社团活动也异常活跃。

校长杨钟健公开不主张迁校，他在对学生的讲话中说：“不管哪党哪派，都需要大学，高级学府应该独立，不应让任何政治变动影响学府，大学教育应求在安全中完成。”学生中反迁校的也占了大多数，在中共地下党团的领导下，进步学生和主张迁校的一部分青年军学生、少数敌特学生，在学校的“民主墙”上展开了激烈的笔战。

1949年春，蒋介石决定放弃西安，胡宗南下令西北大学随军迁往四川。为强迫西北大学迁校，国民政府教育部甚至企图在南京绑架杨钟健的家人。为了应付局面，杨

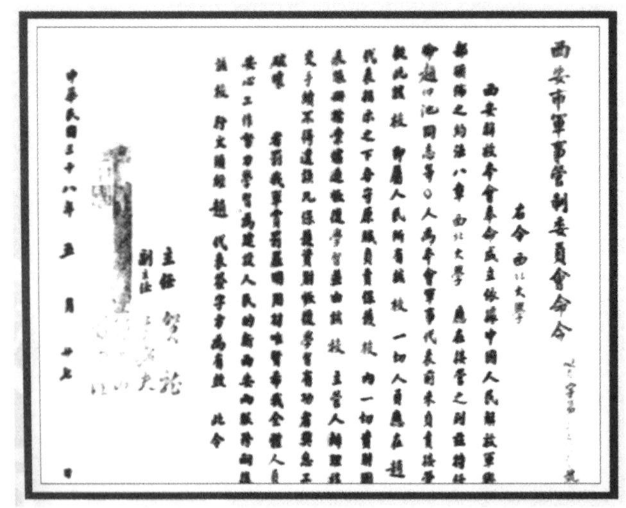

西安市軍事管制委員會命令

右令 西北大學

此令

主任 賀龍

中華民國三十八年五月

时任西安军政委员会主任贺龙签发的接管西北大学的命令

西北大学校园中心区

钟健校长决定在表面上成立一个“迁校委员会”,他向当局提出:“学校不到万不得已绝不迁。如果要迁,教育部必须提供充足的经费。”在西安解放前两个月,杨钟健干脆借口迁校经费不足,飞往南京。

听说学校派代表前往四川勘寻校址,并且已经开始整理打包各种文书档案和图书器材,进步学生马上发动反迁校签名,以各种名义组织时局讨论会,向学生们说明“留则存,迁则亡”的道理。为了让广大学生了解解放战争的大好形势,进步学生组织在一夜之间就把延安新华广播电台播发的毛泽东主席的新年献词《将革命进行到底》和北平和平解放的新闻稿贴遍校园。

据统计,中华人民共和国成立前夕西安各院校的学生至少有5000名,但是,最后在1949年5月18日跟随国民党迁往汉中的只有一两千人。据时任国民党西安市市长的王友直回忆,在行进途中,不时有学生从队伍中出来,借口拉肚子、系鞋带落在队伍后面,看着大队越走越远,立即一溜烟跑走了……到达汉中后,原本一两千人的队伍,只剩下四五百人。

20世纪50年代的西北大学校门

1949年5月20日,西安解放。5月27日,509名西北大学学生返校,是当时西安各高等院校中返校学生最多的。5月30日,国立西北大学复课——这所古老的高等学府终于进入了一个崭新的历史阶段。

岳劼恒代理校务

岳劼恒是新旧政权交替过渡时期西北大学的当家人。在西安解放前两个月，杨钟健去了南京，岳劼恒代行校长职责。出发之前，杨钟健嘱托岳劼恒继续坚持反迁校斗争。他不负重托，将西北大学完整地保护下来。解放之初，西安军管会主任贺龙任命岳劼恒为西北大学校务委员会委员兼代主任委员，主持学校工作，后毛泽东主席又任命岳劼恒为西北军政委员会文化教育委员会委员。

岳劼恒代理校长

岳劼恒早年留学法国，曾在居里夫人所在的巴黎大学研究室从事物理学研究。1937 年，岳劼恒开始在西安临时大学任教，从此，他再也没有离开西北大学。

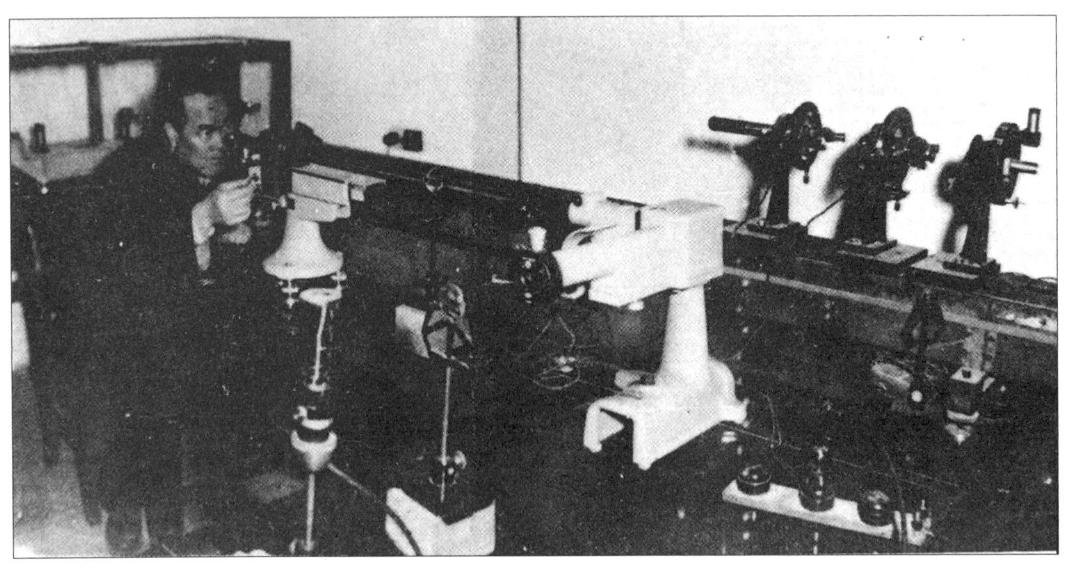

岳劼恒教授调试法布里–伯罗干涉仪

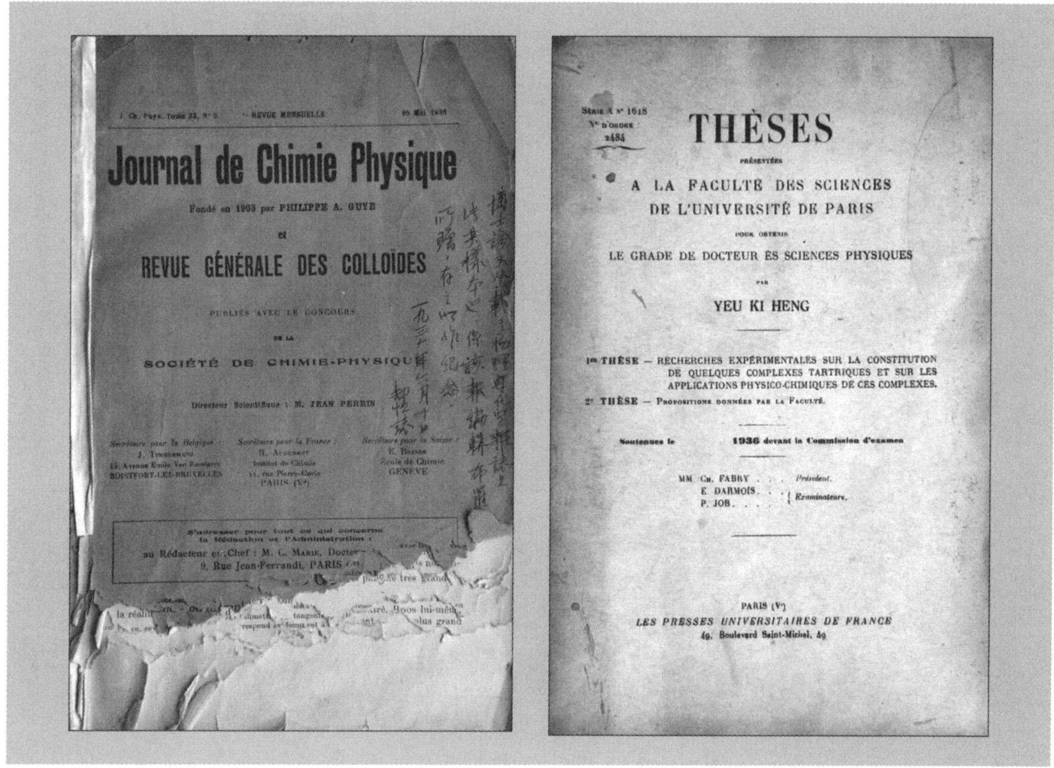

Journal de Chimie Physique

Fondé en 1903 par PHILIPPE A. GUYE

et

REVUE GÉNÉRALE DES COLLOÏDES

PUBLIÉS AVEC LE CONCOURS

DE LA

SOCIÉTÉ DE CHIMIE-PHYSIQUE

Directeur Scientifique : M. JEAN PERRIN

S'adresser pour tout ce qui concerne la Rédaction et l'Administration :

au Rédacteur en Chef : M. C. MARIE, Docteur

9, Rue Jean-Ferrandi, PARIS

THÈSES

PRÉSENTÉES

A LA FACULTÉ DES SCIENCES

DE L'UNIVERSITÉ DE PARIS

POUR OBTENIR

LE GRADE DE DOCTEUR ÈS SCIENCES PHYSIQUES

PAR

YEU KI HENG

1re THÈSE — RECHERCHES EXPÉRIMENTALES SUR LA CONSTITUTION DE QUELQUES COMPLEXES TARTRIQUES ET SUR LES APPLICATIONS PHYSICO-CHIMIQUES DE CES COMPLEXES.

2e THÈSE — PROPOSITIONS DONNÉES PAR LA FACULTÉ.

Soutenues le 1936 devant la Commission d'examen

MM. CH. FABRY . . . Président.

E. DARMOIS . . . } Examinateurs.

P. JOB . . . }

PARIS (Ve)

LES PRESSES UNIVERSITAIRES DE FRANCE

49, Boulevard Saint-Michel, 49

岳劼恒的博士论文

中华人民共和国成立后，因为国家建设的需要，很多青年学生都选择了工科。岳劼恒认为，人才培养应该兼顾国家建设的眼前利益和长远利益。他在文章中这样写道："对于各种科学，应一体重视……不反对多数的青年研究自然科学，必须提倡同样多数的青年研究社会科学；赞成大多数对自然科学有兴趣的青年研究应用科学，但必须保留一部分意志坚定、脑筋清楚的青年学习理论科学。为国家前途百年计，非如此不可。"

正是基于这样的思想，在1952年开始的全国高校院系调整工作中，当教育部打算将西北大学的文、史、财经、地理等系并入其他大学时，岳劼恒提出了不同意见。他认为考虑到综合大学的地位和作用，西北大学应保留文、史、财经等系科和专业；考虑到西北方面水土保持与根治黄河的任务以及西安市的位置，学校的地理系有存在的必要。高等教育部最后同意了他的意见，西北大学的主干学科专业才没被调整出去。在对西北地区特别是陕西省的情况做了具体分析后，岳劼恒随后在生物系设置了植物学专业，在地理系设置了自然地理专业，在地质系设置了石油地质专业。在他的全面规划下，西北大学保持了综合大学的基础规模，为日后的发展打下了坚实的基础。

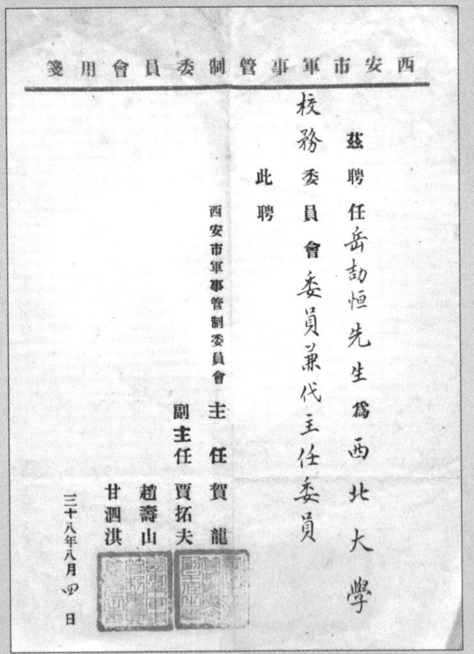

西安市軍事管制委員會用箋

茲聘任岳劼恒先生爲西北大學校務委員會委員兼代主任委員

此聘

西安市軍事管制委員會

主任 賀龍

副主任 賈拓夫 趙壽山 甘泗淇

三十八年八月四日

西北大学校务委员会委员兼代主任委员聘书

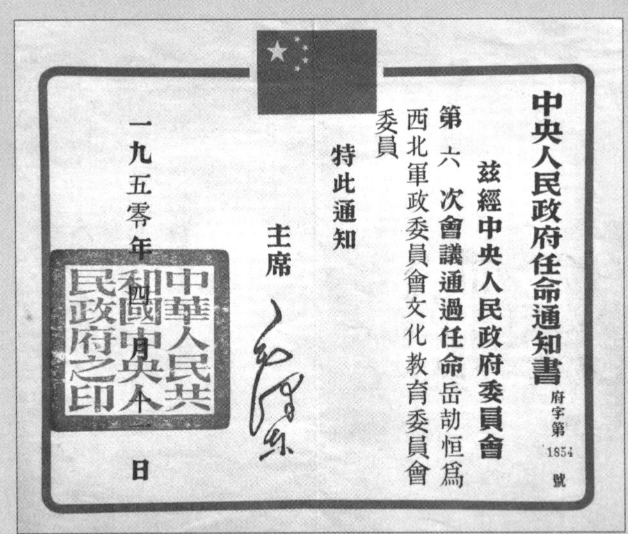

中央人民政府任命通知書

府字第1854號

茲經中央人民政府委員會第六次會議通過任命岳劼恒爲西北軍政委員會文化教育委員會委員

特此通知

主席 毛澤東

一九五零年四月 日

中央人民政府任命通知书

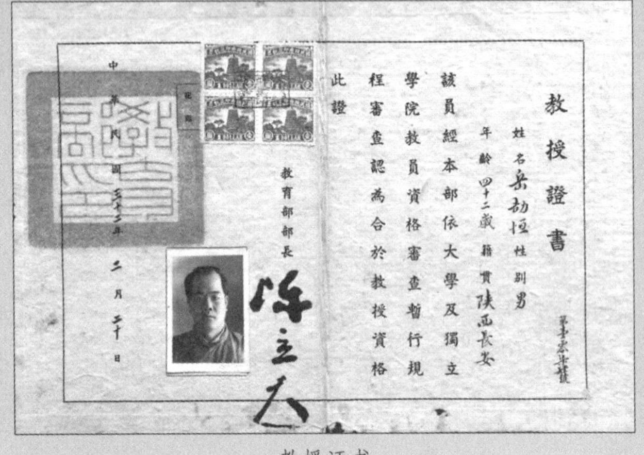

教授證書

姓名 岳劼恒 性別 男

年齡 四十二歲 籍貫 陝西長安

該員經本部依大學及獨立學院教員資格審查暫行規程審查認爲合於教授資格

此證

教育部部長 陳立夫

中華民國三十三年二月二十日

教授证书

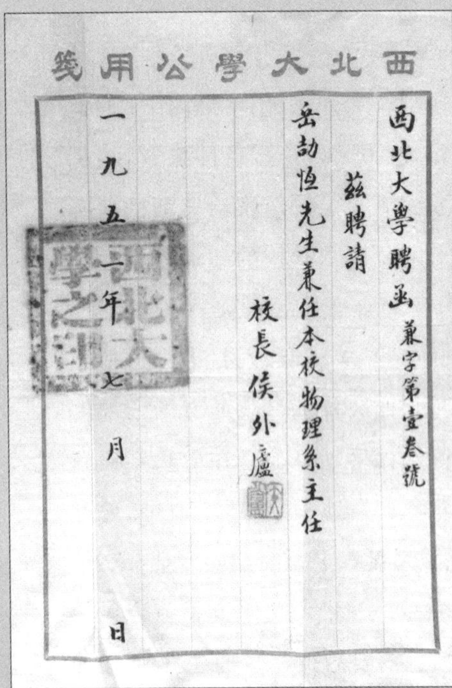

西北大學公用箋

西北大學聘函 兼字第壹叁號

茲聘請

岳劼恒先生兼任本校物理系主任

校長 侯外廬

一九五一年七月 日

物理系主任聘书

奬狀

丙字第 號

國立西北大學校教員岳劼恒在該校連續服務拾年以上按照教員服務奬勵規則之規定特授與勇字服務奬狀此狀

部長 朱家驊

中華民國三十六年十一月 日

中华民国教育部颁发的奖状

1941年9月21日，国立西北大学日蚀观测队合影留念，中排站立者右起第五人为岳劼恒教授

国立西北大学物理系1940班师生合影(前排右三为岳劼恒,右六为胡庶华)

在物理系,岳劼恒则以“凡是”出名:凡是物理类课程都能讲授，凡是没有人能讲授的课程都由他承担，凡是他讲授的课程都由他自己亲自编写教材。他先后讲授了14门课程,为物理系编写了十几种讲义。

侯外庐校长到任后，岳劼恒改任西北大学教务长,后任副校长。

1961年年初，岳劼恒被诊断出患有严重的心血管疾病,但是他仍抱病坚持工作。5月24日，岳劼恒在西北大学校务委员扩大会议上讲话时,不幸突发脑溢血,溘然长逝。著名物理学家、时任北京大学副校长的周培源教授在唁电中称，岳劼恒的逝世是“教育界和物理学界的极大损失”。

2011年物理系师生举行纪念岳劼恒活动

贺　龙

张治中

杨明轩

江隆基

1949年后，西北军政委员会贺龙、张治中、杨明轩、江隆基等领导多次来西北大学做报告和指导工作。

侯外庐治校

从 1950 年到 1958 年，侯外庐在西北大学做校长的日子不到十年，但是在西大人的心目中，他始终是可亲可敬的老校长。

侯外庐校长

1950 年 3 月 10 日，周恩来总理亲自签署了政人字第 52 号中央人民政府政务院令，任命侯外庐为西北大学校长。《光明日报》就侯外庐出任西北大学校长发表评论说：“侯外庐先生出掌西北大学，不仅给西北大学师生员工带来欢欣，就是整个西北的人民，也会为西北最高学府领导得人而高兴。”

刚到西北大学，侯外庐就提出了“新三风”，即师生互动、教学相长的新校风，实事求是、严肃工作的新学风，理论与实际相结合的新研究风。

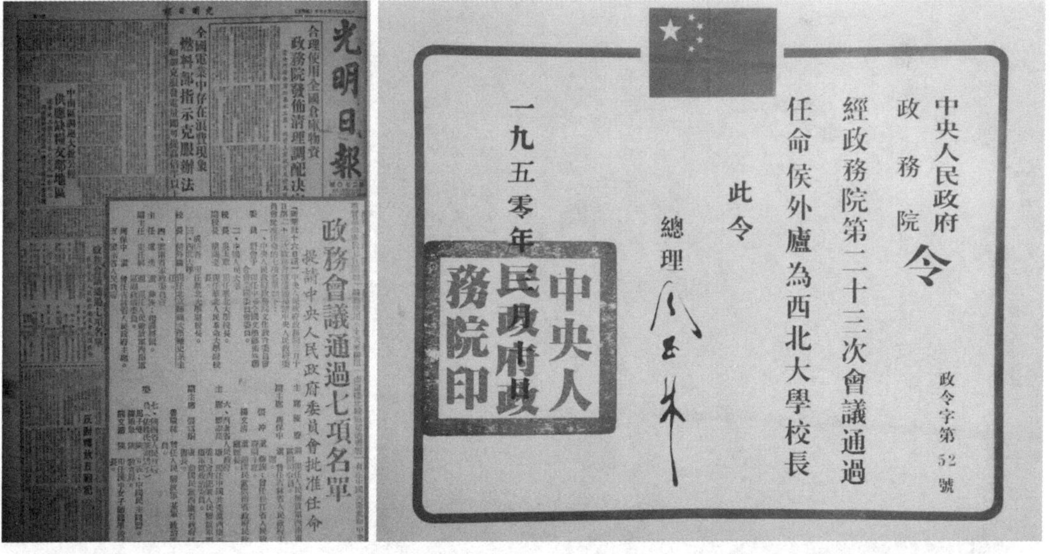
光明日報

合理使用全國倉庫物資 政務院發佈清理調配決定

全國電業中存在浪費現象 燃料部指示克服辦法

政務會議通過七項名單 提請中央人民政府委員會批准任命

中央人民政府政務院令

政令字第52號

經政務院第二十三次會議通過

任命侯外盧為西北大學校長

此令

總理 周恩来

一九五零年

中央人民政府政務院印

1950 年 3 月 10 日，中央人民政府政务院第二十三次会议通过任命著名历史学家侯外庐教授任西北大学校长

1948年11月3日,乘"华中"号客轮由香港赴东北解放区时侯外庐与郭沫若合影

20世纪50年代侯外庐校长(左二)陪同外宾参观西北大学

一九五〇年九月十六日　新西大學習報　（一）

新西大學習報

第一期

國立西北大學

學習報編委會

新三風

代發刊詞

侯外廬

西大的新生

岳劼恒

1950 年 9 月 16 日，侯外庐为《新西大学习报》第一期撰写代发刊词《新三风》，倡导树立新校风、新学风、新研究风

侯外庐提出“一切为了教学，一切围绕教学，一切归到教学”，他认为教师是学校的主体，是整个工作过程的枢纽。在西北大学工作期间，他花大力气建设教师队伍，一方面千方百计聘请学有专长的专家学者来校任教，一方面加紧对青年教师的培养。他要求青年教师能“下水游泳”，将教学实践和科学研究紧密结合起来，并且在工作中“层层加码”：“我看你们刚刚能肩负 50 斤，我立即加码到 60 斤；你能挑 60 斤的担子，我立即让你挑 70 斤的……”

在侯外庐的魅力感召下，一时间，西北大学俊彦荟萃，名师云集，形成了强大的师资阵容。侯外庐还利用自己在学界深广的人脉，请顾颉刚、华罗庚、翁文灏、尹达、唐兰、陈梦家、千家驹等学术大家来校做报告，令西大的师生广受教益，眼界大开。

作为中华人民共和国成立后西北大学的首任校长，侯外庐为西北大学日后的发展开了个精彩的好头。学校得到了快速的发展，办学质量和水平均居全国高校前列。1951 年，教育部召集北京中等专业以上学校开会，副部长钱俊瑞在题为《用爱国主义克服客观主义》的报告中说：“前派人赴各地视察，所得结果，以西北大学情形为最好，进步为最快。”并号召“各校向西北大学看齐”。

张伯声创办矿产和石油地质专修科

张伯声院士

1952 年，北京，全国高等学校院系调整会议。

正是在这次会议上，地质部向全国仅有的几所综合大学的地质学系提出了开办增招 400 人的矿产地质和石油地质专修科，为刚刚成立的中华人民共和国培养勘查开发地下资源和各类矿产的地质勘探人才。一时间举座寂然。静默良久之后，地质学家张伯声拍案而起，代表西北大学接受了这项任务。

张伯声给西北大学带回了一项无比艰巨的任务。要知道，中华人民共和国成立前西北大学的地质学系每年最多只招 10 名学生，1950 年地质系扩招，石油地质专业也只招收了 60 名。一下子招 400 人进来，教学工作如何开展呢？张伯声说："我也知道我们没有力量招这么多，但国家建设急需这方面的人才，

张伯声指导学生

西大校园内的张伯声雕像

我怎么能忍心说不招呢？我们总要想个办法嘛！”

急国家之所急，为祖国建设培养急需的人才，这正是高等教育的担当。可是在当时的情况下，由一个系承担400人的教学任务，这在全国也是罕见的。为了能集中力量培养专修科的学生，地质系不得不忍痛将辛勤培养的二、三、四年级学生在院系调整时转给了北京地质学院。

没有教学计划，自己订；没有教材，自己编；没有标本，结合实习组织学生到野外自己采；没有足够的教师，除了自己尽量多讲课以外，从外边想方设法聘请。为了编写讲义，张伯声翻译了大量的英、德、法文资料，年过半百的他甚至还突击学起了俄文。专修科学生在校的时间虽然只有两年，但是地质学系却为他们制定了严格的教学计划，最终将这些学生全部培养成地质技术人才。

1953年和1954年，地质学系又各招收了200名石油地质专业学生。到1956年，西北大学地质学系共为我国地质勘探队伍输送了1260名地质技术人才。新疆、东北、中原，从荒凉的戈壁大漠到辽阔的东南海域，中国哪里有油有气，哪里就活跃着西大学子的身影。20世纪80年代中期，在全国14个大油田中，一度有13个油田的局长或总地质师出自西北大学地质学系。

几十年里，西大学子用自己的青春和才智谱写了一曲壮丽的“中国石油之歌”，也为母校赢得了极高的声誉。西北大学被誉为“中华石油英才之母”，张伯声功不可没。

刘端棻主持校政

刘端棻校长

20世纪50年代西北大学的一把手，从侯外庐到刘端棻，有一个交叉接替的过程。刘端棻是1953年暑期调来西北大学的，先是协助侯外庐校长工作。1954年9月，侯外庐调京后，他实际主持学校工作，但仍称“刘副校长”。直到1959年2月，经中共中央批准，刘端棻出任西北大学党委第一书记、校长，取掉了“副”字。

刘端棻是来自延安的老教育家，有比较丰富的根据地办学经验。他在西北大学建立健全党的组织，加强党对学校的领导，贯彻党的教育方针等方面做了大量工作。他把延安时期重视德育、重视思想教育的优良传统和艰苦奋斗的思想作风带到西北大学。他在长期的教育实践中形成了艰苦朴素的工作作风，注意深入实际，调查研究，密切联系师生员工，平易近人，善于做扎实细致的思想工作。他重视教师队伍和干部队伍的建设，为学校培养了一批教学业务骨干和管理人员。在延安时期负责过教材编写工作的他格外重视基础课教学，因而学生一般专业底子扎实，有后劲。

1958年，在他的主持下，学校从中文系、数学系、物理系、化学系、生物系、政治课教研室、外语教研室、体育教研室等单位，抽调教师、干部约30人支援延安大学，协助延大拟定教学计划并为学生授课。有的教师后来留在延大工作。1960年，生物系陈宗岱教授以56岁的年龄，奉调支援筹建宁夏大学，并任宁大生物系主任。据统计，从1958年至1960年，西大为省内外六十多所高等学校培养进修教师三百多名。1958年，为了促进地方科研事业发展，西北大学还与中国科学院、中国科学院陕西分院联合建立了十个研究所、室。后来这些研究所、室划归中国科学院和陕西省有关科研单位。

1960年10月，刘端棻调省上工作，但仍兼任西北大学校长直到“文革”。他先后主持校政12年，平心而论，在那个政治动荡的非常时期，领导一所大学，苦苦支撑，上下应付，实属不易，工作的成绩是主要的。“文革”中，造反派赶他搬离西大，就很不得人心，引起大多数教职工不满。西大人仍然怀念这位清正廉洁、朴实忠厚的老校长。

1958年西北大学与中国科学院联办科研机构简况

名　称	隶属单位	负责人	发展去向
化学研究所	中国科学院	所　长　刘致和 副所长　常　滔	中国科学院青海盐湖研究所
半导体研究所	中国科学院	所　长　刘　端 副所长　王永瑜　余正龙	人员分散在天津半导体所、骊山微电子公司及东北科研单位
物理研究所	中国科学院陕西分院	所　长　姚洲陶	部分到西安光学精密机械研究所，部分到骊山微电子公司
核子物理研究所	中国科学院	负责人　张景勋	西安光学精密机械研究所
电子学研究所	中国科学院	负责人　岳　忏	西安分院电子所，后合并到兰州分院
计算数学研究室	中国科学院	主　任　肖克平 副主任　张　棣	航空航天部航空计算技术研究所
生物研究所	中国科学院陕西分院	所　长　曹　达 副所长　米秀山	陕西省生物地理研究所、动物研究所、植物园等
地理研究所	中国科学院陕西分院	所　长　王成敬	陕西省生物地理研究所
历史研究所	中国科学院陕西分院	所　长　郭绳武	陕西省社会科学院
考古研究所	中国科学院陕西分院	所　长　王家广	陕西省考古研究所

“文革”时期批斗刘端棻

反右斗争

张宣老人

1957年“反右”风暴在西北大学轰轰烈烈地展开。全校共定右派分子172人，其中教职工42人，学生130人，超额完成任务。中文系一年级60个学生定了8个右派，数学系三年级30个学生，定了4个右派，占13%。最初是共产党整风，鼓励和动员大家给党提意见，后来最高决策者认为有敌人（右派）乘整风之机向党进攻，于是转而反击右派。经济系教师中划右派的最多，当过系主任的邢润雨，著名人物刘不同，还有程元斟、钱祝钧均被划为右派。历史系二年级调干学生霍力攻勤于思考，党的“八大”召开之前，曾将自己写的关于经济问题的文稿寄送党中央，被转到《学习》杂志，受到审阅者的批评和嘲讽。鸣放中，他在“自由讲坛”上发表题为《共产党有无建设社会主义的诚意》的演说，题目耸人听闻，而内容不过是认为工农业产品价格剪刀差太大，要求提高农产品价格，维护农民利益。但仅凭这题目已足够给他戴上右派的帽子。政治课教师张宣在全校大会上批评霍力攻，说霍力攻的言论是托洛茨基主义的倒影。大家觉得张宣的批判尖锐深刻。不料几个月后，张宣也被当作右派揪出，大家又说：大水冲了龙王庙，一家人不识一家人。张宣原是一位资深老干部，1952年主持西北民族学院工作时受到错误处理，被开除党籍，此时揪出他表面上是翻老案，背后却是为了填补陕西省级干部中没有划为右派者的空白。

劫后余生的霍力攻

对右派处理，有开除公职、学籍送去劳动教养的，有留在学校劳动改造的，也有仍留在工作学习岗位的。数学系教师陈文福被下放干部带到岚皋改造，1959年在一次整风中被逼自杀。中文系教师刘思虹戴帽后到资料室工作，他原有

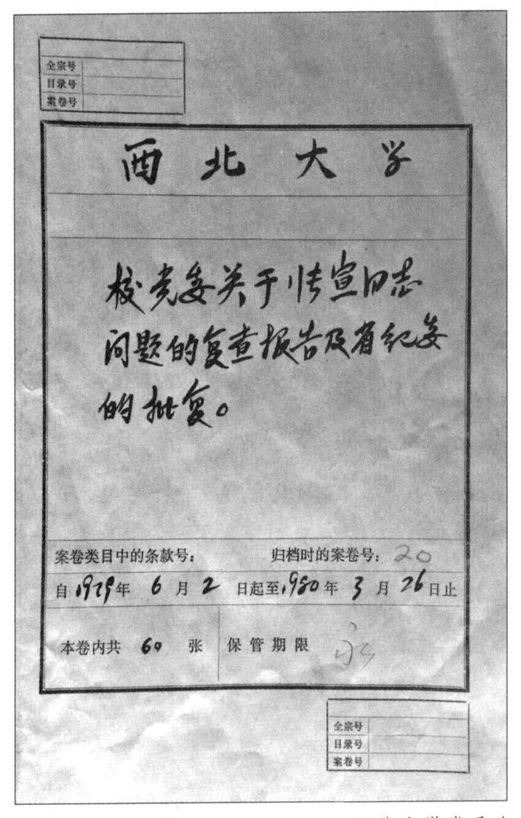

全宗号
目录号
案卷号

西北大学

校党委关于张宣同志问题的复查报告及省纪委的批复。

案卷类目中的条款号： 归档时的案卷号：20

自1979年6月2日起至1980年3月26日止

本卷内共60张 保管期限 永

全宗号
目录号
案卷号

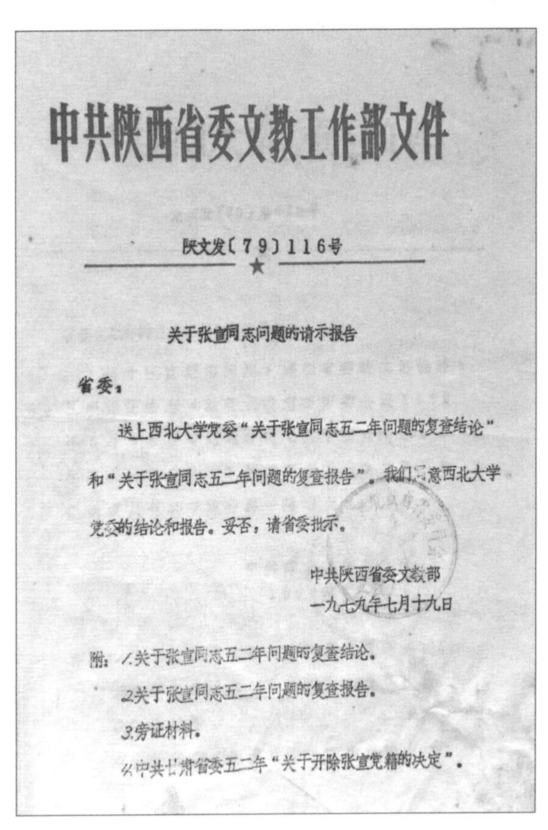

中共陕西省委文教工作部文件

陕文发〔79〕116号

★

关于张宣同志问题的请示报告

省委：

送上西北大学党委“关于张宣同志五二年问题的复查结论”和“关于张宣同志五二年问题的复查报告”。我们同意西北大学党委的结论和报告。妥否，请省委批示。

中共陕西省委文教部
一九七九年七月十九日

附：1.关于张宣同志五二年问题的复查结论。
2.关于张宣同志五二年问题的复查报告。
3.旁证材料。
4.中共甘肃省委五二年“关于开除张宣党籍的决定”。

西北大学党委为老干部张宣同志平反

肺炎，积郁病重而殁，其妻为家庭妇女，因夫亡神经失常，几个子女被送到孤儿院。1979年后，绝大多数右派都得到改正安排。霍力攻在“文革”中仍不甘寂寞，对两报一刊发表的“权威”文章《无产阶级专政与无产阶级文化大革命》公然进行批判，找出不少理论上的“硬伤”，又被戴上“现行反革命”的帽子，判处20年徒刑，差一点处死。“文革”结束后这一判决也得到改正，霍力攻从劳教处出来还没找到工作单位，反右时主持工作的西北大学党委书记刘端棻当时任陕西省社会科学院院长，把他要到院里做研究工作。这可以说是化干戈为玉帛，相逢一笑泯恩仇吧！1995年，霍力攻将几十年执着探索的理论成果汇成35万字的《商品论》一书出版，他没有忘记给“不打不成交”的张宣老师送去一本。遗憾的是老校长刘端棻已于3年前去世，没有看到他的心血之作。张宣的问题在胡耀邦同志的亲自过问下来了个“双平反”，既平反了1957年的“右派”错案，也平反了1952年的“反党”错案，并回到西北民族学院，书记、院长一肩挑，甩开膀子，大刀阔斧干了两年。他离休后仍回到西北大学，晚景尚称祥和如意。张宣老人2012年去世，高寿97岁，晚年出版回忆录3卷，自称“寿补蹉跎”。

“大跃进”热浪滚滚

1958年，全国“大跃进”，西北大学也发烧。年初开始增温，到年中就已是高烧了。5月30日，在全校师生员工大会上，校党委书记刘端棻做了“大跃进”动员报告。8月7日，他又向全校报告“跃进规划纲要”，提出要办“万人大学”“共产主义大学”。9月5日，校党委扩大会议决定紧跟“公社化”热潮，奋战5天建成“西北大学人民公社”。11月3日，学校又提出一个响亮口号：“一风吹五浪”，具体内容就是五个“大搞”：大搞生产、大搞科研、大搞学术批判、大搞军体活动、大搞写作。在西北大学校园广为流传的“一个鸡一天下24个蛋”的笑话就发生在这个时候。当时生物系有人在全校跃进大会上介绍该系的跃进计划，其中有一项是让母鸡提高生蛋率，一天下2至4个蛋，人们误听成24个蛋，引起哄堂大笑。其实2至4个蛋也属浮夸吹牛，不可能实现。

西北大學

XIBEI DAXUE

內容提要

第一版 展覽館總說明。

第二版 大办工厂以来學校概况。政治掛帥，厚今薄古，邊干邊學。

第三版 面向生产，面向实际，为祖国的建設事業服务。

第四版 解放思想，大搞創造，攀登科学高峯。

西北大學紅專跃進展覽館介紹

展覽館總說明

共产主义教育的萌芽生長出来了。

我們正向着共产主义的西北大學前進！

一年多的整风运动最后掀起了一場轟轟烈烈的教育大革命，这是必然的結果。从七月一日以来學校大办工厂，使我們的勤工儉學和教學改革走上一个新的阶段，使我們更加认識到党和毛主席所指示的教育为政治服務，教育与生产劳动相結合的教育方針必須堅决貫徹执行。

我們的學校是學校，但又是工厂，又是农場。我們有教學，有研究，有生产，三者統一。

我們是知識分子，但又是工人，又是农民。我們要用腦力劳动，但又要用体力劳动。

我們的先生是先生，但又當學生。我們的學生是學生，但也可當先生。學校的領导是領导者，但也是普通同志。我們要師生合作，团結一致，教學相長，共同劳动，上下結合。

在党的領导下，學校是我們办的，但學校又是廣大的工人、农民及社会各方面都支持并帮助我們办的。

學校与社会，教育与生产，腦力与体力，知識分子与工农，先生与學生都开始密切結合起来。这不是共产主义教育的萌芽嗎？我們通过这个展覽会一定能夠得到一些啓示。

为着貫徹党和毛主席的教育方針，从七月十日晚上掀起了办工厂的熱潮到目前一个多月的时間，对學校一个偉大的良好开端来說，全校師生的努力成績是巨大的。但我們也必須认識到这僅是一个偉大的开端。我們还要开更多更好的花，結更多更好的果。我們还要虛心学习，破除迷信，解放思想，再接再厉。

我們只要堅决执行党和毛主席的教育方針，在党的总路綫光輝照耀下，就能多快好省地建立一座共产主义的大學。

为祖国社会主义共产主义的建設的偉大勝利而奋勇前進！

为着粉碎帝国主义的侵略政策，保卫世界和平而奋勇前進！

第二版　西北大学校刊　1958年8月　星期二

大办工廠以來学校概况

政治掛帥，厚今薄古，邊干邊学

大跃进时期的西北大学校刊

与此同时,“大炼钢铁”也少不了西北大学。从上到下,都要请“钢铁元帅升帐”。全国的目标是1070万吨,西北大学也要在1958年10月完成50吨的任务。为此学校成立了“钢铁指挥部”,建起了“钢铁厂”,修了36座土高炉,据统计炼出了6756公斤钢铁,当然多是废品。地质系的教师和学生这时下到地方都成了“神”,这里指指,那里探探,说有矿,跟在后面的地方干部马上会叫来成百上千群众拿着铁锹开挖,闹了不少笑话。

大跃进时期的宣传画

这期间,打麻雀也被说成是一项重要的“政治任务”。后来又说麻雀是益鸟,不要再打了。

还有体育“大跃进”,弄虚作假,实现百分之百“达标”,还有莫名其妙的“扫舞盲”,等等。

一些资深名教授躲过初一,躲不过十五,“反右”刚结束,在“大搞学术批判”中又成为靶子,中文系是张西堂、傅庚生,数学系是刘亦珩、杨永芳,生物系是张见石、李中宪、陈宗岱,历史系则大批“争稿费”的陈登原。当然这比起后来的“文革”,只是“毛毛雨”了。

如此折腾,正常的教学秩序遭到破坏,教学工作基本处于停顿状态。

下放干部在岚皋

下放干部在劳动

岚皋风光

“巴山之下，岚河之滨，建了座水电站，电线杆排成一溜溜，电灯泡像个大鸡蛋。水电站，天天发电。”这是西北大学下放干部徐令德写的谐趣诗，歌颂西北大学在陕南岚皋县修水电站的事，当时流传甚广。1957年“反右”后，加强了对知识分子的改造，西北大学把许多教职员送到农村劳动锻炼，称为干部下放。从1958年到1961年，西北大学共下放了三批干部，约250人，另有带去劳改的右派约20人，地点在大巴山区岚皋县（有少数干部在西安郊区路家湾下放一年）。当时的岚皋非常落后闭塞，不通公路，不知车为何物，运输全靠背扛肩挑，自安康至岚皋90里，全是羊肠小道，要走两天。西北大学下放干部直接到农业社（后来是公社生产队）里，与农民同吃同住同劳动。当时正值大跃进，大修水利（梯田）、大炼钢铁、种卫星田等活动，下放干部都参加了，挑灯夜战、大雨中干活也都亲历过。下放如何评价，亲历者看法也不一致。多数人认为：帮助岚皋经济文化建设是好的，如办岚皋大学、开识字班、田舍郎搜集民歌、孟昭燕给农

西北大学第一期下放岚皋干部合影

回忆录《岚皋岁月》

刘端棻校长到岚皋看望下放干部时和大家一块用餐

民看病、物理系办水电站、地理系搞测量、地质系找矿,受到当地政府群众欢迎。知识分子下到底层,体会到农民的淳厚保守,山区的原始落后,大跃进的荒谬后果,这就克服了脱离实际的弊病,认识了群众,认识了社会。下放中对知识分子的改造有些简单严苛。生物系教师张子健性格倔强内向,被认为不服改造,延长劳动一年,继而又在1959年补定右派、开除公职、劳动教养,这一惩罚过于粗暴。

归属心结(从部属到省属)

国立西北联合大学校门

不同时期的校徽

西北大学原为“国立”。中华人民共和国成立前，校名前总要加上“国立”二字，即“国立西北大学”“国立西北联合大学”。1950年12月8日，中央人民政府教育部通知，全国公立学校概不加“国立”“省立”或“公立”字样。从此，“国立西北大学”的称呼不复存在，直呼“西北大学”。虽然取消了“国立”二字，但西北大学仍是“部属”，学校的重要人事任免和院系设置等重大问题均由教育部决定。1954年8月，西北大学和兰州大学等校明确交由教育部直接领导。

1958年4月，情况有了变化。中央发出了一个关于下放高校和中技的文件，并召开教育工作会议予以传达贯彻。最终把大部分高等学校和中等专业技术学校下放地方，部属高校只保留了42所。就在这年7月，西北大学正式从“部属”变成“省属”。可以说，这一变化完全是中央的决定，怪不了省上，更怪不了时任校长刘端棻。

但是，两年后当中央决定增设一批全国重点高校时，名单本来列有西北大学，却因陕西省委不同意而取消。西大人对此殊难理解，成为一个心结。

下放后的西北大学，在投资强度、基本建设、专业设置、招生分配、吸引人才、科研课题、对外开放、发展规模等许多方面均受到极大限制和影响，最明显的一个例子就是西大人引以自豪、给国家培养了大批急需人才的石油专业却因本省不需要而被迫下马。

后来，学校曾想把“省属”变回“部属”，做过许多努力，均无济于事，这个归属心结始终未能解开。

紫藤园雪景

太白校区西门

试行“高教六十条”

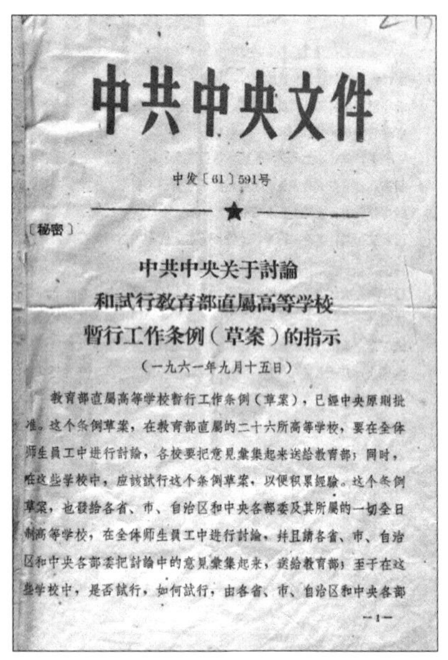
中共中央文件

中发〔61〕591号

〔秘密〕

中共中央关于討論和試行教育部直屬高等学校暂行工作条例（草案）的指示

（一九六一年九月十五日）

教育部直屬高等学校暂行工作条例（草案），已經中央原則批准。这个条例草案，在教育部直屬的二十六所高等学校，要在全体师生員工中进行討論，各校要把意見彙集起来送給教育部；同时，在这些学校中，应該試行这个条例草案，以便积累經驗。这个条例草案，也發給各省、市、自治区和中央各部委及其所屬的一切全日制高等学校，在全体师生員工中进行討論，并且請各省、市、自治区和中央各部委把討論中的意見彙集起来，送給教育部；至于在这些学校中，是否試行，如何試行，由各省、市、自治区和中央各部

—1—

中共中央批转教育部“高教六十条”

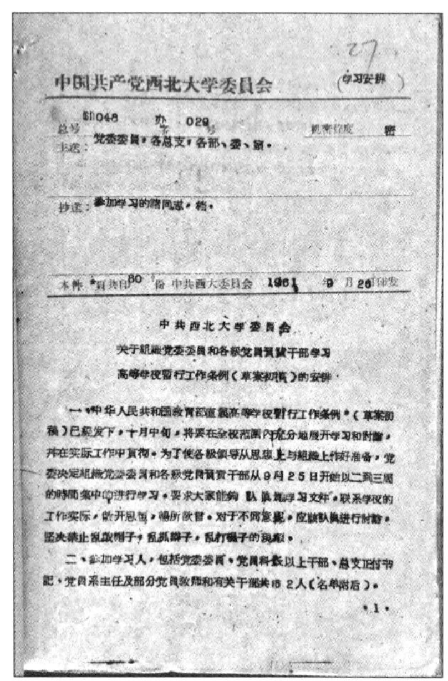
中国共产党西北大学委员会（学习安排）

总号 61048 办 029号 机密程度 密

主送：党委委員，各总支，各部、委、室。

抄送：参加学习的諸同志，档。

本件共印80份 中共西大委員会 1961年9月26日印发

中共西北大学委員会

关于組織党委委員和各級党員領導干部学习高等学校暂行工作条例（草案初稿）的安排

一、《中华人民共和國教育部直屬高等学校暫行工作条例》（草案初稿）已經发下，十月中旬，将要在全校范圍內充分地展开学习和討論，并在实际工作中貫徹。为了使各級領导从思想上与組織上作好准备，党委决定組織党委委員和各級党員領導干部从9月25日开始以二到三周的時間集中的进行学习。要求大家能夠認眞地学习文件，联系学校的工作实际，敞开思想，暢所欲言。对于不同意見，应該認眞进行討論。坚决禁止亂戴帽子，亂抓辮子，亂打棍子的現象。

二、参加学习人，包括党委委員，党員科长以上干部，总支正付书記，党員系主任及部分党員教師和有关干部共182人（名单附后）。

·1·

西北大学党委贯彻“高教六十条”文件

“大跃进”热过头，全国进入三年困难时期，不得不冷静下来。这时就出了个纠偏的“高教六十条”。主要是纠正“三多”：政治运动多，生产劳动多，社会活动多。“三多”的直接后果就是冲击学校正常的教学秩序，学生的学习时间得不到保证。这一时期由于吃不饱饭，营养不良，一些师生得了浮肿病，不得不强调劳逸结合、休养生息。

对于贯彻“高教六十条”，校长刘端棻也是积极认真的。他首先召开党委扩大会议和校务委员会，学习文件，提高认识，总结经验，研究制订贯彻“高教六十条”的具体措施。在此基础上，学校着重抓专业设置的调整，加强基础课教学，开展科学研究，调动广大教师的积极性，下大力气提高教学质量，把学校的工作重心扳回到以教学为主的正常轨道上来。这时，各系开始重新制订教学计划，修订教学大纲，认真编写教材，大力加强“三基”即基础知识、基本理论、基本技能，并针对过去几年基础课削弱、基本训练太差的现状，对学生进行“回炉补课”。当时还明确规定了每周的时间安排：全校学生每周活动总量应控制在52学时以内，其中课堂教学和自习时间44学时，课外集体活动8学时。

“高教六十条”在西北大学的贯彻执行收到了较好的效果。

校园晨读

1962年校庆

20世纪40年代,西北大学校庆的届数是从1939年西北联合大学改名为西北大学算起的。1949年刚解放不久,学校依先例举行了第10届校庆。后觉不妥,又提前2年,从1937年西安临时大学成立算起,1957年应该是西北大学第20届大庆了,本应隆重操办,却因“反右”吃紧,无暇他顾。5年后,政治气氛有所缓和,随着“高教六十条”的贯彻,学校开始把学术研究提到日程上。这时正逢第25届校庆,学校遂决定以调动教师积极性、开展学术讨论为主题,举办校庆活动。

1962年11月25日,学校在大礼堂举行了庆祝大会,贵客盈门,济济一堂。刘端棻校长请来了西北局宣传部副部长陈舜瑶(宋平夫人)、省文教办副主任魏明中以及几位兄弟院校掌门。他们热烈祝贺,畅谈合作,共话发展,全场气氛十分活跃。与会师生皆兴致勃勃,情绪高涨。

大会前后,各系纷纷召开学术讨论会,众多教师踊跃提供论文,进行了广泛交流和深入探讨。据统计,大会期间提交的论文有246篇。张伯声教授就他的地壳镶嵌构造学说写了两篇论文,已故的岳劼恒教授生前的研究成果也被青年教师整理成两篇论文。此外,马长寿、郭绳武、傅庚生、吴养曾、张见石、冯师颜、沈石年等诸位先生都在自己的论文中发表了独特的学术见解。

校庆期间,老校长侯外庐从北京赶来,做了几场报告,还在文科教师座谈会上与大家亲切交谈,切磋感兴趣的学术问题,为这次校庆增色不少。

此外,校系两级还邀请了约30名校外专家名流来校讲学,进行学术交流。后来调到西北大学的高鸿院士当时就来校做了分析化学和波光谱方面的学术报告。

可以说,第25届校庆的学术活动是那个政治风云变幻无常的年代难得的一个亮点、一桩盛事。没过多久,政治气候就变了,以致《西北大学25周年校庆学术论文集》共9个分册编辑完成,即将付印,却最终未能和广大师生见面。《论文集》收入的傅庚生先生的文章《学古阐微》,因未留底稿,就如同王耀东那枚冠军奖章一样,再也找不到了。

后来政治气候多云转阴,黑云压城,终于在几年后酿成一场暴风雨——持续10年的“文革”浩劫。

20 世纪 60 年代化学系学生在做实验

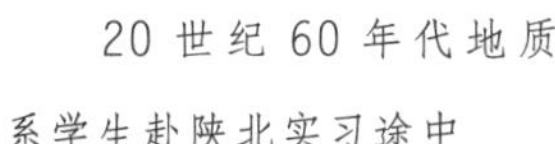

20 世纪 60 年代地质系学生赴陕北实习途中

20 世纪 60 年代地理系学生进行地形测量实习

校办农场

由于决策失误，我国农业生产自20世纪50年代起低迷徘徊了长达二十余年。1959年后，农产品严重短缺，有一年每人只发了一尺八寸布票，用来补旧衣。由于食品匮乏，营养不足，西北大学部分师生开始浮肿，小腿肚子一压就是个窝。为了改善师生膳食，西北大学自60年代开始自办农场，种粮养猪。先在周至、临潼、陕北办，为时不长，后来在大荔县沙苑办的农场持续了二十多年。除专职人员和劳改的各类分子外，师生也轮流到这里劳动锻炼。农场对改善教职员工生活不无小补，如每年发半斤或一斤猪肉，对学生食堂的补助更多些。师生如到农场劳动，主副食的补助都较可观，食欲能大体满足，这在那个年代是很不易的。大荔盛产花生和红枣，教职员每到大荔劳动一次，总要买些带回，这是当时在西安买不到的食品。学校每年也给教职工发几斤花生。大荔城内的饭馆还有很丰盛的肉菜——带把肘子，更是西安饭馆所无，经济不太紧的人往往不惜由农场徒步15里，进大荔县城饱餐一顿。这个农场到“文化大革命”结束之后几年才停办。

西北大学师生在农场劳动

“文革”中的西北大学

“文革”是自上而下祸及全国的运动，高校是重灾区，西北大学概莫能外。

1966年7月，陕西省委工作队进校，取代校党委领导运动，但没多久就因“方向路线错误”黯然撤离。校党委瘫痪，学校出现无政府状态，师生员工分为两派。10月初，包括两派在内的大批师生有组织赴京，于18日接受毛主席检阅，两派后在北京地质学院发生冲突。

1967年1月，西北大学造反派夺取学校大权。6月间成立了“革委会”。但是，掌权后的革委会内部又出现分裂倾向，对被结合的资深老干部吴大羽(任第一副主任)的看法发生分歧，有了所谓“高派”和“金派”。到了9月，一些学生离开学校参加社会上的武斗，物理系有个学生失踪了，邻校还死了十几个学生。这期间，校园一片乱象，乱揪斗，乱抄家，给一些领导干部和老教授戴上高帽，挂上牌子，侮辱、殴打、游校，关进“牛棚”，有人竟高呼“触及皮肉才能触及灵魂”“革命的打、砸、抢万岁”等恐怖口号。中文系一年级有个战斗队起名“铁扫帚”，扫遍全校，以打人凶狠著称。他们勒令傅庚生教授到学生宿舍，用点燃的烟头在其脸上乱烧。批斗老干部张宣时，他不愿低头弯腰，有个学生挥拳便打，张宣头上当即起了个大包。孟昭燕老师给学生们讲道理，却被打得遍体鳞伤，卧床数月。老校长刘端棻也横遭皮肉之苦，被中文系一年级一个姓倪的学生捅了一刀。还是中文系一年级，有个女生据说有小偷小摸行为，被她的同学拉到正在开饭的大食堂示众，脖子上挂了烂鞋破袜子，她承受不了，在学校附近的农村跳井自杀了。越是低年级，打人越厉害，少不更事的附中学生更是令女校长李鼎文吃

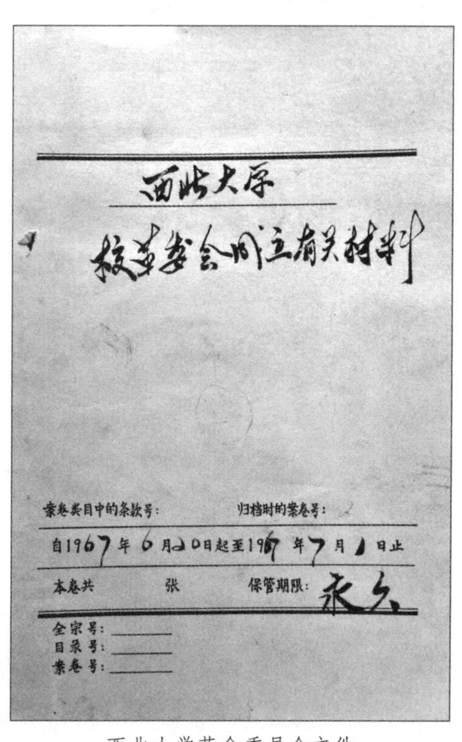
西北大学

校革委会成立有关材料

案卷类目中的条款号：　　归档时的案卷号：

自1967年6月20日起至1967年7月1日止

本卷共　　张　　保管期限：永久

全宗号：

目录号：

案卷号：

西北大学革命委员会文件

西北大学“文革”筹委会成立

尽苦头。这时,造反派内部的矛盾也有扩大和激化之势,眼看局面不可收拾。于是,上面又强调“大联合”“三结合”,但仍无法控制学校的混乱局面。

1968 年 8 月,七百多人的工宣队浩浩荡荡进驻西北大学,领导“斗、批、改”,“清理阶级队伍”。虽然对无法无天的“小将”多少起了些制约作用,学生打老师的现象不多见了,但是许多教师干部无辜被“隔离”,被以敌我矛盾对待,搞得人人自危。生物系有个教师,平日爱胡诌,自知难逃一劫,口里总是念叨:“怎么还不揪我?”被传为笑谈。物理系教师门甫曾经是“全国社会主义建设积极分子”,这时却因莫须有的问题被关在三层楼上。他想不开,打开窗户跳了下来,恰好被楼下路过的玻璃工王保申看见接住了,救下一命。生物系党总支书记马腾雄被查出是“复兴社特务”,而算算年龄,那时他只有 9 岁。原来在当年延安的“抢救”运动中,他的小学老师被逼乱招供,承认自己是特务,还要他交代发展了哪些人,他就把学生的名字都写出来交上,不曾想几十年后把工宣队引入了迷魂阵。为马腾雄的所谓“历史问题”,驻生物系的工宣队队长

批判资产阶级反动路线进军大会

“活学活用毛泽东思想经验”报告大会

1970 年学校干部与贫农教员合影

“文革”初期西北大学师生合影

西北大学师生进行政治学习

西北大学师生在毛泽东像前合影

和指导员争执不下,互相动手,打了起来。

生物系那位爱胡诌的教师倒说过一句大实话:“学校是老鼠尾巴，十棒槌也砸不出一滴油水来。”此话虽然作为抵制“清队”的消极言论上了《人民日报》,事实却证明花费大量人力、财力,派人跑遍全国到处外调的结果,只是瞎折腾,而对广大干部教师造成的伤害是深重的,久久难以平复。就这样，西北大学还被树为先进典型。北京有“六厂二校”,陕西有“一厂一校”(国棉一厂和西北大学)。外单位纷纷来校取经,其实也没什么“真经”可传,就把特招到西大附中的速算能手史丰收叫来给客人进行速算表演,倒是皆大欢喜。想来那时大家都是虚应故事。史丰收后来成为驰名中外的名人。驻校工宣队一度热衷于出“经验”,西北大学也被戏称为“经验大学”,客观而言,这在解放使用干部中也多少有一些积极影响。如对原党委副书记张逊斌,专案组(以西大干部为主)总是揪住不放,工宣队却作为已解放的典型事例写入经验材料中，他们把材料送出去，中央人民广播电台播出了,《解放军报》发表了,专案组那几个人胳膊扭不过大腿,也只好认了。

原本毛泽东对中华人民共和国成立后 17 年来的教育现状早有不满，到了 1971

“批林批孔”

学生们在排练节目

年，在张春桥、姚文元亲自修改定稿的《全国教育工作会议纪要》中就明确提出了“两个估计”，即：教育战线基本上是资产阶级专了无产阶级的政，原有教师大多数是资产阶级知识分子。这个“紧箍咒”一念，广大教师就头疼了，真可谓雪上加霜。西北大学领导层紧跟着组织人力编写了《西北大学解放17年来两条路线斗争史》（又称“调查报告”），无非是全盘否定西北大学的过去，给广大教师的头上再扣个“屎盆子”。

1971年2月，西北大学召开第六次党代会，军宣队的刘永义任党委书记；此后，当过京官的苏贯之接任校党委书记。在那个“左”的年代、“无产阶级革命”的年代,他们免不了紧跟形势, 在校内贯彻执行一些错误的做法。

1972 年 2 月,多年未招生、停课闹革命的西北大学开始招生。5 月 2 日,学校举行了首届工农兵学员开学典礼,682 名学生入校,其中就有后来成名的贾平凹。虽然最高指示是说“大学还是要办的,我这里指的主要是理工科大学还要办”,而实际上文科也招了,上面也默许了。此后又连招 4 届。5 届工农兵学员总计 2545 名。尽管当时强调“上管改”“开门办学”“以社会为课堂,以阶级斗争为主课”,教学极不规范,各种活动(拉练、挖防空洞、学军、学工、学农、学朝阳、教育革命、批林批孔之类)又占了大量时间, 但是教师还是尽其可能教了一些东西,学生还是学到了一些有用的知识。这批学生毕业后,有的考研深造,有的走上工作岗位,成为专业和管理上的骨干力量。西大也择优选留了一些, 补充到教师和干部队伍中,后来其中不少人进入校系领导岗位。

工宣队进校前后,学生分批分配离校,留下少数所谓“文革骨干”,后来也走人了。学生逐渐淡出学校权力核心。随着学校党委领导功能的恢复,工宣队也逐渐边缘化,大批队员回厂,留下少数作为陪衬。这些人直到 1977 年以后才悄然离校。

粉碎“四人帮”后,经过拨乱反正,推翻了“两个估计”,废除了那个《斗争史》(调查报告),恢复了高考,广大教师干部放下包袱,扬眉吐气,学校才走出长达十年的“文革”噩梦,步入正轨。

工农兵大学生入学

郭琦开创新局面

郭琦校长

郭琦曾经被西北大学人称作“花花公子”,不过,这个“花”是“花花草草”的“花”。郭琦出任西大校长后,积极规划、美化校园,草坪、喷泉、木香园,特别是紫藤园,都是在他亲自过问下建起来的。当时有些老师对此不以为然,觉得学校在经历了“文革”破坏后,有那么多大事要抓,一个校长整天摆弄花花草草,简直就是不务正业。但是在郭琦看来,一所大学首先要有优美的环境、温润的气质,才能让身处其中的学生感受到文化的浸润,才有利于启发心智,有助于学生气质的养成、人格的完善。

1977 年,当郭琦身负着拨乱反正、治理整顿的重任来到西北大学时,“文革”给他戴上的“反党反社会主义”的帽子还没有

郭琦校长与学者

郭琦率团访日

摘掉。正因为自己就是“左”的路线的受害者，郭琦深深了解正确的路线政策和稳定的社会局面对教育发展的重要性。在清查清理工作中，这位1937年入党的老布尔什维克始终保持着清醒的头脑，以自己丰富的经验和超人的工作魄力准确把握着政策执行的“度”，很快打开了工作局面，赢得了西大教职工的信赖。

郭琦曾经有过一个著名的比喻：“文科这条腿太短”，说的就是学校专业设置的情况，当时西北大学只有中文、历史两个文科系。在郭琦的建议和主导下，外语、经济、哲学、法律等系纷纷或恢复或增设，西北大学终于可以借助文理两条同样强健的“腿”，甩开大步奔向光明的未来。

作为一位革命家，更作为一位教育家，郭琦一贯尊重知识，尊重人才。在西大期间，郭琦在重点学科的建设上下了很大力气，更千方百计地扶植人才，培养学科带头人。对西北大学教师特别是文科教师的情况，郭琦了解得十分清楚，向其他人介绍起学校各系的科研情况和教师特长时，他总是如数家珍，头头是道。他曾说：“识别人才，当好伯乐，是大学校长的一项重要任务，如果做不到这点，就是失职。”

在郭琦校长任内，西北大学教学科研基础相对扎实、完善，特别是各学科的科学研究在1978年首次全国科学大会上表现突出。地质系、物理系、化学系、数学系及热化研究室受到大会表彰，有10项科研成果获全国科学大会奖，侯伯宇教授还获得了全国科学大会授予的“先进工作者”称号。

1978年全国科学大会西北大学获奖成果

获奖成果	获奖者
中国地壳的镶嵌构造和波浪运动	中国区域构造研究室张伯声等
西北黄土研究	地质系王永焱等
群论、角动量及规范场与磁单极的研究	物理系侯伯宇、张高有、王永康
环炉技术的研究	化学系分析化学教研室
高效低毒新农药的研制	西北大学五七化工厂
低温真空绝热量热斗的建立和常温下用绝热法测定液体、固体的真比热及溶解热	化学系热化学教研室
XWY-8型集成电路稳压电源	物理系半导体教研室
气体净化剂S2-1氧化锌脱硫剂和SH-2型钴钼有机硫加氢转化催化剂	化学系有机催化教研室
JKS-110小型多功能计算机及其在群控棉织提花机上的应用	数学系计算机教研室
多级火箭若干问题的探讨	数学系干丹岩、竺苗龙

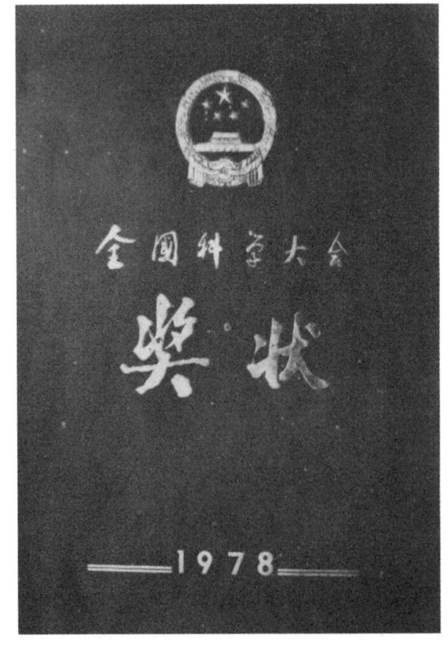

侯伯宇教授获全国科学大会奖

20 世纪 30 年代东北大学寄居西北大学时期修建的礼堂配楼

永远的“综合”

西北大学有百余年的历史，早期断断续续、停停办办(就“陕源”而言)，1937年后则总是分分合合、出出进进。但是，万变不离其宗，综合大学的特色永远保持着。

中华人民共和国成立之初，西北大学是教育部直属的全国14所综合大学之一，共有文、理、医、师范、财经5个学院，20个系科。随后，根据社会需要陆续增设石油、地矿、财会、统计、贸易、银行、金融等一批专业和系科。陕西省立师范专科学校南郑分校也并入西北大学。

正当此时，却遭遇全国范围的院系大调整。

1952年9月，西北大学外文系俄文组和俄文专修科与兰州大学俄文系调整出去，成立西北俄专(西安外国语大学前身)。

1954年8月，西北大学师范学院独立设置，成立西安师范学院(陕西师范大学前身)。

1958年9月，原中央政法干校西北分校与西北大学法律系合并，成立西北政法学院。

1960年9月，以西北大学经济系为基础成立陕西财贸学院（后改名陕西财经学院，现并入西安交通大学)。

如此一来，陕西多了几所高校，西北大学却掉了几大块“肉”。多亏西北大学作为根基深厚的老校，具有很强的再生能力。出去一个系，就再建一个系；缺一个专业，就补充一个专业。

1977年，政治经济学专业恢复招生，随后经济系恢复；1985年，西北大学经济管理学院正式挂牌。西大经济学从此生机勃勃，人才济济，迅猛发展，势头十足。

1979年，外语系恢复，2000年，西北大学外语学院成立，从单一的英语专业发展为英、日、俄、法、德5个语种。

1986年，法律系重建，2002年，西北大学法学院成立。依托法学院，2005年，学校成立了西部地区首家知识产权学院。

现在，西北大学已有25个院系，75个本科专业，成为一所文、史、哲、经、管、法、理、工、医多学科协调发展的真正意义上的综合大学。

值得一提的是，在院系调整中，西北大学并非全是有出无进，一个例外就是1972年陕西工业大学解体，该校化工系并入西北大学，从此，西北大学有了正儿八经的工科。

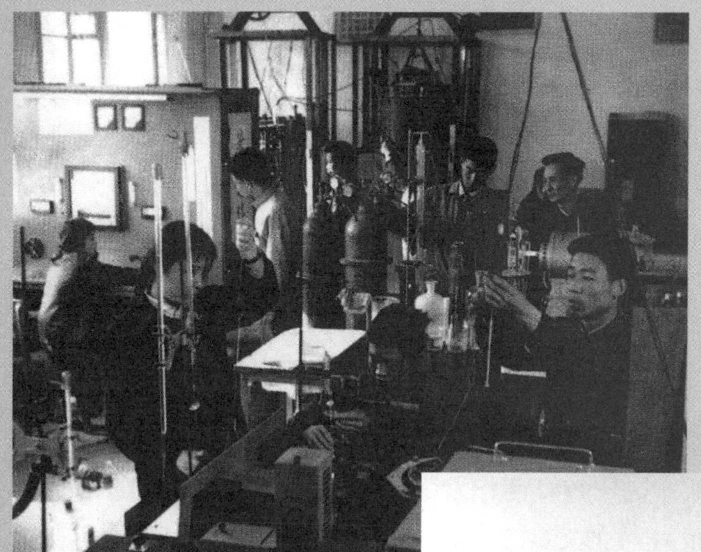

化学系学生在上实验课

建于20世纪70年代的西北大学化工楼

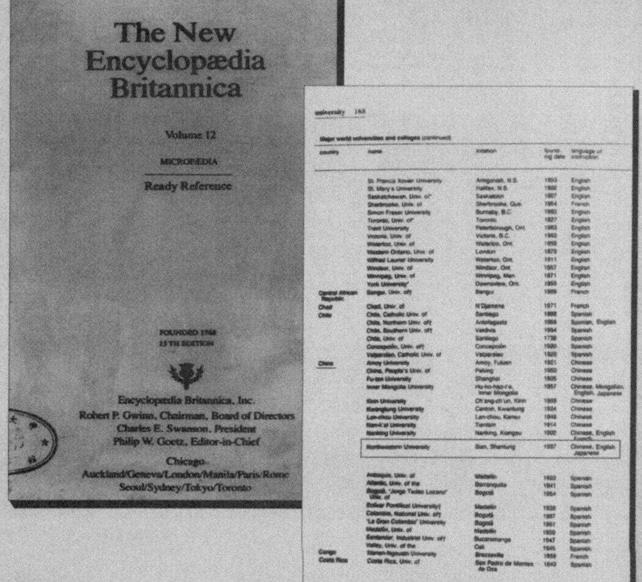

1985年出版的《大英百科全书》中,西北大学被列为世界著名大学之一

“为钱正名”的风波

张维迎教授

“在商品生产下，钱就是社会的奖章，得到钱，意味着你对社会做出了贡献，你完成了社会分工所赋予你的任务，社会对你予以嘉奖……获得钱，类似荣获战场上的英雄纪念奖章。”

这是1983年作为经济系研究生的张维迎在《中国青年报》刊发的文章《为“钱”正名》中的一段话。这段话在今天读来算不了什么，可是在当时刚刚改革开放不久的中国，却实实在在刺激了社会的神经。《中国青年报》为此专门配发了编者按，欢迎大家讨论。

张维迎之所以要为“钱”正名，是因为作为一个未来有志于经济学研究的人，他觉得当时的社会对钱的认识有所偏颇。但是他完全没有想到，自己居然一夜成名：一个在读研究

·4· 1983年8月9日

问题讨论

为“钱”正名

——有感于《中国青年报》的一则报道

西北大学经济系研究生 张维迎

编者按：张维迎同志投来的稿子，原文较长，这里只摘登其中几节。该文就“向钱看”问题提出了一些自己的看法，这些看法对不对呢？欢迎大家讨论。

引起风波的《为“钱”正名》

生的一篇文章会在全国引发了大讨论。随后,《光明日报》也加入进来,在“经济论坛”中刊登讨论文章。

杂志封面上的张维迎

更让张维迎没有想到的是,两三个月后,形势急转直下。这场关于《为“钱”正名》的讨论开始升级,学术思考变成了“自由化”“精神污染”,学术讨论变成了一场铺天盖地的大批判,连张维迎远在陕北吴堡县的不识字的父母都被人告知:“你家娃出事了。”

年轻的张维迎当时毕竟还没经过什么大风浪,在讨论中曾经主动向学校递交了《重视货币的功能 反对“一切向钱看”——对〈为“钱”正名〉一文的检查》。这时,一直关注着讨论的校党委书记郭琦却劝他不必急于做表态性检讨,特别是心口不一的违心检查。在郭琦的建议下,张维迎将文章副标题中的“检查”二字改为“再认识”。

张维迎的自我批评文章于当年12月底在《西北大学报》和《陕西日报》发表后,郭琦书记又提出,讨论会过多分散张维迎的精力,而他还要面临新学期繁重的学习任务,于是在寒假前将整个讨论告一段落。

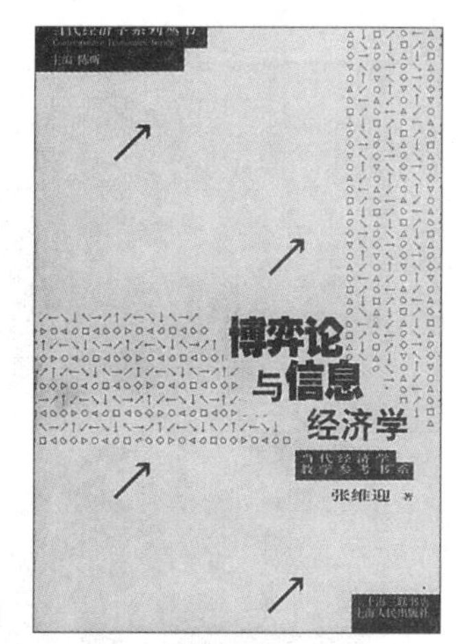

张维迎著作

在引发了一场轩然大波后,居然还能全身而退,继续完成自己的学业,张维迎能有这般令人不可思议的“好运气”,无疑得益于正值一个开始思想解放的好时代,更得益于身处崇尚学术精神自由的西北大学。在整个讨论过程中,郭琦一直坚持张维迎的文章只反映了作者由于马列主义理论修养不够而产生的一种片面认识,属于理论和学术的范畴。他反复强调,要将这次讨论按照“带学术性的认识问题”来对待,所有参与讨论的文章和发言都应该是“讲道理的,有充分说服力的”。

从西北大学毕业后,张维迎迅速显露锋芒。在中国经济学界,张维迎以性格直爽、言辞犀利著称,对中国经济社会中存在的种种问题和现象,张维迎总是放胆敢言,不时有观点引发社会争议。每当这个时候,人们总会忍不住回想起那个尚在西北大学读书的年轻的张维迎和他引发的那一场为“钱”正名的风波。

轰动一时的大学生文学杂志《希望》

《希望》是西北大学中文系七七级学生于1978年年底发起创办的校内综合性文学杂志，由方兢担任主编，王晓安、陈学超等七位同学为各栏目编辑。《希望》虽然只出刊四期，仅存在了一年，但所引起的轰动效应却十分强烈，被誉为全国高校最具影响力的学生刊物之一，在西大校史上留下了不可磨灭的印记。

当时，正值思想解放、文学复苏的大潮澎湃涌动，改革开放的号角奏响，人心振奋，百废待兴，大家感觉前景无限光明，国家、民族以及新时期的大学生都大有希望，故以《希望》作为刊名。《希望》所刊作品体裁多样，举凡小说、诗歌、散文、报告文学、杂文、剧本、随笔、电影故事以及评论、译作、外国作家与作品评介等一应俱全。基于为同学们提供一个发表习作园地的办刊初衷，杂志以发表校内师生作品为主，同时少

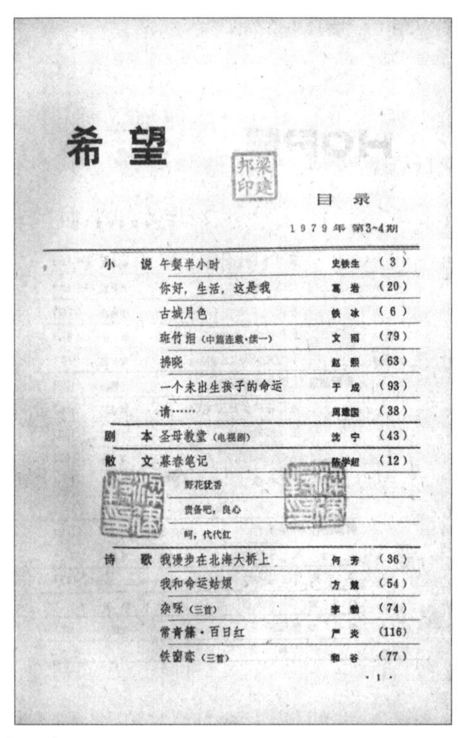

希望

目录

1979年第3~4期

小说	午餐半小时	史铁生	(3)
	你好，生活，这是我	葛岩	(20)
	古城月色	铁冰	(6)
	斑竹泪（中篇连载·续一）	文[illegible]	(79)
	拂晓	赵熙	(63)
	一个未出生孩子的命运	于成	(93)
	请……	周建国	(38)
剧本	圣母教堂（电视剧）	沈宁	(43)
散文	暮春笔记	陈学超	(12)
	野花犹香		
	责备吧，良心		
	呵，代代红		
诗歌	我漫步在北海大桥上	何芳	(36)
	我和命运姑娘	方兢	(54)
	杂咏（三首）	[illegible]	(74)
	常青藤·百日红	严炎	(116)
	铁窗弯（三首）	和谷	(77)

·1·

《希望》封面及目录

量发表外稿。中文系学生构成了作者主体,有二十多名同学的作品在此发表，其他系的学生亦踊跃投稿并有作品刊登。中文系七七级杨挺创作的以文雨为笔名发表的中篇小说《斑竹泪》分期刊出后,很多读者翘首以待后续的连载,一些校外读者专程来校找作者面谈，还有一家省级人民出版社与作者约稿拟扩写成长篇小说出版。中文系著名教授刘持生、郝御风、杨春霖先生以及刘建军、张学仁、董丁诚、周健等老师欣然以诗文赞襄。已在文坛崭露头角的贾平凹、和谷等也主动投稿。后来成为著名作家的史铁生，其首次成为铅字的短篇小说《爱情的命运》就发表在《希望》创刊号,之后其《午餐半小时》又发表在三、四合期上。

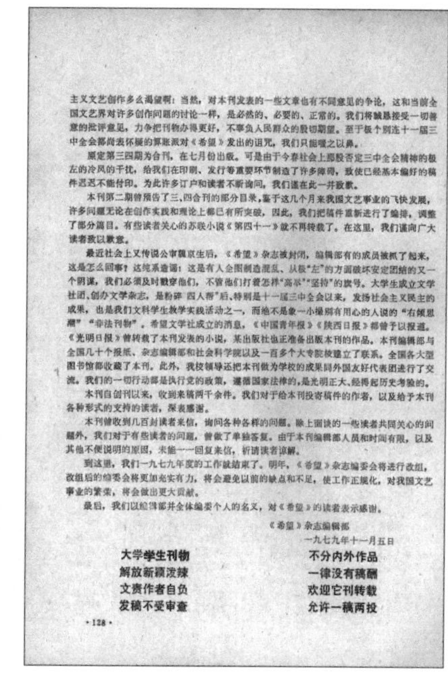

主义文艺创作多么渴望啊！当然，对本刊发表的一些文章也有不同意见的争论，这和当前全国文艺界对许多创作问题的讨论一样，是必然的、必要的、正常的。我们将诚恳接受一切善意的批评意见，力争把刊物办得更好，不辜负人民群众的殷切期望。至于极个别连十一届三中全会都尚表怀疑的算账派对《希望》发出的诅咒，我们只能嗤之以鼻。

原定第三四期为合刊，在七月份出版。可是由于今春社会上那股否定三中全会精神的极左的冷风的干扰，给我们在印刷、发行等重要环节制造了许多障碍，致使已经基本编好的稿件迟迟不能付印。为此许多订户和读者不断询问，我们谨在此一并致歉。

本刊第二期曾预告了三、四合刊的部分目录，鉴于这几个月来我国文艺事业的飞快发展，许多问题无论在创作实践和理论上都已有所突破，因此，我们把稿件重新进行了编排，调整了部分篇目。有些读者关心的苏联小说《第四十一》就不再转载了。在这里，我们谨向广大读者致以歉意。

最近社会上又传说公审魏京生后，《希望》杂志被封闭，编辑部有的成员被抓了起来，这是怎么回事？这纯系造谣！这是有人企图制造混乱、从极"左"的方面破坏安定团结的又一个阴谋，我们必须及时戳穿他们，不管他们打着怎样"高举""坚持"的旗号。大学生成立文学社团、创办文学杂志，是粉碎"四人帮"后、特别是十一届三中全会以来，发扬社会主义民主的成果，也是我们文科学生教学实践活动之一，而绝不是象一小撮别有用心的人说的"右倾思潮""非法刊物"。希望文学社成立的消息，《中国青年报》《陕西日报》都曾予以报道。《光明日报》曾转载了本刊发表的小说，某出版社也正准备出版本刊的作品。本刊编辑部与全国几十个报纸、杂志编辑部和社会科学院以及一百多个大专院校建立了联系。全国各大型图书馆都收藏了本刊。此外，我校领导还把本刊做为学校的成果同外国友好代表团进行了交流。我们的一切行动都是执行党的政策，遵循国家法律的，是光明正大、经得起历史考验的。

本刊自创刊以来，收到来稿两千余件。我们对于给本刊投寄稿件的作者，以及给予本刊各种形式的支持的读者，深表感谢。

本刊曾收到几百封读者来信，询问各种各样的问题。除上面谈的一些读者共同关心的问题外，我们对于有些读者的问题，曾做了单独答复。由于本刊编辑部人员和时间有限，以及其他不便说明的原因，未能一一回复来信，祈请读者谅解。

到这里，我们一九七九年度的工作就结束了。明年，《希望》杂志编委会将进行改组，改组后的编委会将更加充实有力，将会避免以前的缺点和不足，使工作正规化，对我国文艺事业的繁荣，将会做出更大贡献。

最后，我们以编辑部并全体编委个人的名义，对《希望》的读者表示感谢。

《希望》杂志编辑部

一九七九年十一月五日

大学学生刊物	不分内外作品
解放新颖泼辣	一律没有稿酬
文责作者自负	欢迎它刊转载
发稿不受审查	允许一稿两投

·128·

征稿启事

《希望》特别欢迎在思想上、艺术上突破"禁区"的作品,反映实现四个现代化这场革命中的新的矛盾、新的斗争的作品。其所刊作品体现了思想解放、尖锐泼辣、短小精悍的特点,甫一面世即引起社会的强烈反响和文学界的高度关注，并成为西安街谈巷议的话题。同学们上街卖杂志时往往被抢购一空,投稿者、邮购者、来信者、来访者多达三四千人,发行量远远超过了一些省级文学刊物。

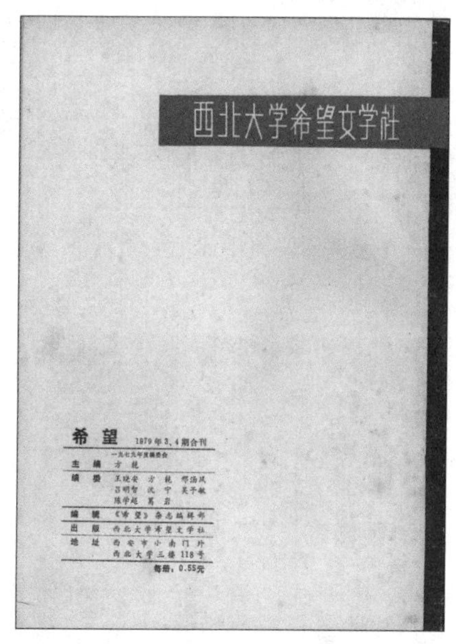

《希望》封底

《希望》的创办得到了学校党委和郭琦等学校领导的大力支持和充分信任，体现了开放宽松的办学氛围,展示了西大学子的实力和风采,也反映了鲜明的时代特色。由于未能申请获批为正式刊物等原因,《希望》于1980年年初停办。始料未及的是,《希望》三、四合期能否发行和杂志是否能继续办下去,在校内引发了一场不大不小的风波。

《希望》合订本在西北大学图书馆有存,有兴趣者可前往一阅。

张岂之与联合办学

张岂之校长

新疆维吾尔族自治区科教代表团来校商谈联合办学事宜

西北大学与中石化联合办学

走出十年浩劫的同时，西北大学也走进了生命的低谷。经历了“文革”对中国高等教育的破坏，又从隶属教育部的“国字号”变成了隶属陕西省的“地方军”，西北大学不免元气大伤。1978 年，曾经拥有五大学院的西北大学只剩下了 10 个系，20 个专业，在校学生只有两千多人。

就在这个时候，社会上一些急需人才的单位和部门来到西北大学，请学校帮他们培养计划外的专科生、本科生甚至是研究生。不久，生物系和国家医药局合办了药用植物专业，经济系和国家旅游局联合办起了旅游经济专业。这些合作实践解决了困扰学校已久的学生的招收、分配和学校的办学经费紧缺等问题，更让西大人认识到只要转变办学思想，冲破条块分割体制的束缚，积极开展横向联合办学，学校就能在服务社会中求得自身的发展，能够在改革中走出一条新的、充满希望的路。

30 年前，西北大学曾经为中华人民共和国培养出了第一批石油地质人才；30 年后，全国有 13 个大油田的局长或总地质师都是西北大学的毕业生，当得知母校要改革教育体制，开展联合办学时，校友们立刻行动起来，为母校牵线搭桥。单是中国石油化工总公

优秀教学成果

获奖证书

中华人民共和国国家教育委员会

一九八九年普通高等学校

优秀教学成果

获奖证书

获奖项目：联合办学

获奖者：

奖励等级：国家级优秀奖

中华人民共和国国家教育委员会

联合办学获奖证书

·2· 光明日报

西北大学校长张岂之认为

理顺高校领导体制 必将释放很大的能量

大学校长访问记

优秀知识分子光荣榜

第二版 88.4.23. 169期 西北大

横·向·联·合·添·新·页

——我校与中原石油勘探局建立长期协作关系

为加快改革的步伐，进一步开拓教育、科技向经济建设服务的道路，增强技术开发能力，提高教育质量和科研水平，我校继去年12月与新疆自治区政府建立长期稳定的全面横向协作之后，于今年3月下旬，由陈汤臣副校长率代表团赴河南中原油田进行考察学习，商谈横向协作问题。

代表团在中原油田进行了紧张地工作，先后与中原石油勘探局签订了《关于建立长期协作关系的洽谈纪要》与中原石油化工工程指挥部签订了《关于建立长期协作关系的意向书》，与上述两家共同签订《联合办西北大学中原分部协议书》。其主要内容如下：

①为适应中原油田开发和中原石化工程对科技人才的需要，三方决定，联合办西北大学中原分部，将轮流开设石油及天然气地质、石油化工、油田化学、计算机软件、化工机械、化工仪表、化工工艺、有机化学等专业，每年招收三个专业，每个专业一个班（30——50人）。1988年先招收石油及天然气地质、石油化工两个专业。

②与中原石油勘探局合办计算机应用技术研究所，与中原石油化工工程指挥部合办石油化工技术开发研究所。鉴于我校为产业部门联合办研究所是一个新事物。双方决定先组成筹建小组，进行调查研究，提出方案，待双方批准后执行。

③关于科研协作问题。已初步商谈了地质系、计算机系的一批项目，化学系、化工系的一批项目尚在商谈中。

三项协议的签订，给我校横向联合增加了新的一页，它必将为我校的发展增添活力。

（科研）

报纸关于联合办学的报道

司在1984年与西北大学达成的办学协议就为学校带来了1000万元的基建经费。

在20世纪80年代，西北大学与石油部、中国石油化工总公司、国家旅游局、国家医药管理局等二十多个部门开展联合办学。学校先后成立了石油化学化工学院、经济管理学院、文博学院，增设了石油地质、文物保护工程等专业，办学规模和层次都有了极大的发展和提高。1988年，西北大学被原国家教委列为全国6所综合改革试点院校之一，1989年被评为陕西省改革试点单位。

主持联合办学和综合改革的重担落到了时任校长张岂之肩上，他曾经在接受《光明日报》记者采访时说："……只要把我国高等学校的领导体制理顺了，必然释放出很大的能量，这比新办多少所大学都合算。"改革仅仅进行了10年，西北大学的面貌就发生了可喜的变化，在校学生人数达到了6700人，专业发展到35个。校园里，一幢幢教学楼和宿舍楼拔地而起，到处是一片生机勃勃的景象。

中兴之路——“211 工程”建设

学校领导与教授们共商学校发展大计

西北大学“211 工程”建设顺利通过了省政府组织的立项专家论证

学校召开“211 工程”部门预审动员大会

1978 年，西北大学被国务院确定为全国重点大学，西大人看到了中兴的希望。通过联合办学，学校的基本办学条件和整体水平有了较大提升。进入 20 世纪 90 年代，学校发展又面临新的问题，联合办学开始萎缩，办学经费紧张，招生规模扩大了，教学条件跟不上，严重制约了学校的进一步发展。正当进退维谷之际，国家开始酝酿实施“211 工程”，面向 21 世纪重点建设 100 所高校和一批重点学科。也就是说，一旦进入“211 工程”，就能跻身全国高校百强之列，这对西北大学来说是一个难得的历史机遇。学校上下一致认为，兴衰在此一举。从 1992 年获知这一消息立即行动，到 1996 年 10 月通过部门预审，四年多的时间犹如一次艰难长征，像过雪山、草地那样，西北大学克服了一个又一个困难，跨越了一个又一个障碍。这个过程说来话长，其中有两件事值得一提，一个是白清才省长的现场办公会，一个是“教授哭谏”。

1993 年 7 月 14 日，白清才省长带领数位厅局长来校视察，重点研究西北大学争取进入“211 工程”建设工作。省长到学校现场办公，这在西大历史上是不多见的事情，学校也想抓住这个机会，争取得到省上的大力

"211工程"高校巡礼

抓时代机遇 振汉唐雄风

——西北大学"211工程"建设巡礼

学科建设成效显著

标志性成果纷至沓来

各项事业全面发展

《光明日报》2001年6月26日B3版刊登了西北大学"211工程"建设的报道

支持,特别是"211工程"的建设经费。建设方案学校已经过反复论证,目标是宏伟的,措施是切实可行的,就是经费盘子做多大?当时的学校领导是绞尽了脑汁。报得高了,怕吓着了省长,不批;报得低了,满足不了发展的需要,也怕错失了这千载难逢的机会。经过反复权衡,学校提出了一个1.7亿元的经费预算,想着领导砍一砍,如果能给上整数一个亿,也就很幸运了,当下的发展困境马上就能得到改观。当听完学校领导的汇报,白清才省长说话了。他说,建一所高水平的综合大学,一个多亿远远不够,至少要3个亿,这样才有可能进入全国的百强。此言一出,四座皆惊。省长的随行人员感觉到太多了,陕西财力这么紧张,一下就给西大3个亿?西大人也是面面相觑,不敢相信自己的耳朵。从此,西大“211工程”的建设经费就定格在了3个亿上,一期、二期、三期都基本维持在3个亿,四期本来也是3个亿,经过学校领导的据理力争,省上才增加到3.5亿。现在回头来看,正如许多人的感叹,白省长不但是一个政治家,也是一个教育家。

1995年下半年,正当西大人信心百倍争取进入“211工程”之时,传来了令人沮丧的消息。从国家教委和国家计委到省内相关部门都有人认为:陕西财政并不宽裕,拖欠中小学教师工资严重,“普九”又未达标,且陕西已有五所高校通过了部门预审,西北大学就没有必要再进“211工程”了。1996年6月4日上午,程安东省长、范肖梅副省长带领有关部门负责人来校现场办公。程省长的开场白意思很明白,关于“211工程”,西大要有思想准备,万一进不去怎么办?不论进与不进,我们省政府还是一如既往尽力支持西大,这点请你们放心。此言一出,如同炸雷,程省长这是“劝退”呀!西大人深知白省长(前任省长白清才)、程省长是全力支持西大进“211工程”的,现在他们也顶不住了,可见形势多么严峻!校领导有些目瞪口呆,与会的教授们坐不住了。何炼成教授首先表态:“如果西大进不了‘211’,我立即调离陕西省。”他并非虚声恐吓,而是实话实说,他的家乡湖南某高校一直许以优厚条件要挖他回去,他也有所考虑,正是“211工程”建设的美好前景稳住了他,这位经济学界的“西北王”还想创建自己的学派呢。再看前校长郝克刚,这位文质彬彬的计算机专家此时也红脖子涨脸,大声说“不”。承担秦岭大项目的张国伟教授激动了,他粗喉咙大嗓门,陈述己见,一口河南腔响彻会议室。薛祥熙教授发言了,说着说着,这位女强人竟然泣不成声。教授们发自内心的倾诉,使程省长、范副省长和在座的厅局长为之动容,程省长改变了口气,从“劝退”转为“力争”。此后,省上对西北大学进“211工程”的事一直态度坚决,行动积极。一次,程省长在北京开会,西大校领导也去北京,意欲敦请程省长一同去见国家教委主任朱开轩,谈西大的事,岂料程省长已在前一天去谈过了,令西大领导感激不已。1996年10月4日至6日,西北大学“211工程”部门预审顺利通过,历史翻开了新的一页。

“211工程”建设以来西北大学部分获奖科研成果

人文社会科学类

级别	成果名称	主要完成人	年度	所获奖项
部级	《英国俄国与中国西藏》	周伟洲等	2002	中国高校人文社会科学研究优秀成果奖一等奖
	《中国思想学说史》	张岂之	2009	教育部高等学校人文社会科学研究优秀成果奖二等奖
	《中东国家通史》	彭树智	2009	教育部高等学校人文社会科学研究优秀成果奖二等奖
	唐代三大地域文学士族研究（增订本）	李　浩	2013	教育部高等学校人文社会科学研究优秀成果奖二等奖
	以质量看待增长：对新中国经济增长质量的评价与反思	任保平	2013	教育部高等学校人文社会科学研究优秀成果奖二等奖
省级	《陕西通史》(秦汉卷)	黄留珠	2000	陕西省哲学社会科学优秀成果奖一等奖
	《中国西部地区高等教育发展研究》	梁克荫	2000	陕西省哲学社会科学优秀成果奖一等奖
	唐代关中士族与文学	李　浩	2005	陕西省哲学社会科学优秀成果奖一等奖
	《哲理数学基础——自然集合论及其应用》	孟凯韬	2005	陕西省哲学社会科学优秀成果奖一等奖
	十三经辞典《论语卷》《孝经卷》《孟子卷》《毛诗卷》《春秋谷梁传卷》	《十三经辞典》编纂委员会	2005	陕西省哲学社会科学优秀成果奖一等奖
	《二十世纪中东史》	彭树智、王铁铮、黄民兴等	2005	陕西省哲学社会科学优秀成果奖一等奖
	《对美国高等教育的十个认识误区》	张　炜	2007	陕西省哲学社会科学优秀成果奖一等奖
	《中国共产党延安时期局部执政史论》	梁星亮等	2007	陕西省哲学社会科学优秀成果奖一等奖
	《华山志》	《华山志》编写委员会	2007	陕西省哲学社会科学优秀成果奖一等奖
	《执守·反拨·超越——七月派史论》	周燕芬	2007	陕西省哲学社会科学优秀成果奖一等奖
	《价值学说史》(修订版)	何炼成	2009	陕西省哲学社会科学优秀成果奖一等奖
	《唐代三大地域文学士族研究》	李　浩	2009	陕西省哲学社会科学优秀成果奖一等奖
	《2007年中国西部区域经济发展综合竞争力分析报告》	姚慧琴、徐璋勇、王　敏等	2009	陕西省哲学社会科学优秀成果奖一等奖
	《中东史》	彭树智、王铁铮、黄民兴	2011	陕西省哲学社会科学优秀成果奖一等奖
	《新中国经济学60年(1949—2009)》	白永秀、任保平	2011	陕西省哲学社会科学优秀成果奖一等奖
	《西部经济十年发展报告及2009年经济形势预测》	何炼成、姚慧琴、徐璋勇等	2011	陕西省哲学社会科学优秀成果奖一等奖

（续表）

级别	成果名称	主要完成人	年度	所获奖项
省级	《中国近代科技期刊源流》（1792-1949，上中下）	姚　远、王　睿、姚树峰	2011	陕西省哲学社会科学优秀成果奖一等奖
	《陕西省促进科学发展的"三位一体"考核制度研究》	任宗哲、李尧远、唐丽娜等	2011	陕西省哲学社会科学优秀成果奖一等奖
	《中国共产党经济思想90年》	白永秀、任保平、何爱平	2013	陕西省哲学社会科学优秀成果奖一等奖
	《中国经济增长质量的时序变化与地区差异分析》	钞小静、任保平	2013	陕西省哲学社会科学优秀成果奖一等奖
	《透视与身体——尼采后现代美学研究》	段建军、彭　智	2013	陕西省哲学社会科学优秀成果奖一等奖
	《诚斋诗集笺证》	薛瑞生	2013	陕西省哲学社会科学优秀成果奖一等奖
	城乡统筹视角下我国城乡双向商贸流通体系研究	任保平、任宗哲等	2015	陕西省哲学社会科学优秀成果奖一等奖
	阿富汗问题的历史嬗变	黄民兴	2015	陕西省哲学社会科学优秀成果奖一等奖
	城乡收入差距、劳动力质量与中国经济增长	钞小静、沈坤荣	2015	陕西省哲学社会科学优秀成果奖一等奖
	陕西省农民市民化意愿调查报告	姚慧琴、曹　璞、杨佩卿等	2015	陕西省哲学社会科学优秀成果奖一等奖

自然科学类

级别	成果名称	主要完成人	年度	所获奖项
国家级	秦岭造山带岩石圈结构与演化	张国伟、张本仁、袁学诚等	1999	国家自然科学奖二等奖
	《九章算术》及其刘徽注研究	李继闵	1999	国家科技进步奖三等奖
	澄江动物群与寒武纪大爆发	舒德干等	2003	国家自然科学奖一等奖
	类人胶原蛋白生物材料的创制及应用	范代娣、马晓轩、朱晨辉等	2013	国家科学技术奖二等奖
	地球动物树成型	张兴亮、舒德干、刘建妮等	2016	国家科学技术奖二等奖
部级	综合地质物探化探多参数直接探测油气理论方法与效果	姜洪训、刘生福、苏江玉等	1996	国家教委科技进步奖二等奖
	驾鹿金矿床含氰金矿物及新矿物研究	周新春、刘　良、王世忠等	1997	冶金工业部科技进步奖一等奖
	秦岭造山带岩石圈结构、演化及其成矿背景	张国伟、张本仁、袁学诚等	1998	教育部科技进步奖一等奖
	寒武纪生命大爆发	舒德干	2000	长江学者成就奖一等奖
	氧化碳气藏形成的岩浆去气机制研究	赫　英、朱兴国、王定一	2000	中国高等学校自然科学奖二等奖
	寒武大爆发及最古老脊椎动物研究	舒德干、张兴亮、陈　苓等	2001	中国高等学校自然科学奖一等奖
	中国北方沉积盆地构造热演化史研究	任战利、刘池阳、吴汉宁等	2001	中国高等学校科学技术奖二等奖

（续表）

级别	成果名称	主要完成人	年度	所获奖项
部级	含油气盆地地质及油气系统综合研究	柳益群、李文厚、刘林玉等	2002	教育部提名国家科学技术奖（自然科学奖）二等奖
	数字头颅可视化技术研究与应用	周明全、耿国华、吕 科等	2002	教育部提名国家科学技术奖（科技进步奖）二等奖
	植物分泌组织的解剖学研究	胡正海、吴 鸿、刘文哲等	2003	教育部提名国家科学技术奖（自然科学奖）二等奖
	中国西部三趾马动物群生态序列与年代序列	张云翔、岳乐平、薛祥煦	2004	教育部提名国家科学技术奖（自然科学奖）二等奖
	文化遗产数字化与保护新技术的研究及应用	周明全、耿国华、朱恪孝等	2004	教育部提名国家科学技术奖（科技进步奖）二等奖
	泥岩异常压力的动力学研究及其油气地质意义	罗晓容、王震亮、陈荷立	2006	教育部高等学校科学研究优秀成果奖（自然科学奖）一等奖
	后生动物门类起源与早期演化研究	张兴亮、舒德干、韩 健等	2008	教育部高等学校研究优秀成果奖（自然科学奖）一等奖
	蛋白折叠液相色谱法及应用	耿信笃	2009	教育部高等学校科学研究优秀成果奖（自然科学奖）二等奖
	可积场论和格点模型：精确解、对称性及其应用	杨文力、侯伯宇、石康杰等	2010	教育部高等学校科学研究优秀成果奖（自然科学奖）二等奖
省级	液相色谱中溶质统一保留模型及生物大分子构象变化	耿信笃、时亚丽、边六交等	1997	陕西省科技进步奖一等奖
	杂环化学新反应和有机合成新方法研究	史 真、顾 焕、杨卫国等	1998	陕西省科学技术进步奖一等奖
	秦岭70Ma以来地层构架与时间标尺及生物、环境演化	薛祥煦、张云翔、岳乐平等	2001	陕西省科学技术进步奖一等奖
	多参考态电子相关理论的算法研究和应用	文振翼、王育彬、苏克和等	2003	陕西省科学技术奖一等奖
	绿色有机合成新反应和新方法研究	史 真、杨秉勤、白银娟等	2004	陕西省科学技术奖一等奖
	磁性复合微粒的合成及其应用研究	崔亚丽、陈 超、惠文利等	2004	陕西省科学技术奖一等奖
	计量置换理论及验证	耿信笃、卫引茂、白 泉等	2005	陕西省科学技术奖一等奖
	青藏高原构造特征、盆地演化和油气远景评价	刘池阳、杨兴科、赖绍聪等	2005	陕西省科学技术奖一等奖
	过程分析新方法及信号处理和控制的理论和应用研究	李 华、高 鸿、张四纯等	2006	陕西省科学技术奖一等奖

（续表）

级别	成果名称	主要完成人	年度	所获奖项
省级	高功率激光二极管阵列侧面泵浦的全固态脉冲绿光激光器	白晋涛、任兆玉、白　杨等	2006	陕西省科学技术奖一等奖
	多功能配位聚合物的构筑、性能、构效关系及应用研究	王尧宇、何水样、史启祯等	2008	陕西省科学技术奖一等奖
	青藏高原北部岩浆作用及其大陆动力学意义	赖绍聪、秦江锋、刘池阳等	2008	陕西省科学技术奖一等奖
	中国西部早古生代高压—超高压变质与大陆深俯冲作用及其动力学意义	刘　良、陈丹玲、孙　勇等	2009	陕西省科学技术奖一等奖
	秦岭川金丝猴种群稳定机制的研究	李保国、郭松涛、齐晓光等	2009	陕西省科学技术奖一等奖
	非线性偏微分方程的对称、不变量和几何可积性	屈长征、张顺利、黄　晴等	2010	陕西省科学技术奖一等奖
	鄂尔多斯盆地演化—改造动力学与多种能源矿产共存成藏（矿）	刘池阳、任战利、王震亮等	2010	陕西省科学技术奖一等奖
	陕甘宁叠合盆地沉积构造热演化史恢复研究在油气田勘探中的应用	任战利、薛军民、崔军平等	2011	陕西省科学技术奖一等奖
	新型胶原蛋白生物材料关键生产技术与应用	范代娣、马晓迅、骆艳娥等	2011	陕西省科学技术奖一等奖
	量子可积系统及其相关问题研究	杨文力、杨战营、侯伯宇	2012	陕西省科学技术奖一等奖
	秦岭古生代俯冲造山作用与演化过程	董云鹏	2013	陕西省科学技术奖一等奖
	君-使对药有效成分群辨识技术研究	郑晓晖	2014	陕西省科学技术奖一等奖
	公共信息资源安全服务关键技术	高　岭	2014	陕西省科学技术奖一等奖
	超分子框架材料的构建、性质与应用研究	吴　彪	2014	陕西省科学技术奖一等奖
	寒武纪叶足动物研究及其对于探索节肢动物起源的意义	刘建妮、蔡耀平、姚肖永	2015	陕西省科学技术奖一等奖

长安校区文学院

进入西部大开发重点支持建设院校

1999年6月，江泽民总书记在西安系统地阐述了西部大开发战略构想，揭开了我国西部大开发的序幕。教育部为了响应党中央号召，启动了西部大开发重点支持建设高校计划，每个西部地区省份支持一所地方高校，每年给予一定额度的经费。条件必须是省属高校、综合大学、“211工程”院校、当地政府有明确的支持态度等。这几条西北大学均符合，申报工作在有条不紊地进行。作为陕西唯一符合全部条件的西大，感觉到非已莫属。

2001年5月的一天，一位校友告诉学校领导，西部大开发重点支持建设院校名单出来了，好像没有西大。听到这个消息，学校大吃一惊，四处打听，果真如此。这可怎么办？西大是西北地区创建最早的高校，在服务西部方面，始终走在全国的前列。能不能进入这个计划，既关系着学校未来的发展，也关系到对学校过去工作的肯定。西大进入不了，我们确实感觉到冤，但是这个时候要再挤进去谈何容易。学校经过研究，决定抱着一线希望，继续争取。一方面继续提请省政府争取，一方面找了几个笔杆子，写汇报材料，力陈西北大学在西部大开发中的贡献和未来能做的工作，据理力争。争取工作还是很有成效的，教育部了解这一情况后很重视，据说一位中央领导看到了有关材料，也做出了重要批示，后来就顺利地增补进了这一名单，进入了西部大开发重点支持建设院校行列。这个过程曲折而又艰辛，知道的人并不多。在西北大学的历史上，我们确实应当永远记住，有一些关心学校的校友，在关键的时刻，为学校做出了重大贡献。

长安校区校景

百年大庆

世纪之交，国内各老校纷纷将校史溯源至清末学堂时期，一时成为潮流。顺应这一潮流，2002 年，西北大学经过深入调研，充分论证，广泛征求意见，并咨询教育史专家，最终确定：西北大学的起根发苗应在 1902 年，2002 年是西大百年华诞。《西安晚报》似乎有先见之明，未等西大校方做出决定，就已把“1902 年第一家高等学府西北大学成立”列为 20 世纪西安十大历史事件，按时间顺序排在第二。

2002 年 10 月 15 日，学校举行百年大庆，其规模、其隆重程度、其热烈氛围，特别是校友返校之多，在校史上都是空前的。江泽民总书记、李鹏委员长、政协主席李瑞环题词，中央政治局常委、国务院副总理李岚清发来贺信，李铁映、许嘉璐、蒋正华、杨汝岱、宋健、胡启立、任建新、经叔平、罗豪才、路甬祥、徐匡迪等纷纷题词或发来贺信。校庆前后几天，西安市的各主要干道悬挂的都是西大校庆的横幅标语；当天的西大校园，车水马龙，热闹非凡。全国政协副主席任建新、原全国政协副主席马文瑞、省长贾治邦等到校祝贺，百岁老人王耀东登台讲话，歌唱家李双江用陕西话动情地高呼：“西大，我爱你!”当晚，学校邀请新疆歌舞团演出，并燃放烟花，前来祝贺的来宾、返校的校友、周边高校的师生、附近前来看热闹的人群，把整个校园挤得满满当当。为保证安全，学校不得不加强门禁制度，以防止校园人流量太大，过于拥挤。这场面百年一遇，十分难得，在校师生和校友无不珍惜，令人永远难忘。可以肯定，现在再年轻的校友，也赶不上下一个百年了。

欢乐的海洋

培育創新人才攀登科
学高峰為科教兴國作
出更大貢献
江澤民
二〇〇二年十月十二日

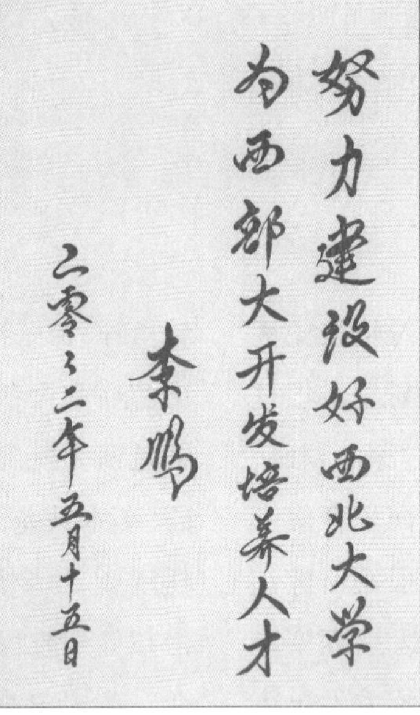

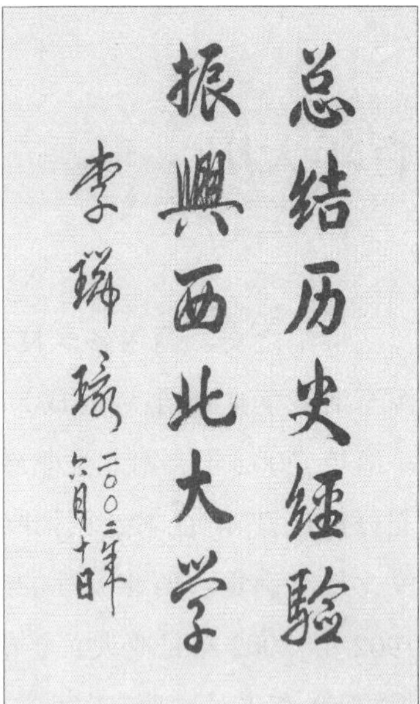

国家领导人为西北大学百年校庆题词

西北大学百年校庆庆典

省部共建西北大学

中华人民共和国成立初期，西北大学是中央教育部直属的全国14所重点综合大学之一，而且排名比较靠前，这就使得西大人始终有一种国字头高校的情结。1958年下放陕西后，教育部也曾于60年代两次派副部长刘之载到陕西，商议将西北大学收回，最终没有实现。此后，西大人曾多次做过努力，想让教育部将其收归部里，均没有得到明确的答复。20世纪80年代，学校还曾找到部里一位老领导，他表示同情，承认下放西大是一件冤案、错案，但却爱莫能助。此后，国家教委领导多次来校视察，均表示要通过多种渠道予以资助，但是最终落实的并不多。直到进入“211工程”建设后，西北大学才得到了明显的实惠。

2001年，教育部开始和地方政府共建部委高校，酝酿在没有部属高校的省份，每省共建一所地方高校，称之为省部共建。西

陕西省、教育部共建西北大学签约仪式

北大学最先打听到这一消息，早行动，早申报，也得到了省政府的大力支持。但是因为陕西部属高校较多，西大的申请迟迟进入不了议事日程。从 2004 年开始，十余所地方高校陆续签订了共建协议。西大人看在眼里，急在心里。2007 年，省委书记李建国、省长袁纯清在“两会”期间专门拜会了教育部长，希望能够共建西北大学，虽然得到了 14 条具体支持措施的允诺，但共建却迟迟没有答复。此间传出风声，说教育部对于省部共建要关门，以后不再搞了。

2008 年 10 月，教育部和河南省共建河南大学签字仪式举行的新闻见诸报端。看到这条消息，西大人心绪难平。学校主要领导紧急碰头，觉得我们的省部共建可能还有戏。说动就动，第二天，学校领导就找到了主管教育的朱静芝副省长，得到了大力支持。这一段时间，西大人开始了密集的行动，不断地上报材料，不断地汇报，提请省政府不断地给教育部去函，不断派人去部里反映陕西共建西北大学的愿望。为了怕申报不成功给师生情绪造成影响，学校刻意在校内不声张，采取内松外紧政策，由学校主要领导和校办出面居多。12 月 18 日，乔学光校长陪同朱静芝副省长和教育厅杨希文厅长出访国外回来，顾不上旅途近 20 个小时飞机的劳顿，一出机场就直奔教育部，与在京等候的孙勇书记等一起向周济部长汇报。就在那一次，教育部的态度有了明显变化。半年多的时间，除了春节那几天，西大人几乎天天都在为共建的事情奔走。皇天不负有心人，2009 年 3 月 22 日，西大人终于等来了那一天：教育部和陕西省共建西北大学协议签署仪式。在西北大学大礼堂，教育部周济部长来了，省委书记赵乐际、省长袁纯清来了，教育部有关司局的司局长、省上各部门的官员都来了。周部长和袁省长在共建协议上郑重签字。协议详细列举了省部共建西北大学多方面的支持举措，令人鼓舞。签字仪式会场，许多职工和老领导激动得热泪盈眶。

省部共建标志着西北大学又开启了长远发展的新的一页。当年回归教育部的愿望虽然没有实现，但是共建也算多少了了一个心愿。西北大学师生对未来充满了信心。

西北大学部分国家级教学成果奖(截至2016年)

成果名称	主要完成人	年度	获奖等级
高等地质教育的改革、创新与实践	孙　勇、于在平、张云翔等	2001	一等奖
加强基础,备足后劲,创建高质量基础学科人才培养的新模式	孙秀泉、董庆彦、姚合宝等	2001	二等奖
瞄准国际前沿,推动我国无机化学课程体系和教材内容现代化	史启祯、高忆慈、王尧宇等	2001	二等奖
综合大学加强大学生文化素质教育的改革与实践	惠泱河、王　刚、卜晓军等	2001	二等奖
《中国通史》CAI教材	陈　峰、傅建成、岳　珑等	2001	二等奖
《中国历史》(教材)	张岂之、刘宝才、钱　逊等	2005	一等奖
地质学实践教学创新体系	周鼎武、赖绍聪、张成立等	2005	二等奖
《阿拉伯国家史》(教材)	彭树智、王铁铮、黄运发等	2005	二等奖
地方高校高质量基础性人才培养模式的探索与实践	惠泱河、崔智林、刘晓喆等	2005	二等奖
《中级无机化学》课程和教材建设	唐宗薰、张逢星、赵建设等	2005	二等奖
文科计算机基础教学改革与精品课程建设	耿国华、周明全、房鼎益等	2005	二等奖
地质学研究型人才培养新方案	赖绍聪、华　洪、张成立等	2009	二等奖
地方高校经济学专业研究型教学模式的探索与实践	白永秀、任保平、严汉平等	2009	二等奖
构建实施应用《大学文科计算机教学基本要求》,推动文科大学生信息素质教育	耿国华、王路江、卢湘鸿等	2009	二等奖
地方综合大学本科多样化人才培养模式的探索与实践	任宗哲、王正斌、孙录见等	2009	二等奖
经济学创新人才培养中开放互动式教学体系的探索与实践	白永秀、任保平、何爱平等	2014	二等奖
文化遗产保护专门人才"三位一体"培养体系探索与实践	陈洪海、段清波、钱耀鹏等	2014	二等奖
地方综合性大学化学创新人才培养新体系的构建与实践	申烨华、王尧宇、李剑利等	2014	二等奖
综合性大学计算机人才培养模式的改革与实践	耿国华、房鼎益、高岭等	2014	二等奖

西北大学国家人才培养基地(截至2016年)

基地名称	所在院系	设立时间
国家理科基础科学研究和教学人才培养基地地质学专业点	地质学系	1993年
国家理科基础科学研究和教学人才培养基地化学专业点	化学与材料科学学院	1994年
国家理科基础科学研究和教学人才培养基地物理学专业点	物理学系	1994年
国家文科基础学科人才培养和科学研究基地历史学学科点	历史学院	1995年
国家经济学基础人才培养基地	经济管理学院	1998年
国家大学生文化素质教育基地	中国思想文化研究所	1999年
国家生命科学与技术人才培养基地	生命科学学院	2002年
国家理科基础科学研究和教学人才培养基地生物科学专业点	生命科学学院	2008年

国家级实验教学示范中心

名称	负责人	批准时间
化学实验教学示范中心	申烨华	2006
地质学实验教学示范中心	赖绍聪	2007
基础物理实验教学示范中心	姚合宝	2008
文化遗产保护技术实验教学示范中心	张宏彦	2009

西北大学国家级重点学科

地质学
政治经济学
专门史
植物学
矿产普查与勘探
科学技术史(培育学科)

西北大学重点科研基地

大陆动力学国家重点实验室
国家微检测系统工程技术研究中心
光电技术与功能材料国际科技合作基地
陕西省光电技术与功能材料重点实验室
西北大学中国西部经济发展研究中心
西北大学文化遗产研究与保护技术重点实验室
西部资源生物与现代生物技术重点实验室
合成与天然功能分子化学重点实验室

西北大学国家级特色专业(截至 2016 年)

专业名称	负责人	批准时间
地质学	赖绍聪教授	2007 年
化学	王尧宇教授	
经济学	白永秀教授	
资源勘查工程	刘池阳教授	
历史学	徐卫民教授	2008 年
物理学	白晋涛教授	
中药学	刘建利教授	
汉语言文学	李　浩教授	2009 年
考古学	钱耀鹏教授	
资源环境与城乡规划管理	李同昇教授	2010 年
光信息科学与技术	贺庆丽教授	
过程装备与控制工程	樊　君教授	
行政管理	任宗哲教授	

西北大学国家级教学团队(截至 2016 年)

团队名称	带头人	批准时间
无机化学和分析化学基础课教学团队	史启祯	2007
计算机专业基础核心课程教学团队	耿国华	2008
古生物地层学课程群教学团队	张云翔	2008
晶体光学与岩石学教学团队	赖绍聪	2009
政治经济学系列课程教学团队	白永秀	2010

西北大学国家级精品课程(截至 2016 年)

课程名称	批准时间
构造地质学、计算机基础(文科)、中国传统文化	2003 年
鄂尔多斯盆地—秦岭造山带野外地质教学、中级无机化学	2004 年
科技考古学概论	2005 年
政治经济学、数据结构、岩浆岩岩石学	2006 年
无机化学与化学分析、史前考古学	2007 年
西方经济学、植物学	2008 年
社会主义市场经济理论与实践	2009 年
石油与天然气地质学	2010 年

西北大学学科设置一览表(2017年)

院系名称	专业名称	院系名称	专业名称
文学院	汉语言文学	公共管理学院	管理科学
	汉语国际教育		人力资源管理
	戏剧影视文学		公共事业管理
	广播电视编导		行政管理
历史学院	国际政治		劳动与社会保障
	历史学		图书馆学
	世界史		档案学
文化遗产学院	考古学	外国语学院	英语
	文物保护技术		日语
	文物与博物馆学	法学院(知识产权学院)	法学
经济管理学院	经济学	马克思主义学院	哲学
	经济统计学		社会工作
	财政学	新闻传播学院	新闻学
	金融学		广告学
	保险学		编辑出版学
	国际经济与贸易		播音与主持艺术
	信息管理与信息系统		网络与新媒体
	工商管理	艺术学院	动画
	会计学		美术学
	旅游管理		视觉传达设计
	金融工程		环境设计
			产品设计
			公共艺术

（续表）

院系名称	专业名称	院系名称	专业名称
数学学院	数学与应用数学	生命科学学院	生物科学
	信息与计算科学		生物技术
	应用统计学		中药学
	金融数学		生态学
物理学院	物理学	信息科学与技术学院（软件学院）	电子信息工程
	应用物理学		电子科学与技术
	材料物理		通信工程
	光电信息科学与工程		电子信息科学与技术
化学与材料科学学院	化学		计算机科学与技术
	应用化学		软件工程
	化学生物学		物联网工程
	材料化学		微电子科学与工程
地质学系	地质学	化工学院	过程装备与控制工程
	地球化学		化学工程与工艺
	勘查技术与工程		制药工程
	资源勘查工程		能源化学工程
城市与环境学院	自然地理与资源环境		食品科学与工程
	人文地理与城乡规划		生物工程
	地理信息科学	国际交流学院	汉语言
	环境工程		
	环境科学		
	城乡规划		

萃园宾馆

图说西北大学百十年历史

大师、名师看过来

前贤有言，大学不在于大楼多，而在于大师多。所谓名校，是因为有众多名师。所谓一流大学，是因为有一流的教师队伍。大师即大旗，名师即名牌。大师和名师是一所大学的“顶梁柱”。西北大学走过百余年漫漫长路，能有今日之繁荣兴旺，端赖众多大师和名师的引领。

史学大师侯外庐

侯外庐校长

侯外庐先生作为中华人民共和国成立后首任校长，对西北大学的复苏和发展贡献卓著。而他作为学术大师，对学校的学术奠基、专业生长，影响更为深远。

他青年时期受革命先驱李大钊的思想影响，成为一个马克思主义者，是国内较早的《资本论》翻译者。后在史学研究领域耕耘五十余载，为我国马克思主义历史科学的发展做出了开拓性贡献。他著作等身，学术成果宏富，自成一家，独树一帜。他与郭沫若、范文澜、翦伯赞、吕振羽并称史学“五老”。“五老”就是五位大师，这是公认的。

他的治史生涯发轫于 20 世纪 30 年代初期至 40 年代中期，发展成熟于 40 年代后期至 60 年代初期，70 年代中期至 80 年代中期则进入开拓总结阶段，其 130 万言的《宋明理学史》填补了中华人民共和国成立后我国史学研究的空白。

他的史学研究得到周恩来总理的关注和支持。40 年代，周恩来曾建议他先研究中国近代史，于是他写了一部 80 万言的《中国近世思想学说史》。

史学界普遍认为，侯老从个人著作到组织专家群体，合作完成 260 万言巨著《中国思想通史》，标志侯外庐学派的形成。《中国思想通史》后几卷有个署名叫诸青，即诸位青年之意，是几个青年（杨超、张岂之、李学勤、林英）的合称。当年的“诸青”现已成为史学界的“元老”，侯外庐学派后继有人。

中國科学院歷史研究所第二所

侯外庐信札

船山学案
侯外庐

侯外庐 邱汉生 张岂之主编
宋明理学史
人民出版社

侯外庐 赵纪彬 杜国庠 邱汉生 著
中国思想通史
人民出版社

中國古代社會史論
侯外廬

中国近代哲学史
人民出版社

侯外庐 主编
中国思想史纲
下册
中国青年出版社

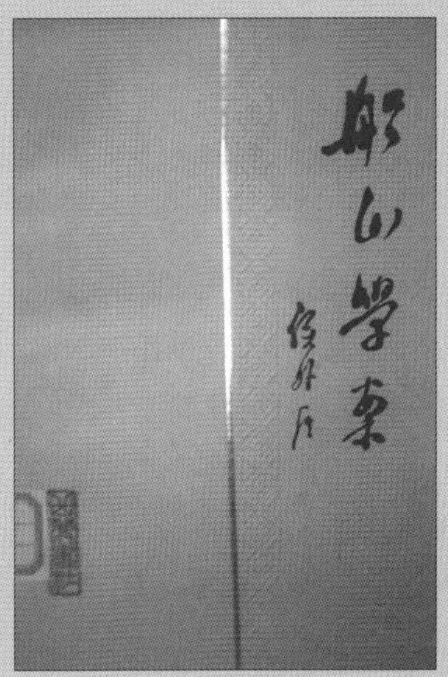

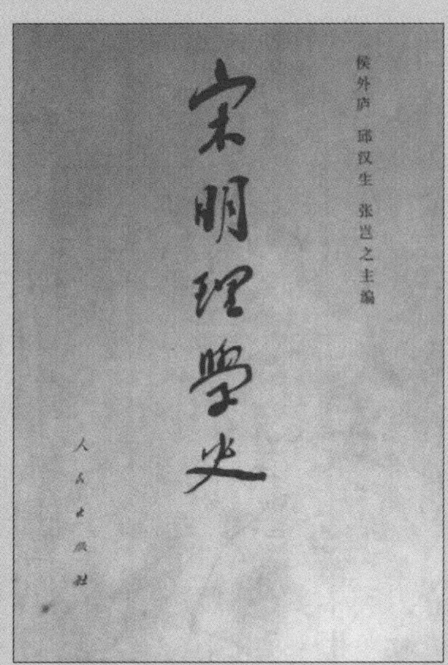

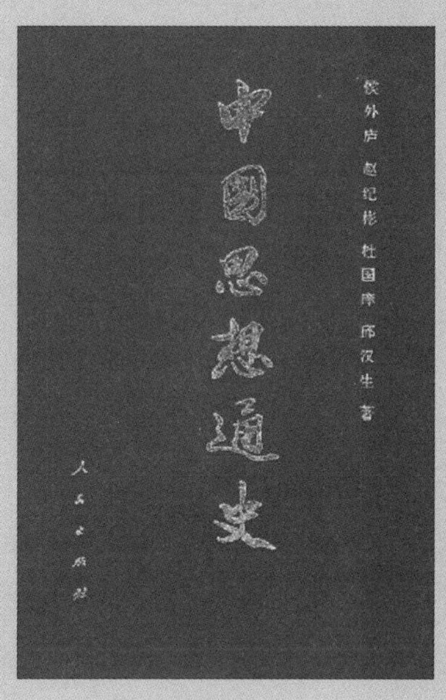

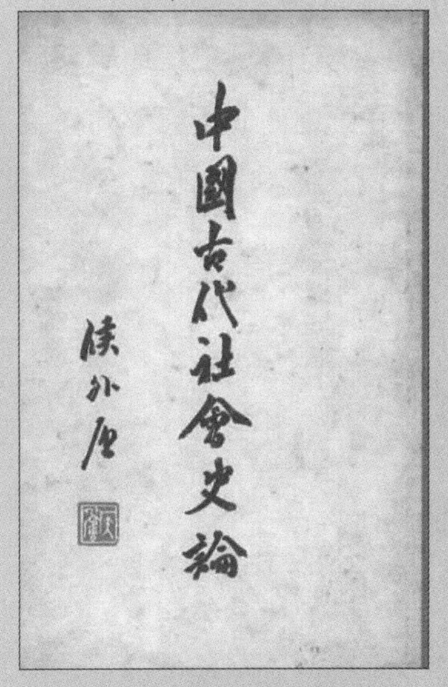

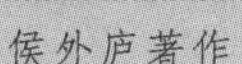

侯外庐著作

"五老二寿"

岳劼恒教授

在20世纪50年代,西北大学资深的招牌教授有所谓"五老二寿"。"五老"和西北大学缘分深厚,大多都经历了西安临时大学、西北联合大学、西北大学这几个不同的办学时期。"二寿"50年代来西北大学,他们扎根陕西,为高等教育事业发展,在西北大学奉献终生。

"五老":

岳劼恒(1902—1961),北京大学物理系毕业,赴法国留学,获理学博士学位。1936年回国,次年回陕,先后任西安临时大学、西北联合大学和西北大学教授。从1941年起,直到1961年去世,在校担任教务长、副校长、代理校长等多种行政职务,勤勤恳恳,兢兢业业,鞠躬尽瘁,死而后已,把一生献给了西北大学。

张伯声(1903—1994),清华学校毕业,保送留美,在美国多所名校攻读化学和地质学研究生学位。1930年回国。1937年随北洋工学院来陕,先后在西安临时大学、西北联合大学、西北大学任教,历任地质系主任、副校长。1980年调西安地质学院任院

右起分别为数学教授刘亦珩、地质教授张伯声、体育教授王耀东、数学教授杨永芳、地质教授郁士元

长,1994 年去世。

王耀东(1900—2007),北京师范大学体育专修科毕业,1937 年来陕,以北平大学教师身份在西安临时大学报到,从此与西北大学结下不解之缘,作为终身教授,在西北大学工作长达 70 年之久。他是中国体育界的元老,也是西北大学校史最具资格的见证人。王耀东教授是“五老二寿”中年龄最长者,也是最后一个离世的,他是身体力行、名副其实的体育工作者,一代体育宗师。

郁士元(1900—1985),北京大学地质系毕业,1937 年来陕,任教于西安临时大学、西北联合大学、西北大学,前后将近 60 载,对西北大学地质系的创建和持续发展付出了心血,做出了重大贡献。

刘亦珩 (1904—1967),18 岁入唐山交通大学,3 年后留学日本,1931 年回北平师范大学任教,抗战后来陕,曾任西安临时大学、西北联合大学、西北大学数学系教授、系主任。早年著有《近世几何学》,20 世纪五六十年代出版数学方面译著多种。

“二寿”:

江仁寿(1906—1988),毕业于上海大同大学,留学英国,获硕士和博士学位。1936 年回国,曾任复旦大学物理系主任。20 世纪 50 年代响应支援大西北的号召,从上海来西安,长期担任西北大学物理系教授、

江仁寿教授指导学生做实验

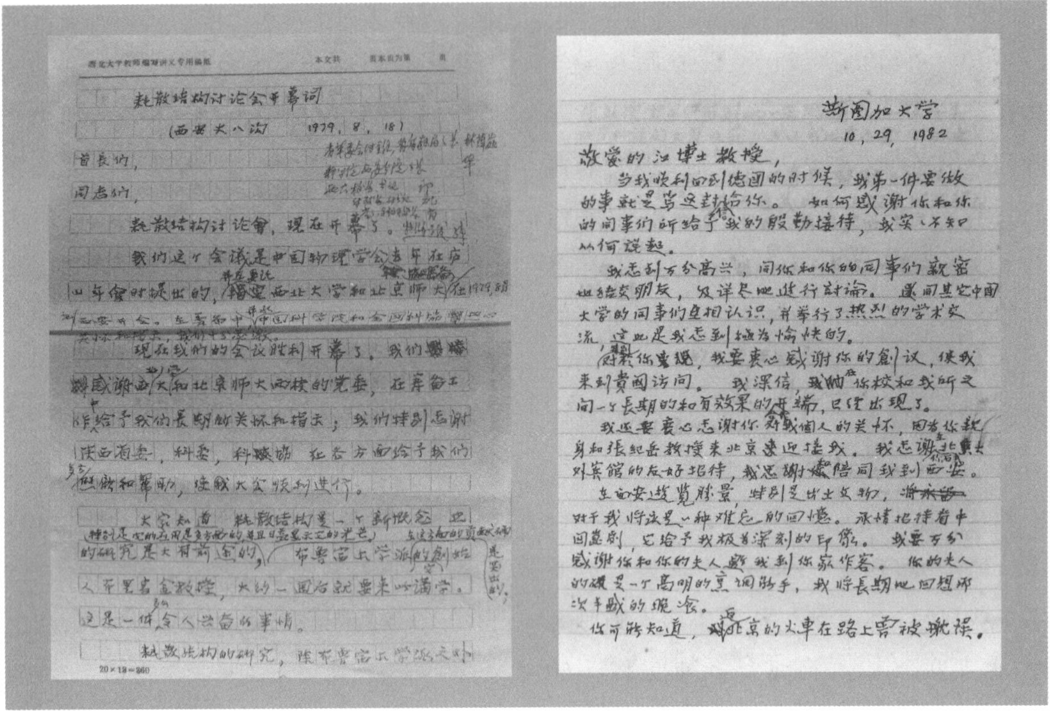

耗散结构讨论会开幕词

(西安大八次 1979，8，18)

首长们，

同志们，

耗散结构讨论会，现在开幕了。

我们这个会议是中国物理学会去年在庐山年会时提出的，西北大学和北京师大……

现在我们的会议胜利开幕了。我们感谢西大和北京师大两校的党委，在筹备工作中给予我们长期的关怀和指导；我们特别感谢陕西省委，科委，科协在各方面给予我们关怀和帮助，使我们大会顺利进行。

大家知道，耗散结构是一个新概念，它的研究是大有前途的，布鲁塞尔学派的创始人普里高金教授，大约一周后就要来此讲学。这是一件令人兴奋的事情。

耗散结构的研究，……

斯图加大学

10，29，1982

敬爱的江博士教授，

当我顺利回到德国的时候，我第一件要做的事就是写这封信给你。如何感谢你和你的同事们所给予我的殷勤接待，我实在不知从何说起。

我感到十分高兴，同你和你的同事们亲密地结交朋友，及详尽地进行讨论。还同其它中国大学的同事们互相认识，并举行了热烈的学术交流，这也是我感到极为愉快的。

对于你的建议，我要衷心感谢你的创议，使我来到贵国访问。我深信，在你校和我所之间一个长期的和有效果的合作开端，已经出现了。

我还要衷心感谢你对我个人的关怀，因为你亲身和張纪岳教授来北京欢迎接我。我感谢在北京大外宾馆的友好招待，我感谢你陪同我到西安。

在西安游览胜景，特别是出土文物，对于我将是一种难忘的回忆。……中国戏剧，它给予我极为深刻的印象。我要十分感谢你和你的夫人邀我到你家作客。你的夫人的确是一个高明的烹调能手，我将長期地回想那次丰盛的晚餐。

你可能知道，从北京的火車在路上曾被耽误。

江仁寿教授手稿

马长寿教授

系主任。“文革”后期退休回上海，粉碎“四人帮”后，又应学校恳请，回西北大学奉献余热，直到过世。他和岳劼恒先生一起培养出多位中科院院士。

马长寿(1906—1971)，毕业于南京中央大学，1955年响应支援大西北的号召，从上海复旦大学来到西北大学历史系任教授，创建了西北民族史研究室。他是国内著名的民族史专家，出版多部民族史专著，培养了一批民族史研究人才。

综合而言，“五老二寿”7人都是20世纪之初生人，都有在中外著名高校学习深造和工作的经历，都有卓著的学术成就，都和西北大学有很深的渊源。“五老”都是抗战开始来校的，而后终老西大。“二寿”都是20世纪50年代响应国家号召支援大西北，从上海复旦大学来到西北大学的。他们永远值得我们尊敬和怀念。

岳劼恒先生去世后，西大“五老”补上杨永芳。杨永芳(1908—1965)，早年留学日本，回国后曾在多所高校任教，抗战后随北平大学来西安，经历西安临时大学、西北联合大学、西北大学几个时期，中华人民共和国成立后任数学系主任，有多部论著和译著出版。他是周作人的女婿，1965年去世。

地质学大师张伯声

茫茫的大海上，一艘远洋客轮的甲板上有一位学者模样的年轻人。海面上不断涌动的海浪引起了他的注意。他发现，海浪涌动的方向既不是完全水平的，也不是完全垂直的，而是以一种合乎自然、最省力的方式在运动。这就是正在前往美国求学的张伯声。从海浪的运动，张伯声想到了自己研究的地壳构造。在漫长的地质年代里，地壳又是以什么方式不断运动着？

灵感是创新的起点，只有那些具有强烈的探索精神和百折不回的坚韧毅力的人，才能真正抓住稍纵即逝的灵感。张伯声是中国第一个对二次大战后地质科学在全球大洋领域研究新成果进行分析，并结合国内外已知的大陆地质资料，将全球地壳作为一个统一整体来进行研究的地质学家。在长期的地质考察与研究中，他发现地壳是由若干大大小小的块体镶嵌而成的，而构造运动中既没有绝对的水平运动，也没有绝对的垂直运动。在兼收并蓄了前人研究的合理部分之后，张伯声提出了地球在以收缩为主要趋势的脉动式演化过程中，不断激发全球四大地壳波浪系统，它们的传播和交织导致了全球地壳的波浪状镶嵌构造。

1962 年，张伯声发表了《镶嵌的地壳》一文。这篇并不长的论文宣告了一个新学说——“镶嵌说”的诞生。“镶嵌说”传到台湾后，即被台湾地质学者们接受。1972 年台湾出版的百科全书式巨著《中山自然科学大辞典(地球科学卷)》中，把“镶嵌说”列为中国对地质构造认识的首席观点。

张伯声教授

1976 年，唐山大地震和其后松潘地震对西安的震感，使西安地区人心惶惶，张伯声教授也为此而焦急不安。他冒着高温酷暑，夜以继日与助手查阅资料、绘制图表，将对地壳波浪运动的周期性原理和对地壳波浪相互叠加、干涉后出现的特征的认识，用于地震地质研究实践，得出结论：西安乃至整个关中地区，当今尚不具备发生强震的条件。随后，他以年迈之躯，带着助手在西安和关中地区先后做了十余场报告，深入浅出地阐明研究过程与结果，听众无不信服。

在 1979 年全国第二届构造地质学术会议上，张伯声的研究成果被认为是“一朵盛开在地质科学园地里的奇葩”，“地壳波浪状镶嵌构造学说”被公认为中国地质界的五大构造学派之一。

共和国时期学校历任党委书记、校长

侯外庐

1950 年 7 月 10 日—1958 年 7 月 5 日任校长

刘端棻

1953 年 12 月任党总支书记

1954 年 4 月任校党委书记

1955 年 3 月—1963 年 8 月任校党委第一书记

1959 年 4 月—1966 年初任校长

吴大羽

1958 年 12 月任校党委书记

1965 年 11 月至"文革"初任校党委代理第一书记

刘永义

1971 年 2 月—1973 年 11 月任校党委书记

苏贯之

1973 年 11 月—1977 年 12 月任校党委书记、革委会主任

郭　琦

1978 年 6 月—1982 年任校长

1978 年 6 月—1984 年 7 月任校党委书记

巩重起

1982 年 3 月—1985 年 4 月任校长

1984 年 7 月—1985 年 4 月任校党委书记

林　牧

1985 年 4 月—1986 年 2 月任校党委书记

张岂之

1985 年 4 月—1991 年 8 月任校长

1991 年 8 月起任名誉校长

侯外庐

刘端棻

吴大羽

刘永义

苏贯之

郭　琦

巩重起

林　牧

张岂之

孙　平

董丁诚

郝克刚

孙　平

1987 年 1 月—1989 年 3 月任校党委书记

董丁诚

1989 年 3 月主持学校党委工作

1991 年 8 月—1998 年 10 月任校党委书记

郝克刚

1991 年 8 月—1995 年 12 月任校长

陈宗兴

1995 年 12 月—1997 年 7 月任校长

王忠民

1997 年 7 月—1999 年 8 月任校长

李军锋

1998 年 10 月—2004 年 9 月任校党委书记

张　炜

2004 年 9 月—2008 年 6 月任校党委书记

孙　勇

1999 年 8 月主持学校行政工作

2000 年 6 月—2008 年 6 月任校长

2008 年 6 月—2010 年 12 月任校党委书记

乔学光

2008 年 6 月—2010 年 12 月任校长

2010 年 12 月至 2015 年 9 月任校党委书记

方光华

2010 年 12 月—2015 年 3 月任校长

王亚杰

2015 年 8 月至今任校党委书记

郭立宏

2015 年 3 月至今任校长

陈宗兴

王忠民

李军锋

张　炜

孙　勇

乔学光

方光华

王亚杰

郭立宏

一代体育宗师王耀东

王耀东是西北大学为数不多的几个“国”字号人物之一。1921 年 5 月,20 岁刚出头的他经过层层选拔进入国家篮球队,作为主力队员参加了在上海举行的第 5 届远东运动会,赢得了篮球比赛的金牌。他是当之无愧的老“国手”。到了耄耋之年,这位中国体育界的元老、著名体育活动家和教育家,从 1979 年到 1989 年担任全国体育总会副主席,并被授予荣誉委员称号。他是中华民族近百年历史的亲历者和见证人,也是中国近百年体育发展史的参与者和见证人。

王老不仅具有令人羡慕的健康体魄,还有令人敬仰的高尚品德,这在校内和业内有口皆碑。他热爱祖国、热爱人民、热爱体育事业,全心全意为之奉献终身;他重亲情、重友情、重师生情,关心同事,善待同志,爱护学生,具有特强的凝聚力和亲和力;他做事认真,有信必复,有问必答,具有高度的责任心;他在生活上崇尚自然,不务

时届百岁的王耀东教授给学生讲解西北大学历史

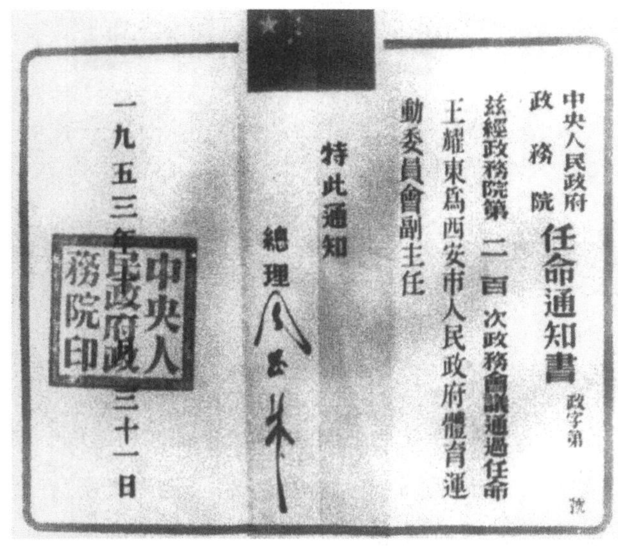

中央人民政府
政務院 任命通知書 政字第 號

茲經政務院第 二百 次政務會議通過任命
王耀東爲西安市人民政府體育運
動委員會副主任

特此通知

總理

一九五三年 三十一日

中央人民政府政務院印

王耀东教授委任状

王耀东教授和学生在一起

奢华，不赶时髦，衣食住行力求简朴，养成高雅的情趣和品位。可谓品学俱佳，德艺双馨。

1999 年 9 月，西北大学为中国体坛世纪老人王耀东举行了百岁华诞暨执教 80 周年庆贺大会，国家体育总局局长伍绍祖等亲临西北大学向王老祝贺，同时还宣布设立“王耀东奖学基金”，举行了《王耀东传》首发式。

百岁老寿星欣逢盛世，诸事顺遂，尽享安乐，唯有一宗憾事，就是早年国家男篮夺冠荣获的那枚奖章，他珍藏了数十年，却在“文革”中被抄走，一直未能找回。

王老于 2007 年仙逝，享年 107 岁。他经历了北平大学、西安临时大学、西北联合大学、西北大学多个时期，在西北大学工作了整整 70 个年头。这个纪录空前绝后，没有人能够打破。

南海划界的傅角今

傅角今教授

傅角今，又名傅鳌，湖南醴陵人，1896年出生，1924年毕业于北京师范大学。1936年至1938年获洪堡奖学金赴德国莱比锡地理研究所深造，学成归国后供职于国民政府内政部地政司和方域司，曾在国内多所高校任教。中华人民共和国成立之初来西北大学，历任地理系教授、系主任、校副教务长，主要从事自然地理和边疆沿革的教学研究。他于1959年出版的《世界石油地理》对二战后东西半球石油储量的变化和中东地区20年间石油产量猛增几十倍的情况有较多论述，是我国专论世界石油地理分布和各国产油状况的第一部著作。

傅角今教授曾任国民政府内政部方域司司长，也是1946年12月9日按照《开罗宣言》和《波茨坦公告》，代表国民政府战后接收南海诸岛团队的重要人物。时任西北大学地理系主任、教授的郑资约是被国民政府内政部借调来的接收专员。两人关系密切，1947年至1948年，合著了《南海诸岛地理志略》和《琉球地理志略》，先后在商务印书馆出版。

1962年，正在西北大学任教的傅角今应外交部邀请赴京接受咨询。他系统翔实、有论有据地阐述了对我国全部边界问题的见解，表现出极大的爱国热情和严谨的科学态度。他的见解对我国处理边界问题有重要参考价值。

傅角今1965年逝世，他在患病期间还完成了《南极地理》的书稿。

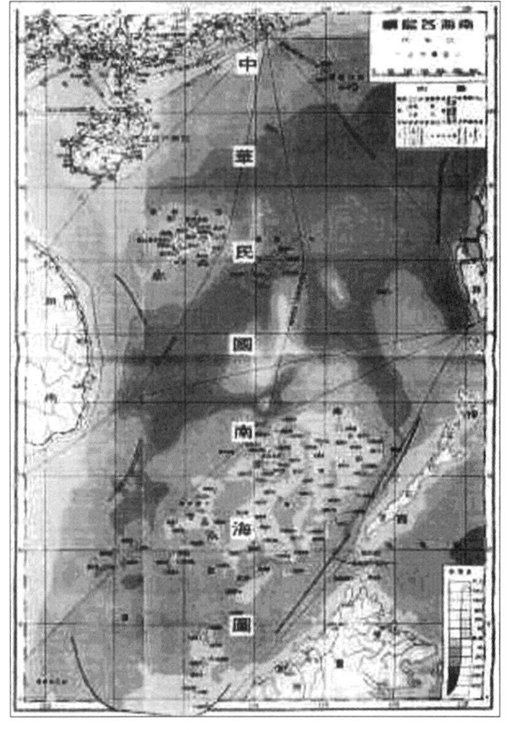

傅角今主持划定的我国南海11段线国界线

资深地理学家王成组

王成组教授

王成组，原名绳组，1902年10月出生于上海。1924年赴美留学，就读于多所大学，获哈佛大学史学硕士学位、芝加哥大学地理学硕士学位。1929年回国后参与了清华大学地理系筹建工作，是该系唯一的专职地理教授。1932年后，他曾先后受聘于厦门大学、上海交通大学等多所国内高校。1952年，应侯外庐校长之邀，由北京举家迁至西安，任西北大学地理系教授，至1987年逝世，在西北大学工作和生活了35年。

他是我国20世纪20年代最早留美学习地理的3名学者之一，是我国著名的老一辈地理学家，其学术成就在我国地理学及中国科学史上占有重要地位。1935年，他在商务印书馆出版的《本国地理》(共3册)采用两级分区法，首先把全国划分为华南、华中、华北、东北、蒙新、康藏6个“地带”，以下再划分为27个“区域”。这在当时是比较先进的，被后来的区域划分借鉴，对我国地理研究起到重要促进作用。他所著的《中国地理学史(先秦至明)》1982年在商务印书馆出版了第一版，1988年增订第二版，学术界给予高度评价。我国著名地理学家曾昭璇认为：“真正由地理学家写的地理学史，此当为首篇。”鞠继武教授亦认为，它是“地理学之宝贵遗产”。曾任中英科学合作馆馆长的李约瑟博士则建议出版该书英文版。

王成组著作

陈登原与《国史旧闻》

陈登原教授

陈登原，字伯瀛，浙江余姚人，1900年出生，1926年毕业于南京东南大学。1950年来西北大学，任历史系教授，曾任校图书馆馆长。他是二级教授，在西大文科教授中级别最高。

陈登原教授治学严谨，教学认真，常教导学生和青年教师注意治学方法，主张先博后专，只有先成通才，才能成为专家。他提倡研究历史一定要注重资料，读书要做卡片，写文章要做到无一字无出处，引证资料必须注明出于何书、何卷、何种版本。

他著述甚丰，出版学术专著近二十部。他研究的重点是中国哲学史、文化史、土地制度史和田赋史。1949年以后，他的学术著作中影响最大的是《国史旧闻》。该书按朝代分为四册：第一册为三国魏晋南北朝（三联书店，1958年出版）；第二册为唐宋辽金元（中华书局，1962年出版）；第三册为明清（中华书局，1980年出版）；第四册为近代（存稿待出）。该书重在资料的收集、分类，每一个条目下均有作者的评说，实际上是一部通史，是作者“先通后专”治学思想的实践。

《国史旧闻》的出版在1958年曾引起一场风波。人民出版社一个署名“应德古”的人给学校寄来一份大字报，标题是《陈登原为什么那样争稿费》。陈登原看到这份大字报，当即做出反应，以小字报做了答复，大意是说，他这部书搞了二十多年，书的体例是摹仿程绍德《九朝律考》，亦非随手摘录。为这部稿子，不算卡片，已经写过3000万字了，手上都磨出老茧。他列举三联书店对书稿的评语：“细大不捐，包罗至富，捃摭群书，以类相从。”上海人民出版社认为书稿“博采群籍，条理井然，足见用力之深，我们深为钦佩”。侯外庐校长曾言一部著作有似手工业产品，他这部《国史旧闻》是二十余年的手工劳动成果，工人固然不能以次充好，收购站（出版社）也不能随意降级压价。说得理直气壮。

陈先生作古于1975年，他没有赶上“尊重知识，尊重人才”的时代，也没有看到《国史旧闻》后两册出版。

陈登原著作

紫藤园

傅庚生教授

唐诗鉴赏家傅庚生

中华人民共和国成立之初，西北大学中文系的四大教授郝御风、张西堂、刘持生和傅庚生在全国学界都颇有影响，其中以傅庚生先生的名气最大。

傅庚生 1934 年毕业于北京大学，1948 年来到西北大学，任中文系教授，曾担任文学院院长、中文系主任、中国古典文学教研室主任、唐代文学研究室主任等职。

生活中的傅庚生先生是位斯文儒雅的翩翩君子，毛料衣服笔挺，皮鞋锃亮，头发永远梳理得一丝不苟。他的文章也是美文中的典范，即使是学术论著，也依然文笔俏丽，峭拔华赡。傅庚生先生的著作《中国文学欣赏举隅》，由俞平伯先生作序，开现代文学鉴赏学风气之先，现在仍是中文系学生的必读书目。傅庚生长于用审美的眼光赏析作品，讲究的是“水磨”功夫。眯缝着眼，摇摆着身体，用略带沙哑的声音反复吟哦诗句，是傅庚生先生在课堂上的经典造型——在反复的吟哦品读中，学生们渐渐领略出古诗文的美。

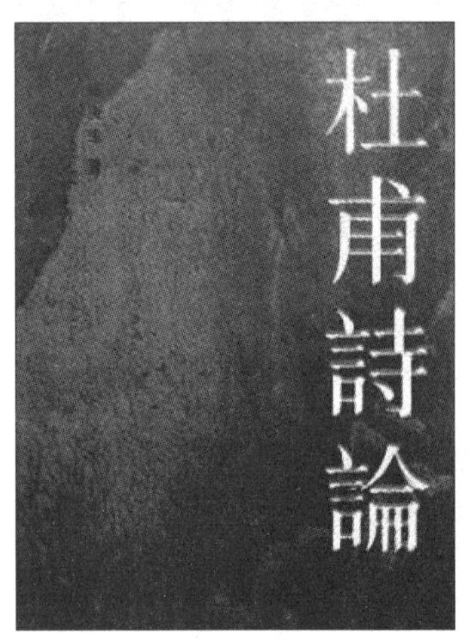

傅庚生著作

借助傅先生的地位和影响，1982 年，西北大学发起成立唐代文学研究会，各大学、科研机构纷纷响应，一时间全国研究唐代文学的知名学者云集西大，共襄唐代文学研究盛举。

傅先生晚年多病，1984 年逝世，是西大以至全国古典文学界的一大损失。

草坪广场

经学家张西堂

张西堂教授

专攻儒家经典的经学家在清末被戏称为“饼家”。张西堂是著名的经学家，黎锦熙就称他为“公羊卖饼家”。夫人黄佩也曾作诗调侃:“平生欲学屠龙技,此技学成本不奇。夫婿频年夸卖饼,由来此饼不充饥。”

张西堂本名张正,以字行,祖籍湖北汉川,1901年出生于武昌。早年曾考入清华学堂，因病辍学。1919年入山西大学国文系。在上学期间,他已开始学术研究，主攻朴学(经学一派)。大二时发表文章纠正胡适著作中的谬误,一鸣惊人。大学毕业后,他曾在北平几所大学任教,结识了钱玄同、顾颉刚等大家,跻身于疑古学派。

1944年8月，张西堂应邀来到陕西城固，任西北大学中文系教授兼系主任,一度出任文学院院长。到1960年病逝时,他共在西大工作了16个年头。著名教授傅庚生、刘持生等都是他当系主任时延聘来校的。他治学严谨,功力深厚,著述甚丰,计有学术专著20部,论文百余篇。他的不少论著得到学术界高度评价，有的多次在港台印行,被视为权威之作。他在日本也颇有影响,作为经学家被收入日本出版的《文化名人辞典》。

张西堂的夫人黄佩是西北大学前身之一北平大学女子文理学院毕业生，擅长诗词,长期在西大图书馆工作,著有《晚花诗草》一卷。

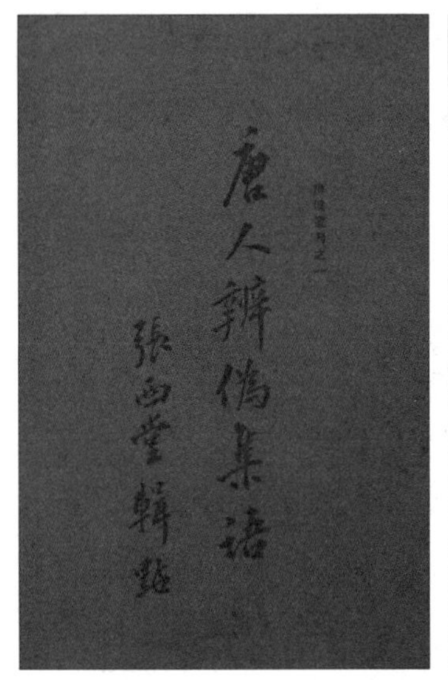

张西堂著作

德高望重的高鸿院士

20 世纪 90 年代初，正值中国大地上掀起了“孔雀东南飞”的热潮，很多身处西部的知识分子都纷纷投奔东南沿海地区。在这样的时代背景下，高鸿院士于 1992 年离开南京大学，落户西北大学，就格外难能可贵。

高鸿院士

高鸿院士是中国近代仪器分析的奠基人，他在 20 世纪 50 年代编写的《仪器分析》是中国第一部该领域的教科书。《仪器分析》出版后，指导了几代人进入分析化学之门。诺贝尔奖获得者李远哲博士当年读了此书后深受启发，以至于自称是高鸿先生的学生。

高鸿院士在分析科学研究所指导博士生

高鸿先生是陕西泾阳人，青年时代曾赴美留学，1948 年学成归国后就一直在南京大学任教。先生在外多年，不免思乡情切，希望晚年能回到陕西，落叶归根。西北大学的领导者们得知这个消息后喜出望外，殷勤相邀，终于为学校引进了一只光彩夺目的“凤凰”。

高鸿院士来到西北大学后，西北大学的化学学科先后被批准为

1998年高鸿院士指导研究生

“211工程”项目建设中的高鸿院士

分析化学博士点、博士后流动站、全国化学人才培养基地，整个化学学科面貌焕然一新。1996年，高鸿先生成立了“西北大学分析科学研究所”，集化学、化工、电子、计算机等多学科为一体，开创国际前沿的分析科学教学与研究。他还利用综合大学的优势，在分析化学方面形成了近十个教学单位与研究群体，组成了一个多学科的研究群体，在电分析化学、色谱分析、光学分析等分析化学领域中，都推出了在全国有影响的学术带头人。

2013年6月14日高鸿院士逝世。

陈直——大师不问出身

据说有那么一天，西北大学历史系陈登原教授将一只烧饼拓在宣纸上，制成一张“拓片”,然后将这张“拓片”拿给陈直,请他鉴定一下“拓片”中“瓦当”的年代。陈直检视良久，方迟疑地说:“这好像是个烧饼吧……”

中华人民共和国成立之初的西北大学,可谓俊彦荟萃,群贤毕集。在众多知名学者之中,没有上过大学的陈直格外瞩目。

陈直堪称自学成才的典范。他自13岁起便系统研读《史记》《汉书》,以后每两年必通读一次。虽然曾经考取了清华研究院，却因家境贫寒而未能就读。陈直在紧张的劳作之余，始终自学不辍——24岁即撰成《史汉问答》二卷,26岁时写成的《楚辞拾遗》成为研究楚辞的必读之书。1950年，经著名学者、教育部长马叙伦推荐,侯外庐力邀陈直来西北大学执教。

陈直教授

虽然陈直此时在国内外学界已经颇有声望，但是因为缺少一张可资证明才学的文凭，他还是免不了要面对一些怀疑的目

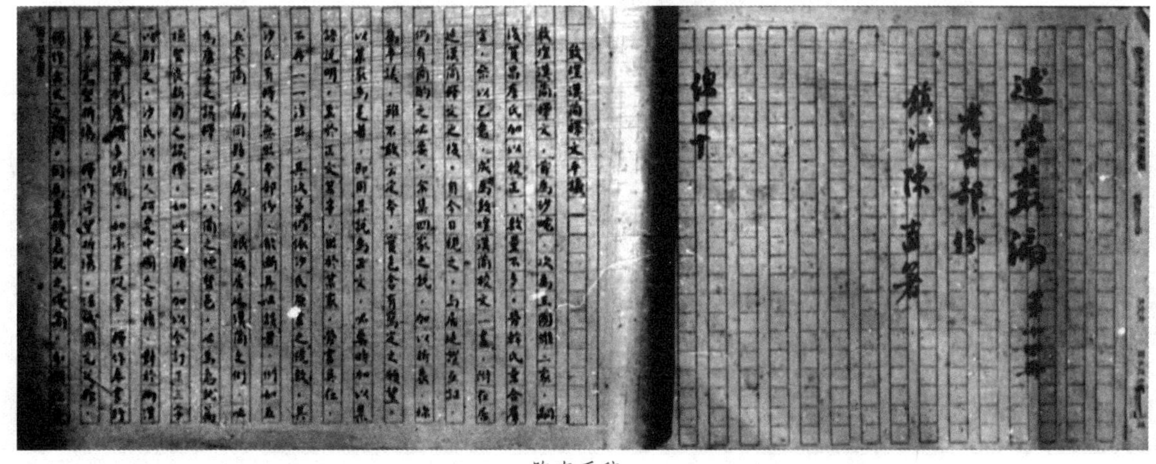
陈直手稿

此我与保之兄
一九六三年合
摄于天津文
史馆七零年
治章侄子加洗
交治融带来

1963 年陈直教授与友人在天津文史馆合影

1970 年 1 月与韩保全摄于西安小雁塔

大礼堂前的草坪

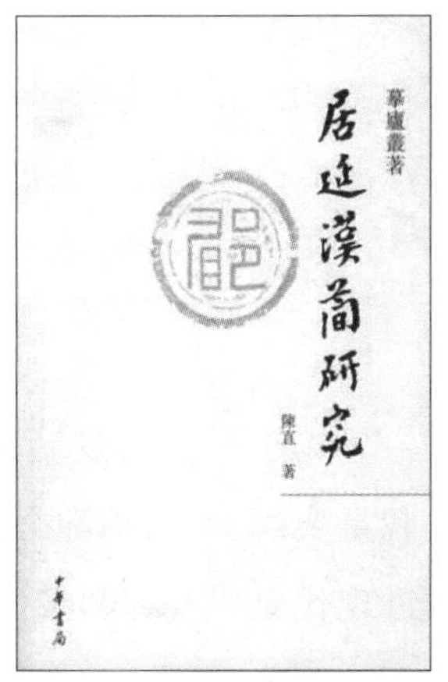

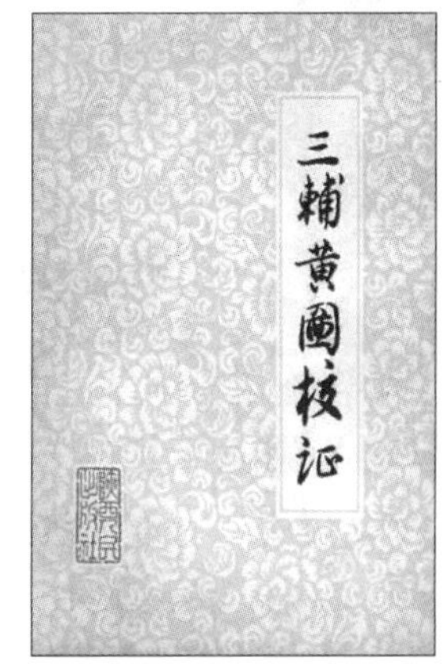

陈直著作

光。陈登原之所以会请他鉴定“烧饼瓦当”，其中自有缘故。因为陈直“尤喜治秦汉史”，提出“使文献和考古合为一家”“使考古为历史服务的”学术主张，注重将文献资料和考古资料相结合。他独辟蹊径地把人们不太注意的瓦当、砖文、玺印、封泥、货币、钱范、铜镜、陶器、漆器等寻常古物引入史学研究，取得的突出成就往往能前出古人、后启来者，在史学界独树一帜。在西北大学任教后，陈直得以专注于学术研究，自此成果迭出。单是在1955年至1966年的十余年中，他就完成了二百余万字的学术巨著《摹庐丛书》和百余篇学术论文。1963年，著名学者翦伯赞邀请当时还只是讲师的陈直赴北京大学讲学，这一举动在北京大学校史上是空前的，一时被传为佳话。

“文革”期间，陈直的学术研究工作无法正常开展，他就独自开始修订旧稿的工作，并以惊人的毅力把全部文稿亲手用毛笔抄写了四份，总字数在一千万字以上，为后人留下了一份丰厚的文化遗产。

亢心栽的传奇人生

亢心栽教授

亢心栽是陕西近现代史上的著名人物，一生经历丰富曲折，颇富传奇色彩。他和西大结缘是在西安解放之初，他受军管会委派，来西大协助接管事宜，随后就留下来，成为外语系教授并兼任系主任。

亢心栽，又名亢维恪，1906年出生于陕西蒲城。青年时期就积极参加反帝反军阀的斗争。1925年2月加入共产主义青年团，年底即转为中共党员。1926年春，考入北京中俄大学，参加三一八游行请愿，险遭枪杀。后去广州农民运动讲习所第六期学习，并任该所干事会(相当于党委会)干事。学习结束后，他被委派为国民党中央农民部驻陕办事处主任，回陕正遇刘镇华围困西安城，他便组织一部分同志分别到关中各地，发动成立农民协会，组织农民武装，有力地配合西安反围城斗争。1921年2月，中共陕甘区委成立，他任农委书记。中华人民共和国成立后任过陕西省长的赵伯平，就是这时经他介绍入党的。同年8月，他在领导农民开展抗租、抗粮斗争时遭逮捕，因他化名“王维洽”而化险为夷。1928年2月，他任渭南县委书记，筹划渭华起义，因与其他领导人意见分歧而去职。不久，他获悉省委机关被破坏，他年轻的妻子徐九龄(21岁，中共党员）于这年6月17日被活埋于西安北关外。他受到强烈刺激，情绪日渐消沉，便退出了党组织。

退党后，亢心栽转入教育界，当了中学教员。1930年11月，时任陕西省政府主席的杨虎城，为振兴地方教育事业，选派一批进步青年出国深造，他是其中之一，赴英国入伦敦大学教育学院学习。1934年年初回国，先任杨虎城部秘书，后在省教育厅任督学、西安高中任教务主任。西安事变后，杨虎城被迫去欧美考察。这时，杨处境凶险，诸多相识者唯恐避之不及，亢心栽却欣然随杨出国，既做翻译，又做秘书，处理往来电文、信件，有时还代杨接见媒体。据西北大学化工系亢茂德教授称，现在上海拍卖

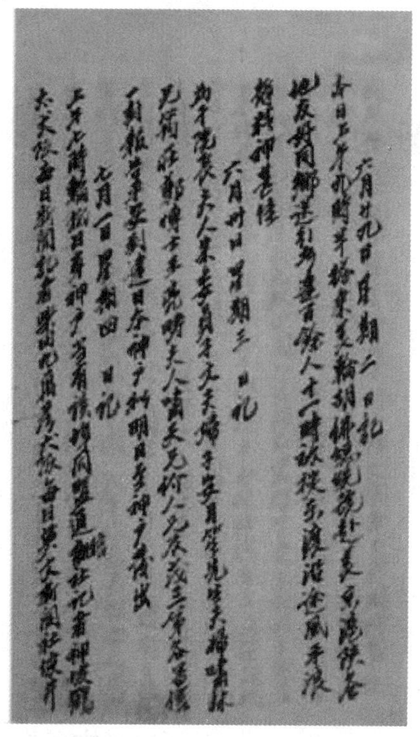

上海拍卖市场的《杨虎城秘书日记》

市场炒得沸沸扬扬的《杨虎城秘书日记》实际就是他父亲亢心栽随杨将军出国考察途中随手记下的笔记，并非个人“日记”，拍件不像他父亲的笔迹，可能是“抄件”。这些资料在杨将军回到香港时，亢心栽统统交给了王菊人，不知如何流入市场。

回国后，亢心栽仍回西安高中任教务主任、校长，后又任省立政治学院教授、商专总务长、训导长，省教育厅秘书、科长等职。1946年2月，杜斌丞、杨明轩发起成立民盟西北总支部，亢心栽加入民盟，并担任民盟西安市支部组织部长。后因环境险恶出走北平，担任华北文法学院教授兼秘书主任。1948年八一九北平大逮捕时，他被拘押两天。1949年1月北平和平解放，亢心栽奔赴延安，在延安大学任教，并被推举为民盟西北总支部秘书长。

1951年后，亢心栽离开西大，担任西安市政协副主席和民盟省市委的领导工作。1957年，亢心栽因言获罪，被错划为“右派”，受到报纸点名批判，进入新时期才得以平反昭雪。1978年8月18日，亢心栽病逝于西安。

特立独行的林伦彦

林伦彦是广西人，出身官宦世家。他的祖父是清末两广总督，曾助蔡锷逃离北京举起反袁（世凯）义旗；父亲做过广西讲武堂教官，是李宗仁的老师。

青年时代，林伦彦东渡日本，就读于明治大学，主修农业经济学。20 世纪 40 年代末，任李济深机要秘书，1948 年协助李济深在香港成立“民革”，是李济深与中共南方局之间的传话人之一，曾与陈此生、吴茂荪、梅龚彬一起为“民革”起草新政协有关文件。中华人民共和国成立后，李济深是共和国副主席，曾提议林伦彦当中央人民政府办公室副主任，林伦彦不愿从政，激流勇退，回归学术，做了中山大学经济系主任。据学生回忆，他主讲政治经济学时，藐视流行的教科书，口气之大，令一般小青年咋舌。私下议论他们的系主任是“老子天下第六（前面是马、恩、列、斯、毛）”，给他起了个“大只林”的绰号，“大只”在广东话中的意思就是自命不凡的巨擘。后来林伦彦因与中山大学校长意见相左，便拂袖而去，应侯外庐校长之邀，来西北大学任教。

林伦彦著作

在西大，林伦彦先在马列主义教研室做主任。据李振民教授回忆，林先生长得瘦瘦的，很能讲。后又在历史系带课，据刘士莪教授讲，林先生是二级教授，派头很大。历史系校友岳维宗在《忆旧》诗里写道："离开西大四秩秋，往事悠悠入梦稠。夏夜林公谈故旧，冬炉陈老说秦州。……"陈老是陈直先生，林公就是林伦彦教授，以他的身世和经历，自然有故事可讲。他讲课深受学生欢迎，以至数十年后成为学生最温馨的回忆。

林伦彦在西大的日子是舒心的、愉快的，和同事相处融洽，大家都尊重他。后来，因为不适应西北的严寒气候，林伦彦又回到广州，任华南师院历史系主任。不久就遇到"反右"这种冷峻的政治气候，他更不能适应了。以他的"大只"脾性，必然难逃一劫，被打成"右派"，《南方日报》整版揭露批判他的"言行"。他极为气愤，索性辞职不干了，自此断了经济来源，靠典当度日，三年困难时期，他将发的肉票送给别人，自己却因无钱买肉吃盐水泡饭。

20世纪70年代末，林伦彦得以平反改正，重返华南师院，再上讲坛，并带了几届研究生。他学术功底深厚，精通英、日、俄语，懂拉丁文、希腊文，晚年还自学法语和西班牙语。特立独行的林伦彦虽然吃尽苦头，总算撑到了改革开放的新时期。他出版了《农业经济学教程》和译著多种。如今人们讲起"民革"的历史，总会提到"林伦彦"这个名字。

20世纪50年代的校舍

胡适晚年惦念黄晖

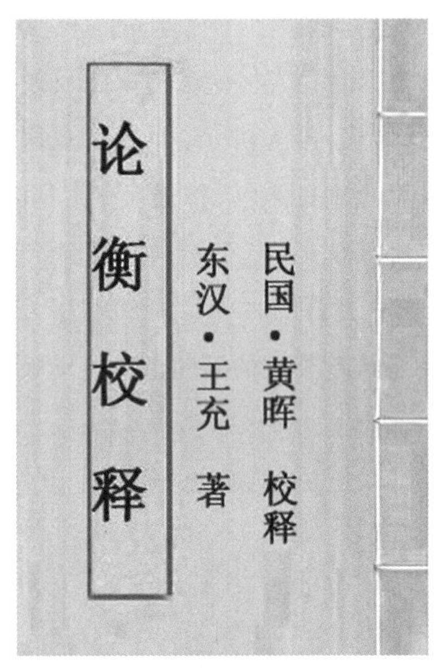

黄晖著作

东汉王充所撰《论衡》是中国哲学史上难得的一部富于创见的长篇巨著,被视为“奇书”。因此书原本“用事沉冥”“训诂奇觚”,传抄中又“极多误衍误脱之字”“形误音误之文”,故历来号称难读之书。自古到今,知难而上,校刊、诠释《论衡》取得成果者,不过数人而已,其中尤以黄晖的《论衡校释》为学术界所推崇。自此校释本问世以来,凡研读《论衡》者,皆以它为解难释疑之钥匙。可以断言,《论衡》是不朽的,《论衡校释》也会随之而不朽。

而写了这样一部不朽之作的黄晖却不名于世,鲜为人知。许多引用《论衡校释》的研究者,在介绍此书作者时,大都语焉不详,或简而言之曰“近人黄晖”。就连黄晖所在西北大学的《学人谱》中,也查不到黄晖的名字。因为黄晖只是个“副教授”,没有资格进入此“谱”。

但是,身在对岸的胡适没有忘记黄晖。台湾出版的《胡适之先生晚年谈话录》(胡颂平编)中出人意料地提到了黄晖和《论衡校释》。编者记录了胡适1960年1月20日的谈话:“先生今天谈起黄晖,说:黄晖是北京中国大学学生, 他曾到北大偷听我的课,他毕业后写了一部《论衡校释》,算是很标准的著作。坏学校也出好学生。这个人现在不知去向,可能是去世了,也许跟刘叔雅在云南呢。”胡适一生阅人无数,从蒋介石到罗斯福,与多少名人、要人交往,却牢牢记住了黄晖的名字,足见黄晖此书入人之深。需要说明的是,黄晖并非中国大学学生,他上的是北平大学法学院;黄晖也并未跟刘文典(叔雅)去云南,而是于 1950 年来西北大学任教,直至 1974 年去世。

黄晖和刘文典的关系确非一般。1955 年 5 月 10 日，应西北大学组织上的要求，身在云南大学的刘文典为黄晖写了一纸证明,大意是说,黄晖虽不是他的课堂学生,却是他得力的弟子,是他很喜欢的学生,几乎天天在他家跟他学校勘学,《论衡校释》就是在他指导下写成的，并经他介绍通过胡适得以在商务印书馆出版。

黄晖的教学生涯多在西北大学,《论衡校释》出自黄晖之手,毋庸置疑。一些人却无端生疑，断言黄晖写不出如此高水平的学术著作,真是天大的冤枉。好在中华书局至今仍然再版黄晖的《论衡校释》,北京师范大学名牌教授刘盼遂的《论衡集注》也附在黄晖的《论衡校释》中。

太白校区校园景色

实至名归的三位“社科名家”

2010年,陕西首次在全省社科界开展社科名家评选活动,共有14位专家获此殊荣,西北大学张岂之、何炼成、彭树智3位教授上榜。当年8月31日,在陕西省社会科学界联合会召开的庆典大会上,我校这3位文科大家从省委书记赵乐际、省长赵正永手里接过了“陕西省首届社科名家”荣誉证书。行内人士普遍认为,这是实至名归。

张岂之教授

张岂之　出身高门楼,1950年毕业于北京大学哲学系,后又在清华大学读研究生。毕业后成为史学大师侯外庐的学术助手,协助大师整理《中国思想通史》和《宋明理学史》,在这个过程中,他不仅打下了丰厚坚实的学术基础,也锻炼了自己的组织管理能力。因而他后来当校长游刃有余,政绩突出,学术研究,成果累累,获得双丰收。他主编和自著的书约二十余种,其中,《中国思想史》获国家级教学成果二等奖,《宋明理学史》获国家社科项目优秀成果二等奖及郭沫若中国历史学奖荣誉奖,《中国历史》(六卷本)获国家级教学成果一等奖,《中国思想学说史》(六卷本)获全国高校社科研究优秀成果二等奖及第二届中华优秀图书奖。他的学生称他为“大师”,他并不接受,说:“我的老师侯外庐、贺麟、任继愈才是大师呢。”

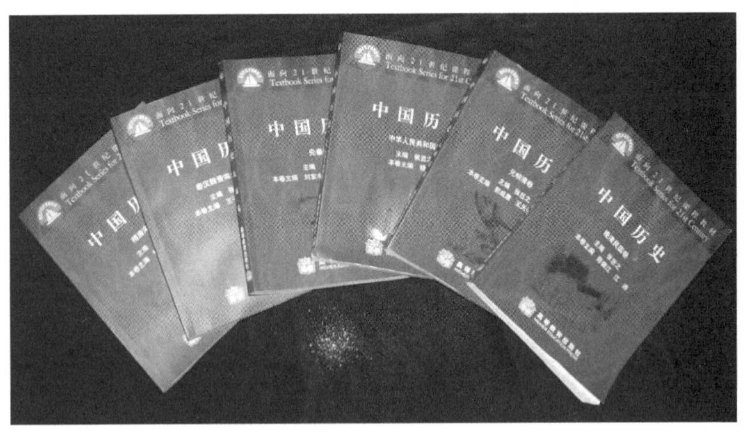

张岂之著作

何炼成　驰誉西北以至全国的著名经济学家。1951年毕业于武汉大学经济系，师从老经济学家张培刚教授。他是我国资本论、劳动价值论、发展经济学、中国经济思想史和西部经济研究的权威学者之一，是生产劳动理论大讨论的引发者和“新中派”代表，中国发展经济学和中国西部经济学派的创始人。著有《价值学说史》《中国经济管理思想史》《生产劳动理论与实践》《中国发展经济学》等著作，发表论文四百多篇，引起国内经济学界广泛重视。他先后获孙冶方经济科学奖、中国图书奖、全国高校人文社科研究优秀成果奖、张培刚发展经济学著作奖、陕西省社科优秀成果一等奖及陕西优秀教学成果特等奖等奖项，入选“影响新中国60年经济建设的100位经济学家”。

何炼成教授

何炼成著作

彭树智教授

彭树智　1954年毕业于西北大学历史系。长期从事中东南亚史、世界现代史、国际共运史和史学理论研究，取得丰硕成果，主编和自著《文明交往论》《二十世纪中东史》《阿拉伯国家史》《阿富汗史》《中东国家通史》《伊斯兰与中东现代化进程》《现代民族主义运动史》《东方民族主义思潮》《松榆斋百记》等。他在文明交往理论方面的研究引起广泛关注和高度评价。他关于“民族民主运动史”的新提法为教育部所采纳，取代了原有学科目录中“民族解放运动史”的提法。他的《东方民族主义思潮》获教育部人文社科优秀成果二等奖及全国大学出版社社科优秀著作奖;13 卷《中东国家通史》获全国高校人文社科成果二等奖,作为我国第一部中东国家系列国别史,填补了空白,受到学界高度重视。

彭树智著作

太白校区一角

王永焱对黄土刨根究底

王永焱早年留学日本，回国后在甘肃省工作。1952 年来西北大学地质系任教，1958 年去苏联莫斯科科学院进修第四纪地质学，两年后返校，担任地质系主任多年。他主要从事黄土与第四纪地质的教学与研究工作，先后讲授过普通地质学、石油地质学、勘探技术、煤田地质、第四纪地质、黄土学等课程，出版专著七部，发表论文三十多篇。

王永焱教授

他主编的《中国黄土图册》是第一部采用图片记录形式反映我国黄土实况及其研究历史和现状的大型图册，在巴黎第 26 届国际地质大会展出后，国内外同行专家赞不绝口，普遍认为“科学意义重大”。他主编的《岩漠、砾漠、沙漠、黄土》一书，首次采用宏观与微观的方法阐明了黄土原始物质的生成、搬运和沉积过程，为解决有争议的黄土成因问题奠定了科学基础。他在《中国黄土的最新研究》一书中对中国黄土进行了综合研究，建立了中国黄土磁性地层划分方案及中国黄土第四纪古气候演变模式，被认为是“重要的贡献，卓越的成就”，对黄土区的农牧业、工业建设、生态恢复和环境保护等方面都有重要的科学意义和参考价值。

薛祥煦(左)、王永焱(中)正在进行科学研究

他的科研成果先后获全国科学大会奖、国家教委科技进步一等奖、陕西省科技进步一等奖和陕西省高校科技成果一等奖。1989 年 3 月，王永焱教授去世。

石油地质专业的领军人物赵重远

赵重远教授

1996年，包括曾任陕西省委书记的安启元在内的西大石油地质专业1956界八十多位同学重聚西安，聚叙友情之际，特意返校请当年的任课老师赵重远教授再上一堂课，以追忆40年前学习生活的情景，表达不忘师恩的心情。

赵重远1951年从西大地质系毕业留校，第二年就遇上增招400名矿产和石油地质专修科学生的重任，这位年轻教师提前挑起了教学担子。他先后为学生开设了油矿地质学、石油地质学、中国含油气盆地地质学等课程。他融多种学科的理论、方法于一体，对含油气盆地进行了整体、动态、综合的系统研究，创建了“含油气盆地地质学”新学科。他将板块构造理论运用到中国沉积盆地研究中，首先提出以板块构造为基础的含油气盆地分类方案。他将经典的地壳均衡概念发展为地球均衡作用，并将

赵重远著作

赵重远及其研究团队

其作为盆地成因机制的动力之一，与应力和热力作用相并列。他对中国北方含油气盆地，特别是鄂尔多斯盆地进行了长期持续的研究，为该盆地的油气地质研究和天然气的大发展做出了突出贡献。

赵重远教授是西大石油地质学科的领军人物,他与20世纪五六十年代先后毕业和来西大工作的汤锡元、陈荷立、祝总祺、邸世祥、王定一、曲志浩、罗铸金教授被统称为西大“石油八大员”。在赵重远的带领下,他们精诚合作,撰写了“文革”后中国第一部《石油地质学》全国高校统编教材。此后，赵重远又主编了主要用于研究生教学的《石油地质学进展》全国高校统编教材。他先后主持完成了二十多项国家、部委和油田的科研项目,获省部级科技奖十余项。

赵重远教授是西大首批国务院学位委员会批准的博导之一，曾任地质系主任、《西北大学学报》(自然科学版)主编,他也是连续两届全国政协委员。

赵重远教授热爱油气地质事业，主动要求退休后仍笔耕不辍。年逾八秩还在《石油学报》《地质学报》等专业顶级期刊发表学术论文，并在85岁时出版了32万字的《含油气盆地地质学》专著,完成了他的学术夙愿。

薛祥煦：地质学界的女强人

薛祥煦教授

薛祥煦教授是西北大学第一位女性博士生导师。1954年她于西北大学地质系毕业后留校任教，曾任研究生处处长，校学术委员会副主任和学位委员会副主任。

她主要从事古生物学教学与研究，先后讲授过古生物学、古生物地层学、新生代古生物及地层等课程。早年曾去中科院古脊椎动物与古人类研究所进修深造，师从名家周明镇教授。回校后即开始对陕西及其邻近地域古脊椎动物进行考察研究，经常坚持在野外作业，收集和掌握大量第一手资料，研究工作不断取得新进展。她对“游河动物群”的研究和“游河期”的建立，被认为“是对我国晚第三纪及第四纪地层古生物研究的一个重要贡献”。她关于石门古新统的研究被认为“是对古新统研究地理分布上的一个重要突破，对西北地区地层上的一个大增补”。她对我国北方第四纪哺乳动物及动物群的研究，是中国第四纪哺乳动物化石及动物群的第一次总结。她还和王永焱教授一起对黄土和生物地层做了大量研究工作。她先后六次去美国、德国、日本进行合作研究，在《中国科学》《科学通报》《古脊椎动物学报》等刊物发表百余篇论文，出版学术专著多部，获国家级、省部级科研成果奖十余次。她是“全国三八红旗手”“有突出贡献的专家”“全国高校先进科技工作者”，其事迹收入《中国当代地球科学家》《中国妇女500杰》中。

薛祥煦教授指导学生

冯师颜专攻热化学

冯师颜1940年转入国立西北大学化学系学习,1943年毕业后留校任教。1957年赴苏联留学,在莫斯科大学进修热化学,两年后回校,创建热化学研究室并任主任。

他主要从事热化学的教学和研究,先后讲授过热化学、误差理论与数据处理等课程,培养了六十多名热化学专业本科生和六名研究生。他一贯注重教学与科研结合、理论与实验并重,是我国实验热化学的开创者,领导建成我国高校第一个热化学实验室,并建立了五个计温学和量热学实验,研制了一批热化学实验仪器。他的热化学实验工作卓有成效,受到国内外专家好评。

他在《中国科学》《化学通报》《物理通报》等刊物发表论文二十多篇,1964年在科学出版社出版《误差理论与实验数据处理》专著一部,该书实用性极强,不仅对化学实验人员有帮助,也是其他从事实验、测量的科技人员重要的工具书,极受广大科技工作者欢迎。

1970年,冯师颜教授英年早逝,他的科研成果在多年后举行的全国科学大会和陕西省科学大会上均受到应有的褒奖。

冯师颜教授

冯师颜著作

鲁迅研究的丰硕成果

1924 年鲁迅来西北大学讲学，暑期讲学近 20 天，对西大教学科研甚至办学都产生了深远的影响。也因此，西北大学一向注重传承鲁迅精神，研究鲁迅思想。

抗战时期，作为鲁迅挚友的许寿裳教授就在西大宣扬鲁迅精神。1949 年后，单演义教授在陕西大力倡导鲁迅研究。单演义教授发现了《小说史大略》油印本，是鲁迅在北师大时的讲义，为鲁迅最重要的学术著作《中国小说史略》的前身；后又发现鲁迅在西大讲演的记录——《中国小说的历史的变迁》，现已收入《鲁迅全集》；1957 年著《鲁迅讲学在西安》，填补了鲁迅生平的一段空白，为多部年谱采用，此外他还有多篇鲁迅与瞿秋白、郭沫若、茅盾比较研究的论文。1977 年以西大中文系“鲁迅诗歌注释小组”名义出版了《鲁迅诗歌选注》。该小组由赵俊玠负责，老教师郝御风、单演义等也参与，并有学生参加。

改革开放后，阎愈新教授在 20 世纪 80

西北大学鲁迅研究部分成果

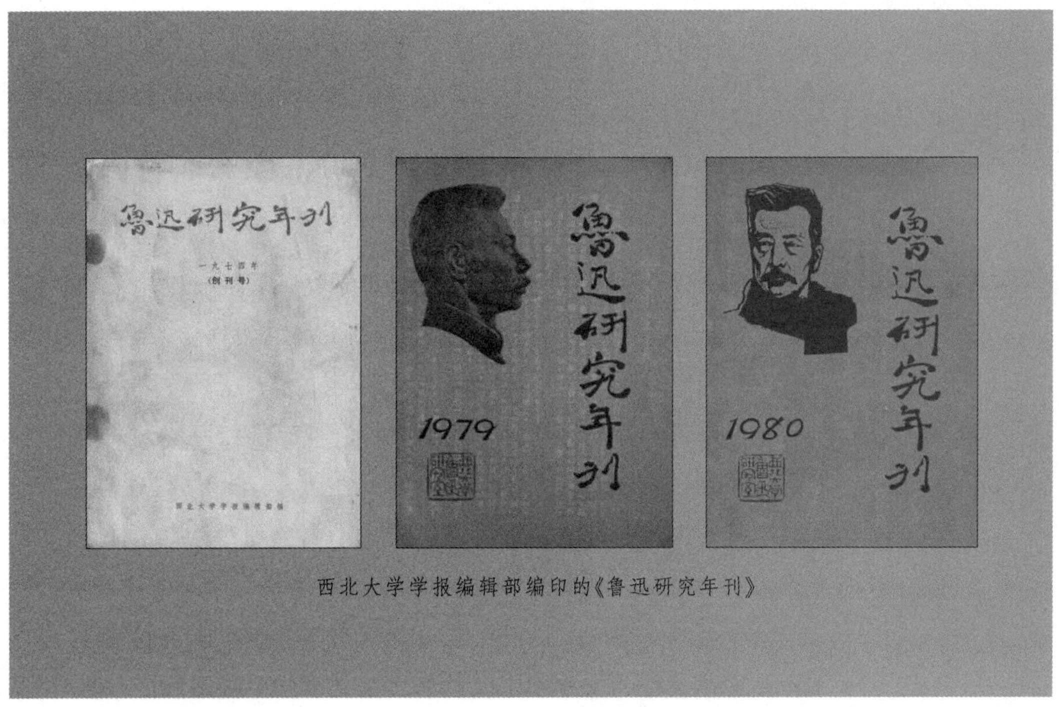

西北大学学报编辑部编印的《鲁迅研究年刊》

年代发表《鲁迅致红军贺信的新发现》,被新华社报导,引起人们瞩目。张华教授1981年出版《鲁迅和外国作家》一书,同年两种年鉴皆有评述。任广田教授1996年出版《论鲁迅艺术创造系统》,以新的视角和方法,论述了鲁迅作品的思想和艺术。李鲁歌教授1997年出版《鲁迅郭沫若研究》。高俊林、姜彩燕等也有鲁迅研究的著作和论文面世。西大研究生王富仁硕士论文《鲁迅前期小说与俄罗斯文学》、阎庆生硕士论文《鲁迅杂文的艺术特质》也都作为专书出版,引起鲁迅研究界瞩目。

此外,周艳芬的胡风与七月派研究、刘应争的周作人研究、九位同志集体进行的现代杂文史研究,也都与鲁迅息息相关,应视为鲁迅研究的一部分。1974年,西北大学学报编辑部编印了《鲁迅研究年刊》创刊号,后改由鲁迅研究室编辑。至20世纪90年代,共出版十余期,是当时鲁迅研究界的重要刊物。

1994年为纪念鲁迅来西大讲学70周年,学校举行了隆重的纪念活动,邀请百余名专家参加盛会,并举行学术讨论会和学术讲座,盛况空前。国际鲁迅研究学者法国露阿夫人、日本竹内实和板井东举男、韩国许世旭也都曾到校讲学。竹内实还被聘为客座教授。

计算机学科的领头雁郝克刚教授

郝克刚教授

计算机曾经是新兴学科，西北大学筹建这门新学科，在全国算是比较早的，带头人就是郝克刚教授。1958年，刚从数学系毕业留校的郝克刚就被派去中科院进修计算机方面的课程。20世纪60年代，数学系开办了“5701工厂”，“57”指毛泽东的“五七指示”，“01”就暗指计算机的“01代码”。70年代，郝克刚即主持完成了“高炮指挥仪-305机”“XDJ-16”微型电子计算机、“KCJ快速数列处理机”等多项研制业务。1971年数学系创建了“数学控制专业”，1978年改名为“计算机科学专业”，并建立了计算机工作站。1979年，以郝克刚教授为首组成研究生指导小组，挂靠中科院开始招收计算机专业的硕士研究生。1981年，该专业从数学系分出，成立计算机科学系和计算站(后改名计算中心)。1984年，郝克刚赴美国马里兰大学计算机科学系做访问学者，在该系叶祖尧教授领导的课题组里开展软件工程研究工作，取得了显著成果。1995年，郝克刚被中科院软件研究所聘为博士生导师，成为西大计算机学科的首位博导。

长期以来，郝克刚教授都是业务和管理工作双肩挑，教学、科研、行政事务三并举。他先后担任计算机科学系主任，西北大学副校长、校长等职，同时开设计算机原理、可计算函数、数理逻辑、形式语言与自动机、形式语义、UNIX程序设计环境、软件工程论文选读等课程，承担并完成国家科委下达的重点科技攻关项目和多项国家自然科学基金项目，主持完成国家“七五”“八五”及863科研课题，其科研成果曾多次获部、省级奖励。他还曾担任西安计算机学会理事长、西安软件行业协会理事长、西安市科协副主席、陕西省决策咨询委员、陕西省高教学会理事长等多种社会职务。

郝克刚教授先后指导博士生12名，培养硕士生上百名。目前还定期为学生开讲座，介绍计算机和软件工程的新进展。更难得的是，他还在网上开博客，就专业科技问题发表意见，与网友交流，并为求教者释难解疑。

郝克刚的父亲郝耀东先生与西大也有很深渊源，曾几度出任西大教授，是陕西师范大学前身陕西师范专科学校的首任校长。

“中国的骄傲”——侯氏变换

侯伯宇教授是中共陕西省委追授的“优秀共产党员”，是人力资源和社会保障部、教育部追授的“全国模范教师”。2012 年 9 月，中共中央将侯伯宇教授树立为全国重大宣传典型。

中国的骄傲——侯氏变换

侯伯宇长期从事理论物理和数学物理研究，在 U 群代数的表示、规范场拓扑行为、可积模型的对称性产生算子与几何、规范场的上同调等方面取得了显著的研究成果。20 世纪 50 年代后期，侯伯宇致力于群论在物理学中应用的研究，解决了苏联国际群论权威未能证明的重要公理及量子化学权威未能得出的重要公式；60 年代初，他参加了北京层子模型工作中的对称性研究，这一工作获得了国家自然科学奖二等奖。1983 年他推导出的“H-变换”（即“侯氏理论”）被杨振宁称赞为“开创性的贡献”。1986 年，新华社新闻图片社展出的《中国的骄傲——以中国人姓氏命名的现代科技成果》大型图片展中，共展出 20 项成果，其中全国高校 6 项，西北大学就有“侯氏理论”和“王氏理论”两项成果榜上有名。

在理论物理前沿领域做出了杰出贡献的侯伯宇生活中却很低调。一件过时的夹克衫、一条说不上什么款式的裤子，当头发花白、微微有些驼背的侯伯宇背着他那个须臾不肯离身的大包不疾不徐地走在校园的林荫道上时，意气风发的青年学子们很难将眼前这个老人和蜚声国际数学、物理学界的大科学家联系起来。生活中的侯伯宇很寡言，只有在讨论甚至是争论科学问题时，才会激动地提高嗓门滔滔不绝。

科学和学生是侯伯宇生命中最重要的两件事。2007 年 8 月，侯伯宇的儿子和孙子在一场车祸中双双罹难。知悉这一噩耗后的第三天，他就站在了讲台上，一如平常地为学生们上课。从周一到周五，从早上 8 点到中午 12 点，受到人生巨大的打击之后，侯伯宇给学生们上的课时反倒更多了：他要尽可能地在最短的时间里把自己的所学完完全全传授给学生们。

“我很 lucky。”侯伯宇曾经这样告诉身边的人。他所说的幸运,就是他正在向着一个重要的科学发现行进,也许就要取得可喜的突破。从 2006 年开始,侯伯宇就一直关注与几何 Langlands 纲领相关的量子场论的研究。在他参与的最后一个国家自然科学基金项目“量子场论和弦理论中数学问题”的研究工作中,侯伯宇试图用物理的思想研究数学问题,借助数学的结果为量子场论和弦理论提供理论。这一创新性的研究思想使中国的科学家们走在了世界的前列。

与李政道先生在一起

在人民大会堂举行的侯伯宇先进事迹报告会(2012)

同哥德巴赫猜想一样,Langlands 纲领被视作是数学王冠上的另一颗明珠。就在侯伯宇向这颗明珠进发的时候,不知不觉,病魔向他袭来。他对医生说:“不求你们治好我的病,只求再给我三两年时间,让我把这项工作完成了。”

2010 年 10 月,侯伯宇去世。在惊悉侯伯宇离世的消息后,李政道教授在给西北大学发来的唁电中说:“他的去世是贵校的一大损失,也是祖国物理事业的重大损失。”

2011 年 11 月 29 日,中共陕西省委追授侯伯宇同志“优秀共产党员”称号。

2012 年 8 月,侯伯宇被中央确定为全国重大先进典型,侯伯宇先进事迹报告会先后在人民大会堂及全国多个省份进行巡讲,在全国引起了强烈反响。

2012 年 10 月 15 日,西北大学举办 110 周年校庆庆典大会,侯伯宇教授塑像落成是校庆重要内容之一。

2013 年 11 月,西北大学校党委决定在博物馆建设侯伯宇先进事迹展览馆。2014 年 5 月,该展览馆在西北大学建成,正式对外开放。

2015 年,省委高教工委下发通知,将西北大学侯伯宇先进事迹展览馆确立为陕西高校师德教育基地。

“中国的骄傲”——王氏定理

1985 年，王戍堂被美国拓扑学术会议特邀为主报告人，在会议上做了题为《非阿基米德拓扑》的报告。报告结束后，来自美国巴夫洛大学的威廉士教授走到他的身边，激动地说：“您就是王戍堂教授，我在 20 年前就学习了您的‘ωμ-度量化定理’！”

王戍堂教授

20 年前的 1964 年，王戍堂在波兰《数学基础》杂志上发表了论文《ωμ-可加拓扑空间》。这篇论文解决了波兰科学院院士西科尔斯基(R. Sikorski)早在 1950 年就提出而未能解决的“ωμ-距离化”问题，在国际上首次提出了“ωμ-度量化定理”。这一年，王戍堂 31 岁。自 1955 年从西北大学数学系毕业留校后，王戍堂就一头扎进了点集拓扑学。他常常说自己“并不聪明，只是特别喜欢思索”。

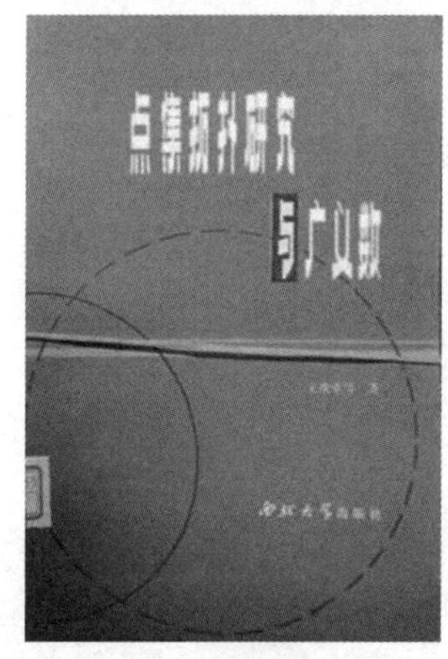

王戍堂著作

这个自认为“并不聪明”的人，却用自己的数学天分一次次吸引着世界的目光。他在论文《一致性空间的一个定理》中只用了一个定理，就概括了美国数学家 L. S. Gal 刊于《美国数学公报》和《荷兰皇家学院报告》上的 4 篇论文中所含的全部主要定理。

1979 年，王戍堂在论文《广义数及其应用》中首次提出广义数系统，并建立了广义数域分析学。这篇论文于 1991 年被新加坡世界科学出版社出版的《高斯纪念文辑》收录(《高斯纪念文集》在全世界约稿 56 篇，其中中国 2 篇)。

“ωμ-度量化定理”的问世在国内外数学界引起了极大的反响，此后多年里，该定理被美国、匈牙利、日本、捷克、奥地利、加拿大等国家的著名拓扑学家评论、引用和发展，推动了一系列研究工作的进展。“ωμ-度量化定理”被称作“王氏定理”，这个以中国人的姓氏命名的定理成为了“中国的骄傲”。

秦岭立交桥式构造的提出者张国伟院士

张国伟院士

经过长期形成演化的秦岭山脉具有独特的组成和结构，在中国大陆构造中占有突出重要的地位。漫长的地质演化史、明显的区域性、复杂多样的地壳物质组成和结构构造及丰富的矿产资源，使秦岭山脉成为当代国际大陆动力学研究的热点，深受全世界地学界关注。

中科院院士、地质学家张国伟教授坚信，只要踏踏实实地做好秦岭与中央造山带和中国大陆地质的研究，就一定能在当代地球科学前沿有所建树。

在当今地学界，能比张国伟更熟悉秦岭的恐怕找不出几个人来。自从 1957 年进入西北大学地质系学习，张国伟就和秦岭结下了不解之缘。近半个世纪的岁月里，张国伟多次南北横穿、东西纵贯秦岭山脉，对秦岭的一草一木、一山一石，甚至是秦岭内部的构造，他都了如指掌。

张国伟教授指导学生

1988 年，张国伟提出秦岭是一个复合型大陆造山带，在不同的

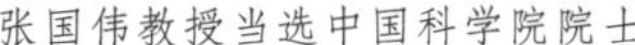
张国伟教授当选中国科学院院士

自然科学奖

證書

为表彰在自然科学研究中做出重大贡献者，特颁发国家自然科学奖证书，以资鼓励。

获奖项目：秦岭造山带岩石圈结构与演化

获奖单位：西北大学

奖励等级：二等奖

奖励时间：一九九九年十二月

证书号：25-2-001-01

朱丽兰

自然科学奖证书

发展阶段中具有不同的构造体制的形成演化。他指出，商丹断裂原是华北、扬子板块俯冲、碰撞的主缝合带。这种针对秦岭地质构造基本问题提出的系统的新思想、新认识吸引了多位中外地质学家前往秦岭考察。

从 1992 年开始，张国伟作为国家重大项目主持人带领着全国 150 名科学家组成研究群体，一次次深入秦岭腹地，采用多种先进的测试方法，详查了秦岭地表地质和深达 450 千米的深部构造，对秦岭造山带的三维结构、造山带岩石圈内部及深部各圈层的相互作用和耦合关系、造山带不同发展阶段不同构造体制的转化过程与机制、板块俯冲碰撞与碰撞后的造山作用及其过程和山脉隆升机制等问题进行了深入研究，经过反复比较分析，提出了关于秦岭造山带形成与演化系统新观点和新模型，建立了秦岭造山带“立交桥式”的构造机制：1 亿年以来，秦岭上升幅度超过 10 千米。在亿万年间，秦岭经过复杂的地质演化，形成了深部为南北向构造形态、上部为东西向构造形态，整体是一种“立交桥”式的三维结构。

1999 年，张国伟主持的国家自然科学基金“八五”重大项目“秦岭造山带岩石圈结构、演化及其成矿背景”研究成果获得了国家自然科学二等奖。

2014 年，张国伟当选为“全国教书育人楷模”，当年高校共有两人入选。

舒德干院士:追溯脊椎动物生命的源头

1999年，舒德干教授在云南澄江化石库捉到了一条“鱼”,这就是日后名满天下的“昆明鱼”。这条身长不足3厘米,生活在5.3亿年前的小鱼,将脊椎动物的起源前推了5000万年,堪称“天下第一鱼”。舒德干，也成了世界上最知名的“渔夫”。

早在1981年,舒德干在云南澄江化石库进行高肌虫研究时就发现了其他节肢动物软躯体化石，他认定在澄江化石库还应有更高等的动物。

昆明鱼化石

舒德干教授在工作

舒德干教授在《自然》杂志发表多篇文章

舒德干教授介绍科研工作

1988 年，正在德国“洪堡”基金的资助下进行博士后研究工作的舒德干得知澄江化石库开始大规模开采，他立即回国，一头扎进了这一古生物学家眼中的“宝库”。此后每年都要到澄江化石库去两次，每次用两个月左右的时间开采化石，然后运回西安进行修理、剥离和研究。在发现昆明鱼之后的十多年里，舒德干和他的研究团队又取得了一系列重大的科学发现和突破，他们的研究提出了早期后口动物亚界完整的谱系图，对原口动物亚界中最大门类节肢动物门的起源演化及基础动物亚界演化连贯性的实证，首次提出早寒武世完整动物树框架。在长篇英文论文《寒武纪大爆发：动物树的形成》里，他提出了不同以往的“三幕式寒武纪大爆发”假说，提出寒武大爆发并非一次性突发事件，而是一个历时4000 万年以上的由量变到质变的多幕式演化事件；它包括前奏、序幕、主幕三个阶期，并依次形成了三个动物亚界。

舒德干教授获国家自然科学一等奖

2011 年 12 月 10 日，舒德干教授当选中国科学院院士

从学生时代起，舒德干就是达尔文的忠实信徒。2001 年，他主持翻译了达尔文的《物种起源》，先后出版有两个译本，共印刷了 18 次，发行数万册，推动了进化论在中国的普及。而舒德干等人的研究成果和“三幕式爆发”假说进一步丰富和完善了进化论。他先后在世界顶级的权威杂志 Nature 和 Science 上发表了十多篇论文，研究成果先后入选了“1999 年度中国十大科技进展”和“2001 年度中国十大科技进展”，并获得了 2003 年度国家自然科学奖一等奖。

美国现代科学和人文学者舍默曾说，达尔文与进化论之所以特别重要，以及科学之所以特别重要，是因为它们在协力解答一个终极人文命题——我们是谁？我们从哪里来？我们到哪里去？舒德干和他的研究团队，正在帮助人类接近这个命题的答案。

重大成果迭出的西北大学早期生命研究团队

2017年1月30日,英国《自然》杂志以亮点封面论文的形式线上发表了韩健研究员为第一作者、中国科学院院士舒德干教授为通讯作者的《陕西寒武纪最早期的微型后口动物》。这是西北大学早期生命研究团队和英国剑桥大学、中国地质大学（北京）等单位关于早期生命研究的又一重要成果，也是西北大学早期生命研究团队在《自然》(Nature)和《科学》(Science)杂志上发表的第13篇论文(其中3篇为《自然》中的Article论文)。

西北大学早期生命研究团队在《自然》《科学》杂志上发表了13篇论文

论文的发表在国际学界引起了强烈的反响,BBC、《纽约时报》等250多家国内外媒体对此进行了报道。这一研究成果揭示了最古老的原始后口动物——冠状皱囊动物。韩健研究小组在对距今5.35亿年的陕南宽川铺生物群微型动物化石进行深入研究时,发现了这种成体1毫米、外形奇特的微型动物。它很可能就是后口动物亚界的一个根，代表着显生宙最早期人类远祖的至亲。

“如果将澄江动物群中的后口动物大爆发比作一挂鞭炮燃起的话，此次皱囊动物的发现，相当于找到了这挂鞭炮的引线。”一生都在学习和践行达尔文理论、力图回答“我们从哪里来”的舒德干异常激动，这一重要发现让他和早期生命研究团队更进一步地接近这一经典人文命题的答案。

西北大学早期生命团队由舒德干院

士、华洪教授、张兴亮教授、韩健研究员、张志飞教授、刘建妮教授等人组成。经国家重点学科、陕西省和教育部创新团队发展计划的培育,团队已发展成为在国际科学前沿上具有重要影响的“国家创新研究群体”,走出了3名长江学者/青年长江学者。

舒德干团队近期工作照(左起为舒德干、刘建妮、张兴亮、张志飞、傅东静、韩健、Simon Conway Morris、欧强)

1996年以来,舒德干领军的早期生命研究团队一直在围绕着“寒武纪大爆发与动物界成型关系”这一重大基础前沿课题坚持开展广泛深入的、多学科交叉的国际合作研究;他们陆续在澄江生物群揭示出脊椎动物、头索动物、尾索动物、棘皮动物、古虫动物等后口动物亚界几乎所有门类的原始代表,进而首次构建了完整的早期动物树框架图,并基此提出三幕式寒武纪大爆发依次形成三个动物亚界的新假说,为人类探索早期远祖的来龙去脉提供了基础证据。

西北大学早期生命研究团队是一个坚持不懈的团队,团队里人人都有“咬定青山不放松”的精神。伴随着艰苦的野外勘查、枯燥的实验室分析、严密的论证和对科学前沿长期不懈的追踪,在这些满怀激情,十几年甚至几十年甘愿坐冷板凳、看显微镜的科学家面前,“运气”似乎都变成了必然。

荣获第十一届“中国青年女科学家奖”的刘建妮,曾首次初步破解了节肢动物门起源与早期演化这一长期困扰学术界的科学难题。该研究成果于2011年1月24日以封面文章的形式刊登在《自然》杂志后,即刻引起了轰动。而刘建妮从找到第一块化石到最后发表论文,整整经过了6年。

近20年来,西北大学早期生命研究团队先后在《自然》《科学》杂志上发表了13篇研究论文,其中两项成果先后被评列入中国十大科技进展,另两项成果被评列入中国高校十大科技进展。团队分别于2003、2016年获得国家自然科学一等奖、二等奖;此外还获得教育部自然科学奖一等奖两项,长江学者成就奖一等奖一项,陕西省科学技术最高成就奖奖一项。两篇博士学位论文被评为“全国优秀博士学位论文”。他们用自己的信念和坚持,从中国偏僻的西北出发,带着国际一流的研究成果,在古生物学研究领域位居全球第一方阵。

从李继闵到曲安京：西北大学科学技术史学科的发展

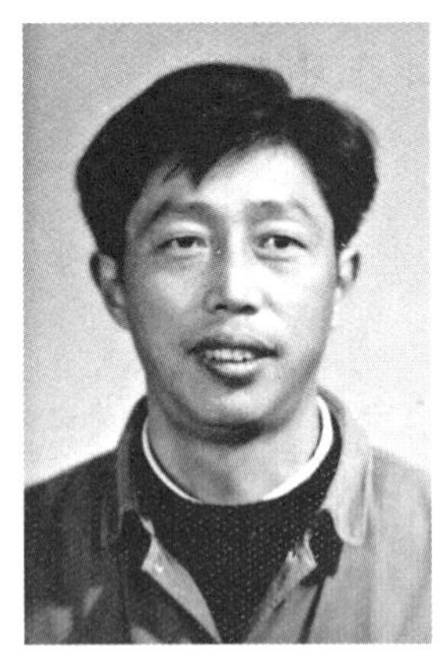
李继闵教授

李继闵，1962年毕业于西北大学数学系，曾任数学系主任、自然科学史研究室主任。他主要从事几何函数论、中国数学史的教学与研究，曾开设过数学分析、复变函数、单叶函数、中国数学史、世界数学史、中国古代天算文献研读、数学史研究方法论、中国古代历法研究等课程。

他在学术上的主要贡献在于中国数学史的研究。他站在当代数学发展的高度，对中国古代传统数学理论和中国古代算法理论体系的构造性、秩序性、机械化做了深入研究，深刻地揭示了中国古典数学"寓理于算"的特点。他长期潜心于中国古代传统数学理论的探索，将传统史料考据与现代算理分析方法相结合，解决了中国数学史研究中的一些疑案与悬案。他的一系列可贵的新发现开创了我国当代数学史研究的新局面。他的成名作《东方数学典籍〈九章算

李继闵教授、当时仍是学生的曲安京教授与李约瑟研究所所长何炳郁教授（中）合影

术〉及刘徽注研究》声播海内外，其影响所及已超越了数学与数学史的领域。著名数学家吴文俊院士称誉他是“继已故李俨、钱宝琮与严敦杰三老之后最有贡献者之一”，是“继承与主持中国数学史研究的理想人物”。

他还出版了《九章算术校证》《九章算术导读与译注》，与人合著《九章算术与刘徽》《秦九韶与数书九章》，并参与了《中国数学简史》等书的编写工作。1993年9月英年早逝。

李继闵著作

由于李继闵及其团队的开创性工作，西北大学数学系最早成为国内高校自然科学史(数学史)硕士、博士研究生培养单位，也是国家科学技术史博士后科研流动站的最早建站单位。2007年，科学技术史专业又被评为国家重点(培育)学科。现在的学术带头人曲安京教授是李继闵教授的学生。他长期致力于中国数理天文学研究，成果集中反映在《中国数理天文学》一书中，他的这部著作在国内外学界获得了很高的评价。自2008年起，他开始率领西北大学的科学史团队开展近现代数学史的研究。目前，该团队在伽罗瓦理论方面的研究已受到国际同行的关注和好评，西北大学数学与科学史研究中心已经先后培养出一批优秀的博士和硕士研究生。曲安京教授担任国际数学史学会执委会委员、国际HPM学会指导委员会委员、(中国)全国数学史学会理事长。2010年他当选为国际科学史研究院通讯院士。2012年入选科学史界首位教育部长江学者特聘教授。2016年12月当选为国际科学史研究院院士。

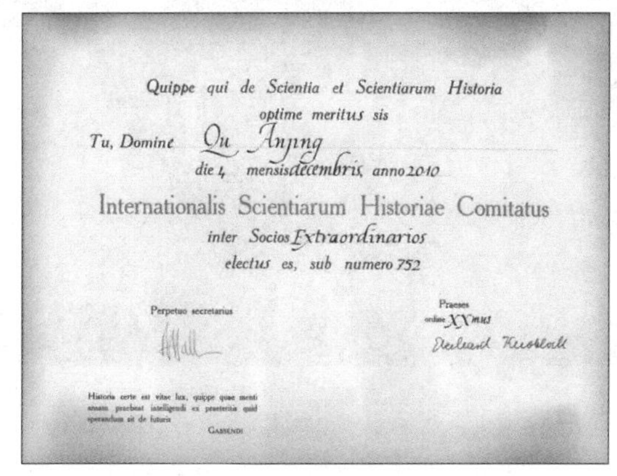

曲安京教授的国际科学史研究院通讯院士证

曲安京著作

国家级教学名师史启祯

史启祯教授

首届国家级教学名师史启祯常常说，教学和科研，对于一位教师来说，就像鸟的两只翅膀，缺一不可。“科学研究可以改变一个人的气质，可以改变一个人对书本知识的看法，甚至可以改变一个人的世界观。而老师就是要通过课堂，将这些传递给学生，进而引发他们的变化。”

《无机化学》这门课，史启祯差不多讲了半个世纪，却从来不曾有“驾轻就熟”的轻松，相反，他常常“自讨苦吃”。史启祯为自己讨的“苦”，就是时时关注无机化学学科领域最前沿的学术研究成果，并将其巧妙地引进课堂。

史启祯教授指导研究生

早在20世纪80年代，史启祯就开始思考如何将国外先进的教学理念和教学方法引进中国的大学课堂教学。他发现，相对于国内大学教材注重理论知识的严密性，国外大学的教材更注重启发性，注重通过实例让学生自己领会深奥的理论知识。在史启祯看来，教材是教学指导思想的反映，教材中蕴含着教学理念。于是，他用了14年的时间，先后主笔翻译了《过渡元素金属

史启祯著作

国家级教学名师奖证书

有机化学》《无机化学》等4部国外精品教材，并因此先后获得了省级和国家优秀教学成果奖。

翻译引进国外精品教材取得了预期的效果，史启祯更想打造适合于中国学生的精品教材。从1991年起，他投入到《无机化学与化学分析》的写作中。这本教材被国家定为面向21世纪课程教材，是经国家立项的第一本应用化学专业基础课教材，因其授课内容前沿、逻辑严谨、语言精练、手段现代化，甫一问世，立刻得到各方关注。该书自1998年出版以来，几经修订，多次再版，被国内多所大学采用。

经过二十多年努力和磨炼，史启祯深深领悟到教材的编写一定要突出个性，要有“因不同而精彩”的理念，勇于探索，敢于创新。他的《无机化学与化学分析》，突出特点就是“生动活泼”“翔实具体”，既有基本知识的讲授、当代科学新进展的介绍，还有大量典型的应用实例。

史启祯的《无机化学与化学分析》已经成为精品教材，西北大学的“无机化学与化学分析”也已经成为国家级精品课程。但是《无机化学与化学分析》还在不断修订之中，因为在史启祯心目中，精品课程建设是一条没有终点的跑道，他愿意永远不知疲倦地跑下去。

西北大学现有国家级教学名师4人。继史启祯教授之后，化学系唐宗薰教授，计算机系耿国华教授，地质系赖绍聪教授先后被授予“国家级教学名师”称号，另有29人成为省级教学名师。

2006 年 9 月 4 日，时任中共陕西省委副书记王侠来西北大学看望史启祯教授

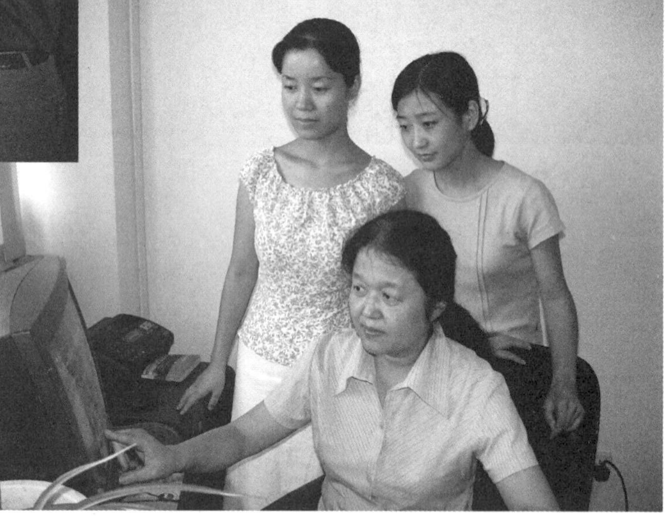

国家级教学名师耿国华教授指导学生

国家级教学名师唐宗薰教授

国家级教学名师赖绍聪教授

夫妻双双把家还

耿信笃、时亚丽是一对教授夫妻，先后毕业于西北大学化学系。耿信笃留校后，数十年如一日，一直潜心从事分析化学教学与研究，时亚丽则在化工厂工作十多年后调来西北大学工作，历任学报编辑、编审。功夫不负有心人，耿信笃的研究取得了突出成果，成为西北大学最早获得国家级大奖的教授之一。夫妻二人虽不在同一岗位，毕竟专业相同，时不时会合作一把。军功章有你的一半，也有我的一半。耿信笃的一些重要成果，时亚丽是第二完成人。

耿信笃教授

获奖证书

耿信笃于1981年5月去美国明尼苏达大学做访问学者，在那里又获得了丰硕的成果。他于1983年提出的“反相色谱中蛋白质计量置换保留模型”，得到国际《色谱学》杂志、美国《分析化学》评论卷和美国同行专家的高度评价，他们认为“耿信笃所提出的模型，不仅是反相高效液相色谱中最好的一个模型，而且还可以统一其他模型，是几十年来最激动人心的结果”。三年期满，美方以高薪挽留，耿信笃未予考虑，毅然归国返校。1984年以后，他将“计量置换保留模型”发展到正相色谱、疏水相互作用色谱、薄层和纸色谱多个色谱领域，而且首次提出液相色谱中溶质的统一保留模型。他回国后的一系列成果跨入世界前沿，在国际专业领域受到广泛关注和赞誉，在国内也多次荣获各项大奖。耿信笃被授予“全国高校先进科技工作者”“有突出贡献的回国留学人

耿信笃教授(右)研发的蛋白快速纯化柱和色谱饼两大系列的变性蛋白复性与同时纯化关键设备

员”等称号。

1995年1月，耿信笃再次赴美做客座教授,为期一年,时亚丽同行。鉴于耿信笃的学术声望,有可能被美方留任,学校领导半开玩笑地叮咛时亚丽:“到时候你可要把老耿给我们领回来！”一年期满,夫妻俩于1996年2月如期返校。见到校领导,时亚丽笑着说:“我把人给你们领回来了。”校领导高兴地回了一句:“夫妻双双把家还，你立了一功。”如今,涛声依旧,耿信笃继续推进着他的科研事业！

西北大学新村

胡正海:植物园地“老黄牛”

胡正海,1953 年毕业于东吴大学,后来西北大学生物系任教。1957 年到北京大学生物系进修植物形态解剖学,两年后回校,曾任生物系主任多年。

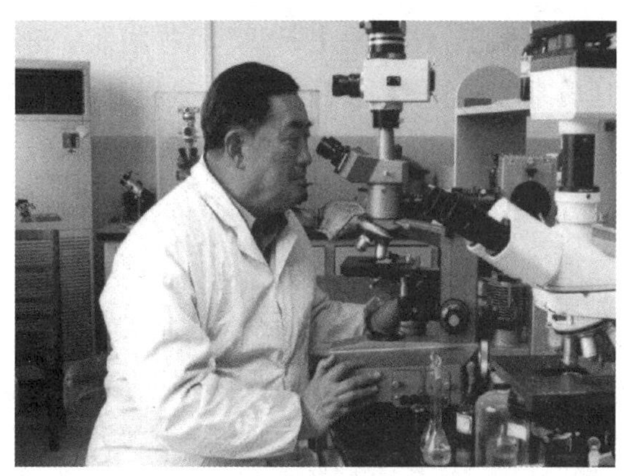

胡正海教授

他主要从事植物形态解剖学的教学与研究,先后讲授过植物学、植物形态学、植物学技术、药用植物解剖学、植物解剖学、植物形态解剖学、植物学文献综述、植物超微结构、植物形态发生等课程。他侧重研究西北地区重要经济植物发育解剖和我国特有植物的比较形态,在西北地区重要经济植物发育解剖研究、植物异常结构解剖研究、重要经济植物分泌结构研究及药用植物形态解剖学研究等方面都取得重大进展。他所领导的植物解剖学研究室已成为国内植物解剖学两个研究中心之一。他在《植物学报》《植物分类学报》等刊物发表学术论文一百五十多篇,主编过《橡胶植物猫屎瓜》《植物异常结构解剖学》《中国药用植物种子的形态鉴别》《栽培中药种子的识别》等书。

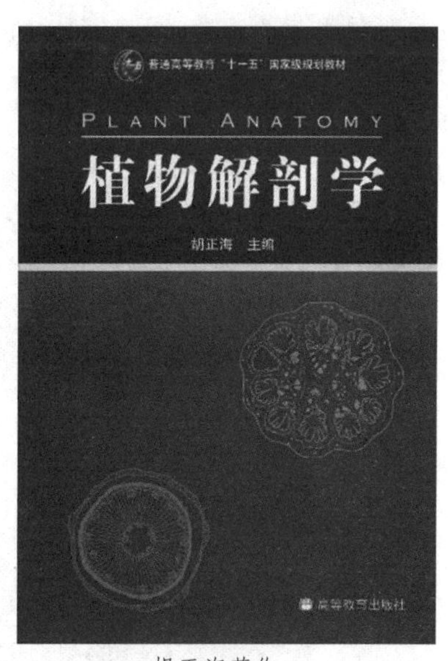

胡正海著作

鉴于他为陕西省的植物学、植物形态解剖学及相关学科的开拓和发展起到了重要推动作用,他被评为“陕西省优秀教师”“陕西省劳动模范”“陕西科技精英”“全国高校先进科技工作者”,曾获国家科技进步三等奖、陕西省政府科技成果一等奖、商业部科技进步三等奖。

至今,八十多岁高龄的胡正海教授每天仍骑着自行车去“苹果园”他的实验室上班。他是植物园地不解套的“老黄牛”,生命不息,耕耘不止。

国家973项目首席科学家刘池阳

刘池阳,1953年生,1982年西北大学地质系研究生毕业,现任地质系教授、博士生导师,西北大学含油气盆地研究所所长,教育部长江学者和创新团队发展计划“能源盆地油气地质”创新团队带头人,全国五一劳动奖章获得者,全国模范教师。他也是陕西省人民政府聘请的科学家顾问团十位成员之一,科技部第4届国家重点基础研究发展计划(973项目)能源科学领域咨询专家,第7届教育部科技委地学与资源环境学部委员,第9届中国石油学会理事。

刘池阳教授是国家973项目首席科学家,长期从事油气地质与勘探、沉积盆地动力学和能源地质教学与科研,在国内外权威和核心期刊发表学术论文百余篇,合作出版专著8种。已获国家和省部级政府科技奖12项。主要在以下领域取得了较系统的创新成果:(1)沉积盆地动力学与成藏(矿)系统;(2)后期改造与原始盆地恢复;(3)改造盆地研究及其油气勘探、评价理论和方法;(4)油气成藏机理和赋存规律;(5)多种能源矿产(油气、煤和铀)共存富集和成藏(矿)机理等。他主持的国家973项目《多种能源矿产共存成藏(矿)机理与富集分布规律》取得诸多创新成果,2011年获“十一五”国家科技计划执行突出贡献奖。2013年获得国家科学技术进步奖二等奖。

刘池阳教授(中)参加国际地质大会期间与国内外同行交流

长安校区一景

金丝猴结缘西大

金丝猴

西北大学的生物学科创建于1924年，秦岭丰富的动植物资源天然地成为师生们的研究对象。20世纪50年代，生物楼里圈养的一群金丝猴中的一只跳出樊笼，在校园中四处漫游，着实让全校师生大开眼界。

珍贵程度堪比大熊猫的金丝猴自然也引起了师生们浓厚的科研兴趣。从生物系到生命科学学院，西北大学对金丝猴的研究从来没有中断。动物学家陈服官教授就对金丝猴有深入研究。他通过对金丝猴种群生态的考察，首次提出金丝猴的序位等级。他主编的《金丝猴研究进展》获陕西省教委科技进步一等奖、陕西省政府科技进步二等奖。刘诗峰教授在金丝猴研究上下了更大的功夫，1958年曾跟随宁陕县捕捉金丝猴的猎队走进深山老林，用望远镜仔细观察猴群活动。他回校后撰写的《秦岭金丝猴初步调查报告》等一系列文章成为研究金丝猴分布和活动习性的重要资料，常被引用。一些研究者视刘诗峰为秦岭金丝猴的发现者和最先报告者。近年来，李保国教授主持下的西北大学金丝猴研究中心在国际上产生了很大的影响。中央电视台“东方之子”“科技博览”栏目以及美国CNN、日本NHK电视台均曾对其研究做过报道。

为了近距离的观察、研究金丝猴，研究中心的工作人员进入了秦岭腹地的金丝猴自然保护区，建立了中国第一个金丝猴野外观察站，在最原始自然的环境中和金丝猴相处，一点点接近它们，逐渐撩开金丝猴王国神秘的面纱。

金丝猴研究中心已经与日本京都大学、美国圣迭戈动物学会、英国杜伦大学等进行合作研究，因此，这里的学生即使天天待在秦岭深山老林里，照样能练得一口流利的英语。

野外勘察研究(上图戴帽者为李保国教授)

丝绸之路考古谱新篇

王建新教授

2016年6月22日，正在对乌兹别克斯坦进行国事访问的国家主席习近平在塔什干会见了西北大学文化遗产学院、丝绸之路研究院首席考古学家王建新，西北大学文化遗产学院研究馆员梁云，西安市文物保护考古研究所吴晨（西北大学文物保护技术专业硕士毕业生）等15名在乌兹别克斯坦开展考古和文物保护工作的中国考古队员。习近平主席与大家一一握手，详细询问了每一位考古、文保人员的单位和姓名，并在会见结束时与全体人员合影留念。

习近平主席在此前发表的题为《谱写中乌友好新华章》的署名文章中，肯定了西北大学对丝绸之路经济带建设的贡献，文中提出“中国国家文物局、中国社会科学院、中国西北大学等单位积极同乌方开展联合考古和古迹修复工作，为恢复丝绸之路历史风貌作出了重要努力”。

2013年年底，西北大学与乌兹别克斯坦共和国科学院考古研究所签订合作协议，双方组成国际考古队，由西北大学丝绸之路研究院首席考古学家王建新教授带领考古团队联合开展考古工作。这支考古队的目标非常明确，就是“寻找大月氏”。当年张骞出使西域是为了寻找大月氏，今天王建新也是为了寻找大月氏进行跨国丝路考古。在此之前，为了寻找和确认古代月氏的考古学文化遗存，自2000年以来，王建新即带领他的团队在甘肃、新疆等地持续开展了

习近平主席会见在乌兹别克斯坦的中国考古队员

考古调查、发掘和研究，所取得的成果曾经入选年度全国十大考古发现。

西北大学丝绸之路考古具有深厚的传统和底蕴。进入新世纪以来，西北大学进一步明确依托区位资源、凝聚学科特色、服务国家战略需求的办学思路，率先建成了文化遗产研究、文化遗产保护技术、文化遗产管理与展示三位一体的文化遗产学科体系，并确立了立足长安、面向西域，以周秦汉唐和丝绸之路考古与文化遗产保护研究为重点的工作思路。学校充分发挥多学科优势，设立了教育部首个文理交叉重点实验室“文化遗产研究与保护技术实验室”，承担了“东天山地区古代游牧民族大型聚落遗址考古与文物保护”“新疆巴里坤石人子沟遗址群多学科综合考古研究”等一批国家大遗址保护专项、国家社科基金重大招标项目。在教育部第三轮学科评估中，西北大学考古学位列全国第三。

西北大学不仅立足于丝绸之路沿线重要区域西北地区的考古研究，还开拓了丝绸之路国际考古的新境界，将考古研究扩展至中亚地区。2009年至2013年，西北大学联合国内外有关专家先后三次深入乌兹别克斯坦和塔吉克斯坦考察遗存，开了中国考古学家首次组队进入中亚开展考古工作的先河。习近平主席提出“共建丝绸之路经济带”的倡议后，西北大学率先成立了丝绸之路研究院和中亚学院。2013年12月，西北大学与乌兹别克斯坦科学院考古研究所签署了“西天山西端区域古代游牧文化考古调查、发掘与研究”的合作协议。2015年8月，西北大学又与塔吉克斯坦科学院历史、考古与民族学研究所签订了合作研究协议。西北大学考古学家与中亚考古学家一起，深入西天山西端地区开展系统全面的考古研究，全面了解了古代游牧文化遗存的分布状况，新发现了古代游牧文化的大型聚落遗址，填补了学术空白。2015年9月以来，他们在乌兹别克斯坦撒马尔罕市西南20公里的萨扎干遗址开展考古发掘工作，发现了一批珍贵文物，初步确认该遗址公元前1世纪至公元1世纪的文化遗存应属古代康居文化。

中乌合作考古现场

范代娣:实现“类人胶原蛋白”产业化

范代娣教授

2017年5月9日，纽约时代广场纳斯达克大屏上黄底黑字的“让世界睁眼看中国”广告语格外醒目。这是西北大学范代娣教授的类人胶原蛋白系列产品“可丽金”在中美政府共同出资组织的、代表两国科技水平的品牌交流活动中的展示。5月27日上午，这位在科研成果及其转化方面做出突出贡献的女科学家，又在人民大会堂接过了“全国创新争先奖”奖状。

范代娣,1966年出生,系西北大学化工学院教授，多年从事类人胶原蛋白系列生物材料研究及相关产品研发，取得了显著成果。

最强生物“仿品”:类人胶原蛋白

范代娣非常注重研究成果的产业化,在她看来,生物产品必须走出实验室,才能被社会所接受和认可。读硕士时,她做过西洋参的组织培养，博士及工作后做过红霉

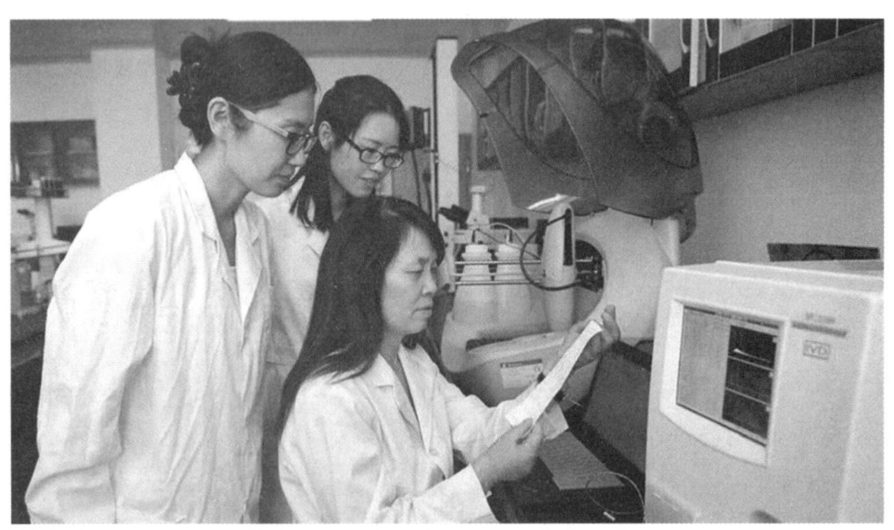

范代娣教授在实验室做研究

素的发酵、可降解生物材料包括可降解塑料等。后来,发现胶原这一“大家族”的附加值以及可拓展的领域非常宽，于是在 1999 年确立了胶原类生物材料这一研究方向。

如今,“类人胶原蛋白” 的相关研究成果在 2013、2016 年先后获得“国家技术发明奖”和“中国发明专利金奖”。院士专家组鉴定认为,“类人胶原蛋白系列敷料产品属国际首创,制备工艺技术达到国际先进水平”。

敢梦敢拼,创世界一流

1994 年,在全中国的“南下”热潮中,28 岁的范代娣从华东理工大学博士毕业（中国生物化工专业的第一位女博士),她放弃留在上海工作和出国深造的机会，回到了母校西北大学。

初回西大,范代娣只获得了 3000 元的安家费、5000 元的科研启动金。她和学生挤在 40 平方米的实验室里,有时还需借用生命科学学院的设备和场所。实验环境艰苦,而人源性胶原的发酵工艺又非常复杂,范代娣和学生就轮班守在实验室里观察。很“拼”的她和她的团队,在两年的时间就取得可喜的研究成果:申请到“一种类人胶原蛋白及其生产方法”的发明专利。

成果转化,致力全人类健康美丽

对于将自己的成果转化方向最终投向医疗领域,范代娣说,这离不开父亲“乡村医生”这一职业对她的影响:“医者仁心,父亲是个有‘大爱’的人,我想要用我的方式传承这种精神。”

要做好研究成果转化是个大工程。范代娣以“一种类人胶原蛋白及其生产方法”发明专利技术入股，组建了西安巨子生物基因技术股份有限公司，也创立了属于她自己的科研团队。

近 20 年来,范代娣和她的团队一刻不曾停歇地走在研发路上。目前,研究集中在美丽健康和预防医学两个方向。团队研发正在有序推进，部分科研成果分别进入转化、行政审批、临床试验等不同阶段。

范代娣教授获“全国创新争先奖”

王宁练：走进冰雪世界

王宁练在青藏高原唐古拉山冰川考察

王宁练，1988 年毕业于西北大学地理系，同年考入中国科学院兰州冰川冻土研究所研究生，1999 年晋升为研究员。现为西北大学城市与环境学院教授、地表系统与灾害研究院院长。

他主要从事冰川与水资源、冰芯气候环境记录与全球变化研究，是国家科技进步二等奖获得者、国家自然科学二等奖获得者、中国科学院“百人计划”入选者、国家杰出青年科学基金获得者、政府特殊津贴获得者、全国优秀科技工作者、国家百千万人才工程入选者、有突出贡献中青年专家、青藏高原青年科技奖获得者、全球变化研究国家重大科学研究计划项目首席科学家。已二十多次组织和参与组织了青藏高原冰川科学考察。开展了青藏高原冰芯中太阳活动记录研究，发现太阳活动可能存在 36 年左右的周期；提出了青藏高原冰芯中污化层厚度比率是沙尘事件发生频率的良好指标，并说明历史时期我国北方沙尘事件发生频率主要受控于自然因素，20 世纪沙尘事件发生频率减小的主要原因与全球变暖导致的风速减小有关；基于观测资料与冰芯记录，揭示出青藏高原南、北气候环境变化存在差异的重要现象；综合各种古气温指标，揭示出末次冰盛期时赤道地区的气温递减率比现今为大；基于同位素示踪技术，阐明了我国第二大内陆河黑河地表径流水资源的主要形成区域位于祁连山的冰雪冻土带；建立了山地冰川与气候变化之间的一种定量关系模型，为评价气候变化对冰川水资源影响奠定了基础。已发表论文 210 余篇，参与 11 部著作的撰写。曾任国际冰川学会理事，现任中国青藏高原研究会常务理事。

2017 年，他组建了陕西省地表系统与环境承载力重点实验室，促进了西北大学地理学科的平台建设。

图说西北大学百十年历史

名师出高徒

学校以育人为天职。

大学以培养高层次人才为目标。

每个校友的成功都是对母校办学实绩的加分。

“名师才能出高徒。”这句古语在西北大学的教育实践中得到充分证明。

中华人民共和国成立之后供职于西北大学的部分著名教授

陈登原(1900—1974)，浙江余姚人。历史学家。著有《国史旧闻》《中国文化史》《中国土地制度》《中国田赋史》等。

江仁寿(1906—1988)，安徽歙县人。物理学家。我国较早从事非平衡统计物理研究的学者。

张西堂(1901—1960)，湖北汉川人。经学家。著有《经学史纲》《诗经六论》《尚书引论》《王船山学谱》《荀子真伪考》等。

岳劼恒(1902—1961)，陕西长安人。物理学家。国家一级教授。在我国络合物光学研究领域进行了开创性的工作。

傅庚生(1910—1984)，辽宁沈阳人。古典文学家、中国古典文学鉴赏理论家。著有《中国文学欣赏举隅》《中国文学批评通论》《杜甫诗论》等。

张伯声(1903—1994)，河南荥阳人。地质学家、教育家。中国科学院学部委员、国家一级教授。创立“地壳波浪状镶嵌构造”学说，成为中国五大地质构造学派之一。

马长寿(1907—1971)，山西昔阳人。中国民族史学家。著有《突厥人和突厥汗国》《北狄与匈奴》《乌桓与鲜卑》《氐与羌》《彝族古代史》等。

陈直(1901—1980)，江苏镇江人。历史学家、考古学家。著有《汉书新证》《史记新证》《两汉经济史料论丛》《关中秦汉陶录》《〈三辅黄图〉校正》等。

冯师颜(1915—1970)，河南济源人。化学家。我国实验热化学的开创者。著有《误差理论与实验数据处理》等。

傅角今(1897—1970),湖南醴陵人。地理学家。主持过南海岛屿勘察、中缅边界勘测。著有《重划中国省区论》《世界石油地理》等。

刘亦珩(1904—1967),河北安州人。数学家。著译有《近世几何学》《线性代数学》《塑性论》等。

王成组(1902—1987),上海市人。地理学家。著有《中国地理学史》《地理学》《本国地理》等。

王永焱(1914—1989),甘肃兰州人。黄土及第四纪地质学家。著有《中国黄土图册》《黄土与第四纪地质》《中国黄土的最新研究》等。

霍世诚(1913—2000),内蒙古蒙托县人。古生物学家。著有《中国南部寒武纪高肌虫》《中国寒武纪高肌虫》等。

史念海(1912—2001),山西平陆人。历史学家。著有多卷本《河山集》等。

周尧(1912—2008),浙江宁波人。生物学家。全国劳动模范。著有《农业昆虫学》《中国昆虫学史》《中国经济昆虫志》(第36册)等。

吴养曾(1916—2008),安徽凤阳人。生物学家。全国先进工作者、全国劳动模范。

刘持生(1914—1984),甘肃文县人。古典文学家。著有《持庵诗》《先秦两汉文学史稿(附录:魏晋文学)》等。

研究生教育的今昔

西北大学研究生院

从中华人民共和国成立到“文革”的大部分时间内，西北大学的研究生教育几乎是空白。1956年西北大学恢复研究生招生，到“文革”前，全校有10个专业18个研究方向，共培养研究生57名。这些“凤毛麟角”的研究生，后来大都留校成为各专业的教学科研骨干。

“文革”后，西北大学于1978年恢复了研究生教育，在10个专业招收44名研究生。在国家正式确立了学位制度后，学校采取一系列具体措施，予以积极落实，在高层次人才培养方面取得了明显成绩。建立并完善了学士、硕士、博士的学位体系，逐步形成了招生、管理、科研、评审四位一体的教育体系。博士点不断增多，博士导师队伍不断壮大，培养了一批学术上冒尖的硕士和博士，并成立了研究生院。

学校现有博士学位授权一级学科19个，5个目录内博士学位授权二级学科，39个硕士学位授权一级学科，8个目录内硕士学位授权二级学科，专业学位授权点16个，涵盖哲学、经济学、法学、教育学、文学、历史学、理学、工学、医学、管理学、艺术学等11个大门类。

学校现有硕、博士研究生导师1000余人。截至2017年6月，学校先后招收各类研究生33000余名，授予博士、硕士学位者26000余名。2017年上半年在校各类研究生8442名(其中博士研究生1286人，硕士研究生7156人)。

“文革”前研究生学科专业一览表

专业方向	指导教师	专业方向	指导教师
中国文学批评史	傅庚生教授	热化学	冯师颜教授
微分几何	刘亦珩教授	植物生理学	李忠宪教授
函数论	杨永芳教授、刘书琴教授	动物生理学	吴养曾教授
光学	岳劼恒教授	构造地质学	张伯声教授
分子物理学	江仁寿教授	区域自然地理学	傅角今教授
原子核物理学	潘　湘教授	民族史	马长寿教授

西北大学博士学位授权一级学科、专业(截至2016年)

理论经济学	物理学	统计学
应用经济学	化学	计算机科学与技术
中国语言文学	地质学	化学工程与技术
考古学	生物学	地质资源与地质工程
中国史	科学技术史	软件工程
世界史	生态学	中药学
数学		

西北大学博士后科研流动站(截至2016年)

中国史	物理学	科学技术史
理论经济学	化学	马克思主义理论
中国语言文学	生物学	考古学
工商管理	地理学	世界史
应用经济学	地质学	生态学
数学	地质资源与地质工程	统计学
计算机科学与技术	化学工程与技术	软件工程
中药学		

名师出高徒

三位校长，一脉相承

张岂之、孟昭燕、方光华陪同任继愈在侯外庐雕像前合影

中华人民共和国成立后的西北大学首任校长侯外庐，既是学术泰斗，又是治校良才，政绩突出，影响深远。改革开放后，侯校长的高足张岂之接过郭琦、巩重起两位校长的接力棒，出任校长，西北大学在这一时期出现“中兴”局面。张岂之是侯外庐领导的中国思想史研究团队的年轻成员，在侯大师的引导和培养下，通过学术实践迅速成长提高，成为新一代著名学人。三十多年后，在新一轮的持续发展中，张岂之带出的博士生方光华又成为一校之长。这真是薪火相传，一脉相承。一本《张岂之教授与研究生论学书信选》充分显示了张岂之教授是如何耳提面命、精心指导他的研究生的。其中有四封信函是对方光华硕士论文、博士论文和所写书稿的具体指导。侯外庐当年对张岂之的培养，不限于专业著述，还交给他组织联络任务，担任团队秘书工作。张岂之对方光华的培养也是如此，除了对论文著述上的点拨，还让他承担所里研究生的教育与管理工作，另有三封信函就是这方面的。早期的工作实践，为后来成为一校之长做好了铺垫。

马门三杰

著名少数民族史专家马长寿教授，于 1962 年招收了周伟洲、段连勤、陈全方三名研究

马长寿教授与各族学生讨论民族问题

生,均学有所成。周伟洲1986年在西北大学历史系破格晋升教授,国批博导,曾任西北史研究室主任、文博学院院长,著有《英俄侵略我国西藏史略》《吐谷浑史》《汉赵国史》《敕勒与柔然》《唐代党项》《中国中世西北民族关系研究》《西北民族史研究》《陕西通史·民族卷》等,发表学术论文近百篇。段连勤1992年在西北大学历史系晋升教授,著有《北狄族与中山国》《丁零、高车与铁勒》《隋唐时期的薛延陀》等书,发表学术论文数十篇,计四十余万字。陈全方先后担任陕西省文物局局长、历史博物馆馆长,也有一些有价值的学术研究成果。马先生虽然去世较早,但马门后继有人。

“摹庐弟子”与史学传承

陈直号摹庐,1980年获得教授头衔不多久就去世了。但他留下了三百余万言掷地有声

1979年10月,陈直教授指导历史学研究生黄留珠(右二)、余华青(右一)、张廷皓(左一)

陈直教授

的学术著作,也培养出一批崭露头角的学术接班人。1978年,他招收了黄留珠、周天游、张廷皓、余华青、吕苏生五位研究生,耳提面命,精心指导,均成大器。“摹庐弟子”的副导师是1961年历史系毕业的林剑鸣教授,他也是陈直先生的学生和助手,其专著《秦史稿》具有开创性,在秦汉史研究领域颇有影响,中国秦汉史学会成立后,他曾担任会长多年。继他之后,“摹庐弟子”中的周天游、黄留珠亦先后任此职。周天游、黄留珠在秦汉史领域皆著述甚丰,《秦汉仕进制度》《中国古代选官制度述略》《八家后汉书辑注》《史略校笺》《后汉纪校注》《汉官六种》《秦汉史研究概要》皆为其代表作。黄留珠亦曾任陕西省史学会会长多年。余华青,曾任西北大学党委副书记、陕西省社科院院长、陕西省文化厅厅长。张廷皓,曾任陕西省文物局局长、中国文化遗产研究院院长等职。吕苏生,曾任河北人民出版社文史部主任,主持编辑出版大量文史书籍,亦笔耕不辍。西北大学史学良好的教习之风,培养出众多史学人才,他们一并被外界称为“摹庐弟子”,其中有一批活跃在北京史学界的学人,中国社科院的王震中、彭卫、魏道儒研究员,中央民族大学的杨圣敏教授,中国人民大学国学院的王子今教授,文物出版社的总编辑葛承雍教授等,皆在史学界表现不凡。另有宋新潮入政国家文物局任副局长等职。

傅庚生教授

前赴后继带学生

中文系的招牌教授傅庚生1978年招收了韩理洲、闫琦、薛天纬、李云逸四名唐代文学研究生,开始尚能坚持指导,渐渐有些精力不济,便由刚从四川调来西北大学的李白研究专家安旗接替指导,这四人后来都取得了骄人的学术成就。韩理洲,留校任教,1992年晋升教授,任西北大学国际唐代文化研究中心主任,著有《王无功文集五卷本会校》《陈子昂评传》《陈子昂研究》《唐文考辩初编》《新增千家唐文作者考》等书,发表学术论文百余篇。闫琦,留校任教,1994年晋升教授,著有《韩诗论释》《唐诗三百首续选注评》,发表学术论文数十篇。薛天纬,曾任新疆师范大学副校长、唐代文学研究会会长,主编或参与编写《唐诗鉴赏辞典补编》《李白诗八百首》《李白大辞典》《中国文学大辞典》《中国古典文学学术史研

安旗教授

究》《中国诗歌通典》等书，专著有《李太白论》等。导师安旗与闫琦、薛天纬及中文系另一教师房日晰合著大部头的《李白全集编年注释》，安旗与闫琦合著《李诗咀华》，安旗与薛天纬合著《李白年谱》。师生合作，教学相长，也是研究生培养之一途。李云逸，留校任教，英年早逝，其《王昌龄诗注》颇见功力。

门墙内外

鲁迅研究专家单演义教授带过多名研究生，其中有两名取得了比较显著的成绩，一是门墙之内正式考取的王富仁，一是门墙之外的私淑弟子郑欣淼。王富仁关于鲁迅思想的研究著作是新时期鲁迅研究最重要的成果，他被认为是新时期国内文艺理论界的领军人物。郑欣淼在担任陕西省委副秘书长时，意欲在职做单先生的研究生，未获批准，遂在工作之余到单府请教问学，居然对鲁迅著作颇多心得，出版了研究专著，并被推举为中国鲁迅研究学会会长。郑欣淼曾任国家文物局副局长、文化部副部长兼故宫博物院院长。

单演义教授

王富仁教授

郑欣淼先生

侯伯宇与“博士后”

1985 年，按照李政道先生的建议，国家在基础学科的物理学率先试点博士后科研制度，设立博士后科研流动站，西北大学物理系成为全国最早的建站单位之一，作为国家第一批博士生导师的侯伯宇教授，也因此成为最早的博士后流动站主持人和指导者。侯伯宇严谨治学、授徒，在他的精心指导下，首批进站的周玉魁、卫华、张耀中三名博士后，在短短两年多时间里，就在国内和国外著名刊物上发表三十多篇论文，完成专著一部，做出了多项具有国际先进水平的成果，受到业内高度评价。这三名博士后出站后，均成为活跃在国

侯伯宇教授指导博士生

1985年建站的物理学博士后流动站铭牌

际学术舞台上的一线角色。这真是一流学者培养出一流人才。

在西北大学,这种“名师出高徒”的例子还可举出许多。如化学系陈运生教授带出了冉新权(教授,曾任系主任、省环保局副局长)、唐宗薰(教授,全国教学名师),地质系薛祥煦教授带出了张云翔(教授,曾任系主任、副校长)和两名全国百篇优秀研究生论文获奖者,全国教学名师史启祯教授带出了王尧宇(教授、副校长,被评为教育部骨干教师,获教育部青年教师奖),等等。

生物系博士生导师胡正海教授是个细心人,他对自己带研究生的情况做了统计:先后共培养70名硕士生和博士生,其中35人已成正教授,有5人是大学副校长,他们分布在全国18个省区,有8人在国外发展。

科研楼

时任中共中央政治局委员、国务院副总理的王岐山校友于2009年7月28日晚，在美国华盛顿出席美中贸易全国委员会、美中关系全国委员会、美中商会等友好团体举办的晚宴上发表演讲。美国国务卿克林顿·希拉里、财政部长盖特纳、前国务卿基辛格等美国政要及美国工商界人士六百余人出席。讲演共16分钟，其中有8分钟在谈“我的老师张伯声”

一个特例：张伯声对王岐山的启示

西北大学校友、现任中央政治局常委王岐山极具演讲天才。2009年7月28日，首轮中美战略和经济对话在美国华府闭幕，王岐山在晚宴上即席发表演讲，幽默风趣，十分精彩，令出席嘉宾交口称赞。他在演讲中提到了西北大学老校长张伯声。

王岐山如此介绍张伯声创立“波浪省力理论”的情况：“他说‘我天天看着这个浪——突然我有一个灵感，就是这个浪它为什么不是直上直下的，它是涌动的’，最后他发现，根据力学的知识，大自然万事万物应该以最省力的方式运动。海浪这种涌动的方式，从力学上讲是最省力的。他就想，地壳的构造，它一定是以最省力的方式在运动。后来，他的这个学说为国际学术界接受，并被命名为‘地壳波浪镶嵌学说’。”

讲到这里，王岐山话头一转，回到中美对话的主题：“人类历史潮流的问题，其实和大自然是一样的。那就是‘顺历史潮流者昌’,或者叫赢;‘逆历史潮流者亡’,或者叫输。中美关系发展到今天,也是顺应了历史的潮流。这个历史的潮流是中美两国人民的需要,是中美两国人民的共同利益,并为中美两国政治家所逐渐认识。”

时任西北大学副校长的张伯声是地质系教授，而王岐山乃历史系学生，不为门户所囿,广泛求知,可谓“转益多师”。张伯声从“波浪省力”原理受到启发,创立“地壳波浪镶嵌”学说,可谓“触类旁通”。王岐山从老师的学术创新,联想到自己主持的国家要务;从大自然的运动规律，联想到人类社会发展的历史潮流，最后又落到中美战略和经济对话的意义上,便是“举一反三”了。

这也是“名师出高徒”之一例。

西北大学历史系73级毕业照(后排右六为王岐山)

2011 年时任国务院副总理的王岐山校友看望老师张岂之教授

2011 年 2 月 24 日，校友王岐山副总理与张岂之教授(左二)、乔学光书记(右一)、方光华校长(左一)亲切交谈

校友中的部分两院院士

田在艺院士　石油地质学家,1939 年 9 月考入西北大学地质系,一年后由时任西北大学校长胡庶华推荐转学至条件更好的中央大学学习。曾任石油工业部北京石油勘探开发研究院副院长,教授级高级工程师,是大庆油田的重要发现人之一,2015 年逝世。

阎隆飞院士　植物生物化学家,1945 年毕业于西北大学生物系。曾任北京农业大学教授,植物生理生化开放实验室主任。已故。

任纪舜院士　地质学家,1955 年毕业于西北大学地质系。现为中国科学院地质所研究员。

刘昌明院士　水文水资源学家,1956 年毕业于西北大学地理系。现任中国科学院水问题联合研究中心主任,北京师范大学资源环境学院院长。

侯洵院士　光电子学家,1959 年毕业于西北大学物理系。现任中国科学院西安光机所研究员,西北大学光子学与光子技术研究所所长。

张殿琳院士　物理学家,1956 年毕业于西北大学物理系。中国科学院物理研究所研究员。

张彦仲工程院士　航空技术专家,1962 年毕业于西北大学物理系。曾任航空航天部总工程师,教授级高级工程师,北京航空航天大学、西北工业大学兼职教授。

张生勇工程院士　医学技术专家,1964 年毕业于西北大学化学系。现为第四军医大学化学教研室教授、手性技术研究中心主任。

周卫健院士　地质学家,1995 年在西北大学地质系获博士学位。曾任中国科学院地球环境研究所所长。

翟明国院士　地质学家,1976 年毕业于西北大学地质系。现为中国科学院地质与地球物理研究所研究员。

徐宗本院士　数学家,1977 年毕业于西北大学数学系。曾任西安交通大学教授、副校长。

高山院士　大地构造地质学家,1982 年毕业于西北大学地质系。曾任中国地质大学教授、西北大学长江学者特聘教授,2016 年逝世。

刘加平工程院士　建筑热工与节能专家,1982 年毕业于西北大学物理系。现为西安建筑科技大学教授、绿色建筑研究中心主任。

赵文智院士　(详见第 408 页)

崔鹏院士　(详见第 409 页)

两院院士年年评选,期待更多校友入选,此榜待续。

田在艺院士　阎隆飞院士　任纪舜院士　刘昌明院士

侯洵院士　张殿琳院士　张彦仲院士　张生勇院士

周卫健院士　翟明国院士　徐宗本院士　高山院士

刘加平院士　赵文智院士　崔鹏院士

校友中的英模人物

杨拯陆(右二)在西北大学

杨拯陆　著名爱国将领杨虎城将军的女儿,在未满18周岁时就加入了中国共产党。1953年,杨拯陆进入西北大学地质系石油专修科学习。毕业后,由于积极要求支援边疆,杨拯陆被分配到新疆从事地质勘察工作。1958年9月25日,在新疆中蒙边界的三塘湖盆地进行石油地质勘探时,杨拯陆和队友遭遇到了寒流袭击。在生命的最后时刻,她还把珍贵的普查资料紧紧抱在胸前。杨拯陆牺牲后,新疆矿务局党委授予她"党的优秀女儿、知识分子的优秀代表、坚强不屈的模范共产党员"称号,新疆维吾尔自治区党委批准她为革命烈士。1982年,中国地质学会把杨拯陆烈士勘察的三塘湖盆地的一个含石油地质构造命名为"拯陆背斜"。

罗健夫　1960年毕业于西北大学物理系原子核物理专业,先留校任教,1963年调至中科院西北计算所,1965年调入航天工业部骊山微电子公司工作。生前,他被称作"中国式保尔";身后,他被国务院追授"全国劳动模范"称号。

1969年,34岁的罗健夫担任了公司图形发生器任务课题组组长。面对当时国际封锁和国内"文化大革命"的冲击,罗健夫克服了重重困难和阻力,历时3年,于1972年成功研制出中国第一台图形发生器,填补了中国电子工业的一项空白。1975年,"Ⅱ型图形发生器"研制成功,并获得1978年全国科学大会的奖励。1982年,47岁的罗健夫朝气蓬勃,正埋头苦干迎接科学的春天的时候,无情的病魔夺取了他的生命。

图形发生器是电子计算机控制的自动制版设备,没有它,研制半导体大规模集成电路几乎不可能。罗健夫成功研制了图形发生器，为中国的航天工业发展做出了突出的贡献。他的名字,被写进了中国航天工业发展史,被镌刻在“永远的丰碑”上,更永远铭刻在西北大学人的心里。

刘承宪　献身航天事业的他,1960 年毕业于西北大学生物系，毕业后分配到中国科学院上海植物生理研究所，作为研究员主持多项重要课题,取得重大成果。1992 年，他担任了中国载人航天工程空间生命科学分系统主任设计师、“空间细胞电融合”项目负责人。这个试验随着“神舟”四号飞船返回地面而获得圆满成功，标志着我国掌握了空间融合技术，为此后建立空间站、开展空间生命科学研究奠定了坚实基础。他积劳成疾、罹患肺癌后,还坚持带病工作,直至 2003 年 8 月 23 日去世。“神舟”五号载人飞船发射成功后，他是唯一被追授表彰的科研人员。

罗健夫在杨家岭

还有一位值得一提的英模人物——西北大学地理系自然地理专业 1987 级学生郭峰。1989 年 4 月 16 日,郭峰和同学们到离西安不远的高冠瀑布风景区游玩时,为了抢救不慎落水的女工，他奋不顾身地跳入冰冷的水中，却不幸和落水者一起被湍急的水流冲向下游，落入深潭……郭峰舍己救人的事迹在社会上引起极大反响,西北大学党委根据他生前的愿望，追认他为中国共产党党员。共青团陕西省委授予郭峰“优秀共青团员”荣誉称号,陕西省人民政府批准他为革命烈士。

所谓英雄并非那些生来不凡的人。平凡的人，只要做出了不平凡的事，就是英雄。罗健夫、杨拯陆、刘承宪、郭峰,这些曾经学习生活在西北大学校园中的普通学子，用他们的生命成就了人生的壮举,他们是母校的骄傲,是西大人心目中永远的英雄。

地学校友中的国家973计划项目首席科学家

翟明国院士在国际学术会议上

王二七(左)与国际合作者在藏南考察

赵文智(右)指导风险探井部署

在国家科技部组织实施的国家重点基础研究发展计划(简称973计划)项目中,西北大学已毕业的诸多优秀学子担当重任,为解决国家重大需求和经济社会发展中的重大科学问题做出了贡献。其中西大地学各专业1975年以来的毕业生中,已产生了7位首席科学家,他们主持了多个国家973计划项目。

翟明国院士　1976年毕业,主要从事前寒武纪地质和变质地质学领域的研究,论著甚丰,曾任中国科学院地质与地球物理研究所副所长、矿产资源重点实验室主任等,是“俯冲和碰撞造山的岩石学过程”国家基金委创新群体的学术带头人,曾任西北大学大陆动力学国家重点实验室主任。他是“华北克拉通前寒武纪重大地质事件与成矿”项目首席科学家,获国家自然科学奖二等奖(第一完成人)。

王二七研究员　1975年毕业,1994年获美国麻省理工学院地球、大气与行星科学系博士学位,1999年回国。长期从事青藏高原新生代大地构造研究,成果丰硕,活跃于国内外学术界,现任中国科学院地质与地球物理研究所研究员。他是已经完成的国家973项目——“印度与亚洲大陆新生代碰撞构造及其成矿作用”的首席科学家。

赵文智院士　1982年1月毕业,长期从事油气地质与勘探研究,成绩卓著,现任中国石油勘探开发研究院院长,曾任中国石油勘探生产分公司党委书记、副总经理,IGCP中国国家委员会委员。他曾获国家科技进步奖一等奖1项、二等奖3项,李四光地质科技奖、中国石油杰出科技工作者奖、何梁何利科学技术创新奖等奖项,先后完成“高效天然气藏形成与低效、凝析气藏的经济开发”与“中低丰度天然气藏大面积成藏机理与有效开发的基础研究”两项国家973项目,两度担任首席科学家。

刘文汇(左)在黔桂野外考察

刘文汇教授　1982年7月毕业,中国石化石油勘探开发研究院首席专家,现为西北大学特聘教授。他长期从事油气地质、地球化学研究,建树颇多,曾获国家科技进步二等奖等多个奖项。他先后担任国家973项目“高效天然气藏形成与低效、凝析气藏的经济开发”“中国早古生代海相碳酸盐岩层系大型油气田形成机理与分布规律”首席科学家。获国家科技发明奖二等奖(第一完成人)。

崔鹏(左)和委内瑞拉科学家一起讨论

崔鹏院士　1982年7月毕业,中国科学院、水利部成都山地灾害与环境研究所研究员、国土资源部地质灾害防治应急专家,长期从事泥石流、滑坡等山地灾与水土保持等方面研究,在重大国际减灾中成绩卓著。他作为首席科学家,先后主持和完成“汶川地震次生山地灾害形成机理与风险控制”“中国西部特大山洪泥石流灾害形成机理与风险分析”两项国家973项目。

陈亚宁研究员(中)野外考察

陈亚宁研究员　1982年7月毕业,现任荒漠与绿洲生态国家重点实验室主任,中国科学院绿洲生态与荒漠环境重点实验室主任,在干旱区水资源与生态保护研究方面取得系列创新成果。曾获国家科技进步二等奖3项、新疆科技进步一等奖4项(排名第一)、国家发明专利8项;先后荣获全国“五一”劳动奖,新疆科技进步特等奖,何梁何利基金科学与技术创新奖等多项奖励。他是“气候变化对西北干旱区水循环影响机理与水资源安全研究”项目首席科学家。

刘池阳教授　(详见第382页)

石油工业管理部门的西大人

这面锦旗记录了西北大学为中国石油事业做出的巨大贡献

从1950年到1956年，西北大学地质学系石油天然气专修科办了四届，矿产地质专修科办了一届，毕业生共827人。他们奔赴玉门，挺进克拉玛依，随之又转战东北，进军中原，远涉东海、南海，成为我国石油地质战线的骨干力量。到20世纪八九十年代，有二十多人先后担任我国13个石油管理局的局长和总地质师。他们是西北大学杰出校友群体的代表。

顾树松　曾任青海石油管理局总地质师。

阎敦实　曾任石油部副部长、中国石油天然气总公司总地质师。

宋汉良　曾任新疆石油局局长，新疆维吾尔自治区副主席、党委书记。

王志武　曾任大庆石油管理局局长。

介　霖　曾任中原石油勘探局局长。

杨万里　曾任华北石油管理局局长。

谢　宏　曾任新疆石油管理局局长。

20世纪80年代，胡耀邦在大庆油田接见金毓荪、杨万里、王志武等西大校友

20世纪80年代，金毓荪陪同邓小平视察大庆油田

金毓荪 曾任大庆石油管理局副局长、中原石油勘探局局长。

杨俊杰 曾任长庆石油勘探局副局长兼总地质师。

王善书 曾任中国海洋石油总公司勘探开发研究院院长。

唐 智 曾任华北石油管理局总地质师、副局长。

硅化木——地质学系1974级甲班毕业生赠

李道品 曾任大港油田副局长兼总地质师。

帅德福 曾任胜利油田总地质师。

王秋明 曾任塔里木石油勘探开发指挥部总地质师。

徐世庸 曾任南阳石油勘探局总地质师。

杨毅刚 曾任延长油矿总地质师、延安市副市长。

邸世琪 曾任青海油田总地质师、中石油兰州西北石油地质研究所总地质师。

郑长明 曾任大港油田总地质师。

霍永禄 曾任玉门石油管理局副总地质师。

安启元 曾任石油部物探局局长、中共陕西省委书记、陕西省政协主席。

王乃举 曾任中国石油天然气总公司开发局局长。

孙希敬 曾任大港石油管理局局长。

车卓吾 曾任中原石油勘探局副局长。

于庄敬 曾任大港石油管理局总地质师。

此外，还有晚几年毕业的地质学系学生，在石油地质战线或教育科研岗位担当重任、做出贡献的。

戴世昭 1959年毕业，曾任汉江石油管理局副局长、总地质师。

王秉海 1960年毕业，曾任胜利油田副总地质师兼地质研究院院长。

吴 涛 1961年毕业，曾任大港石油管理局地质研究院院长、后任吐哈石油勘探指挥部副总指挥。

张晋仁 1961年毕业，曾任中原石油勘探局总地质师。

薛士荣 1961年毕业，曾任大港石油管理局总地质师。

李智廉 1963年毕业，曾任大庆市市

委书记。

谢志强　1963年毕业，曾任新疆石油管理局党委书记，塔里木石油勘探指挥部总地质师。

“文革”后西大地质学系每届毕业生人数虽少，但仍有不少毕业生走上了高层业务管理岗位。

郑玉宝　1978年毕业，曾任青海油田分公司党委书记，石油工业出版社有限公司总经理。

赵政璋　1982年1月毕业，曾任中国石油股份公司副总裁，勘探与生产分公司总经理，现任中国石油学会理事长。

赵文智　1982年1月毕业，现任中国石油勘探开发研究院院长；曾任中国石油勘探生产分公司党委书记、副总经理。

孙　鹏　1982年1月毕业，曾任西安石油勘探仪器总厂厂长，中国石油集团测井有限公司副总地质师。

阎世可　1982年1月毕业，曾任陕西延长石油集团有限责任公司副总经理。

焦大庆　1982年1月毕业，曾任中石化中原油田分公司副总经理，现任中石化科技部副主任。

翟刚毅　1982年1月毕业，中国地质调查局油气资源调查中心副主任。

李建青　1982年7月毕业，曾任中石油大港油田分公司总经理，现任中国石油集团经济技术研究院院长。

薛良清　1982年7月毕业，现任中石油中国油气勘探开发公司总地质师。

崔旱云　1982年7月毕业，现任中国海洋石油海外勘探总监(总地质师)。

袁政文　1983年毕业，曾任中国石化河南石油勘探局局长，中石化油田企业经营管理部主任。

冯建辉　1983年毕业，曾任中国石化油田勘探开发事业部副主任，现任中石化勘探分公司党委书记、副总经理。

李　逵　1983年毕业，现任中石油宝鸡石油钢管公司书记、大庆石油管理局纪委书记，现任长庆油田分公司党委副书记、工会主席。

薛军民　1983年毕业，现任延长石油集团副总工程师、计划部主任。

周荔青　2005年博士研究生毕业，现任中石化华北石油局局长、华北油田分公司总经理。

张明禄　2005年博士研究生毕业，现任中石油长庆油田分公司副总经理。

含砾泥晶灰岩——地质学系1979级石油班赠

付金华　2005年博士研究生毕业，现任中石油长庆油田分公司副总经理。

高炳奇　1984年毕业，中国地质调查局油气资源调查中心副主任，纪委书记。

西北大学地质学系

王玉新　1985年毕业，曾任中国石油长城钻探公司副总工程师，现任中国石油长城钻探公司总经理助理。

李智明　1986年本科、1989年硕士研究生毕业，曾任中石油加拿大分公司总经理，现任中石油阿尔及利亚分公司总经理。

何海清　1987年毕业，现任中国石油股份有限公司勘探与生产分公司副总经理。

何发岐　1987年本科、1990年硕士研究生专业，现任中石化华北油气分公司副总经理、总地质师。

曹金舟　1988年毕业，现任陕西延安石油天然气有限责任公司副总经理、总地质师。

付锁堂　1989年毕业，曾任中国石油青海油田分公司总经理，现任中国石油长庆油田分公司总经理、长庆石油勘探局局长。

杨　勇　1992年硕士研究生毕业，现任中石油冀东油田分公司总工程师。

孙冬胜　2001年博士研究生毕业，现任中石化石油勘探开发研究院副院长。

徐可强　1993年本科、1996年硕士研究生毕业，曾任中石油吐哈油田分公司总经理，现任中国海洋石油总公司副总经理、中国海洋石油股份有限公司总裁。

杨　雷　1995年本科、1998年硕士研究生毕业，曾任中国能源局油气司副司长，现任国际能源署署长特别顾问。

不仅管理局、大油田一级高管、老总，还有各油田勘探开发研究院、地质勘探队、采油指挥部，有许多也是西北大学毕业生担任领导。因此，说西北大学地质系是“中华石油英才之母”“石油地质人才的摇篮”，名不虚传。

晨读

大庆油田的发现者之一——田在艺校友

田在艺于1919年12月出生在陕西渭南农村的一个普通小学教员家庭。他从小勤奋好学,深得家人和老师的喜爱。在西安市读中学时，学校来了一位年轻的地理教员,经常带学生们到郊外看地质现象,讲解岩石、地层、褶皱等地质知识。大自然的神奇奥秘使田在艺对地质产生了浓厚的兴趣。田在艺的青年时代正值日本入侵中国、中华民族遭受欺凌之际,“科学救国”的意识强烈地撞击他的心灵。他胸怀要救国先找矿，增强国家实力的理想，潜心刻苦学习,于1939年7月以优异成绩考入国立西北联合大学地质地理系，当年8月改为国立西北大学。1940年9月由国立西北大学校长胡庶华推荐，转入四川重庆国立中央大学理学院地质系学习。

毕业后,田在艺怀着开发石油、报效国家的满腔爱国热忱，主动报名到自然环境十分恶劣的玉门油矿工作。从此,他跟随中国石油工业的先驱者们上祁连、下酒泉、入陕西、赴青海,在祖国的大西北开展石油地质调查,风餐露宿,千里跋涉,在戈壁荒漠和黄土高原上为祖国探寻石油宝藏。

1960年元月，田在艺奉调参加大庆石油会战，他先后任大庆油田地质调查处处长兼总地质师和勘探指挥部副指挥兼总地质师。在艰苦的岁月中，头顶蓝天，脚踏荒地,领导勘探队伍几千人,进行地震勘探,整体解剖松辽盆地,组织策划并直接参与地震部署、资料解释和钻井设计。在发现构造圈闭的基础上,于大庆长垣外围发现了新的油气田,是大庆油田的重要发现人之一,其成果于1982年7月获国家自然科学一等奖。他与地质部、石油部和中国科学院的大庆油田发现者分享了这份崇高的荣誉。

田在艺院士

田在艺著作

田在艺曾任石油工业部科技委员会委员、地质标准化委员会主任、中国地质学会及中国石油学会常务理事以及南京大学、西北大学及长春地质学院兼职教授等职,1997年当选为中国科学院院士。

经济学界的西大人

敏锐的媒体记者注意到，在首都北京活跃着一群西北大学出身的经济学家。《光明日报》曾有一篇文章：《为什么这么多的经济学家出自西北大学》，细说西北大学培养的一批活跃于经济学前沿的专家学者。

张曙光教授

论年龄，张曙光是当仁不让的“老大”了。他 1963 年毕业于西北大学经济学系，后考取中国科学院经济研究所研究生，攻读国民经济综合平衡专业，受教于著名经济学家杨坚白、刘国光、董辅礽，毕业后留所从事研究工作。他的著作有《经济结构与经济效果》《个人权力和国家权力》《中国经济学和经济学家》《制度、主体、行为——传统社会主义经济学反思》等。

邹东涛教授

邹东涛原毕业于西北大学物理系，1983 年二进西大，师从何炼成、刘承思教授，攻读《资本论》专业。他是受到历史系 1977 级学生朱玲的影响而改学经济的。朱玲当时虽被历史系录取，但她对《资本论》的学习已有很深基础，并经常到经济系听课。一年后，经何炼成教授推荐，朱玲考入武汉大学攻读经济学硕士，现为中国社会科学院经济研究所副所长。邹东涛取得硕士学位后留校任教，破格晋升教授，后又成为博士生导师。1994 年，他出任国家体改委经济体制改革研究院副院长，后去中国社会科学院做了研究生院常务副院长，再担任社科文献出版社总编辑。他思想敏锐，笔耕甚勤，成果累累，主要著作有《经济竞争论》《转轨的中国》《世界主要国家和地区的企业制度》《现代企业制度的环境系统》等多部。

魏杰教授

魏杰是 1977 级经济系学生，上到二年级，何炼成教授特许他提前读研，后师从中国人民大学卫兴华教授读博，毕业

张维迎教授

冯仑先生

刘世锦教授

后留校,做过中国人民大学经济系系主任,后在国有资产监督管理委员会担任研究所所长,现为清华大学经济管理学院教授。他在北京非常活跃,论著颇丰,常就热点经济问题发表看法,为大众熟知,从而声名远播。

经济学界这批西大人中,最出彩的要数张维迎。他与魏杰同为西北大学经济系1977级学生。他在校读研时,就因《为"钱"正名》一文而闻名于世。1990年去英国牛津大学留学,师从诺贝尔奖得主莫里斯,先后拿下经济学硕士和博士学位,荣获牛津研究生最佳论文奖、伦敦经济学院纪念奖学金。回国后到了北京大学,曾多年主持北大光华管理学院,并担任北大校长助理。出国前,他已有两部专著,回国后基本上一年出一部书。他关于"契约理论"的专著,在许多高校经济学研究生中人手一册。他一贯保持着大胆直言的风格,常常成为学界争议的焦点人物,甚至成为众矢之的。这也是许多名人奇才都会遭遇的景况。

学经济的西大人也有下海办企业的,冯仑就是一个功成名就者。他也是西大经济系1977级学生,后在中央党校攻读法学硕士。他领导参与了万通集团创建与发展的全过程,创立了万通实业股份有限公司,现任万通集团董事局主席。从他现在发表的文章看,他不仅是一个成功的企业家,还是一个见解深刻独到的思想家。

还有一位不能不提的就是刘世锦,他1982年毕业于西北大学经济系,后留在经济系(后为经济管理学院)工作,先后任讲师、教研室主任,并在职攻读了硕士学位。1989年11月获中国社会科学院研究生院经济学博士学位。曾任国务院发展研究中心副主任。他先后在国内外刊物上发表学术论文及其他文章二百多篇,出版学术著作十多部,撰写了一系列内部研究报告,多次获得全国性学术奖励,是一位从政的经济学家。

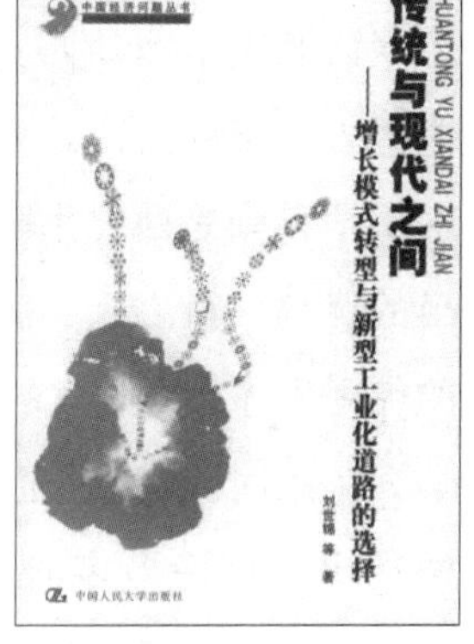

经济学界西大人的部分著作

西北大学经济管理学院

西北大学经济学的年轻“创客”

李克强总理两次发出“大众创业，万众创新”的号召，使得“创客”一时间成为了长城内外、大江南北最前卫、最重要、最引人注目的一群人。

西北大学地处西安，立足西北，是我国西部人才培养的高地和旗帜。经济学与管理学学科则是西北大学历史悠久、人才辈出的优势学科之一，为国家培养出了大批的优秀人才。在时代的潮流中，西大的经济学人紧跟时代潮流，主动发挥创新的意识，涌现出了许许多多的青年“创客”，为社会的发展注入了新的活力。

“魂乃商之道，有魂者吉，吉者百福所至。”西北大学94级经济学系学生邱国金说道，由他创办的上海创乐人企业发展股份有限公司于2016年4月18日正式挂牌上市，成为新三板健康体重管理第一股。

邱国金所创造的是国内健康膳食管理第一APP——“别吃胖”。“别吃胖”打破以往单纯以节食来减肥的思想，创新性地提出了用一整套以中医方法为精髓去探索美食和身材兼得、健康有效地体重控制的方法。

创乐人不仅仅开发了线上的应用，还开发了“别吃胖”智能手环、“别胖”系列线下产品，通过线上应用与线下工具相结合，更加科学的保持健康。

郭立宏校长向邱国金校友赠送纪念品

路金波是邱国金的同级同学，也是一名“创客”，但路金波把创业的方向对准了文化产业，成为了一名文化产业的“创客”。

1997年毕业后不久，路金波进入一家网络公司上班。那时的路金波还不懂网络怎么给他带来财富，只是将自己的文学作品经常“晒”在网络的各大平台上，这便是他最早的“文化产业”。

2009年1月，北京万榕公司作者团队十多人在路金波的带领下，召开了一次声势浩大的见面会。韩寒、饶雪漫、安意如、石康、蔡骏等诸多著名作家出席。清瘦的路金波用平和的语言宣布他们占据了2008年中国文学畅销书三分之一的席位,金额达到3亿元人民币,并表示“2009年底要做国内文学出版业的老大”。

2012年，果麦文化传媒有限公司宣布成立,路金波担任董事长。今天,“创客”路金波继续走在他的文化产业的道路上。

“创客”路金波

上海朱雀投资发展中心执行事务合伙人兼投资总监李华轮被媒体评为十大金牛私募投资经理。李华轮亦出于西北大学经济学系,1991年毕业，相对于前两位同学，他的事业相对“保守”和传统。

李华轮先后在陕西省政府体改委、工商银行陕西信托投资公司、西部证券股份有限公司工作。2007年7月,他参与创建成立了上海朱雀投资发展中心，担任了公司的执行事务合伙人兼投资总监。

李华轮管理的第一只产品成立于2007年,那时上证指数位于最高点,而2014年3月,该产品复权净值增长率已超过100%。

2015年6月19日下午,杰出校友邱国金、李华轮在西北大学长安校区为母校学生做了一场以梦想为主题的报告会,200余名学生聆听了报告,共同分享了两位“创客”的成长经历和心路历程。郭立宏校长主持报告会并向两位校友赠送了纪念品。

郭立宏校长向李华轮校友赠送纪念品

国际知名数学家辛周平

辛周平教授

辛周平教授1982年毕业于西北大学数学系,获理学学士学位;后在西北大学数学系和中国科学院数学研究所获数学硕士学位;1988年在美国密歇根大学(University of Michigan)获数学博士学位,师从数学家J.Smoller教授;1988年9月至2002年8月在美国最有名的数学研究所之一——纽约大学克朗(Courant)研究所工作。1998年起至今任香港中文大学数学科学研究所副所长(所长是国际著名数学家丘成桐教授)、香港中文大学蒙民伟讲座教授。2005年3月,辛周平教授被聘为西北大学基础数学学科"长江学者"讲座教授。

辛周平教授的主要研究领域是偏微分方程、流体动力学方程、非线性波、数值分析、应用数学。十几年来,他的研究工作始终处于国际非线性偏微分方程这一重要研究领域的主流和前沿,在一系列最活跃和核心的研究方向上取得了突破性进展,特别是在一维激波、高维激波、粘性激波、边界层理论、可压流体与不可压流体方程和松弛格式等领域做出了具有国际影响的重要成果。他的研究成果都发表在国际著名杂志上,受到国内外同行的广泛关注,研究论文被大量引用。

由于在研究工作中取得了非常突出的成就,他于1989年4月获得了密歇根大学优秀博士论文奖;1991年4月获得了美国优秀博士后奖——Sloan奖;1993年9月获得了美国为杰出青年科学家颁发的美国总统奖;2004年,辛周平教授获得全球华人数学家大会颁发的晨兴数学金奖,这是华人数学界的最高荣誉。

辛周平教授的主要社会兼职有:美国数学会会员、SIAM会员、《分析方法与应用》主编、《亚洲数学杂志》编委、《数学学报》编委、《SIAM Journal of Mathematical Analysis》编委、《Journal of Partial Differential Equations》编委、中国晨兴研究中心学术委员会委员等。他于2009年起担任西北大学《纯粹数学与应用数学》杂志主编。

长安校区校景

新闻传媒界的西大人

西北大学早先并无新闻专业，但是西北大学毕业生中投身新闻传媒事业的人还真不少，有的一直干到本行业的高端。他们大多是中文系毕业的，也有历史系和其他系的，多数集中在省市广播电视系统和几家报社。先后从西北大学去陕西省广播电影电视厅(后称局)的人，差不多上了百，其中最早有 20 世纪 40 年代毕业的老校友。陕西第一代电视导演康凤山，1957 年中文系毕业，在校时导演过话剧《阿 Q 正传》。在陕西省广电系统，一度厅长、两台台长、几个部主任，都是中文系 1966 届毕业生。其中的骞国政，既当过《陕西日报》的社长、总编，又当过陕西省广播电影电视厅厅长、总编，是全国新闻工作者协会理事，陕西新闻工作者协会副主席，陕西广播电视学会会长，陕西新闻摄影学会会长，发表各类作品一百七十多万字，汇成《国政文选》四卷。供职于《西安晚报》的西北大学学生也不少，许多是骨干，担任总编、副总编、社长、副社长、部主任等职务。历史系毕业的郭兴文成为著名学者型记者，发表多篇文化含量厚重的文章，产生较大影响。中文系 1973 级的阎军，北京知青，进校前在陕西省女子监狱工作，毕业后做了《法制日报》记者，干得风生水起，成为闻名业界的“大会堂记者”，先后采访过四任全国人民代表大会常务委员会委员长，她写的调查报告曾直接影响到《婚姻法》的修改。阎军现为高级记者，曾获中国新闻奖和“全国百佳新闻工作者”称号，历任《法制日报》社长助理、中国法学会立法学研究会副秘书长。

骞国政先生

同向荣先生

进入新闻媒体高端的有三位西大人：

同向荣　曾任西北大学德育教研室副主任，教过哲学、美学和文艺理论，1985 年调陕西省广播电影电视厅任副厅长，一年后即升为一把手，厅长、党组书记、总编一肩挑。1993年调任国家广电部副部长，后兼中央人民广播电台台长。1999年退休。有报道称他是“不停思考的学者型高官”，“传媒人的知音真爱”。

万武义先生

万武义　1976年毕业于西北大学中文系，从安康地委通讯干事做起，一路升迁，先到新华社陕西分社做记者，任信息部主任，再调湖北分社任社长，被授予有突出贡献的中青年专家称号，最后调总社任国内部主任。他在32年新闻工作实践中，共编辑、采发数万篇新闻稿件，有数百篇内参和公开报道得到中央领导批示，为决策机关提供了重要参考和依据。在担任新华社湖北分社社长、总社国内部主任和中宣部新闻协调小组组长期间，他先后组织、指挥、协调了一系列国内重大战役性报道，表现出强烈的政治责任心和出色的组织指挥才能。2000年获全国百佳新闻工作者称号，2008年获长江韬奋奖。

马利女士

马　利　1989年毕业于西北大学中文系，获文艺学硕士学位。1990年任北京《民主与法制》杂志社记者。1996年进《人民日报》任主任编辑、国内政治部主任，2006年任副总编辑，人民网董事长。作品有《匕首收割的爱情》《岁月人》《一种植物和一个人的追求》等。她写的《三千孤儿和草原母亲》获1999年中宣部“五个一”工程优秀作品奖，被改编为电视剧和京剧《草原母亲》，受到好评。

吴予敏教授

还有一位国内颇有影响的传播学学者吴予敏，西北大学中文系1977级学生，文艺学硕士，美学博士，现任深圳大学传播学院院长，文艺学、传播学博士生导师，深圳大学传媒与文化发展研究中心主任，中国传播学会副理事长，中国广告教育研究会副会长，先后创办深圳大学广告学本科专业、多媒体实验室、现代传播实验室。20世纪80年代西方传播学刚引入中国，他就开始了传播学本土化的探索，出版了传播学专著《无形的网络》，90年代重点研究传播理论的知识形态、全球化与传播、广告文化、媒介权力等课题，主编了论文集《多维视界：传播与文化研究》。

西北大学

过街天桥上俯瞰西北大学

文学界的西大人

每一个在中文系就读的人，大抵都曾经或正在怀抱着一个美好的作家梦。

鲁迅文学院常务副院长、著名诗人雷抒雁认为，高校不是用来培养作家的，但是中文系内的文学环境，对作家的成长和坚持非常重要；著名作家贾平凹则说得更为贴切，他认为大学对人的影响是潜移默化的，大学的作用在于“熏”。雷抒雁和贾平凹，就是被同一所大学——西北大学“熏”出来的。屈指一数，被这所大学“熏”出来的作家、文学家还真不少，40年代有牛汉、尹雪曼，50年代有杨维辛、何西来、高嵩，60年代有雷抒雁、杨闻宇、张子良，70年代有贾平凹、和谷、方英文、马玉琛、钟晶晶等。

到了80年代，西北大学连续开办了三届“作家班”。当时全国高校中开办“作家班”的只有武汉大学、西北大学和北京大学，迟子建、王宏甲、吴克敬、杨少衡等人就

作家摇篮

作家贾平凹

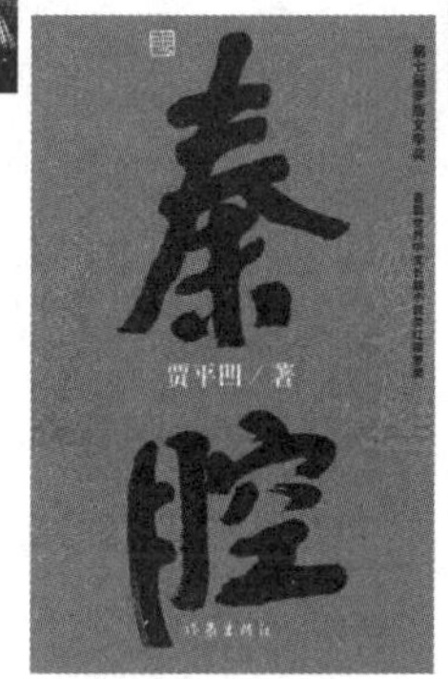

贾平凹著作

作家迟子建

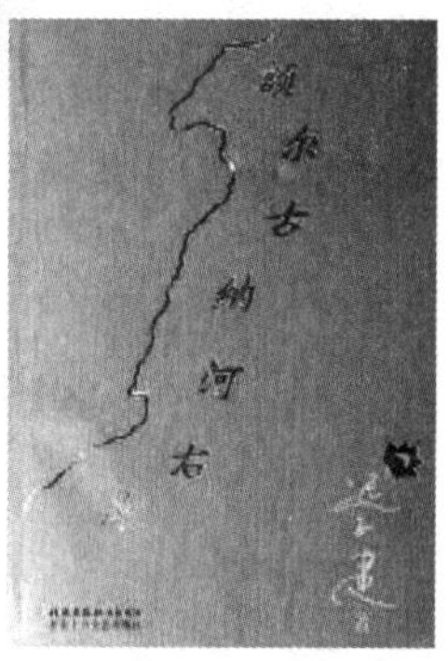

迟子建著作

是西北大学作家班的学员。如今,全国不少省市的文联、作协的主席或副主席都是西北大学的毕业生,西北大学放飞的作家群为母校赢得了“作家摇篮”的美誉。

1972 年 4 月的一天,19 岁的贾平凹提着他的绿皮箱走进西北大学的校园,这个一心“还要穿我的农家袄”的来自商山洛水的农家子弟,在西北大学的校报上发表了第一篇作品,开始了自己的创作人生。若干年后,当他成为闻名遐迩的作家,仍然忘不了西北大学的老师,西北大学的图书馆,西北大学校园中的树林和林间的一块怪模怪样的石头……在西北大学学习和生活过的贾平凹,走出了一条有别于柳青、路遥和陈忠实的独特的创作路子。

作为陕西作协的掌门人,贾平凹可谓“高产作家”,《浮躁》《商州》《废都》《白夜》《土门》《高老庄》《怀念狼》《病相报告》《秦腔》《古炉》,长篇一部接一部,还有中短篇小说集、散文集、诗集多种,人称“鬼才”“独行侠”,有人改古联评价他:“著书成数百万言,才未尽也;得谤遍九州四海,名亦随之。”

2008 年 10 月,第七届“茅盾文学奖”揭晓,贾平凹的《秦腔》以全票夺冠,在获奖的四位作家中,贾平凹和迟子建同出于西北大学。

无愧于中国文坛的西大作家班

20世纪80年代中后期,全国有四所高校——北京大学、武汉大学、西北大学和南京大学,先后举办了作家班。西北大学作家班从1987年开始,共举办了三届,有203名学员就读。

作家班的举办,以提高青年作家素质、助推作家学者化为宗旨。学员入学除汉语言文学专业大专课程考试外,还要有已发表的文学作品接受审查。学员绝大部分为省、市级作家协会会员,来自除港澳台以外的各省、市、自治区。有些学员入学前已在文坛崭露头角,因此,作家班受到中国作家协会、国家教委的关注和支持。

首届作家班于1987年9月1日开学,9月28日举行开学典礼,校长张岂之教授出席并讲话,陕西文学界胡采、李若冰、李沙铃、王汶石、杜鹏程、路遥、贾平凹等出席会议,中国作家协会也派员到会祝贺。这一年中文系的迎新晚会是有史以来最为精彩的,有作家班学员都沛、魏世祥、王刚、王坤红、白山等的乐器弹奏和表演,很多节目都达到了专业水平,在全校师生中引起轰动。

对于迟到的大学梦的实现,作家班的学子们格外珍惜,他们的宿舍里时常亮起彻夜不眠的灯光。当时作品能上《小说选刊》被认为是非常不容易的事。然而两年中,第一届学员就有赵伯韬、张冀雪、迟子建、王刚、毛守仁、王清学、杨少衡、王宏甲等八位同学的作品被《小说选刊》转载。熊正良就是在宿舍的小灯下设计并完成了他“红土地小说系列”的宏大建构;杨少衡的系列小说“柯辽走西北”成为文坛的妙篇佳作;熊尚志关起门来,两年间完成两部长篇;还有迟子建对自己的创作风格的深化、定化、明晰化;陶少鸿练就多产并沿着湘西前辈大家的道路前行;岛子“太极诗派”的酝酿和创立;路东之的诗情、书趣与文物收藏兼得;王清学、成汉飚等向学者化的转型……都是此间联系课堂学习,经过思考、实践和磨炼,在通往成熟的路上带来的驱动力和硕果。

值得一提的是,1989年第一届作家班学员毕业时,原计划毕业典礼、作品研讨会和庄重文文学奖学金颁奖大会同时举行。中国作家协会和中华文学基金会对此极为重视,计划由当时的作协党组书记、文艺评论家唐达成,作协书记处书记、中华文学基金会总干事张锲陪同庄重文博士前来西安为同学们颁奖。会议已评选出优秀奖30人,其余同学均发纪念奖,只是大会未能如期举行。此后,学员马利、王清学、杨少衡等近十人考入我校研究生班继续攻读;迟子建、王宏甲、岛子等多人考入北师大与鲁院合办的研究生班深造。

进入21世纪后,三届作家班毕业学员经过多年的历练,已有百余人加入了中国作家协会,二十余人成为中国作家代表大会代表,多人成为中国作家协会主席团和全国委员会委员。有近三十人担任了省、市级作家协会主席或副主席,还有三十多人成为高等学校教授,重要报纸、期刊总编。迟子建、王宏甲、杨少衡、白阿莹、吴克敬、穆涛等数十人次获得茅盾文学奖、鲁迅文学奖等国家级文学大奖。正如第一届毕业学员、燕山大学教授王清学所言:“创作是一条红线把分布在全国各地的同学的心系在一起,把西大作家班的生活延续下去,使它由一个学校里的教育行为,变成一种社会的历史的人生的文学的行为,这是一个值得十分珍视的事件,它无愧于中国现代文学史。”

2015年,西大作家班恢复办学,时任省委常委、省委宣传部长景俊海出席开班式。

齐越与牛汉的不同命运

齐越在天安门城楼直播开国大典

齐越与牛汉是两位杰出的西大校友。

一部中国广播事业发展史，齐越占有重要地位。他是中华人民共和国广播事业的奠基人之一，是公认的第一“国嘴”，也是第一位播音学教授，被中国传媒大学奉为宗师，塑立雕像，顶礼膜拜。为弘扬齐越精神，中国传媒大学还设立了齐越朗诵艺术节，已办到第13届。

一部中国现当代文学史，也不能没有牛汉的名字。他是七月派代表诗人之一，曾任中国诗歌协会副会长，中国作家协会全委会名誉委员，被称为“诗坛奇人”“汗血诗人”，出版多部诗集和散文集。

这两位老校友各自的业绩出类拔萃、可圈可点，两人之间的同窗友谊堪称莫逆、可歌可颂。

齐越是河北高阳人，牛汉是山西定襄人。抗战时期，两人殊途同归，都来到城固，就读于西北大学外文系。两人志同道合，一起成为地下党员，积极投身民主学运。他们联手组织进步社团，创办进步报刊。1945年冬天，西北大学图书馆举行纪念普希金的文艺晚会，齐越激情朗诵了牛汉所写揭露国民党迫害进步学生的长诗。次年4月，学潮骤起，两人同遭诬陷，被称为“暴徒”，上了反动当局的黑名单。身份暴露后，上级党组织指示转移。齐越有幸走脱，牛汉却没有躲过牢狱之灾。从此两人经历了不同的命

齐越在新华广播电台播出解放战争捷报

齐越、杨沙林夫妇

著名诗人牛汉

运和境遇,直到1949年相聚北京,才又一次殊途同归。

两相比较,齐越搭的是"顺风船",很快进入解放区,到了陕北,成为新华广播电台唯一的男播音员,用其所长,得其所哉。中华人民共和国成立后,他长期坚守中央广播电台主播岗位,直到1975年调任北京广播学院教授,播音界同行称他"老头子"。他的一系列经典播音,人们记忆犹新。有两件事最值得骄傲,一是1949年10月1日开国大典现场直播,一是1980年为公审林彪、"四人帮"反革命集团宣读证词。这两件事举世瞩目,百年一遇,都叫齐越赶上了。而牛汉的人生道路就太曲折了。当年在城固被捕,因拒捕被打伤,留下终生病患。出狱后四处奔波,从事地下工作险遭杀害。1955年被打成"胡风分子",第一个被捕,受尽磨难。

虽说境遇不同,政治气氛冷峻,同窗和战友的情谊是不变的,两颗心还是热的、相通的。1962年,牛汉化名"史宁"写了两篇评介殷夫和《马凡陀山歌》的文章,送到电台,齐越立即认出是老友牛汉的笔迹,亲自深情播出。牛汉在收音机前,听到他熟悉的声音,不禁热泪盈眶。

齐越、杨沙林和牛汉、吴平两对夫妇都是在城固西北大学上学时结缘的。齐越已于1993年去世,蹉跎半生的牛汉又在文坛奋力耕耘了二十年,于2013年在北京去世。

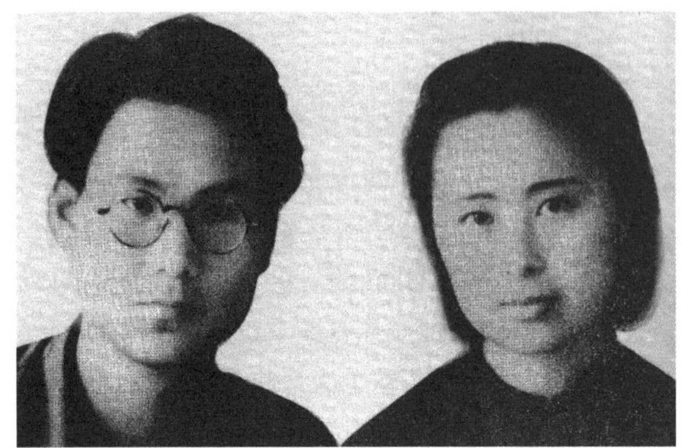

牛汉、吴平夫妇1945年合影

蝴蝶梦　牛汉

那些年
夜里在静静的黎明
我默默地写着诗
又默默地撕了
撕成小小的小小的碎片
（谁也无法把它复原）
一首诗变成数不清的蝴蝶
每一只都带有一点诗的斑纹
（谁也休想把它破译）
它们乘着风
翩翩地飞到了远方

1973年写，1987年追记，
1997年1月5日改动数字。

牛汉手迹

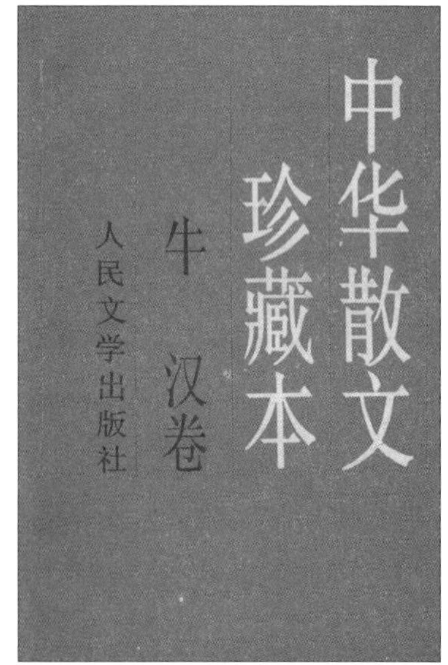

牛汉著作

编剧奇才袁多寿

“西湖山水还依旧，憔悴难对满眼秋，霜染丹枫寒林瘦，不堪回首忆旧游……”(《白蛇传·断桥》)

“一缕幽魂无依傍，星月惨淡风露凉……”(《游西湖·鬼怨》)

“今夜晚月朦胧四野寂静，冷凄凄荒郊外哭妻几声……”(《周仁回府·哭墓》)

袁多寿先生

这些脍炙人口的秦腔流行唱段，文采斐然，情景交融，极富艺术感染力。但是，人们只知唱家的名字，而不知是谁写出来的？原来这些经典唱词皆出于袁多寿之手。

袁多寿何许人也？他是1940年从西北大学法商学院法律系毕业的一位老校友。袁多寿，陕西澄城人，1918年出生于西安。他从小酷爱戏曲，大学毕业后，没怎么干与专业对口的事，在陕西省商业专科学校和西北农学院谋得的教职也放弃了，跑到三意社去做编剧和社务助理。他的第一个剧本《簪影剑光》写抗战题材，1941年在三意社上演。中华人民共和国成立后，他进了陕西省戏曲研究院，直到1991年去世。他一生创作改编了三十多部戏，大都排演了。其代表作久演不衰，有的出版发行，有的获奖，产生了深远的影响。

袁多寿著作

著名编剧、曾任陕西省戏曲研究院院长的陈彦赞赏这位前辈的剧作唱词“精彩绝伦，妙不可言”，称袁多寿先生的名字“是这个剧院的一块匾牌，不仅挂在剧院的史册上，也始终挂在剧院人的心头，更挂在西北大地秦腔戏迷心头”。陈彦作序的《袁多寿剧本选集》已于2011年出版。

影视圈的西大人

说起2009年和2011年的中国影坛，不能不提到《建国大业》和《建党伟业》，这两部影片将主旋律与商业化、历史感和时代气息巧妙地融合在一起，让历来板着面孔的献礼片前所未有的好看。影片的演出阵容也超前强大，集中了上百位中国影坛的当红明星，一些一线影星即便只是跑龙套，也要想方设法地在影片中露个脸。这两部电影的导演，是韩三平和黄建新。韩三平是中影公司领导，侧重于策划、筹资、组织、协调、把关，而具体执导者则是黄建新。

20世纪70年代，黄建新就读于西北大学中文系，后进入西安电影制片厂工作。1985年，他执导的处女作《黑炮事件》震动了影坛。随之，黄建新先后执导了《错位》《轮回》《五魁》《站直啰！别趴下》《背靠背，脸对脸》《红灯停绿灯行》《埋伏》《睡不着》《说出你的秘密》《谁说我不在乎》《求求你，表扬我》等影片，在国内外获奖六十多项，成为中国第五代导演中的代表人物。他的多部电影入选中国电影百年百部佳片，他本人也进入“中国电影百年百大导演”之列，凭着实力和成绩被推举为中国电影导演学会会长。

从西北大学走出的电影电视人不止一个黄建新。写出了剧本《一个和八个》《黄土地》《默默的小理河》的著名编剧张子良，因为执导《毕业生》而获得“飞天奖”的张晓春，电影《一棵树》的导演周友朝，都出自西北大学中文系。

获得过“飞天奖”的《半边楼》编剧延艺云曾经是西北大学历史系教师；电视连续剧《大秦帝国》的原作者和编剧是西北大学原法律系教授孙皓晖；《关中匪事》的导演张汉杰则是西北大学哲学系的毕业生；2007年，在上海国际电影节上，西北大学装潢专业的本科生张忠华，以DV短片《火箭鹌鹑》在电影节特别设立的“国际学生短片展评”中获得“最佳创意奖”。

综观这些导演和编剧的作品，会发现一个共同的特点：关注现实，直面人生，通过平实自然的叙事进行深层次的思考，传达出强烈的使命感和责任感。也许，这正是因为他们都出自西北大学，母校传承百年的“公诚勤朴”精神，在他们的生命中打下了相同的印记。

孙皓晖教授

黄建新先生

张汉杰先生

张忠华先生

影视界校友的部分作品

太白校区鸟瞰

考古界的西大人

20世纪50年代，全国高校中只有北京大学和西北大学设考古专业。“文革”期间，百业凋敝，“考古”却意外受到重视。因此，西北大学1960年前后毕业的考古专业学生，有许多机会从事业务活动，日后成为考古界的中坚。

韩伟研究员

韩　伟　著名考古学家，1960年毕业于西北大学历史系考古专业，曾任陕西省历史博物馆副馆长。他主攻隋唐考古，主持西安何家村唐代窖藏、法门寺地宫及多处隋唐墓葬的发掘；也曾涉足秦汉考古，主持秦都雍城遗址及秦宫一号大墓发掘，一时成为媒体追逐的新闻人物，并与对中国文化怀有极大兴趣的法国前总统希拉克结为好友。2011年5月26日，韩伟病故，全国各地及港澳台众多同行友人以各种方式深切悼念，备极哀荣。

王学理研究员

王学理　著名考古学家，1960年毕业于西北大学历史系考古专业，曾任陕西省考古研究所秦汉研究室主任，参与并主持秦都咸阳、秦陵与兵马俑、汉鼎湖宫、汉景帝阳陵遗址的调查与发掘，是秦俑博物馆、汉阳陵博物馆、秦咸阳宫殿遗址博物馆的奠基者。他的著作甚丰，合计达650多万字。

盖山林研究员

盖山林　中国岩画学的开拓者，1960年毕业于西北大学历史系考古专业，曾任内蒙古文物考古研究所研究员、全国政协委员、内蒙古自治区政协副主席。20世纪80年代初，经过数年艰苦跋涉考察，他在阴山地区和乌兰察布草原一带发现岩画近三万幅，亲手描摹三千多幅，出版了《阴山岩画》一书，受到国内外同行的广泛关注和高度评价。

巩启明　著名考古学家，1959年毕业于西北大学历史

巩启明研究员

系考古专业，曾任陕西省文物局副局长、考古研究所所长、《史前研究》主编。先后主持和参与姜寨遗址、渭南史家遗址、大荔人遗址、安康水电站库区考古、铜川瓦窑沟遗址的发掘，并于1992年带队与香港中文大学联合进行考古发掘。他有大量论著，对中国新石器文化提出新见解，在考古理论上取得突破。

钟侃研究员

钟　侃　著名考古学家，1960年毕业于西北大学历史系考古专业，曾任宁夏博物馆馆长。他参与和主持了水洞沟遗址、同心倒墩子匈奴墓、西夏王陵的调查与发掘，出版过《宁夏文物述略》《西夏简史》等多部著作。

禚振西研究员

禚振西　著名文物鉴赏专家，陕西省考古研究所研究员。1961年毕业于西北大学历史系考古专业。她主持过多项考古发掘，出版6部专著，担任文化部文化市场发展中心艺术品评估委员，退休后受聘耀州窑博物馆名誉馆长。她是首位获得英国东方古陶瓷学会“希尔”金奖的华人学者。

现任秦始皇帝陵博物院院长的侯宁彬是西北大学考古专业毕业。前任院长曹玮研究员也是西北大学考古人才中的代表。曹玮主持我国重要的遗址博物馆的工作，长期从事先秦两汉时期的考古与文化研究。

据说，一港商出资培养考古人才，在全国范围选了三人，送往英国深造。他发现这三人不约而同，都是西北大学毕业的。这引起他对西北大学考古专业的看重，准备投巨资予以扶持。

军界的西大人

西北大学有部分毕业生，入伍后从事科技和文秘工作，或因参与“两弹”工程而穿上军装，为国防建设做出了贡献。当然，还有少数从部队来的学生，毕业后又回部队，“军来军去”。

王如芝将军

王如芝　1941年毕业于西北大学化学系，爆破专家，曾任工程兵科研三所副所长、总工程师，少将军衔。她参与研制的“三项加载地质力学模型”和“1485抗爆激波管”双获国家科技进步一等奖，跨入世界科技前沿。作为中华人民共和国第一代女性实验爆炸力学专家，为我国核试验的量测、防护做出了突出贡献。她是五届人大代表，全国三八红旗手。她和丈夫张相麟(1939年毕业于西北大学)互相保密同去试验基地，凤凰树下夫妻相会的故事流传一时。对此她予以否认，说张相麟根本没有去过基地。

任益民将军

任益民　1953年毕业于西北大学物理系，曾任中国工程物理研究院党委书记、常务副院长，教授级高级工程师，中将军衔，是“两弹元勋”邓稼先的得力助手。他先后获得国家科技进步奖特别奖、全国能源工业特等劳动模范，国家级有突出贡献专家等称号。

阎章更将军

阎章更　1963年毕业于西北大学数学系，我国常规兵器试验专家，华阴兵器试验中心高级工程师，少将军衔，十届全国人大代表。他在四十多年的常规兵器试验研究中取得了一系列创造性成果，为创立和发展我国常规兵器试验理论和技术体系，推进武器装备现代化建设做出了突出贡献。20世纪80年代初，他曾与西北大学数学系教师合作研究并取得成果，百年校庆时被聘为西北大学兼职教授。

李景文　1960年毕业于西北大学数学系，现任二炮工程学院教授、数学教研室主任、系统工程研究所副所长，先后主持13个科研项目，其中6项获国家科技进步奖，获全军有突出贡献专家称号，多次被评为全军优秀教员。

于晋民　1962年毕业于西北大学中文系，曾任成都军区司令员张国华中将秘书、新乡军分区政委，后转业任河南教育学院党委书记。

还有享受军级待遇的军旅作家杨闻宇以及在军界颇有作为的王宗义、王天晞、崔杰等校友。今后，将有越来越多的毕业生献身国防事业，西北大学军界校友队伍会更加壮大。

长安校区校园一角

政界的西大人

西大学生,毕业后从政的,大致有两种情况:

一种情况是 20 世纪 40 年代在校时秘密入党,离校后去了延安,走上革命道路,中华人民共和国成立后成为领导干部。张容林与里林,万迁与高陵,这两对革命夫妻就是其中的代表。

张容林　原名武诗绥,1941 年毕业于西北大学经济系。里林,原名陆玉菊,1941 年毕业于西北大学历史系。两人先后在校入党,毕业后一起来到关中分区,又同去延安,后到东北支援新区,1949 年随军南下到广西,从县、地到省,一直担任领导干部,里林最后是自治区副主席,张容林则官至副秘书长。

万　迁　原名马介云,1941 年毕业于西北大学经济系。高陵,原名陶建昌,1941 年毕业于西北大学商学系。两人也都是在校入党,毕业后到关中分区,再到延安,同赴东北解放区,1949 年南下,到了湖南。万迁在工业部门担任领导,高陵做了省公路厅副厅长。1957 年两人调江西,万迁任萍乡矿务局局长(当时程安东是他的下属),后调任江西煤炭工业管理局局长,最后是江西省委副秘书长兼国防工办主任。高陵则参与创建江西工学院,担任院长兼党委副书记,后任江西省科协副主席、党组副书记。

这批从政的老校友中,最著名的是后来成为外交家的申健。他原名申振民,化名陈孙严,1937 年至 1939 年在西北大学经济系上学,在校入党。曾与熊向晖、陈忠经一起打入胡宗南部卧底,出色完成任务,受到中央多次嘉奖,被誉为“龙潭后三杰”(前三杰李克农、钱壮飞、胡底,是电视剧的热门题材)。1946 年被胡宗南派到美国“深造”,后因国内有人被捕而暴露身份。1949 年 7 月经香港回国,出任首任驻印度临时代办,参与西藏和平解放事务,亚非会议期间曾负责周总理保卫工作,后又任首任驻古巴大使,一度主持中联部工作,1980 年出任驻印度特命全权大使。他是五届全国政协常委,六、七届全国政协委员。1992 年去世。

另一种情况是 50 年代的毕业生,从专业技术工作、技术管理工作走上从政之路。这种情况以地质系石油专业的学生居多,阎敦实、宋汉良、安启元就是其中的代表。

阎敦实　1954 年毕业后一直从事野外石油地质勘查工作,从大西北到渤海湾,到处有他的足迹,还曾去苏联学习和工作,到

阎敦实先生

哈萨克斯坦、阿塞拜疆、乌兹别克斯坦等地参与油气田勘探。从苏联回国后,他在北京石油勘探开发科研院地研所工作,负责全国沉积盆地调查,随后主持了“全国油气田分布规律”的研究项目。20世纪60年代初,他负责完成了“渤海湾地区石油地质及含油远景评价”研究项目,参加了一系列石油勘探开发的会战实践,先后在胜利油田、江津油田以及南阳、泌阳、大港、渤海、冀中等油田会战指挥部担任勘探室主任、总地质师、副指挥,直接组织、规划、指导油气田的物探、钻探、发现及评价开发工作。1978年调任石油化工部副部长。

宋汉良先生

宋汉良　1954年毕业,奔赴新疆,从石油部门最基层的技术工作干起,一步一步上来,1983年从新疆石油管理局副局长、副总地质师岗位上晋升为自治区副主席,1985年接了王恩茂的班,成为自治区党委一把手,中央委员。1999年病故。

安启元　1956年毕业,从石油部西安地调处助理技术员干起,转战松辽、大庆等油田,在大庆干了10年。1970年去阿尔巴尼亚,担任石油天然气勘探大队长。回国后曾任石油部地球物理勘探局局长,又在国家地震局任局长,干了11年。1988年起,先后任西安市委书记、陕西省委副书记、中纪委常委、陕西省委书记。

安启元先生

张丁华　1951年考入西北大学外文系俄语专业,后随专业调整去了俄专(今西安外国语大学),1953年毕业。给苏联石油专家做翻译,曾去北京石油学院进修一年,后到青海石油勘探局,做过试油队长、采油大队长,再调胜利油田。1979年任大港石油管理局副局长、党委书记,1985年调任天津市委常委、宣传部长、纪委书记,1988年调任内蒙古自治区党委副书记,1991年调任全国总工会副主席、党组书记。中国共产党第十四、十五届中央委员。

据不完全统计,西北大学出身的厅局级干部有500余人,省部级干部约50人,国家级领导人有2位:

张丁华先生

王岐山　1976年毕业于西北大学历史系,曾任中国建设银行行长、广东省副省长、海南省委书记、北京市市长、中共中央政治局委员、国务院副总理,现任中共中央政治局常委、中共中央纪委书记。

陈宗兴　历任西北大学地理系主任、科研处长、教务长、副校长、校长、西安市副市长、陕西省副省长、农工民主党副主席、全国政协副秘书长、全国政协副主席。

附:省里开大会,满座西大人

这是一段纪实。

1994年岁末,陕西省召开经济工作会议,会址在人民大厦。校党委书记董丁诚出席了这次会议。他被编在第14组。这个组集中了一批高校和科研院所的负责人。

第一天开小组会时,新任省委书记安启元来了。他说:“这次会议总共分了15个组,我考虑了一下,决定还是先到科教组来,科技是第一生产力嘛!”安启元是西北大学地质系1956届毕业生。管文教的副省长姜信真也编在这个组,他原是西北大学化工系教师,做过系主任。再看到会的其他成员,多半都是西大出身的。名单如下:省科委主任孙海鹰(地理系1966届毕业生),省化工研究院院长张积耀(化学系1976届毕业生),机电部205所所长张季涛(物理系1960届毕业生),武功农科中心党组副书记胡仕银(物理系1969届毕业生),西北植物研究所党委书记苏陕民(生物系1962届毕业生),西安光机所所长、中科院院士侯洵(物理系1959届毕业生)。这个组的联络员、省教委产业处副处长冀霆,也是西北大学毕业生(物理系1978级)。

有感于此,校党委书记董丁诚回来写了篇短文,题为《省里开大会,满座西大人》,指出:西北大学作为省属重点大学,为省市培养、输送大量科技和管理人才,也是理所当然、责无旁贷。

这么多年过去,如今在省市各机关部门以及各高校和科研院所任职的西大人,已经数不胜数了。

台湾地区的西大校友

张金兰女士

尹雪曼教授

李鸿超先生

20世纪40年代，有一批西北大学毕业生去了台湾，有三百余人。他们在海峡那边，魂牵梦萦，难忘母校，难忘师长，难忘同窗，难忘城固和西安的校园。在两岸睽隔的漫长岁月，他们成立了校友会，组织联谊活动，编辑通讯录，撰写回忆录，出版纪念册，刊登老照片，以不同方式寄托对母校的思念。

台湾校友中的几位代表人物是：

张金兰　1940年毕业于西北大学法律系，先在西乡师范学校任教，后参加司法官考试被录用，开始了她一生的司法生涯。从商县到凤翔，再到南京，1948年10月，去台湾就任台南地方法院推事，将近20年后，她成为台湾第三届大法官，在旅台校友中算是位阶最高的。台湾西大校友会，她是“大姐大”。1973年夏，她荣获“经由法治促进世界和平中心”国际组织颁赠的奖状和金牌，表彰她在司法领域的卓越成就，她是亚洲地区独一无二享此殊荣的女法官。1975年1月，张金兰因病逝世，终年57岁。

尹雪曼　1941年毕业于西北大学政治系，后留学美国获硕士学位，擅长写作，著作有散文集《小城风味》、长篇小说《苦酒》《尹雪曼自选集》等30余种，另有译著多部。曾任台湾“教育部文化局顾问”、台湾文艺家联盟主席。1969年，他主编的“西大校庆纪念特刊”收入校友回忆文章60篇，刊出各种照片百多幅，尤其校友珍藏的迁校途中、城固时期、西安校本部老照片，十分珍贵。他所撰写的《大学生活二三事》，记述翔实，生动有趣。2008年2月，尹雪曼在台逝世。生前他曾多次回大陆参加文化交流活动，被北大、清华等多所学校聘为兼职教授。

李鸿超　1944年毕业于西北大学历史系，曾任彬县中学

台湾校友庆祝母校成立29周年

于右任给台湾校友录的题词

1992年,台湾校友会会长李鸿超(右)回母校,向母校赠送会旗

校长,去台湾后创办明新工专并任校长。在他的领导下,该校从最初的“五专”(招初中毕业生学五年)发展成为颇具规模的明新科技大学,是台湾职业教育的成功典范。两岸关系解冻后,他多次回校探望,参加校庆大会,并代表台湾校友发表热情洋溢的讲话,受到母校师生的热烈欢迎。2007年11月,李鸿超在台逝世,学校发出祭文以悼念。

西大校友会的活动

校友之于母校，犹如绿叶之于树根，其情意是深厚的、永远的。

北京地区，校友众多，校友会成立较早。最初1985年3月31日西北大学北京校友会成立时，老校长侯外庐、徐诵明、时任张岂之校长出席大会。侯外庐、徐诵明当选为名誉会长。中共中央办公厅副主任冯岭安、全国政协政协常委、中联部副部长申健、全国政协委员曹靖华、全国人大常委彭迪先当选为会长。齐越当场朗诵了北京校友会致母校的一封信。冯岭安去世后，卫佐臣校友接任会长。卫佐臣是城固时期西北大学学生会会长，领导了当时的进步学潮。晚年的卫老热心为校史编撰提供资料，为校友会的事务奉献余热，并亲自执笔撰写了北平大学的历史资料。后因卫老年岁过高，又由中国科学院院士刘昌明校友接任会长，在常务副会长俞行协助下，积极开展活动。

上海也是校友比较集中的地方。田盛文等几位老校友，从汇编城固时期校友通讯录开始，联络到不少20世纪40年代的老校友，成立了联谊会，并在此基础上，于1993年6月正式成立了上海校友会。西北大学校史从1902年算起的动议，是他们首先提出的，先是个人意见，后成为全会一致建议，提交学校，起到重要推动作用。现在，上海校友会在年轻会长简劲宏的主持下，继承传统，开创新局面，搞得有声有色。

在宝岛台湾有三百多位西大校友。由于两岸睽隔，这些老校友对母校情更深、意更切。每年校庆，他们都要聚会，出纪念刊，过几年就要重印一次通讯录。1969年，在张

北京校友会

上海校友会

南京校友会

深圳校友会

新疆校友会

金兰校友的大力支持下，曾举行大庆，编印了一册内容极为丰富的纪念刊。

还有新疆校友会、湖北校友会、天津校友会、甘肃校友会、宁夏校友会、青海校友会、河南校友会、南京校友会、深圳校友会、大庆校友会等，都开展了本地区校友联谊活动。2004年4月，西北大学校友总会专门召开了各地校友分会工作会议，交流了情况，提出了下一步工作设想。近几年，一些分会汇编了"通讯录"、办了"校友通讯"，有的还利用网络及时通报情况，进行交流。北京校友会还根据年轻校友逐年增多的情况，成立了"青年校友工作委员会"。

除了地区性校友分会活动，以班级为单位的小型聚会更为频繁，气氛更为热烈，也更受广大校友欢迎。1996年5月，地质系石油专业1956级八十多位同学在西安重聚，时任陕西省委书记的安启元热烈欢迎他的同学们。他深情地说："40年前那一段学习生活，我们是一辈子也忘不了的。"他们赠给母校的礼物是一大块和田玉，上刻两行字："玉不琢不成器，生不教不成才。"2007年10月，地质系石油专业1954级八十多位同学在廊坊举行了毕业53年后的首次聚会。阎敦实在会上说：这一批同学在校时受到良好教育，求真务实，关键时刻敢上敢言，能打硬仗，虽已有四十多位同学积劳成疾，过早去世，但是大家都无怨无悔。2012年1977级毕业30年，各系1977级纷纷聚会庆祝。1977级是恢复高考后的第一届大学生，既是改革开放的受惠者，也是改革开放的推动者、奉献者，他们相聚交流，别有一番意味。

北京校友会地质分会成立

母校百年盛典

古代文明地
周秦复汉唐
巍峨黉宇立
桃李九州香
科学高峰跨
声名国际扬
开筵庆百岁
阔步祝辉煌

西北大学南京校友会贺

南京校友会贺诗

西北大学来华留学史话

西北大学来华留学教育始于1965年接收第一批100名越南留学生来校学习，20世纪八九十年代，伴随着改革开放的春风，来自日本、美国、法国、德国、意大利、澳大利亚、西班牙、南斯拉夫、韩国、哈萨克斯坦等十几个国家的大批留学生来西大学习汉语，此后数量逐年增加，历年长短期留学生人数在陕西省高校中一直名列前茅。

1992年10月，国际文化交流学院正式成立。2004年面向外国留学生的汉语言本科专业获得批准并开始招生，从此西北大学留学生教育步入学历与语言培训同步发展阶段。2013年6月，学校机构改革，将国际处与学院彻底分离，明确定位学院为负责留学生招生、教学、科研、管理、服务的二级学院。

新的学院诞生后，2014年学校专门设立了西北大学留学生奖学金，每年拿出60万元用于吸引、资助优秀留学生来校学习。同年，学院成功获得中国政府奖学金招生资格。2017年学校设立西北大学丝绸之路奖学金，招收博士研究生。截至目前，2017年留学生人数达到907人次，涵盖41个国家。

习近平主席提出共建“丝绸之路经济带”

1965年第一批赴西北大学学习的越南留学生与西大代表团合影

和“21 世纪海上丝绸之路”战略构想后，国际文化交流学院积极响应，于 2014 年 1 月率先成立了实体机构中亚学院和虚体机构中韩教育中心，同年，学院还与吉尔吉斯斯坦中大中国石油公司签署了“丝路建设千人计划”培训项目，设立“丝路建设千人计划”奖学金。2017 年 7 月，又在吉尔吉斯坦设立了西北大学中亚学院中大石油分院。

历年来，西北大学留学生教育取得了突出成绩：2009 年荣获教育部授予的“来华留学生教育先进集体”称号。2012 年组织留学生参加教育部主办的首届“留动中国——在华留学生阳光运动文化之旅活动”比赛，荣获西北五省赛区第七名、陕西省第二名，2016 年荣获陕西赛区海选赛第四名。精心指导“西北大学留学生志愿服务队”参加 2016 年陕西省青少年公益项目大赛，“阳光助残，传递正能量”项目荣获银奖和特殊贡献奖。

2016 年，土耳其留学生 DEMIRKALE AHMET EKREM（白振国）的《51 天中国行》一书由西北大学出版社出版发行，白振国将他在中国陕西、四川、云南、青海、甘肃、新疆、广西等省旅行中遇到的人与事记录下来，配以大量旅行途中拍摄的照片和视频，在不同文化的比较与体验中，展示了其对中国西部独特的观察视角和认知能力。白振国荣获全国 2016 年“优秀来华留学生奖学金”，2017 年担任西北大学第三届学生校长助理。

在“汉语桥·2017 年全球外国人汉语大会”中乌兹别克斯坦留学生星星获得个人才艺五杰奖，塔吉克斯坦留学生彬龙获得个人赛优秀奖。

白振国携新书《51 天中国行》参加签售会

图说

西北大学百十年历史

校园巡礼

优美的校园环境，浓厚的文化气息，是人才成长的温床。

三个校区一线牵

西北大学自1946年从城固迁回西安，就结束了变动不居的状态，在西南城角这块地方扎根直到现在。改革开放后，学校发展日新月异，招生规模逐年增加，这600亩地盘就不够用，生均校园面积不达标问题突出。从申报进入“211工程”伊始，白清才省长来校现场办公，提醒“西大要发展，先征地”。在总盘子尚未敲定时，他先拨了一笔征地款，在桃园地区征地236亩，建成新校区。21世纪初，学校又出以大手笔，在长安郭杜征地1500亩，建成南校区，并将学校主体南移。这样，西大就有了三个校区，比原来的校址扩大了将近三倍。

2011年年初，学校对三个校区正式命名：

位于太白北路229号的老校区命名为太白校区。

位于高新四路15号的新校区命名为

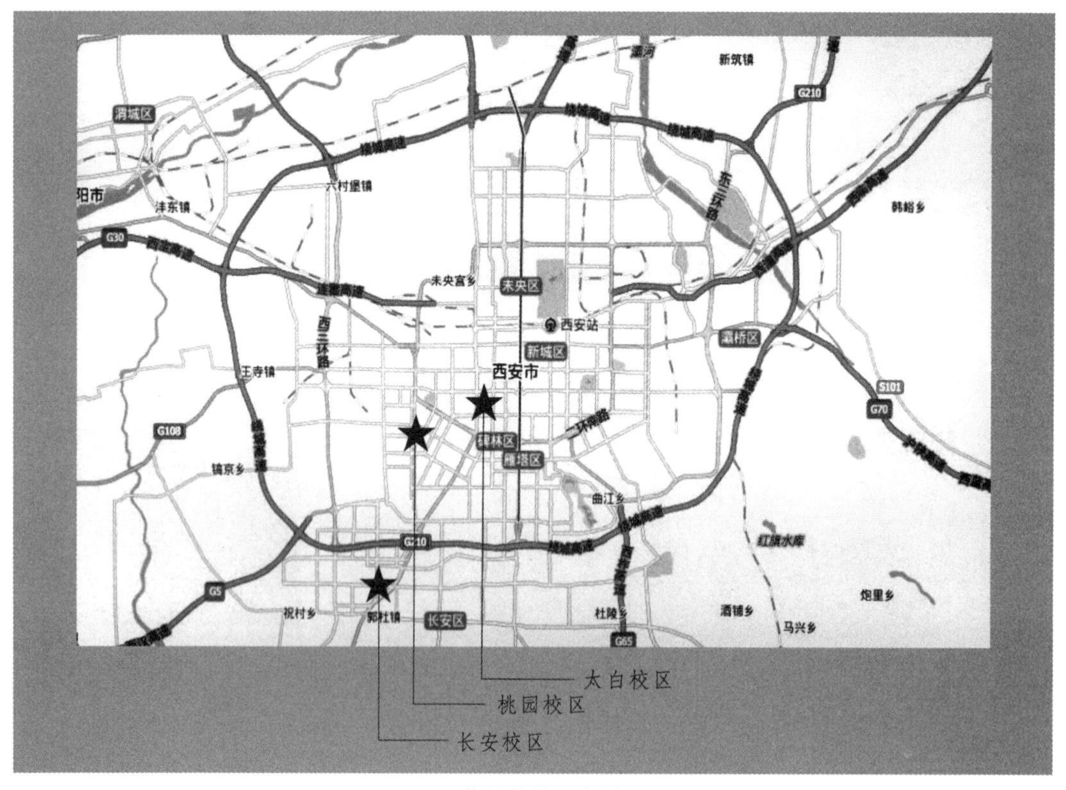

三校区位置示意图

桃园校区。

位于长安区学府大道 1 号的新校区命名为长安校区。

三个校区命名颇含文化意味：

太白校区命名缘由，一是它坐落于太白路，二是太白金星即启明星，在中国文化中有指引光明、启迪未来的寓意，符合大学的职能和精神。当然，也和诗仙李太白有些关系。

桃园校区命名缘由，一是它位于西桃园村；二是寓意西大人才辈出，桃李满天下。当然，就不必和落第秀才崔护城南桃园艳遇的故事相联系了。

长安校区命名缘由，一是它坐落于长安区；二是盛唐长安，名扬天下；三是长治久安，吉祥瑞祺，符合传统审美观。

太白校区北门

桃园校区校门

长安校区北门

老校园的历史印记

太白校区大礼堂

孔子像

位于西安太白北路上的西北大学太白校区，是老校区，有一百多年历史了。其最初是西大前身之一陕西农业学堂所在地，中经多次变迁。

九一八事变后，流亡的东北大学暂时安置此处。兼任该校校长的张学良出资扩建，当时建成的大礼堂至今仍在使用。原有张学良题词和修复记碑文，西安事变后遭破坏。半个世纪后，原碑拓片从刻工后人处发现，学校遂在礼堂西侧重建此碑。1993 年 11 月，郝克刚校长访台时，将新碑拓片转送 93 岁高龄的张学良将军。

孔子生前四处奔波，却没有到过陕西。二千四百多年后，老夫子的青铜雕像安放于西大校园。有报刊文章称 2001 年中国人民大学“建起内地高校第一座孔子塑像”，而西大立像时间是 1995 年 4 月，早了六年多。因此，可以当仁不让地说，西北大学才是“第一家”。木香园这座孔子像为老校区平添了几分人文气息。

1924 年暑期，鲁迅来西大讲学，是这位现代圣人唯一一次涉足西北大地。讲学的地方并非现在这个老校园，但是 1994 年为纪念鲁迅讲学 70 周年，还是在这里安置了他的雕像。雕像出自著名女雕塑家何鄂之手,可谓出手不凡。闻名于世的《黄河母亲》就是她的代表作。

鲁迅像

1997 年,西北联大成立 60 周年之际,在老校园西北建起了“西北联大纪念碑”。因西北联大是流亡汉中得以生存的,纪念碑便由汉中校友捐资并完成制作。西北联大百折不挠、自强不息的办学精神,投笔从戎、勇赴国难的爱国情怀,争取民主、追求进步的革命传统将永载史册,沾溉后学。

1998 年 4 月,老校园又添新景观。紧挨着萃园北侧竖立起一座高高的石碑,造型特异,是一管金色巨笔,毛笔尖端直指蓝天。此碑所要纪念的是日本平安朝大书法家橘逸势。他曾经被遣唐留学一年,在中国时寄居于长安西明寺,原址在老校园西南不远处。橘逸势在中国也许知道的人不多,在日本却是大名人。这个纪念碑就是日本书道艺术学院出资修建的,可以说是西北大学珍重中日文化交流的一个标志。

西北联大纪念碑

从唐代长安城的方位看,西北大学老校园正好坐落在当时的太平坊。隋时这里有一座大寺院,名曰“实际寺”,到了唐代,改名“温国寺”,香火依然旺盛。因为在天子脚边,而且天子们大都“佞佛”,这处名刹自然成为佛国里的最高学府。高僧鉴真就老远跑到这里“进修”,并接受最高学位“具足戒”。关于“实际寺”的故事,不仅有文献资料可考,还有出土的实物为证。现在,这里修起了“实际寺纪念亭”,周围是花圃,与“橘逸势纪念碑”相邻。

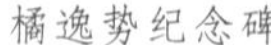

橘逸势纪念碑

唐实际寺旧址纪念亭

曾经的红楼

在中华人民共和国成立初期的校园建设中，学校首先盖起了砖混结构的二层办公楼，命名为“实事求是楼”，简称“红楼”，号称“西大第一楼”。可惜，这座有历史意义的建筑，在36年后修建逸夫图书馆时拆掉了，但它永远保留在老西大人的心中。

长安校区郭杜镇的史迹与传说

郭杜镇位于今长安区西7公里之毕原,长安八大镇之一。清置,以郭、杜二姓得名,属长安县。据郦道元《水经注·浐水篇图》,其范围内有汤杜亳国京城——杜京。周平王元年(前770),东迁洛邑,杜人以其祖先起源于亳(今河南商丘),建立汤杜亳国,占有沣水至渭北大片沃土,立国57年。据司马迁《史记·秦本记》记载:"秦宁公三年(前713)秦与亳战,秦王奔戎,遂灭汤杜。"

郭杜镇西有仓颉造字台遗址,为高6米、周长54.8米之土台。在夯土中出土有新石器时期遗物,古代因系一古文化遗址而加以保护,名"仓颉造字台"。宋敏求《长安志》载:"三会寺……唐景龙(707—709)中中宗幸寺,其地本仓颉造书堂。"

镇南2公里有秦将杜回墓。《左传·宣公十五年》载,秦桓公十年(前594),秦晋之战,秦将杜回死。此前,晋国大夫魏颗之父死,按当地风俗,应将父亲遗妾从葬,然而魏颗却让其改嫁。这年魏颗率军与秦将杜回作战,杜回勇猛,无法取胜,魏颗忽见一

郭杜镇图

杜回村

老者“结草以抗杜回”,杜回因之被捉获。原来老者系其父遗妾之父，为报答女儿不从葬之恩,遂有“结草”为绳拌杜脚以报恩于魏颗之举。后来,“结草”成为“受恩深重”“义气”的同义词,“结草抗杜回”也成为报不杀之恩的成语。李密《陈情表》有“臣生当陨首,死当结草”之句。现与西大南校区毗邻的张康村(由康杜村和张杜村合并而成)即杜回的封地,也是地名“杜”字的由来。

镇东南 2.5 公里的大居安村为唐华林乡居安里,安史之乱中,郭杜镇所在的城南毕原、凤栖原一带为广平王、天下兵马大元帅李俶和副元帅郭子仪大战安守忠十万叛军之地。

镇东南 3.5 公里之周家庄有“三害冢”,即西晋御史中丞周处墓所在地。因周处少时欺侮邻里,被称为家乡“南山虎、河中蛟、周处”三害之一。周处偶然从一老人口中得知自己被乡亲们称为“三害之一”,极为震动,于是进山打死“南山虎”、下河杀死“河中蛟”,最后决意浪子回头,痛改前非,一直做到西晋御史中丞。西晋元康六年(296)在率晋军与氐人齐万年的关中之役中战死,被友人葬于此。

镇南 2 公里大仁村(古称尹村)有西周大将尹吉甫墓。傅增祥在《秦游日录》中认为大仁村西北的几个古冢为西周文王、武王、周公陵墓。镇南 4 公里赤栏桥有隋代永安渠遗迹,向为城南名胜。唐诗人温庭筠有“正是玉人断肠处,一江春水赤栏桥”之佳句。清雍正《陕西通志》有“永安渠,隋文帝开皇三年(603)自香积厨堰分出,经赤栏桥,西北入城,经西市而入苑”的记载。

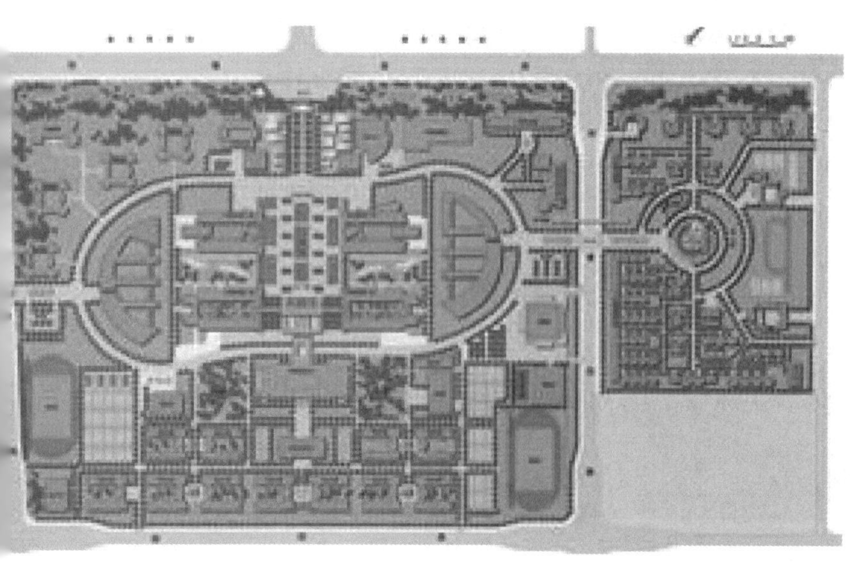

西大南校区鸟瞰

茅盾手书西北大学校名

1981 年 1 月,文学大师茅盾应郭琦校长之请,题写了“西北大学”四字校名。由此在校内引起一番争议:是继续使用鲁迅字体校牌,还是改用茅盾题写的校牌? 一时难以定夺。

茅盾先生

鲁迅字浑厚、古雅,茅盾字飘逸、隽秀,各具神韵。而作为校牌,用鲁迅字似较为适合,且使用多年,大家也看惯了。于是决定不换。

但是,茅盾专为西北大学题写校名,实属不易。此后不久,这位文坛泰斗即沉疴不起,没有再用毛笔写字,“西北大学”四字遂成绝笔,弥足珍贵。

怎么办呢? 总不能束之高阁吧。学校便选了一块巨石,将茅公题字刻在上面,安置在逸夫图书楼右侧,供众人欣赏。此事是时任校长陈宗兴亲自出马,选定石料,督促完成的。

茅盾题写的校名石刻

“半边楼”的故事

延艺云教授

20世纪90年代初，一部反映高校知识分子生活的电视剧热播全国，好评如潮，获得“飞天”大奖，这就是延艺云编剧的《半边楼》。作为西北大学的一位青年教师，他写此剧并非凭空编造，而是有其丰厚的生活基础。

西北大学真有那么一座“半边楼”。原先是学生宿舍，排序为“学生3楼”，因其坐落在西安一条地裂带上，多年后楼体变形，走在楼道里明显感到一脚高一脚低。据勘查，一时半会儿还不至于坍塌。由于教师宿舍极端拥挤，当学生们迁往新楼后，一些胆大的教师就搬到这座斜而不倒的楼上来住。随后，学校将楼中间倾斜严重的一半拆去，就成了“半边楼”。

半边楼

陕西省政协主席周雅光等参观半边楼

作家柳青

随着电视剧《半边楼》一炮打响，这座废而不弃的“半边楼”就成为西北大学一景，居然吸引来不少参观者。一次，陕西省政协主席周雅光一行来校公干，办完正事，顺便去看“半边楼”。随行的陕西省政协秘书长惠世武似乎有了新发现，激动地说：“我当是什么稀罕地方，原来就是我上学时住过的学生3楼嘛！”惠世武是1966年从西北大学毕业的，他先后的同学如诗人雷抒雁、散文家杨闻宇等，都是从这座“半边楼”里走出来的。

在“文革”非常时期，“半边楼”还曾临时接待过几位特殊的客人。大作家柳青就曾被造反派抓来，关在“半边楼”，羁留多日。在此落难时，他与中文系学生张长仓结为忘年交。张长仓帮他找到了被抄没的《创业史》第二部手稿，后来又潜心研究他的生活与创作，与人合作出版了《柳青的艺术观》一书。

老一辈无产阶级革命家习仲勋，一度也被学校红卫兵劫持，关在“半边楼”。有意思的是，奉命看守他的中文系学生孟德强受到他的感染，反成他的“心腹”，常为他通风报信，帮点儿小忙。习老复出后，还曾多次问起这位患难之交的学生。

电视剧《半边楼》的编剧延艺云，又据此剧脚本改写成62万字的同名长篇小说，扉页上写着：“谨以此书献给我的母校西北大学。”延艺云原是教世界史的，因其在影视创作方面成绩突出而改教文学课，后调任省电视台副台长，不久晋升省广电局副局长，最后又去西安电影制片厂做厂长多年。

现在，西北大学住房条件已大为改善，教职工挤住“半边楼”的情景已成历史。

图书馆的变迁

作为文理兼备的综合大学，图书馆的重要性不需多说。中华人民共和国成立后，学校图书馆有三变，越变越大，越变越高，越变越阔。

最早的图书馆，是一个砖木结构的小二层楼，位于校北门内西侧，面积只有400平方米，书库非常拥挤，阅览室分散在几处平房，根本不敷使用。后来书库成为印教材的地方，借书的前台由校刊室占用。再后就成为印刷厂。现已无迹可寻，只有20世纪50年代在校的人记得它的尊容。这个图书馆虽小，馆长的名气可不小，先后是武伯纶、陈登原、水天同，都是文化名人。

20世纪50年代末，学校新建了四层的图书楼，侯外庐校长题写了“图书馆”三个大字。新图书楼书库宽敞，阅览室增多，房间还有余，中文系占了两层。东西两端有两个大阶梯教室，门朝外开，小型报告会就在这里进行。杜鹏程在这里宣讲《在延安文艺座谈会上的讲话》，陆宗达在这里解析《左传》，郑伯奇在这里回忆“创造社”，徐世荣在这里做朗读示范。侯外庐校长回校讲学，还在新楼三层会议室召开过文科教师座谈会。1989年一场火灾之后，图书馆迁往刚竣工的逸夫楼。

逸夫图书楼有个来头。香港爱国人士、邵氏兄弟影业公司董事长邵逸夫先生，连

北校区老图书馆，其屋顶毁于一场大火

逸夫图书楼

长安校区图书馆

年以巨款资助内地教育事业，西北大学也受其泽惠，得到他 1000 万港币赠款，省政府又划拨配套资金 524 万元人民币，建成了这座以捐赠人之名命名的图书楼。逸夫图书楼总建筑面积 15161 平方米，书库面积 6130 平方米，可容纳 240 万册图书，阅览室面积 5500 平方米，有 2000 个座位。它一改以往单一的外借阅览功能，设置了学术报告厅、专题研究室、学术研讨室、教师阅览室、专业阅览室等。据称，这是西北地区最大的综合性图书馆之一。逸夫图书楼从 1987 年开始筹建到 1989 年竣工开馆，年迈的邵先生先后两次亲临学校考察。邵氏随后对研究生楼和西北大学附小的增建又有所资助。

2011 年学校主体南迁，在南校区又建

长安校区图书馆内部

起了新的图书大楼。新的图书馆总建筑面积为42780平方米，共8层，设计藏书量400万册,阅览座位3000席,总投资1.6亿元,于2011年9月正式投入使用,是一座按新型建筑理念设计的现代化图书馆。管理采用大开放、全开架、自助借阅服务模式,形成了借、阅、藏、查、参为一体的服务格局。现图书馆拥有纸质图书270余万册,电子图书240余万册,数据库168个,电子期刊25万种,纸质报刊1485种。16余万册线装古籍独具特色，已有25部古籍入选《国家珍贵古籍名录》,2010年被国务院命名为“全国重点古籍保护单位”,2015年被陕西省政府命名为“陕西省重点古籍保护单位”。现已建成了传统纸质资源与电子期刊、电子图书、学位论文、文摘索引、光盘、多媒体、视频等电子资源相互并存、互相补充的文献资源保障体系。自动化管理系统采用ILASⅡ的最新版本，主服务器为IBMP740小型机，磁盘阵列存储量为54TB，电子阅览室及各工作点用PC总计300余台。采访、分类、编目、典藏、流通、检索、借阅全面实现了自动化管理。图书流通领域引进了RFID智能管理系统,实现了开放式的读者自助服务模式和先进的文献资源管理模式。现已形成了传统服务方式与电子阅览、网上续借、网络导航、新书荐购、参考咨询、多媒体点播、文献传递、馆际互借、数据库培训、自助借阅相结合的文献资源服务体系。

百年梦回烛光晚会

1997年香港回归前夕，在西北大学老校区大礼堂和逸夫图书楼之间的草坪上举行了一场别开生面的“百年梦回烛光晚会”。代表着630万香港同胞的630名西大学子点燃了1997支红烛，用闪闪的烛光组成了一幅巨大的中国地图。演出临近结束时，5000余名师生全体起立，挥动红烛，齐声高歌，许多人热泪盈眶。那被烛光映亮的泪光，长久地闪亮在每一个人心灵的深处，真切地表露了西大人的爱国情怀。

西大百余年历史证明，西大人的爱国精神是一以贯之的传统。

香港回归大型烛光晚会

第一届 CUBA 冠军

“打篮球是你的梦想，上大学也是你的梦想，CUBA 就是你圆梦的地方。”

何为 CUBA？原是中国大学生篮球协会的缩略语，仿举世瞩目的 NBA（美国职业篮球联赛）而创设。“大篮协”打出 CUBA 的旗号组织赛事自 1998 年始，比赛分 A 级和 B 级两个层次进行。A 级为大学特招的专业运动员，B 级为从高中直接升人大学的业余球员。西北大学男篮属 B 级，多为一、二年级学生。B 级比赛全国分南北两个赛区进行。西北大学男篮一路杀伐，所向披靡，夺得北区冠军。成都电子科大获南区冠军。接下来，南北争霸，三场二胜，决出总冠军。

1998 年 9 月 19 日，西大男篮赴成都，客场迎战成电队，发挥顺畅，直下一城。9 月 26 日，成电队来西安，与西大男篮再次争锋。这场比赛，对两队都至关重要。若西大再胜，冠军就到手了；若成电胜，则扳成平局，还需三战，仍有机会。因此，两队争胜之心都很强烈，一场恶战在所难免。这天晚上，西北大学众领导及拉拉队，早早临场助战。7 时整，战幕拉开，成电队以哀兵复仇之势，频频攻球得手，愈战愈勇，势不可挡。西大队主场失利，打得较为被动，比分一直落后。在场西大人和电视机前观看直播的西大师生均极沮丧。不料最后一分钟，场上形势逆转，西大队反败为胜，超 2 分险胜对方，拿下总冠军。

9 月 26 日，决胜之夜，在西北大学校园成为狂欢之夜、不眠之夜。

1998 年，西北大学校男子篮球队在全国高校 CUBA 联赛中，荣获 B 组冠军

逸夫楼一角

西门内外

西北大学老校区的正门是北门，但是热闹的却是西门。住在新村的教职工出入要走西门，学生购物、吃饭、看电影，也要走西门。因此，西门的人流量远大于北门。

一进西门，迎面是一块巨石，上刻“公诚勤朴”四字校训，十分醒目。这是百年校庆的新摆设，位置选得实在得体。巨石后面是一池清水，装置着音乐喷泉，时不时要喷一喷。仲夏之夜，池边坐满乘凉者，有校内的，也有住在附近的校外人。这称得上西大第一景，乃郭琦校长当政时所建。为维护这个喷水池，校党委委员、模范职工李另胤还付出了生命代价。他是在喷水池地下室带病检修设备时，不幸触电，以身殉职，年仅42岁。

出得西门，向南几步，人群熙熙攘攘，是一公交车站，站名自然是“西北大学”了。说起这个公交车站，还有一番来历。原本校西门外并不设站，西大人上街，得出北门，去西南城角或含光门搭车，很不方便。这种情况被一贯热心社会福利事务的郁士元教授看在眼里、记在心上，他主动代表学校去市公交公司交涉，要求在西门设站，并呈上书面申请，跑了多次，终获批准。西门公交站初设之时，大家并不知晓，仍出北门去搭车。郁先生很着急，怕无人坐车，公交公司

校训碑

西门内的音乐喷泉

西门外的过街天桥

会把这个站给撤了。他就在下班时间，站在西门口像小贩招揽生意般吆喝人们上车。就这样持续多日，才有越来越多的西大人开始享受这个便利。

西门外还有一景，就是过街天桥。西大的家属区(西大新村)正对着西门，中间有一条马路。教职工上下班，总要过马路。早先行人稀少，车辆也不多，谁也不会想到要在这里修桥。后来出了多次车祸，几位教职工和家属死于非命，特别是前副校长郭绳武教授，当八路军在枪林弹雨中安然无恙，却在校西门外的马路上被摩托撞死，这接二连三的惨剧促使学校下决心采取措施，修起这座过街天桥。1997 年 2 月 2 日晚 10 时许，三截桥体合拢成功，一条巨龙横空而起，学校相关领导和众多教职工在现场观看了这一壮观景象。奇怪的是，桥架起了，许多人还是我行我素，直接穿越马路，不愿上桥，因此仍有事故继续发生。当时，西安电视台还播放了记者拍下的西北大学西门外马路拥挤、有桥不过的镜头，提醒人们注意安全。直到马路中间设置了长长的隔断栏，人们才都上了天桥。

古城墙和护城河

有六百多年历史的西安明城墙，是中国现存最完整的一座古代城垣建筑。西北大学老校区就位于这座长方形古城墙的西南角。城墙四角都有一突出城外的角台,其它三个角台都是方形，唯有靠近西大的这个角台是圆形的，据说保持了唐皇城转角原状,更具特色,摄影家多选此景拍照。电影《李清照》就在此处拍摄外景。

城墙上端外侧筑有雉碟,又称垛墙,有凹口和方孔,既可藏身又便于射箭和瞭望。整个一圈城墙有这种垛口 59845 个。现代战争用不上这个了，只不过是历史的陈迹而已。但是西大出身的作家贾平凹却从这里看出了一点儿名堂。校园西北部，靠近“半边楼”,有他一小套住宅,长篇小说《白夜》就是在这里写成的。他住的那栋楼距离城墙最近,从他居室的窗口向北望去,就是城墙的西南角，刚修复过的墙垛一高一低整齐排列,久而久之,他发现“那墙垛正好是一个凹字一个凹字一直连过去”。作家的

古城墙和护城河

环城公园

联想是丰富的,矮小的贾平凹把自己融入雄浑厚重的古城墙里,立马有了底气,精神振奋起来。平凹如此,百年学府与古城墙为邻相伴,又借重了些什么呢?兴许借重的就是它所象征的丰厚的历史文化。

古人聪明,就近取土筑墙,一举两得,既有高墙,又有深壕,引水入壕,便是护城河。吊桥拉起,通道断绝,既过不了河,更进不了城。这是两道防御。这一套也只有冷兵器时代才能派上用场,现在就剩下观赏价值了。20世纪80年代,护城河两岸修建成全国唯一的环城公园。这给西大人提供了很大方便,不劳远行,不用花钱,随时都可以去逛公园。

西北大学物理系副教授窦育男和学校近旁的这段护城河有着特殊情缘。她的家就在小南门里,出门就是护城河。她在护城河边长大,又上了护城河边的西北大学。相伴一生的护城河给她留下了太多记忆。儿时在这里捞鱼虫、逮蛐蛐、摘喇叭花,抗战时钻过城墙窑洞躲避敌机轰炸,后来,也在这里欢庆抗战胜利,迎接解放军入城,最难忘的是她和爱人在这里相恋定情,共同编织了一首不同寻常的浪漫之歌。她写了一篇散文《护城河之恋》,情真意切,感人至深。

过于亲近的古城墙和护城河,也成为西大的一道风景线。

多彩的校园文化

石国庆先生

三位“书记”合影

西大校园的文化娱乐活动，丰富多彩，代代承传，不绝如缕。书法、绘画、歌咏、朗诵、棋艺之类，已成师生日常生活的一部分。隔三差五，还会有大型演出，弄得好，就从校园演到社会上去。城固时期，西大先修班学生名票王建国的京戏就唱到省会西安了，省长也来捧场。20 世纪 40 年代，西大学生排演过曹禺名剧《日出》，轰动一时；60 年代，西大教职工排演过曹禺名剧《雷雨》，反响强烈。1956 年 11 月排演的话剧《阿 Q 正传》，在当时西安最阔气的人民剧院售票上演，连演多日，场场爆满，星期天还加了日场，也算得上西北大学校史上一件盛事。20 多年后，化工系教师石国庆自创的独角戏《王木犊》系列，一举成名天下知，上了春晚，他干脆调出去做职业演员了。

自编自演、自娱自乐，还不满足。有时就把专业剧团、大牌演员请到校园来表演。就在张学良盖的这个礼堂的舞台上，康巴尔汗跳过舞，盛中国拉过小提琴，李德伦讲解和指挥过交响乐，鲍蕙乔弹过钢琴，郭达演过小品，李春波唱过“此致敬礼”，等等。规模最大的一次是 1982 年 5 月 25 日，电影“金鸡奖”和“百花奖”获奖者来西大联欢。礼堂当然容纳不下，礼堂前广场坐满了学生，周边挤满了人。登台亮相的明星有：“金鸡奖”最佳男主角张雁，“百花奖”最佳男主角王

多彩的校园生活

心刚，"双奖" 最佳女主角李秀明，"金鸡奖"最佳男配角孙飞虎、最佳女配角贺小书，上届"双奖"最佳女主角张瑜也来助兴，还有观众所熟悉的任冶湘、洪学敏、温玉娟、毛永明等电影演员，以及著名京剧表演艺术家李炳淑、著名配音演员乔榛等。联欢会开始，首先表演的是最佳男主角张雁老头，这位陕西兴平乡党用乡音深情地说："美不美家乡水，亲不亲故乡人。"接着又唱了几句秦腔，他把"月亮湾的笑声"带到了西大校园。

还有一事，值得一提。1994 年 9 月 10 日，适逢第十届教师节。延艺云编剧的电视剧《遭遇昨天》剧组由导演李源带领来西大附中与教师们联欢。主演李雪健来了，他因成功扮演县委书记的好榜样焦裕禄而红极一时。有人凑趣，将附中党支部书记和校党委书记与李雪健拉到一起，摄下一张三位"书记"合影。

“黑美人”艺术节

在西北大学校园里，知名度最高的美女当非“黑美人”莫属。

1987 年，当中文系策划创办一个属于学生的话剧晚会时，同学们别出心裁地借用莎士比亚笔下勤劳美丽的黑人劳动妇女形象，将这台晚会命名为“黑美人”戏剧节，以此向莎翁致敬。如今 30 年过去了，“黑美人”戏剧节变成了“黑美人”艺术节；“黑美人”也从文学院走向了全校，甚至多次走出校门巡演。“黑美人”艺术节成了陕西省高校的品牌艺术节。

当初主办者曾经专门烧制了一尊黑色的小瓷人作为戏剧节的最高奖，不过出于经费紧张的无奈，规定每届获奖者对这个小瓷人只有保管权，没有收藏权，待来年再颁给下一位获奖者。可惜的是，小瓷人在流转的过程中不慎被打碎了。

初创时期的“黑美人”，一切都因陋就简，压根儿就谈不上什么舞美、灯光、音效、道具、布景，简简单单两块大幕，拉开就能

西北大学文学院主办的第 15 届“黑美人”艺术节

上演校园生活的悲欢离合。但是，这种完全由学生自编、自导、自演的运作方式不仅强烈地吸引了文学院的学生，也引起了全校学生的浓厚兴趣。法学院、地质系、新闻传播学院等院系都涌现出来一批批优秀的编剧、导演和演员。经过多年努力，"黑美人"戏剧节不断吸纳多元艺术元素，丰富文化内涵和活动形式，逐步将剧目竞赛、特别展演、艺术讲座和工作坊沙龙有机结合。1994年，"黑美人" 戏剧节更名为"黑美人"艺术节，随后又被列为校内文化素质教育基地。"黑美人" 成了全校学生彰显才情的舞台。在"黑美人"艺术节审美文化实践的影响下，一群热爱戏剧的青年学生，于2007年成立了小黑戏剧工作室，实现了校园文化节庆和学生艺术社团的有机融合。

校园文化品牌活动"黑美人"艺术节荣获教育部2007年全国高校校园文化建设优秀成果二等奖

第28届"黑美人"艺术节

"咫尺小剧场，文化大舞台"，来自全校不同院系、不同专业、不同年级的性格各异的学生们会聚在一起，为了舞台上那个洋溢着青春气息的唯美的艺术世界共同承担着大量繁重的后台工作，并在其中结下了深厚的情谊。往往舞台上的表演结束了，剧组人员还聚在后台，久久不愿散去……

西北大学的各个院系都有学生自办的杂志和报纸，这也是综合大学的一大特色吧。至于校园中的学生社团活动，那更是五花八门，红红火火。西北大学校园中丰富多彩的校园文化，让身处其中的学子感受到百年老校特有的脉动，提高自己团结协作的能力，也磨炼出坚忍顽强的品格。而走出校门的西大人，在任何挑战和困境面前，永远不会退缩。

老北门新气象

1946年5月，国立西北大学结束了城固8年的办学历史，复员西安，校址就在今西北大学太白校区。当时的学校正门即今北门，隔护城河与明城墙相望。回迁的西北大学自此便与历史文化悠久的古城静默相对，至今已逾70春秋。

据西北大学外语系1949届毕业生李嘉祜回忆，学校回迁西安的翌年冬，漫天大雪覆盖西安城，位于环城南路的西北大学老北门淹没在一片积雪中。从北门向里望去，校大礼堂的山墙历历在目；进入北校门，一条灰渣路直通大礼堂；北门东西两侧的平房是教职工宿舍；再往东走，是边家村老冯家的一大片菜园；转往西走，是一大片平房区。

中华人民共和国成立之后，为适应人才培养的需要，西北大学建设步伐加快。北门和大礼堂之间已先后建起了化工楼、科研楼，昔日恬静的校舍、树林，已被巍然崛起的大楼替代，一度成为教学和科学研究

1946年复员西安后的国立西北大学北门

的中心。进入 21 世纪后,学校取得省政府及相关部门支持,在老北门西侧修建了西北大学博物馆,香港爱国人士邵逸夫先生捐资在北门东侧修建了教学九楼,又名“逸夫楼”。西大老北门也更新成了五六十米宽的电动门,中间的花岗岩上镌刻着校名和校训。

今天的西北大学北门

与北门西侧比邻的西北大学博物馆庄重而有气势,“西北大学博物馆”七个大字,系陕西著名书法家、校友屈应超书写。博物馆总建筑面积 15000 平方米,于 2012 年正式建成。现有馆藏文物、标本五千余件,已全面向社会公众免费开放。馆内设有四个常设展厅(校史馆、地球馆、生物馆、历史馆),两个专题展厅(侯伯宇先进事迹馆、佛教美术馆)和一个大型临展厅,形成了基本陈列、专题陈列和临时展览互为补充的陈列体系。

自开馆以来,该馆充分发挥着西北大学百年薪火相传下的自然学科特色和文物藏品优势,将收藏、保管、科学研究和宣传教育功能有机结合,多角度、多方式、多侧面地向广大师生及社会观众展示西北大学的教学和科研成果。

博物馆中的校史馆

捐资助学,成才报国

由于扎根西北内部，西北大学70%的学生来自经济欠发达的地区，经过学校认定的家庭经济困难学生比例一直在35%以上。学校的每一次进步,都离不开社会力量的鼎力相助。近十几年来,多个社会慈善基金向西大贫困学子伸出了援助之手，帮助学生完成学业,助力寒门学子成长成才。

唐仲英德育奖学金是唐仲英基金会(中国)在中国最早开展的资助项目,也是国内首度以“德育”命名的奖学金。基金会自2003年在西北大学设立“唐仲英德育奖学金”以来,已奖励资助480余名品学兼优的西大学子,累计拨付奖学金近700万元,同时支持学生活动费近20万元，到目前为止，已有300余名学生在唐仲英德育奖学金的资助下顺利毕业。

新鸿基地产郭氏基金是香港一个非谋利的民间组织,通过资助、培训或奖励等方式，为国家未来经济快速发展培育所需人才。助学金自2005年在西北大学设立以来,累计拨款人民币780余万元,资助品学兼优的家庭经济困难学生约1950人。

美国胡氏慈善基金会长期以来秉持“开发西北,关注教育”的理念,支持西北大学办学，帮助西北大学优秀的家庭经济困难学生顺利完成学业,2016年特设立“余天休助学金”(三期)，同时基金会每年出资2.5万元专项资助余天休爱心接力社暑期社会实践活动。

饮水思源,受助思进。基于来自社会大量的义行善举，西北大学专门成立了由基金代表、学校领导、职能处室负责人、部分院系学生工作负责人组成的助学金遴选委员会和管理委员会，全面负责和指导助学金相关工作。受助学生在专业老师的指导下相继成立了“唐仲英爱心社”“新鸿基励志社”“余天休爱心接力社”等爱心社团。每年4月开展“唐仲英爱心文化宣传周”,参与基金会“薪火”乡村教育援助计划,先后六十多次赴周至县广济镇开展支农支教等服务活动。受助学生积极主动策划活动方案,联合周边社区,开展义务“阳光家教”,关爱“空巢老人”暖心活动等一系列志愿服务活动。

十余年来，助学金在基金会和学校的直接关心指导下,取得了显著的资助效果。受助学生积极参加学术、科研、创新项目小组,组建数学建模大赛团队,参与“挑战杯”“互联网+”等大学生系列科技学术竞赛,涌现出了一批先进典型。有些受助学生毕业后主动扎根西部，为区域经济社会发展贡献自己的力量。

用一年不长的时间，做一件终生难忘的事

西北大学于2012年9月获批为“中国青年志愿者扶贫接力计划研究生支教团”项目高校，自2013年7月至今已选拔5届共29名优秀本科毕业生组建研究生支教团。“用一年不长的时间，做一件终生难忘的事”，是西大支教人奉行的信念和追求。

在支教期间，支教团志愿者立足本职，坚持母校“课大于天”的理念，每人每周近20课时，教授中小学语文、数学、英语、历史、音乐、科学、信息技术、地理等课程。

在服务基层的日子里，支教团成员主动调研新时期农村发展的相关问题。面对留守问题，支教团志愿者联合当地团县委定期开展兴趣课堂专题教学；联系爱心人士长期定向帮扶贫困留守儿童；开展微爱行动，帮助贫困留守儿童实现微心愿；等等。

在关爱乡村基础教育方面，支教团成员搭建校地桥梁，在富平县田村小学成立“西北大学爱心图书室”，累计捐赠图书1200余册；帮助田村小学建立“七彩小屋”；联合陕西青年公益能力建设中心为田村小学更换桌椅；为田村小学品学兼优的贫困学生发放研究生支教团奖学金。

此外，支教团成员还积极参与到基层团组织工作之中。

三年来，支教团成员累计支教8500余课时、志愿服务9300余时、关爱留守儿童1530余人次，服务总时长约24500小时。2015年学校共青团五四评优表彰，学校特授予研究生支教团“共青团特殊贡献奖”。2015年7月，团中央书记处第一书记秦宜智同志回信肯定西北大学研究生支教团的突出贡献。2015年10月，作为全国十支入选团中央、中国青年志愿者协会和《光明日报》联合开展的“2015镜头中的最美支教团”队伍之一，接受了《光明日报》记者专访。

团队先后被陕西省委宣传部、省委组织部、省文明办、省民政厅、省环保厅、等九部门联合授予“陕西最佳志愿服务组织”荣誉称号，被陕西省高教工委授予“陕西高校最佳志愿服务组织”荣誉称号，被团省委、省学联授予“陕西最美青年志愿服务组织”荣誉称号，团队成员先后有8人(次)获得省部级优秀荣誉。

西北大学高层次人才汇总表

人才称号	姓名	单位
中国科学院院士	张国伟	地质学系
	舒德干	地质学系
院士工作室	张玉奎	生命科学学院
	翟明国	地质学系
	朱蓓薇	生命科学学院
	夏　军	城环学院
	张国伟	地质学系
	舒德干	地质学系
双聘院士	侯　洵	光子所
	陈　颙	地质学系
	安芷生	地质学系
	殷鸿福	地质学系
	刘昌明	城环学院
	任纪舜	地质学系
	张殿琳	物理学院
	张生勇	化材学院
	武　强	地质学系
	翟明国	地质学系
千人计划创新长期项目	段忆翔	化材学院
	栾　升	生命科学学院
	范建平	信息学院
	孟　逊	生命科学学院
	陈　曦	化工学院
千人计划创新短期项目	赵国春	地质学系
千人计划青年项目	栾新军	化材学院
	吴奇石	信息学院
	宋小磊	信息学院
	孙士生	生命科学学院
	张国栋	生命科学学院
万人计划教学名师	赖绍聪	地质学系
	耿国华	信息学院
万人计划科技创业领军人才	范代娣	化工学院
万人计划青年拔尖人才	刘建妮	地质学系
长江学者特聘教授	舒德干	地质学系
	曲安京	数学学院
	董云鹏	地质学系
	任保平	经管学院
	黄民兴	中东所
	张兴亮	地质学系
	李　浩	文学院
	杨文力	物理所
	陈　峰	历史学院
	张志飞	地质学系

续表

人才称号	姓名	单位
长江学者讲座教授	辛周平	数学学院
	赵国春	地质学系
青年长江学者	刘建妮	地质学系
	韩志斌	中东所
	龙晓平	地质学系
国家百千万人才工程	刘池阳	地质学系
	阎宏涛	化材学院
	张文鹏	数学学院
	吴汉宁	地质学系
	周立发	地质学系
	范代娣	化工学院
	董云鹏	地质学系
	马晓轩	化工学院
	张兴亮	地质学系
	王震亮	地质学系
	吴　彪	化材学院
	任保平	经管学院
国家杰出青年科学基金获得者	吴汉宁	地质学系
	张宏福	地质学系
	王宁练	城环院
	张兴亮	地质学系
	屈长征	数学学院
	董云鹏	地质学系
	吴　彪	化材学院
	张志飞	地质学系
	杨文力	物理所
	栾新军	化材学院
	刘建妮	地质学系
	管子玉	物理学院
	龙晓平	地质学系
	关正辉	化材学院
	齐晓光	生命科学学院
	梁海华	生命科学学院
	韩英锋	化材学院
	刘小川	数学学院
国家基金委创新研究群体	董云鹏	地质学系
	张兴亮	地质学系
国家中青年科技创新领军人才	刘建妮	地质学系
	吴　彪	化材学院
	栾新军	化材学院
	张志飞	地质学系
	马晓轩	化工学院

西北大学历史沿革图

陕西大学堂
1902
陕西省课吏馆
1903
京师大学堂速成科仕学馆
1902
京师法律学堂
1905
京师法政学堂
1906
京师财政学堂
1909
陕西高等学堂
1905
陕西客籍学堂
1907
陕西法政学堂
1907
陕西实业学堂
1910
陕西农业学堂
1904
北京法政专门学校
1912
西北大学
1912
三秦公学
1912
国立北京法政大学
1923
国立北京大学
1898
国立北京师范大学
1902
水利道路工程专门学校
1922
陕西法政专门学校
1915
甲种商业学校
国立北京农业大学
1908
国立京师大学校
1927
国立北京女子师范大学 1908
国立北京工业大学
1904
国立北京女子大学
1925
国立西北大学
1923
国立北京医科大学
1903
国立北京艺术专门学校 1918
西安中山学院
1927
外交部俄文法政专门学校
1921
国立中华大学
1928
西安中山大学
1928
国立北平大学
1928
国立北京大学
1929
国立北洋工学院
1929
国立北平师范大学
1929
国立北平研究院
1929
河北省立女子师院
1906
国立西安临时大学
1937.9—1938.4
国立西北工学院
1938.7—
国立西北联合大学
1938.4—1939.8
国立西北农学院
1938.7—
国立西北师范学院
1939.8—
国立西北医学院（汉中部分）
1939.8—1946.5
陕西省立商业专科学校
1941.9—1949
陕西省立师范专科学校
1944.7—1949.5
国立西北大学
1939.8—1950.12
陕西省立医学专科学校
1938.4—1949.5
国立西北医学院
1950.5—
南郑师专分校
1946春—1950.2
经济、银行、会计系并入兰州大学
1952
俄文组与俄文专修科并入西北俄文专科学校
1952.9
民族系并入西北民族学院
1952.9
兰州大学英语系、西北师院英语系
1952.9
英语系二、三年级并入北京大学
一年级调入西北俄专 1953.9
西北大学
1950.12至今
西安师范学院
1954.6—
师院数学系、中文系、史地系四年级
并入西北师范学院 1953.9
西北政法学院
1958.9—
陕西财贸学院
1960.5—
陕西省人民警察学校
1998.7
陕西工业大学化工系
1972.3

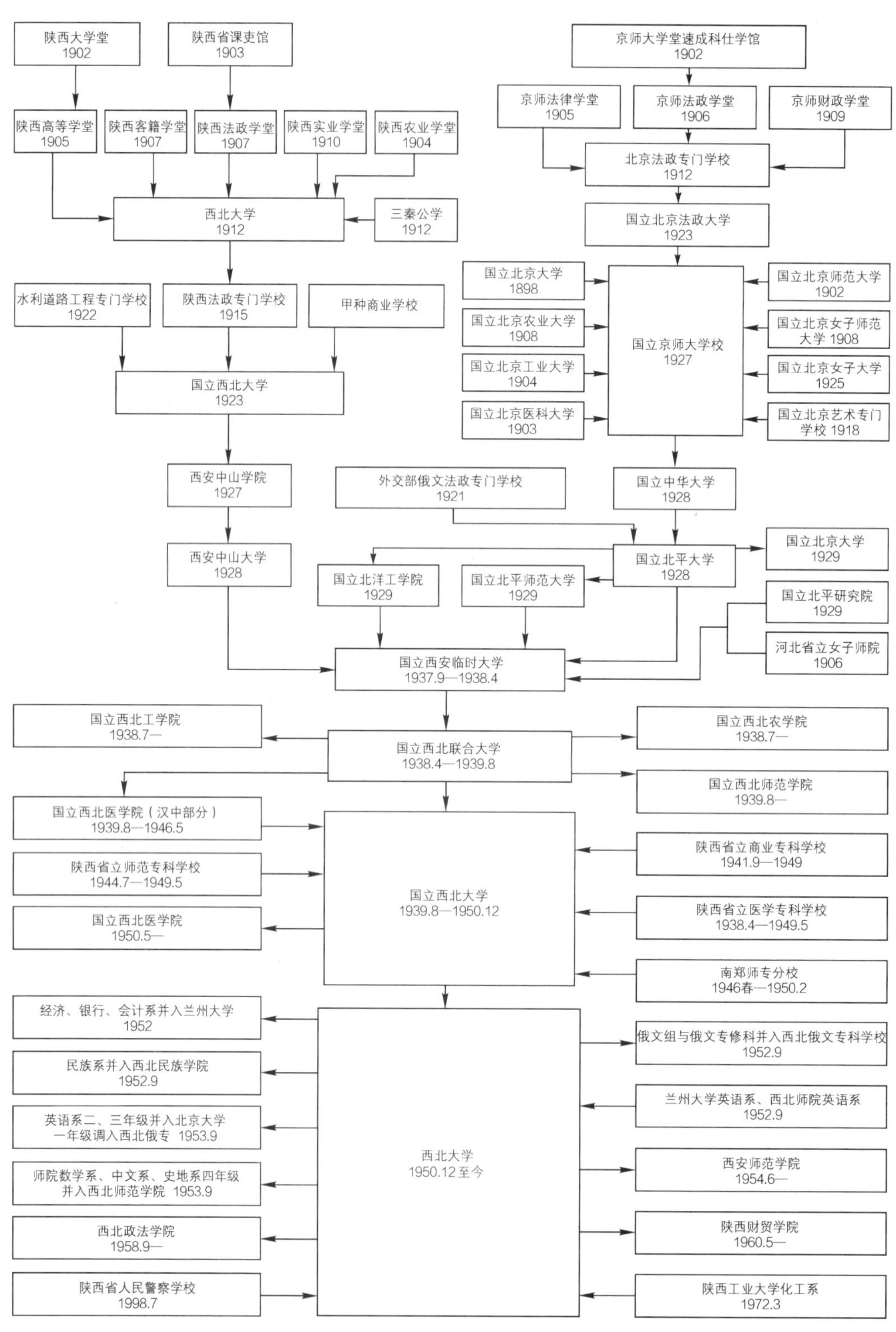

图书在版编目(CIP)数据

图说西北大学百十年历史:2017年增订本 / 姚远等撰. —西安:西北大学出版社,2017.9
ISBN 978-7-5604-3779-8

Ⅰ.①图… Ⅱ.①姚… Ⅲ.①西北大学—校史—图解
Ⅳ.①G649.284.11-64

中国版本图书馆CIP数据核字(2017)第238184号

策　　划　马　来
统　　筹　张　萍　何惠昂　桂方海
责任编辑　任　洁　孙　沁
整体设计　泽　海

图说西北大学百十年历史(2017年增订本)
编　　著　姚　远　董丁诚　熊晓芬　宋铁文　等撰
图片提供　屈　琳　宋远志　宋铁文　等
出版发行　西北大学出版社
(西安市太白北路229号　邮编:710069)
经　　销　新华书店
印　　刷　西安华新彩印有限责任公司
开　　本　787mm×1092mm　16开　31.5印张
字　　数　260千字
图　　片　998幅
版　　次　2017年9月修订版　2018年10月第2次印刷
书　　号　ISBN 978-7-5604-3779-8
定　　价　88.00元